本书出版

受中国博士后科学基金第 74 批面上资助项目（2023M744111）的资助

（Supported by the China Postdoctoral Science Foundation

under Grant Number 2023M744111）

侵犯公民个人信息罪的教义学展开

黄陈辰 —— 著

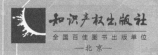

知识产权出版社
全国百佳图书出版单位
——北京——

图书在版编目（CIP）数据

侵犯公民个人信息罪的教义学展开／黄陈辰著．
北京：知识产权出版社，2025.1. — ISBN 978 - 7
- 5130 - 9563 - 1

Ⅰ. D923.74

中国国家版本馆 CIP 数据核字第 2024T1J773 号

责任编辑：杨　帆　　　　　　　　责任校对：王　岩
封面设计：乾达文化　　　　　　　责任印制：孙婷婷

侵犯公民个人信息罪的教义学展开

黄陈辰　著

出版发行：知识产权出版社 有限责任公司　　网　　址：http://www.ipph.cn

社　　址：北京市海淀区气象路 50 号院　　邮　　编：100081

责编电话：010 - 82000860 转 8173　　　　责编邮箱：2632258269@qq.com

发行电话：010 - 82000860 转 8101/8102　　发行传真：010 - 82000893/82005070/82000270

印　　刷：北京建宏印刷有限公司　　　　　经　　销：新华书店、各大网上书店及相关专业书店

开　　本：720mm×1000mm　1/16　　　　印　　张：21.25

版　　次：2025 年 1 月第 1 版　　　　　　印　　次：2025 年 1 月第 1 次印刷

字　　数：338 千字　　　　　　　　　　　定　　价：98.00 元

ISBN 978 - 7 - 5130 - 9563 - 1

序

　　黄陈辰博士的专著《侵犯公民个人信息罪的教义学展开》以刑法中明确规定的罪名为锚点，具体研究侵犯公民个人信息罪的理解与适用问题。我非常高兴为其作序，并乐意把它推荐给法学界、法律界的专家学者以及法学专业的同学们。

　　在我看来，本书主要有以下三个方面的亮点。

　　其一，探寻侵犯公民个人信息罪的法益证成规则，实现论证路径与范式上的创新。

　　侵犯公民个人信息罪是个罪中法益观点分歧极大的罪名，主要包括个人法益说、超个人法益说、双重法益说等繁复多样的学说主张。这些观点虽然争论激烈，但大都缺乏严谨的论证过程与具体的规则适用，由此形成一种"学说丰富，规则缺失"的局面。为摆脱上述窘境，本书不再局限于单纯的法益之争，在给出"该罪法益何为"的最终答案之前，首先聚焦于该罪法益证成规则的建构，创造性地提出以"正反双向考察，先后三重检视"为基本逻辑的"三重检视"模式。"三重检视"模式从正反两方面入手，分为三个层次逐步对侵犯公民个人信息罪所保护之法益的可能内涵进行分析与筛选。具体而言：①类别选择。根据主体的不同，法益可以分为个人法益与超个人法益两类，因此要探寻侵犯公民个人信息罪之法益内涵，首先需要根据立法原意、该罪在刑法分则中的章节位置等要素，在前述二者之间进行类别选择。其中优先考察立法原意，若能直接从立法者设立侵犯公民个人信息罪之初的原本意思中得出该罪所保护的具体法益，则可以跳过"具体确定"而径直进入"反向检验"，若只能得出法益类别，则依然按照正常的论证顺序。②具体确定。结合《中华人民共和国个人信息保护法》（以下简称《个人信息保护法》）、《中华人民共和国民法典》（以下简称《民法典》）、《中华人民共和国网络安全法》（以下简称《网络安全法》）等前置法的内容，侵犯公民个人信息罪犯罪对象（即公民个人信息）的权益属性，以及非法提供与非法获取两种典型的行为类型，在第一层次已选择的法益类别中确定具体的法益内涵，以得出初步结论。③反向检验。以刑法法益的基本要求、侵犯公民个人信息罪行为要件的具体范围，以及该罪与其他罪的协调关系等为标准，从反向对已经提出的结论进行检验。若不符合上述标准，则说明初步结论的推导存在问题，应返回之前的步骤重新进行论证。最终，只有顺利通过三重检视与筛选的法益结论才具有合理性。在该模式的指引下，本书最终得出侵犯公民个人信息罪之法益为信息自决权的结论，具有很强的说服力。

其二，基于公民个人信息的特殊性，对侵犯公民个人信息罪的典型行为类型进行重新阐释。

侵犯公民个人信息罪的行为要件主要是非法提供与非法获取两种类型，传统解释进路以"主体间移转"为核心，主张"提供""获取"是指公民个人信息在不同主体之间的流出或流入，强调一种由此及彼的移转。这一结论看似符合"提供""获取"的一般含义，却忽略了公民个人信息的特殊性及其与传统财物之间的区别，难以实现对公民个人信息妥当的刑法保护。本书以作者认可的信息自决权法益为指导，提出应对"提供""获取"进行实质性解释，从一般意义上的"主体间移转"向实质性的"处理能力新增"转变。根据这一标准，"提供"是指供给方使他人获得对公民个人信息的处理能力，"获取"是指接收方信息处理能力的增加。只有接收方获得对相关信息的处理能力，所谓非法"提供"与非法"获取"，才可能有损于相关主体的信息自决权，进而才可能符合本罪的行为构成要件。

其三，对司法实践中存在困惑、学界又关注较少的其他一些行为是否能归属于本罪的行为类型进行研究。

在大数据、云计算、人工智能等前沿科技飞速发展的时代背景下，智慧社会环境下一些特殊信息处理行为是否能归属于本罪的行为类型，司法实践对此存在困惑，而学界又关注较少，本书予以专门研究。例如，为实现对人脸识别信息周全的刑法保护，本书认为应将当前高发的无感抓拍行为认定为一种不同于一般"移转式"获取的"生成式"获取（前者表现为由此及彼的流动方向，而后者则呈现出从无到有的外部形态），从而将其纳入刑法打击半径，在符合其他要件的情况下构成侵犯公民个人信息罪。关于抢劫公民个人信息这一行为是否能归属于本罪所规定的"以其他方法非法获取"，本书认为，抢劫行为与窃取等行为方式不具有等质性，并且存在单一法益保护与双重法益侵害的冲突，入罪标准与劫取行为类型不相适配等障碍，应将其排除于侵犯公民个人信息罪的规制范围之外。

总之，本书立基于侵犯公民个人信息罪理解与适用过程中的现实困境，对该罪法益及构成要件进行教义学解读，具有全面性、系统性和现实针对性，既有理论上的创新，又有实践上的借鉴意义。

黄陈辰是我指导的硕士生、博士生，读书期间认真勤奋，勇于钻研，成绩优异。关于研究方向的确定，在正式进入博士阶段的学习之前，黄陈辰曾与我有过交流。出于对学生科研自主性的尊重，以及对他个人学习态度、科研能力的信任，我希望他能按照自己的学术兴趣、基于硕士期间的学术积累、结合未来可能的学术热点，自主选择具体的研究领域。经过博士一年级时一段时间的摸索，黄陈辰最终将研究方向确定为"公民个人信息的刑法保护"，并持续在这一领域中深耕，成果颇丰。博士期间以独立作者身份发表相关学术论文十余篇，其中 CSSCI 来源期刊 6 篇，CSSCI 扩展版来源期刊 2 篇。参与多项学术竞赛，先后获得第一届全国刑事法博士生论坛优秀论文奖、第二届全国政法院校刑事法学研究生学术竞赛二等奖、博士研究生国家奖学金、中国政法大学一等奖学金等奖项。在工作之后，黄陈辰依然持续关注公民个人信息的刑法保护问题，并以此为基础，将研究的焦点延展至网络暴力的刑事治理等问题，逐渐形成自身的学术标签。我很欣喜能够看到他在学术研究的道路上笔耕不辍、持之以恒、始终如一。

最后，祝贺《侵犯公民个人信息罪的教义学展开》一书顺利出版！希望黄陈辰博士在未来的学术道路上继续前行，不断实现新突破，有更多更好的学术作品问世！

是为序。

王　平

中国政法大学刑事司法学院教授、博士生导师

中国政法大学刑事司法研究中心主任

2024 年 8 月 16 日

目录

CONTENTS

绪　论

一、研究缘起及问题意识

随着互联网科技的发展，尤其是近年来人工智能、云计算、大数据收集与处理技术的进步，我们逐渐进入甚至可以说已经完全进入了信息时代。作为人类科学技术飞跃的第三次浪潮，信息革命对当前社会的影响巨大，可谓直接导致了天翻地覆的变化，最为直观的感受即随处可见的基于新技术的各种应用，从扫码支付到共享经济，从手机直播到5G网络，从人脸识别到虚拟现实（VR），从智能家居到无人驾驶，凡此种种，无不显示着新技术在信息时代的巨大价值与作用。信息时代之所以被称为信息时代，无法脱离信息这一基本要素的价值发掘与实现，可以说在当前社会环境下，个人信息在全行业、全领域均发挥着无法比拟且不可替代的基础性作用。毫不夸张地说，上述新科技的产生与运用，均须建基于对个人信息的收集与使用之上，例如，扫码支付需要获取用户的支付信息，人脸识别需要获取公民的人脸识别信息。个人信息已然成为现代社会发展的重要资源与核心动力。

个人信息的价值不断被发掘与利用，但随之而来的是对其的侵犯与威胁亦愈演愈烈，尤其是近年来侵犯公民个人信息的案件频繁发生，且案件数量逐年攀升、涉案信息规模巨大、种类复杂、涉案人员众多、引起大量下游犯罪，严重侵害了公民个人的信息权益以及其人身、财产安全。个人信息安全问题已然成为我国乃至全世界在当前社会环境下所共同面临的一项巨大挑战，其不仅关系到公民个人的利益，而且直接影响社会的安定与国家的安全。正是由于个人信息安全极度重要，而当前对其的侵犯与威胁又大量存在，因此必须加强对公民个人信息的保护，以实现在信息安全的基础上，充分发挥个人信息对经济发展与社会进步的巨大价值。具体到法律，尤其是刑法层面，在《中华人民共和国刑法修正案（七）》（以下简称《刑法修正案（七）》）以前，个人信息并没有成为立法者关注的重点，因此不存在专门针对个人信息的独立罪名，虽然彼时我国刑法也并非不保护个人信息，但通常情况下其均是将个人信息附属于其他法益以实现顺带保护，例如，通过非法获取国家秘密罪在保护国家法益的同时保护国家情报人员信息等构成国家秘密的个人信息，通过侵犯商业秘密罪保护客户名单等属于商业秘密的个人信息等。直到《刑法修正案（七）》生效实施，才实现公民个人信息的独立刑法保护，《中华人民共和国刑法修正案（九）》（以下简称《刑法修正案（九）》）在此基础之上规定了侵犯公民个人信息罪。2017 年，最高人民法院、最高人民检察院（以下简称"两高"）颁布《关于办理侵犯公民个人信息刑事案件适用法律若干问题的解释》（法释〔2017〕10 号，以下简称《解释》），更有利于该罪的合理适用与对公民个人信息的周全保护。另外在民法领域，2021 年《民法典》正式生效实施，其除了承继《民法总则》中关于个人信息保护的条文，还在第四编"人格权"中专设第六章专门规定"隐私权和个人信息保护"，其中关于个人信息保护的部分为第 1034 条至第 1039 条。2021 年 8 月 20 日，《个人信息保护法》正式发布，标志着我国个人信息保护法律规范的进步与完善。

随着上述法律规范的出台及实施，我国个人信息保护法律体系日臻完善。但当前法律规范的丰富与完善只是相对于先前此方面法律法规缺位时的情况而言，单纯就其本身来说，则并非尽善尽美，尚存在许多问题与弊端。具体到侵犯公民个人信息罪，其已经能够在很大程度上有效规制侵犯公民个人信息的行为，并且《解释》也对该罪构成要件及其他适用规则进行了详细的解读，但从当前司法实践的情况来看，侵犯公民个人信息罪在理解与适用方面仍然存在许多问题。这些问题严重困扰着司法工作者，不同人员可能对同一问题得出不同甚至完全相反的结论，因此导致侵犯公民个人信息罪在实践中认定混乱、适用不一，同案不同判的现象较为严重。

上述问题导致侵犯公民个人信息罪司法适用的混乱，进而引起两方面的不利后果：一方面，由于认定过窄而严重影响该罪保护公民个人信息之效果的发挥；另一方面，由于认定过宽而扩大犯罪圈，阻碍公民个人信息的正常流转与利用，甚至是整个信息产业、信息经济的蓬勃发展。正是由于侵犯公民个人信息罪存在上述问题，且这些问题具有如此严重的不利影响，因此刑法学界自该罪增设之初即致力于对其理解与适用进行研究，关于公民个人信息刑法保护的议题毫无疑问属于当前的理论热点，相关学术成果也是层出不穷。刑法学界对侵犯公民个人信息罪的研究几乎涵盖了上述问题的方方面面，包括该罪法益、犯罪对象、前提要件、行为方式、情节严重等，对每一方面的问题也已有了一定程度的探讨。但需要注意的是，虽然相关成果并不匮乏，但目前尚不存在对这一问题进行系统性梳理与研究的论著，正因如此，本书立基于侵犯公民个人信息罪理解与适用的现实困境，尝试从整体性视角出发，全方位、立体化地对该罪进行研究，着重关注于该罪法益及构成要件的教义学解读，以期为该罪的合理适用与公民个人信息的周全保护提供助力。

二、研究思路及逻辑框架

由于侵犯公民个人信息罪在司法实践中存在理解与适用上的难题，导致该罪周全保护公民个人信息的目标难以有效实现，甚至可能严重阻碍个人信息的合理流通与信息产业的蓬勃发展，因此，本书致力于系统性地对该罪之理解与适用问题进行研究，以期在保护公民个人信息的同时促进信息产业的发展，实现二者之间的双向平衡。

侵犯公民个人信息罪的司法适用主要涉及该罪之构成要件，而对刑法分则中个罪法益的理解，直接影响该罪构成要件的解释与适用，其是个罪研究无法绕开且必须首要解决的前提性问题。因此，本书对侵犯公民个人信息罪的教义学解释主要针对该罪法益与构成要件。侵犯公民个人信息罪被规定于

《中华人民共和国刑法》（以下简称《刑法》）第 253 条之一，该条共有 4 款，其中第 4 款是关于单位犯罪的特殊规定，本身不涉及构成要件，因此该罪构成要件实则仅涉及前三款的内容。由于"向他人出售或者提供"与"违反国家有关规定"关系密切，将其放置于一起进行整体性研究更为合适，因此侵犯公民个人信息罪之构成要件实则可以合并总结为四类。结合本罪所保护之法益，本书需要解决的问题以及研究的核心内容主要集中在五个部分，即法益与上述四类构成要件，基本的逻辑框架在于，以法益研究为前提，在对其进行确证的基础上，平行铺排四类构成要件，因此全文呈现出一种法益与构成要件先后有序，构成要件之间平行铺排的"串联＋并联"的样态。

犯罪的本质是侵害法益，刑法的目的是保护法益。因此，要想准确理解并合理适用侵犯公民个人信息罪，必须首先对该罪的法益进行深入研究，进而在得出准确且一致结论的基础上指导司法实践。从学界现有的成果来看，虽然在学者们持续、激烈的争论中逐渐形成了个人法益说、超个人法益说、双重法益说等多种多样且分歧巨大的学说，但鲜有学者专门研究证成该罪法益的规则或明确提出其研究结论是依据何种规则，有的只是对该罪法益内涵的具体探讨，其关注的重点在于该罪的法益是什么，而不是如何确定该罪法益，由此形成一种"学说丰富，规则缺失"的窘境。本书拟从侵犯公民个人信息罪之法益证成规则入手，在建构起一套完成的流程之后，再基于当前侵犯公民个人信息罪的各种法益学说，在该证成规则的指引之下确立本书的最终观点。

在确认了侵犯公民个人信息罪所保护之法益之后，就能在该法益观点之下对本罪构成要件进行解释并指导其司法适用，首先是作为犯罪对象的"公民个人信息"。"公民个人信息"作为侵犯公民个人信息罪的构成要件之一，其内涵与外延直接影响该罪成立与否的判断，因此要准确适用该罪，必须合理把握"公民个人信息"的具体含义。《解释》对"公民个人信息"进行了界定，这一解释在一定程度上统一了其内涵与外延，但仍然存在模糊不清的地方，进而导致刑法理论界对于这一概念的理解观点各异，各学者在某些关键性问题上存在较大争议，同时也使得实务部门在适用侵犯公民个人信息罪时难以达成统一，对于具体案件的处理结果大相径庭。因此必须对"公民个人信息"的具体内涵进行更加深入的分析与研究，同时进一步确定其外延的边界范围，以保障侵犯公民个人信息罪的合理适用。《解释》第 1 条对"公民个人信息"的定义在本质、载体、主体等方面均相对合适，因此本书对这部分内容进行基本的介绍与解读，针对其中存在的些许争议进行分析。存在问题的是《解释》对"公民个人信息"之可识别性的含义界定，其在识别方式、识别对象、识别标准等方面存在值得商榷的地方，因此本书在对其进行充分研究的基础上尝试提出调整的方案，并按照调整之后的可识别性定义对实践中容易产生分歧的特殊信息类型进行具体判断。

由于出售属于提供的一种，而窃取也是典型的非法获取情形，二者只是作为常见与重点的行为类型进行列举，因此总结而言，侵犯公民个人信息罪所规制的行为方式主要包括非法提供与非法获取两类。对于非法提供而言，"违反国家有关规定"的争议在于其性质以及具体外延，《解释》第 2 条将部门规制包含在内，与《刑法》第 96 条对于"违反国家规定"的界定不同，另外，"出售或者提供"的意蕴阐释以及对法益侵害的判断标准等方面也需要进行更加深入的研究与思考。对于非法获取而言，"获取""窃取""其他方法"等基本范畴的含义相对清晰，只需要对其中存在的少许问题进行厘清，主要的争议存在于对于"非法"的理解，尤其是其与"违反国家有关规定"之间的关系，在辨析清楚上述概念之后，还需要根据本书对非法获取行为的界定，结合智慧社会这一特定的时代背景，对无感抓拍行为、App（Application，应用程序）未经同意获取公民个人信息行为等特殊的获取行为类型进行研究。

刑法分则中"情节严重"的规定与表述具有简化罪状用语的功能，且其对相应罪名的规制范围进行了一定程度的提示与限制，使立法和司法活动之间能够保持着必要的张力。但需要注意的是，由于"情节严重"的表述过于模糊，导致其基本内涵与具体外延并不清晰，在司法实践中往往难以准确把握，有违反罪刑法定原则之嫌，因此在对规定有"情节严重"这一表述的罪名进行认定时，必须首先对"情节严重"的含义予以明确。《解释》第 5 条、第 6 条对侵犯公民个人信息罪中的"情节严重"进行了界定，提出了信息类型及数量、信息用途、主观要素、违法所得数额、曾受处罚等判断标准，使得其内在要素终于在规范层面得以明确，一定程度上解决了上述问题。但需要注意的是，与"情节严重"的认定相关的争论并未彻底平息，反而由于《解释》的规定产生了一系列新的问题。从《解释》第 5 条、第 6 条的内容可以看出，其在对"情节严重"的界定上，采取了混合认定的模式，这一模式具有诸多弊端，因此应当予以调整。在《解释》所提出的判断标准中，信息类型与数量是最主要的标准，其实现了刑法对公民个人信息的分级保护，但其具体要素与结构还不甚完善，需要进行重塑。既然信息类型与数量标准是最为重要的标准，那么对侵犯公民个人信息罪中"情节严重"的判断免不了进行信息数量的计算，其中最为重要的是基本计算单位的确定，即何为"一条"，《解释》还规定了多种计算规则，包括累计计算规则、批量计算规则。

通过对侵犯公民个人信息罪之法益与构成要件进行教义学解读，能够明确其基本内涵与具体外延，有利于指导对该罪的理解与司法适用。本书聚焦于解释论的视角，但也关注对侵犯公民个人信息罪的立法完善，比如将非法利用公民个人信息纳入刑法规则范围等。当然这一部分并不属于本书主要内容，只是在最后的展望中顺带提到。

三、研究方法及创新之处

（一）研究方法

第一，理论研究方法。理论研究方法又被称为文献研究方法，其主要指对当前关于某一具体问题的各种论著、学说进行总结与梳理，通过对相关文献的分析来研究该问题，并提出自身的观点。针对侵犯公民个人信息罪所保护之法益、"违反国家有关规定"的性质、"非法"的含义、"情节严重"中涉案信息数量的基本计算单位等问题，我国刑法理论界已有相当程度的研究，并且形成众多不同的学术成果与观点，本书通过对与这些问题相关的文献进行研读、分析，全面掌握当前的学术研究现状与不足，进而在此基础上提出本书的主张。

第二，类型化研究方法。类型化研究方法指对于某一具体问题，并非采取统一、抽象的路径进行研究，而是根据某一标准对其进行分类，将其归纳总结为不同的类型，进而在此基础之上，根据每一类型的不同性质与特点分别进行研究，以防止"一刀切"，得出更具针对性的结论。本书结合《解释》第1条的规定，通过对本质、载体、主体、可识别性等内容的明确，提出本书关于"公民个人信息"的定义，根据该定义，个人姓名、身份证号码、家庭住址等典型的个人信息容易判断，但实践中存在许多特殊的信息类型，这类信息界定起来更加困难，需要对其进行专门研究。实践中的特殊信息种类多样，不能按照统一标准对其进行判断，因此应采取类型化研究方法，将其归纳总结为不同的信息类型，再分别进行研究，比如行踪轨迹信息、公开个人信息、生物识别信息等。另外，对于非法获取行为的判断也是如此，智慧社会环境下产生了许多不同于传统形式的信息获取行为，对其的判断，需要进一步思考与研究，对其的研究也应当结合司法实践中的具体情况，将其归纳为不同类型，再根据各个类型进行具体判断，比如无感抓拍行为、App 未经同意获取公民个人信息行为、劫取公民个人信息行为等。

第三，交叉学科研究方法。在特定情形中，对于某些刑法问题的研究并不能仅局限于刑法学科，需要在此基础之上结合其他学科的知识与理念，将其与刑法理论相结合，共同解决刑法问题，这种方法被称为交叉学科研究方法。本书在对"出售或者提供"的认定中，需要对行为人所实施的行为进行法益侵害性的判断，若单纯局限于以知情同意原则为核心的形式判断，那么几乎所有的信息交易与流转行为均会被认定为具有实质违法性的"出售或者提供"，这必然会严重阻碍信息产业的长足发展并抑制数字经济的蓬勃生机，因此需要寻找更为实质的判断标准。此时本书尝试借鉴隐私保护领域的场景完整性理论，将其引入公民个人信息保护中，以场景一致代替知情同意作为判断行为法益侵害性的标准，以在尊重信息主体之信息自决权的同时保障个人信息的合理流通与利用，促进信息产业与信息经济的发展。

（二）创新之处

从整体来看，本书立足于侵犯公民个人信息罪理解与适用所面临的现实困境，尝试从整体性视角出发，全方位、立体化地对该罪进行研究，着重关注于该罪法益及构成要件的教义学解读，以期为该罪的合理适用提供助力。自《刑法修正案（九）》出台之初，刑法学者即致力于对侵犯公民个人信息罪的理解与适用研究，公民个人信息刑法保护这一议题无疑是当前的理论热点，相关学术成果也是层出不穷。刑法学界对侵犯公民个人信息罪的研究几乎涵盖了上述问题的方方面面，包括该罪法益、犯罪对象、前提要件、行为方式、情节严重等，且对每一方面都已有一定程度的探讨。但先前的研究，要么是针对某一具体问题进行深入挖掘的精细型论文，要么是从公民个人信息的刑法保护这一宏大视角入手，涵盖所有关联罪名以及民事、行政领域，甚至信息、数据领域知识的著作，因此相关成果虽并不匮乏，但目前尚不存在对侵犯公民个人信息罪这一罪名进行系统性的梳理与研究，且仅针对该罪进行研究的论著。本书尝试填补这一方面的空白，形成对侵犯公民个人信息罪的专门性、体系性研究。

从具体层面而言，本书在有关侵犯公民个人信息罪法益、构成要件的诸多问题与争议上提出具有一定创新性的观点。

其一，关于侵犯公民个人信息罪之法益，本书认为虽争论激烈、学说众多，但鲜有学者关注到证成该罪法益的规则或明确提出其研究结论依据何种规则，由此形成一种"学说丰富，规则缺失"的窘境，导致现有法益学说缺乏合理性与正当性，因此要想得出"侵犯公民个人信息罪所保护之法益是什么"这一问题的答案，必须首先构建起该罪法益的证成规则。本书提出，应首先在个人法益说与超个人法益说之间进行类别选择，然后确定具体法益，最后从反向对已提出的法益进行检验，这一法益证成规则体现了"正反双向考察，先后三重检视"的基本逻辑，本书根据意思完整性与表述简洁性的原则，将其称为"三重检视"模式。按照"三重检视"模式，本书从三个层面入手，逐步提出并确定侵犯公民个人信息罪所保护之法益为个人法益中的信息自决权。

其二，本书认为，"出售或者提供"指的是公民个人信息的流转，一般而言，移转指的是从一个主体到另一个主体，结合传统财物移转的标准（占有移转），因此移转强调接收方获得对移转对象的掌控，这是移转的本质，也是移转成功的标志，因此可以将"出售或者提供"理解为使他人获得对公民个人信息的掌控。虽然公民个人信息不是财物，无法以占有的移转来定义信息移转，不能通过占有实现对其的掌控，但对于个人信息而言，亦存在一个概念能够描述这种作用与影响，即对个人信息的"处理"。因此本书提出，结合前述将"出售或者提供"理解为使他人获得对公民个人信息的掌控的观点，可以进一步将其具体化为"使他人能够处理公民个人信息"。

其三，部分具体问题的研究对象具有一定的创新性。在对"窃取或者以其他方法非法获取"进行研究时，在界定清楚其内涵之后，本书认为还应对部分智慧社会环境下的特殊获取行为进行具体判断，因此分别研究了无感抓拍行为、劫取公民个人信息行为等特殊获取行为类型，按照之前提出的"窃取或者以其他方法非法获取"的定义对其进行分析，判断其是否能被纳入刑法的规制范围。当前刑法理论界，几乎不存在关于这两类行为的研究，因此本书这一部分在研究对象上具有创新性。

其四，考虑到《解释》所提出的侵犯公民个人信息罪中"情节严重"的信息类型与数量判断标准，虽体现了刑法对公民个人信息的分级保护，但仍然存在体系结构、要素设置等方面的弊端，本书主张从增加具体要素、延展认定标准、调整层级划分等角度入手，对"情节严重"中的公民个人信息分级保护进行结构上的重塑。另外，无论是《解释》的规定，还是通常表述，对于公民个人信息的数量计算单位往往是"条"，但何为"一条"，以"条"作为计算单位是否合适等内容均存在疑问。本书提出以可识别性作为公民个人信息数量计算的标准，所谓"一条"公民个人信息，指的是能够完全识别特定自然人的个人信息，单独的直接识别信息本身即可算作"一条"，而间接识别信息则必须相互组合到足以完全识别出特定自然人，这些组合起来的间接识别信息一起算作"一条"。另外，本书认为按此理解，再以"条"作为计算单位的表述，似乎与其内容并不相符，也容易引起歧义，因此提出以"组"作为侵犯公民个人信息罪"情节严重"中信息数量标准的计算单位更为合适，其既能包含直接识别信息与以组合形式出现的间接识别信息，又能更符合公民对"组"一般语义的理解。

第一章

侵犯公民个人信息罪的法益

　　犯罪的本质是侵害法益，刑法的目的是保护法益。因此，对刑法分则中个罪法益的理解，直接影响该罪构成要件的解释与适用，是个罪研究无法绕开且必须首要解决的前提性问题。当前司法实践中，对侵犯公民个人信息罪构成要件解释的混乱与其入罪边界划定的模糊，很大程度上源自各学者在确定该罪法益时观点的巨大争议，不同学者主张各异，甚至完全相反，从而导致法益指导下的该罪在司法适用方面也难以达成理论共识。因此，要想准确理解并合理适用侵犯公民个人信息罪，必须首先对该罪的法益进行深入研究，进而在得出准确且一致结论的基础上指导司法实践。❶

---

❶ 有学者认为，侵犯公民个人信息罪的法益并没那么重要。例如，有学者提出，侵犯公民个人信息罪在属性上缺乏法益侵害性，因此对其而言，刑罚边界确定的关键并非法益类型的确认，而是在承认该罪行政犯性质的基础上，借助其他相关法律的优势，在政策性目的的引导下，寻找刑法上合适的出入罪路径。无论是个人法益说还是超个人法益说，都无法为侵犯公民个人信息行为入罪提供适当、合理的刑罚边界，相反，应当重点把握此犯罪的行政犯属性，而非不那么明确的法益侵害性。参见孙靖珈：《侵犯公民个人信息罪的犯罪属性及对刑罚边界的影响》，《海南大学学报（人文社会科学版）》2019 年第 6 期，第 68—75 页。该观点从根本上违反法益保护原则，不具有合理性，且仅有个别学者主张，因此本书不做详细探讨。

第一节 学说聚讼

自《刑法修正案（七）》生效实施，对侵犯公民个人信息类犯罪之法益的探讨随即兴起，并且产生了一些具有时代印记的早期学说，● 而《刑法修正案（九）》的出台再次掀起了针对这一问题进行研究与争论的热潮。在刑法学界持续、激烈讨论侵犯公民个人信息罪之保护法益的过程中，逐渐形成众多不同的观点，这些观点看似众说纷纭，实则可以根据法益主体的不同划分为三大类别，即个人法益说、超个人法益说、双重法益说。● 由于双重法益说是对前二者的折中与综合，因此观点对立主要发生在个人法益说与超个人法益说之间。

一、个人法益说

该说认为，侵犯公民个人信息罪之法益主体为公民个人，不涉及国家与社会。

● 例如，有学者基于《刑法修正案（七）》中侵犯公民个人信息犯罪的主体被限定为"国家机关或者金融、电信、交通、教育、医疗等单位的工作人员"，犯罪对象被限定为"本单位在履行职责或者提供服务过程中获得的公民个人信息"的事实，提出该罪的法益为"公权（益）关联主体"对公民个人信息的保有。2015年《刑法修正案（九）》颁布后，将《刑法修正案（七）》中"出售、非法提供公民个人信息罪"与"非法获取公民个人信息罪"合并为"侵犯公民个人信息罪"，并将其犯罪主体扩展为一切主体，将犯罪对象延伸至全部公民个人信息。因此该观点丧失存在的根基，在当前环境下不可能成立，其只是带有特定时代印记的一种早期学说。参见赵军：《侵犯公民个人信息犯罪法益研究——兼析〈刑法修正案（七）〉的相关争议问题》，《江西财经大学学报》2011年第2期，第111—113页。

● 学界关于法益有多种分类方法。最常见的是三分法，即将法益分为国家法益、社会法益、个人法益。但这种分类常常将国家法益作为超越于个人法益之上的法益，且存在主体列举不周延、国家法益与社会法益难以区分等弊端，因此逐渐被二元论所取代。二元论主张将法益分为个人法益与超个人法益两类。参见韩轶：《法益保护与罪刑均衡——法益保护之优先性与罪刑关系的合理性》，中央民族大学出版社2015年版，第9—11页；张明楷：《法益初论（增订本）》（上册），商务印书馆2021年版，第239—245页。本书按照二元论对学界现存观点进行总结归纳，由于部分观点在判断侵犯公民个人信息罪之法益时综合了个人法益说与超个人法益说，因此将其归结为双重法益说。

（一）总体理由

第一，侵犯公民个人信息罪在我国刑法中的章节位置。"侵犯公民个人信息罪位于刑法分则第四章，基于同类客体对个罪法益的制约作用，侵犯公民个人信息罪所保护的法益应在公民人身权利、民主权利的范畴之内。"❶至于其保护的具体是何种人身权利、民主权利，则需要结合该罪的构成要件、前置法的内容等要素进行更加深入的研究。

第二，侵犯公民个人信息罪的罪名。司法解释将《刑法修正案（九）》第17条新增的犯罪之罪名确定为"侵犯公民个人信息罪"，❷罪名中的"个人"二字充分表明本罪是针对个人的犯罪，意即本罪侵犯的是公民个人的信息，直接损害的是与个人相关的利益，而与国家利益、社会利益无涉，因此本罪所保护之法益应为个人法益。❸

第三，犯罪对象的个人属性。《中华人民共和国宪法》（以下简称《宪法》）在第二章"公民的基本权利和义务"中规定，国家尊重和保障人权，公民的人格尊严、住宅、通信自由和通信秘密受法律保护，❹根据宪法学界的主流观点，这里的人格尊严可以推导出姓名权、肖像权、名誉权、荣誉权、隐私权等人格权。❺而在信息时代，个人信息之上承载着众多人格利益，如个人姓名信息与姓名权、人脸识别信息与肖像权、隐私信息与隐私权等。因此从这一层面上来说，个人信息与公民个人的自由、尊严紧密相关，其应被包含于宪法对公民人格尊严的保护之中。随着我国个人信息保护法律体系的逐渐完善，宪法对公民个人信息之个人属性的确认得到了其他法律法规的回应，尤其是新近制定的《民法典》与《个人信息保护法》。《民法典》总则第111条规定，自然人的个人信息受法律保护，同时其在第四编"人格权"

---

❶ 高富平、王文祥：《出售或提供公民个人信息入罪的边界——以侵犯公民个人信息罪所保护的法益为视角》，《政治与法律》2017年第2期，第47页。

❷ 参见《最高人民法院、最高人民检察院关于执行〈中华人民共和国刑法〉确定罪名的补充规定（六）》。

❸ 参见徐剑：《侵犯公民个人信息罪法益：辨析与新证》，《学海》2021年第2期，第121页。

❹ 尤其是《宪法》第38条明确规定，"中华人民共和国公民的人格尊严不受侵犯。禁止用任何方法对公民进行侮辱、诽谤和诬告陷害。"

❺ 参见焦洪昌主编：《宪法学》（第六版），北京大学出版社2020年版，第353—354页。

中单独设置第六章专门探讨隐私权和个人信息的保护问题。从《民法典》的章节位置安排、个人信息定义中与特定自然人相联系的"可识别性"要求，以及个人信息与隐私权间的关系可以看出，在《民法典》的语境下，个人信息是一项独立的人格权。《个人信息保护法》将个人信息与自然人相连，正是由于作为侵犯公民个人信息罪犯罪对象的"公民个人信息"具有个人属性，因此该罪所保护之法益亦只能是个人法益。

第四，侵犯公民个人信息犯罪的性质。一般而言，自然犯侵害的是个人法益，而法定犯则侧重于侵害社会管理秩序等超个人法益，[1] 因此个罪之法益的确定往往与相关犯罪的性质密不可分，在侵犯公民个人信息罪中亦是如此。我国虽然没有像德国、奥地利等国一样以刑法、附属刑法分别对自然犯、法定犯予以规制，而是将其统一规定于刑法中，但我国刑法分则进行了章节设置，将全部犯罪分为十大类与若干小类，同一类别的犯罪在性质上大致相同。侵犯公民个人信息犯罪被规制于"侵犯公民人身权利、民主权利罪"中，而侵犯公民人身权利、民主权利的犯罪显然违背社会伦理，属于典型的自然犯。[2] 另外，虽然侵犯公民个人信息罪中规定了法定犯必备的构成要件要素，即"违反国家有关规定"，但并不能据此认定该犯罪属于法定犯，因为具有这一构成要件要素与成立法定犯之间并不存在绝对的对应关系。例如，根据《刑法》第 244 条之一的规定，雇用童工从事危重劳动罪的成立条件之一为"违反劳动管理法规"，但该类犯罪侵犯儿童身心健康，严重违背伦理道德秩序，是典型的自然犯。因此，侵犯公民个人信息犯罪在性质上属于自然犯，只不过该罪具有"违反国家有关规定"这一构成要件要素，因而带有法定犯气质。[3] "既然侵犯公民个人信息犯罪之性质为自然犯，那么其所侵害的法益即为个人法益。"[4]

---

[1] 参见孙国祥：《集体法益的刑法保护及其边界》，《法学研究》2018 年第 6 期，第 42 页。
[2] 参见张忆然：《大数据时代"个人信息"的权利变迁与刑法保护的教义学限缩——以"数据财产权"与"信息自决权"的二分为视角》，《政治与法律》2020 年第 6 期，第 57 页。
[3] 参见刘艳红：《侵犯公民个人信息罪法益：个人法益及新型权利之确证——以〈个人信息保护法（草案）〉为视角之分析》，《中国刑事法杂志》2019 年第 5 期，第 24—27 页。
[4] 参见刘艳红：《侵犯公民个人信息罪法益：个人法益及新型权利之确证——以〈个人信息保护法（草案）〉为视角之分析》，《中国刑事法杂志》2019 年第 5 期，第 24 页。

第五，相对于国家利益与社会利益而言，个人法益说更加关注对个人利益的保护。一方面，根据个人法益说（尤其是其中的个人信息权说与信息自决权说）的观点，无论是其他自然人，还是数据企业、社会组织，甚至是国家机关，其若要收集、公开、使用或以其他任何方式处理个人信息，均需使作为信息主体的公民个人知情并取得其许可、同意，这充分实现了公民个人对其自身信息的绝对控制，并最大限度地保护了其个人利益。另一方面，根据个人法益说的观点，公民个人有权对这一法益进行处理，甚至放弃该法益。此时，由于个人具有放弃的权限，因此在其意思表示真实的情况下，构成有效的被害人同意这一超法规的违法阻却事由，即使他人未经信息主体同意而收集、公开、使用其个人信息，也因法益阙如而不构成犯罪。❶ 这一观点不仅尊重了公民个人对其自身信息的决定权，而且亦便于其特殊目的的实现。❷ 例如，应聘者为了寻求好的工作机会或企业人资主管为了招录优秀人才而在招聘网站公布其联系方式，由于是作为信息主体的应聘者或人资主管自愿公开其信息，因此若某人从该网站下载、保存相关信息甚至整理之后提供给第三人，其行为不具有刑事违法性。这样的结论有利于实现应聘者寻求工作岗位与招聘者招录优秀人才的目的，而且将处理此类由于信息主体自身放弃权利而主动公开的信息的行为认定为犯罪亦违背一般人的认知。❸

（二）具体学说

在个人法益说之内，根据个人法益内容选择的不同可以分为多个学说，具体包括以下几种。

1. 一般人格权说

根据一般人格权说，侵犯公民个人信息罪的法益为公民的人格尊严与个人自由。持此观点的学者主要基于三方面的理由。其一，在我国刑法分则中，不仅章节设置体现了立法者对同类客体的考量，具体条文位置的编排也与法

---

❶ 参见徐剑：《侵犯公民个人信息罪法益：辨析与新证》，《学海》2021 年第 2 期，第 121 页。

❷ 参见熊波：《侵犯公民个人信息罪法益要素的法教义学分析——基于"泛云端化"信息特质》，《西北民族大学学报（哲学社会科学版）》2019 年第 5 期，第 141 页。

❸ 参见喻海松：《侵犯公民个人信息罪的司法适用态势与争议焦点探析》，《法律适用》2018 年第 7 期，第 13 页。

益相关，相邻罪名所保护的法益往往具有一致性或相似性。"立法者将侵犯公民个人信息罪放置于侵犯通信自由罪与私自开拆、隐匿、毁弃邮件、电报罪之后，而此两罪的法益均为通信自由与人格尊严，因此侵犯公民个人信息罪亦是对此类法益的保护。"❶ 其二，从德国、美国等其他国家的个人信息保护法律以及经济合作与发展组织、欧盟等国际性、区域性组织发布的相关文件可以看出，"目前多数国家、地区，甚至整个国际社会，均主要是从个人基本权利和自由的角度来保护个人信息"❷ 其三，由于我国尚未出台专门的个人信息保护法，因此刑法保护个人信息的依据建立在公民人格尊严与个人自由等宪法权利之上，是履行"国家尊重和保障人权"的基本义务，故该罪法益亦只能是宪法规定的基本权利。由于《民法典》《个人信息保护法》目前均已正式颁布，因此，此种以笼统的一般人格权概括本罪法益的观点不再具有合理性。

2. 具体人格权说

具体人格权包括隐私权说、修正的隐私权说、个人信息权说、信息自决权说、信息流通知情权说、公民个人生活安宁说等。

（1）隐私权说

持隐私权说的学者将侵犯公民个人信息罪中"公民个人信息"的范围限定在体现了公民隐私权的信息之内，主张只有这部分信息才是刑法保护的对象。❸ 很明显，隐私权说将公开信息排除在外，不当限缩了刑法对个人信息的保护范围，因为除涉及隐私的信息外，公开信息也属于公民个人信息。隐私权说主要出现在《刑法修正案（九）》出台之前的学者的论著中，❹ 随着

---

❶ 郭泽强、张鑫希：《走出侵犯公民个人信息罪的法益保护之迷思——超个人法益之提倡》，《天府新论》2020年第3期，第95页。

❷ 高富平、王文祥：《出售或提供公民个人信息入罪的边界——以侵犯公民个人信息罪所保护的法益为视角》，《政治与法律》2017年第2期，第50页。

❸ 参见蔡军：《侵犯个人信息犯罪立法的理性分析——兼论对该罪立法的反思与展望》，《现代法学》2010年第4期，第108—109页；王昭武、肖凯：《侵犯公民个人信息犯罪认定中的若干问题》，《法学》2009年第12期，第148页。

❹ 参见付强：《非法获取公民个人信息罪的认定》，《国家检察官学院学报》2014年第2期，第117页；庄晓晶、林洁等：《非法获取公民个人信息犯罪区域性实证分析》，《人民检察》2011年第9期，第70页。

《刑法修正案（九）》生效实施并将该类犯罪的主体、对象扩展至一般主体与一般对象，很少再有学者持隐私权说的观点。

（2）修正的隐私权说

由于隐私权说存在法益保护不周延的弊端，因此部分学者开始尝试对其进行修正，在以隐私权为主体的基础上增加其他权利或扩充隐私权的概念，以期填补隐私权说的缺漏。相关学者提出了众多完善的方法，因其均是对隐私权说的修正，故而本书将其统称为修正的隐私权说。部分学者认为，侵犯公民个人信息罪的法益同时包括隐私权与个人信息控制权，❶ 这种观点与美国关于个人信息保护的路径一致，即通过扩充传统隐私权的内涵，将个人信息也囊括其中。因此，在此观点的语境下，隐私权不仅包含消极保护的面向，还包括积极利用的面向。但由于在我国，隐私权具有特殊且确定的含义，其与个人信息并不完全是包含与被包含的关系，因此这一观点在我国没有适当的理论根基。另有学者认为，侵犯公民个人信息罪的法益是网络隐私权，❷ 这一观点也是将隐私权的范围扩展到公民个人对其自身信息的积极控制，同时将具体场域限定为网络空间。亦有学者认为，侵犯公民个人信息罪的法益包括隐私权以及信息自由与安全，这种观点同时强调对信息权利与隐私权的双重保护，虽未扩充隐私权的概念，但整体方略与前两者一致，即在传统消极隐私权的基础上增加对积极信息权利的保护，❸ 更有学者认为，个人信息不仅涉及个人精神层面的利益，而且具有财产属性。❹ 部分学者认为，本罪保护的法益为双重法益，但其实则是"公民个人的信息自由、安全与隐私权的结合"❺，

---

❶ 参见刘艳红主编：《刑法学》（下）（第二版），北京大学出版社 2016 年版，第 254 页。

❷ 该学者认为，网络隐私权是指，在网络空间内，公民可以自由支配个人的私密事情（包括个人信息），并且不被他人知晓、集中整理并传播，以及不经同意而公开的权利。参见徐翕明：《"网络隐私权"刑法规制的应然选择——从"侵犯公民个人信息罪"切入》，《东方法学》2018 年第 5 期，第 64 页。

❸ 参见陈兴良主编：《刑法学》（第三版），复旦大学出版社 2016 年版，第 256 页；周光权：《刑法各论》（第四版），中国人民大学出版社 2021 年版，第 71—72 页。

❹ 参见叶良芳、应家赟：《非法获取公民个人信息罪之"公民个人信息"的教义学阐释——以〈刑事审判参考〉第 1009 号案例为样本》，《浙江社会科学》2016 年第 4 期，第 76 页。

❺ 张庆立：《侵犯公民个人信息罪的要素阐释与立法完善——基于教义学的解读》，《江汉学术》2018 年第 6 期，第 61 页。

因而不是传统意义上对法益分类中的融合个人法益说与超个人法益说的双重法益说，自由、安全和隐私权都是个人法益，因此整体而言这一观点仍属于个人法益说。

（3）个人信息权说

早在《刑法修正案（七）》出台之初就有学者提出可以通过司法解释将出售、非法提供公民个人信息罪与非法获取公民个人信息罪的罪名直接确定为"侵犯个人信息权罪"。❶《刑法修正案（九）》将上述两罪合并为"侵犯公民个人信息罪"之后，个人信息权说更是为众多学者所赞成，其认为将个人信息权作为一项独立权利予以刑法保护符合信息时代、大数据时代的趋势与现实需求。❷ 有学者更是从个人信息权为我国民法所确立、为我国宪法所包容、为域外法律实践所承认、为我国刑法条文所容纳四个角度全方位论证侵犯公民个人信息罪所保护之法益应为个人信息权。❸

（4）信息自决权说

2021 年 8 月 20 日通过的《个人信息保护法》在第四章规定了"个人在个人信息处理活动中的权利"，其中的核心部分为信息自决权。❹ 信息自决权是指权利人对其自身信息所享有的积极控制与排除他人侵害的权利，包括消极防御与积极利用两个方面。❺ 采取信息自决权说的学者主要基于以下理由。其一，通过比较研究欧洲、美国的个人信息保护立法并探寻其理论源头，发现其都是强调法律对体现信息自决权的个人信息控制或自治进行保护。❻ 其二，《个人信息保护法》《网络安全法》等法律均规定了信息自决权，虽然还

---

❶ 参见刘宪权、方晋晔：《个人信息权刑法保护的立法及完善》，《华东政法大学学报》2009 年第 3 期，第 130 页。

❷ 参见于冲：《侵犯公民个人信息罪中"公民个人信息"的法益属性与入罪边界》，《政治与法律》2018 年第 4 期，第 21 页。

❸ 参见陈梦寻：《论侵犯公民个人信息罪的法益》，《刑法论丛》2018 年第 1 期，第 244—250 页。

❹ 主要包括知情权、决定权、查阅权、复制权、更正、补充、删除、解释请求权等。参见《个人信息保护法》第 44—50 条。

❺ 参见曾粤兴、高正旭：《侵犯公民个人信息罪之法益研究》，《刑法论丛》2018 年第 3 期，第 219—220 页。

❻ 参见刘艳红：《民法编纂背景下侵犯公民个人信息罪的保护法益：信息自决权——以刑民一体化及〈民法总则〉第 111 条为视角》，《浙江工商大学学报》2019 年第 6 期，第 22—24 页。

同时包含了知情权、查阅权、复制权等其他权利，但这些权利都建立在信息自决权基础之上。其三，侵犯公民个人信息罪所规制的行为均发生在个人信息的收集、流转过程中，是对信息主体自主决定其个人信息被获取与披露的权利的侵害，而《个人信息保护法》中规定的其他信息权利均与公民个人对其信息的支配无关，因此本罪保护的法益只能是信息自决权。❶ 其四，认为本罪法益为信息自决权更能够与被害人同意这一超法规的违法阻却事由相协调，若信息主体自愿放弃权利，则他人未经许可的信息处理行为不具有刑事违法性。❷ 另外，部分学者主张本罪法益在个人信息自决权以外还包括个人信息侵害对个体社会交往利益的影响，❸ 这类观点的理由主要在于侵犯公民个人信息罪中"情节严重"的标准以及该罪作为网络黑灰产源头进而可能引起下游犯罪的事实，强调由于侵害信息自决权而带来的人身、财产等损害。

（5）信息流通知情权说

部分学者主张对个人信息权进行限缩，但具体限缩的范围为信息流通的知情权。持该观点的学者认为，虽民法、行政法上以知情同意原则为核心，但由于个人信息主体的"同意"不具备理性基础和契约优势，因此仅对"知情"有刑法保护的必要性。❹ 按照这一观点，行为人只要在处理个人信息之前通知信息主体以使其对信息处理这一事项知情即未侵犯本罪法益，进而阻却刑事违法性，信息主体同意与否在所不论。这种观点过度限制了侵犯公民个人信息罪的处罚范围，不利于保护信息主体的相关权益。

（6）公民个人生活安宁说

部分学者认为，个人信息被非法获取、非法泄露严重威胁与损害了公民

---

❶ 参见张忆然：《大数据时代"个人信息"的权利变迁与刑法保护的教义学限缩——以"数据财产权"与"信息自决权"的二分为视角》，《政治与法律》2020年第6期，第58—59页。

❷ 参见熊波：《侵犯公民个人信息罪法益要素的法教义学分析——基于"泛云端化"信息特质》，《西北民族大学学报（哲学社会科学版）》2019年第5期，第141页。

❸ 参见马永强：《侵犯公民个人信息罪的法益属性确证》，《环球法律评论》2021年第2期，第113—115页。

❹ 参见自正法、韩铁柱：《流通知情权与侵犯公民个人信息罪的法益及其刑事保护边界》，《内蒙古社会科学》2020年第5期，第91—93页。

个人的人身、财产、隐私权益，而这些权益无不涉及个人的私人生活，事关公民个人的生活安宁。[1] 这一观点认为，本罪法益应为公民个人生活安宁，这是一种个人生活不因信息被非法获取或非法泄露而受干扰的平稳、安宁的状态。但生活安宁具有很强的主观性，每个人对安宁状态的要求和标准各不相同，因此导致法益内容的抽象与模糊，无法准确判断，故此种学说遭到部分学者的反对。

3. 个人信息安全说

有学者认为，个人信息对于公民个人而言，只是其身份属性的一部分，而其背后所承载的人身、财产安全才是刑法关注与保护的重点。"立法者设置侵犯公民个人信息罪的根本目的在于对信息安全的保护，即个人信息所关涉的信息主体的人身、财产安全。"[2] 持这一观点的学者主要基于以下理由：其一，在关于犯罪本质的探讨中，自法益侵害说取代权利侵害说以后，将个罪法益定义为某种权利并不合适。其二，刑法保护的是具有保护必要性的法益，而若个人信息被非法获取或非法泄露后，行为人未使用该信息从事违法行为或实施下游犯罪，则不会造成相应的损失，并且若只侵犯单一的个人信息权，通过民事、行政手段解决即可，无须动用刑法。其三，个人信息安全本质上不是超个人法益，而是个人法益，但又与普通个人法益不同，其是一种法益集合，是若干个人的法益聚合在一起所形成的。将侵犯公民个人信息罪所保护之法益认定为个人信息安全更加符合该罪构成要件以及《解释》对信息数量、用途、所造成损害等的规定，同时能够更好地确定"公民个人信息"的范围，即只有关涉个人人身、财产安全的信息才能成为本罪的犯罪对象。与此观点相关的是，有学者将本罪的法益界定为个人信息安全权，但其内容是个人信息权中的消极防御权，即个人信息不受泄露、披露的权利。[3] 虽个人信息与隐私并不完全相同，但个人信息中不应被非法泄露的部分只有隐私信息，公开信息本身即可以为公众所知，因此个人信息安全权说实则能

---

[1] 参见胡胜：《侵犯公民个人信息罪的犯罪对象》，《人民司法》2015 年第 7 期，第 41 页。

[2] 姜涛：《新罪之保护法益的证成规则——以侵犯公民个人信息罪的保护法益论证为例》，《中国刑事法杂志》2021 年第 3 期，第 53 页。

[3] 参见徐剑：《侵犯公民个人信息罪法益：辨析与新证》，《学海》2021 年第 2 期，第 121—123 页。

为隐私权说所包容。

4. 个人信息受保护权说

有学者主张从公法法益观视角来理解侵犯公民个人信息罪所保护的法益，认为该罪法益应为个人信息受保护权，即公民个人信息应受到刑法保护的权利。这一权利不是为了划定平等主体之间信息利益的边界，而是通过规制信息处理者的行为来防范公民个人的信息利益遭受侵犯，因此其不是私法权利而是公法权利。持此观点的学者主要基于以下理由：其一，个人并不享有对其自身信息的绝对的控制权与支配权。其二，家庭住址、身份证号码等与个人人身、财产安全紧密相关，而年龄、兴趣爱好等信息则较为边缘，因此私法法益观认为各种信息具有同等重要性的观点显然不恰当。其三，私法法益观中的信息自决权并非完全绝对排他的权利，其也受多方面的限制。例如，从事保密工作的人员无权擅自决定公开其个人信息，因为其信息涉及国家安全；再如在新冠疫情防控过程中，卫生部门有权收集、披露、使用公众尤其是确诊患者、疑似病例、密切接触者的行程轨迹信息，无须经过信息主体的许可和同意。其四，在大数据时代，公民个人的同意权被虚化导致其权能根本无法实现。例如，App 运营商向用户提供冗长、复杂的隐私协议，或者设置不授权即无法使用的模式，使得用户为了顺利使用该 App 的功能而不得已允许 App 收集、使用其个人信息，此时虽形式上符合知情同意原则，但用户的同意实质上并非出自本人真实意愿。其五，我国的个人信息权利主要来自宪法与行政法律，其核心目的在于限制政府或网络平台等信息处理者的权力，防止其对公民个人信息的侵犯，而不是为了规范其他自然人的行为，因此其自始具有公法法益的性质。❶ 需要注意的是，个人信息受保护权说只是认为本罪法益的确定应从调整平等主体间权利边界的私法法益观转向防止信息处理者侵犯个人信息的公法法益观，但其本质上仍属于个人法益。

---

❶ 参见欧阳本祺：《侵犯公民个人信息罪的法益重构：从私法权利回归公法权利》，《比较法研究》2021 年第 3 期，第 55—62 页。

二、超个人法益说

超个人法益说认为，侵犯公民个人信息罪的法益主体为国家、社会、集体等。

（一）总体理由

支持超个人法益说的学者主要基于以下理由：

第一，侵犯公民个人信息罪的罪名。如前所述，《罪名补充规定（六）》将《刑法》第 253 条之一规定的犯罪之罪名确定为"侵犯公民个人信息罪"。这一罪名保留了《刑法修正案（七）》中所规定的"公民"的表述。在我国《刑法》中，"公民"一词既具有中国意蕴，指代具有中国国籍的人，也可以扩大解释为包括外国人、无国籍人在内的任何人，这是"公民"这一表述的主要内涵。除此之外，"公民"还具有其他独特的潜在意义，即表明侵犯公民个人信息罪所保护法益的超个人属性，● 因此虽有观点认为从表述简洁性与词义严格性角度来看，应删除"公民"二字而直接表述为"个人信息"，但持超个人法益说的学者认为应当保留。●

第二，侵犯公民个人信息罪的刑罚。相关学者提到，可以通过某罪法定刑的设置来反向判断其所保护的法益为何。● 《刑法修正案（九）》在《刑法修正案（七）》的基础上增加了"情节特别严重"的加重犯的情形，所对应

● 例如，有学者提到："当代信息社会，公民个人信息不仅直接关系个人信息安全与生活安宁，而且关系社会公共利益、国家安全乃至于信息主权，所以，'公民'一词表明'公民个人信息'不仅是一种个人法益，而且具有超个人法益属性，还需要从公民社会、国家的角度进行解释。"曲新久：《论侵犯公民个人信息犯罪的超个人法益属性》，《人民检察》2015 年第 11 期，第 6 页。

● 例如，有学者认为："尽管对'公民'可以通过扩张解释的方法解释为包括外国人、无国籍人在内的任何人，但是，'公民'毕竟是一个严格的法律概念，也有着固定的内涵和外延，通过解释将外国人、无国籍人概括进刑法第 253 条之一第 1 款所述的'公民'中，就严重地扭曲了'公民'的本来概念，未对'公民'这一法律术语给予应有的严肃对待……所以，既为了简洁，也为了避免解释上的误区，完全可以将我国刑法第 253 之一第 1 款中的'公民'一词删除。"赵秉志：《公民个人信息刑法保护问题研究》，《华东政法大学学报》2014 年第 1 期，第 125—126 页。

● 例如，有学者提出："依罪刑均衡原则，某行为的法定刑设置与所侵害的法益应当是相应的……一般而言，某一类罪的犯罪客体较之另一类罪重要，同等条件下，则侵犯前者所体现的社会危害性也会大于后者，前者的法定刑亦会重于后者。"林滨渤：《基于家庭成员间受扶养权三维度下的遗弃罪法益研究》，《求索》2013 年第 2 期，第 193 页。

的法定刑也增设了"三年以上七年以下有期徒刑,并处罚金"这一区间,将该罪的最高法定刑提升至七年有期徒刑。刑法增强对侵犯公民个人信息犯罪的打击力度符合该类犯罪在信息时代愈演愈烈的趋势以及公众对自身信息安全的迫切需求,但该罪法定刑幅度的提升使得其与《刑法》第四章其他犯罪的刑罚配置间显得不相协调。例如,《刑法》第 233 条"过失致人死亡罪"的最高法定刑为七年有期徒刑,第 257 条"暴力干涉婚姻自由罪"与第 260 条"虐待罪"只有在导致被害人死亡或者重伤、死亡的情况下才处二年以上七年以下有期徒刑,而侵犯公民个人信息罪与这些严重危及他人生命、健康的犯罪最高法定刑相同甚至最低刑高于"暴力干涉婚姻自由罪"与"虐待罪",这似乎与罪刑均衡原则相违背。❶ 对此,唯一合理的解释是,侵犯公民个人信息罪所保护的不是仅与单一自然人相关的个人法益,而是涉及大量被害人以及社会整体利益,甚至国家利益的超个人属性的法益。正是因为其所保护的法益具有高于单一个人利益的重要性程度,因此反映在法定刑设置上,该罪法定刑与危害自然人生命、健康犯罪的法定刑相同甚至更高。❷

第三,侵犯公民个人信息犯罪的性质。一般而言自然犯侵害的是个人法益,而在法定犯时代的立法实践中,法定犯侧重于对社会管理秩序等超个人法益的侵害,❸ 因此个罪之法益的确定往往与相关犯罪的性质密不可分,侵犯公民个人信息罪亦是如此。《刑法》第 253 条之一对"违反国家有关规定"的规定,表明只有结合《个人信息保护法》《网络安全法》等前置法的规定才能确定本罪构成要件的具体内容,构成本罪必须违背前置法的规定。因此,侵犯公民个人信息犯罪的实质不是破坏社会伦理道德秩序,而是违反了国家相关行政管理规定,在犯罪性质上属于法定犯,因而此类犯罪所侵犯的法益为超个人法益。❹

---

❶ 参见王肃之:《被害人教义学核心原则的发展——基于侵犯公民个人信息罪法益的反思》,《政治与法律》2017 年第 10 期,第 36 页。

❷ 参见皮勇、王肃之:《大数据环境下侵犯个人信息犯罪的法益和危害行为问题》,《海南大学学报(人文社会科学版)》2017 年第 5 期,第 121 页。

❸ 参见王俊:《法定犯时代下违法性认识的立场转换》,《现代法学》2020 年第 6 期,第 180 页。

❹ 参见王飞:《侵犯公民个人信息罪若干实务问题探析——以犯罪客体为视角》,《法律适用(司法案例)》2018 年第 18 期,第 102—103 页。

第四，侵犯公民个人信息犯罪的群发性与刑法的谦抑性。从司法实践的情况来看，"目前侵犯公民个人信息犯罪以非法获取、提供海量信息为常态，涉案信息数量大、种类多、范围广"❶，动辄涉及成百上千万条，甚至上亿条个人信息，因此该类犯罪不具备个体性，而是一种群发性。❷ 这种群发性表明，立法者设置侵犯公民个人信息罪这一用以规制前述犯罪的罪名不应是仅关注某一特定个人的信息权益，而是关注由这些数量巨大的个体聚合而成的整体利益，因此本罪所保护之法益应具有超个人属性。❸ 另外，即使现实中偶有发生侵害特定公民的个人信息的案件，根据刑法谦抑性的特质，也只有具有相当重要性程度的法益才是侵犯公民个人信息罪所保护的对象。若行为人仅侵犯特定某个或某几个公民的个人信息，尚未造成危及社会、国家利益的损害后果时，以民事、行政措施即足以对其进行规制，或者作为下游犯罪的一个情节考虑，无须实施刑事手段，更不必单独作出处罚；只有当行为人侵犯大量个人信息进而危害社会秩序、公共安全等超个人法益时，才有动用刑罚的必要。❹ 因此侵犯公民个人信息罪仅规制侵犯大规模数量个人信息的行为，其所保护的法益具有超个人属性。这一观点也得到了司法解释的认可，《解释》第5条规定了侵犯公民个人信息罪"情节严重"的认定标准，其中第（三）、（四）、（五）、（六）、（八）项为数量标准，表明只有行为人侵犯的公民个人信息达到一定规模与数量之后才会进入刑法视野，成为侵犯公民个人信息罪的规制对象。❺

第五，侵犯公民个人信息的犯罪本身针对的对象仅是个人信息，并不造成公民人身、财产等权益的损失，其危害主要体现在所引起的下游犯罪之上，

---

❶ 马忠泉：《侵犯公民个人信息犯罪的实证分析》，《中国刑警学院学报》2018年第6期，第30页。

❷ 参见王肃之：《被害人教义学核心原则的发展——基于侵犯公民个人信息罪法益的反思》，《政治与法律》2017年第10期，第28页。

❸ 参见郭泽强、张鑫希：《走出侵犯公民个人信息罪的法益保护之迷思——超个人法益之提倡》，《天府新论》2020年第3期，第95页。

❹ 参见皮勇、王肃之：《大数据环境下侵犯个人信息犯罪的法益和危害行为问题》，《海南大学学报（人文社会科学版）》2017年第5期，第121页。

❺ 参见敬力嘉：《大数据环境下侵犯公民个人信息罪法益的应然转向》，《法学评论》2018年第2期，第121页。

因此具有间接性，这一点从司法解释的具体规定中也能看出。❶ 这种间接性体现了预防性处罚思路，即虽然最终目的是遏制危害公民人身、财产安全的下游犯罪，但将位于犯罪链条前端的侵犯公民个人信息犯罪纳入刑法规制范围，这是一种基于风险预防逻辑的"源头治理"打击进路。但需要注意的是，若对个人法益采取预防性处罚方式，显然违背刑法谦抑性原则，因此合理的解释是侵犯公民个人信息罪所保护之法益为超个人法益。另外，侵犯公民个人信息犯罪会为其他违法犯罪行为提供"原料"，进而诱发下游犯罪❷，导致侵犯公民个人信息犯罪的社会危害性发生变化，远远超出个人法益范畴，因此该罪法益只能在超个人法益中进行选择，侵犯公民个人信息犯罪的现实状况也表明了这一点。❸

（二）具体学说

在持超个人法益说观点的学者之中，除少部分学者仅提出侵犯公民个人信息罪保护的应为超个人法益而未进一步明确到底是何种法益外，❹ 绝大多数学者均具体到某一特定法益。根据法益内容选择的不同，超个人法益说可以分为以下多种具体学说。❺

---

❶ 《解释》第 5 条第 1 款第（一）项将"出售或者提供行踪轨迹信息，被他人用于犯罪的"认定为"情节严重"的标准，第 2 款第（一）、（二）项将造成被害人死亡、重伤、精神失常、被绑架以及导致重大经济损失或者恶劣社会影响等情形规定为"情节特别严重"的标准。

❷ 例如，电信诈骗、网络盗窃、敲诈勒索、绑架、故意伤害等严重危及他人人身、财产安全以及社会安定和谐的犯罪。

❸ 例如，2013 年 4 月 23 日，颁布施行的《最高人民法院、最高人民检察院、公安部关于依法惩处侵害公民个人信息犯罪活动的通知》在对侵犯公民个人信息犯罪的描述中说道："此类犯罪不仅危害公民的信息安全，而且极易引发多种犯罪，成为电信诈骗、网络诈骗以及滋扰型'软暴力'等信息犯罪的根源，甚至与绑架、敲诈勒索、暴力追债等犯罪活动相结合，影响人民群众的安全感，威胁社会和谐稳定。"

❹ 例如，有学者在批判与否定个人信息权等个人法益的基础上，提出个人信息应该作为超个人法益进行保护，但其并未明确具体应以哪种超个人法益进行保护。参见郭泽强、张鑫希：《走出侵犯公民个人信息罪的法益保护之迷思——超个人法益之提倡》，《天府新论》2020 年第 3 期，第 99—101 页。

❺ 如前所述，《刑法修正案（九）》出台之前，基于《刑法修正案（七）》的规定，有学者提出"公权（益）关联主体"对公民个人信息的保有说，认为侵犯公民个人信息犯罪侵犯的法益为与公共利益密切相关的主体对公民个人信息的保有状态，这种观点也属于超个人法益说，但由于《刑法修正案（九）》对侵犯公民个人信息罪的完善使其丧失存在的根基，因此本书不再详细介绍。

1. 社会信息管理秩序说

部分学者认为，侵犯公民个人信息罪所保护的法益为社会对个人信息的管理秩序。持此观点的学者主要依据《解释》对"情节严重""情节特别严重"标准的规定提出以下两方面的理由。其一，《解释》第 5 条第 1 款第（一）、（二）项并没有对他人利用相关信息实施的犯罪种类做出限制，因此其包含侵犯公共安全、公共秩序的犯罪，通过规制侵犯公民个人信息行为而实现对这些犯罪的打击，这也体现了立法者对作为超个人法益的社会信息管理秩序的关注。其二，《解释》第 5 条第 2 款第（一）、（二）项表明，立法者规制侵犯公民个人信息行为的最终目的是保护其背后的公共利益。但这些危害后果由下游犯罪导致，因此侵犯公民个人信息罪采取的是一种具有间接性的处罚模式，而非实害性处罚。在这种情况下，只有将本罪法益认定为社会信息管理秩序这种超个人法益才符合刑法谦抑精神的要求。❶

2. 公共信息安全说

持该观点的学者从法益保护重要性与紧迫性的角度论证，只有侵犯多数人的个人信息并且危害公共信息安全的行为才应被纳入刑法规制范围，只侵犯特定主体或单一主体个人信息的行为按照《中华人民共和国侵权责任法》（以下简称《侵权责任法》）等民事法律或《个人信息保护法》等行政法律解决即可，这样才符合刑法谦抑性的精神。在引起下游犯罪的情况下，仅侵犯单一主体个人信息的行为按照下游犯罪的一个情节考虑即可。另外，从刑罚来看，该罪最高法定刑为七年有期徒刑，而同样规定在《刑法》第四章中的"暴力干涉婚姻自由罪"，只有在导致被害人死亡或者重伤、死亡的情况下才处二年以上七年以下有期徒刑，侵犯公民个人信息罪与这些严重危及他人生命、健康的犯罪最高法定刑相同甚至最低刑高于暴力干涉婚姻自由罪，这似乎与罪刑均衡原则相违背，唯一合理的解释即该罪法益为超个人法益。基于侵犯公民个人信息罪法益之公共性，持公共信息安全说的学者主张应将该罪的罪名直接修改为"侵犯公共信息安全罪"，以避免由于罪名中出现

---

❶ 参见凌萍萍、焦冶：《侵犯公民个人信息罪的刑法法益重析》，《苏州大学学报（哲学社会科学版）》2017 年第 6 期，第 70—71 页。

"公民个人信息"而导致将该罪法益误解为个人法益。❶ 同时相关学者还提出该罪规定于《刑法》第四章并不合理，这不仅是因为该罪的行为对象可能包括超出公民人身权利、民主权利之外的财产信息与单位信息，更重要的原因在于该罪法益的公共属性，因此相关学者主张应将该罪调整到《刑法》第六章"妨害社会管理秩序罪"中，这样既可以解决该罪被规定于第四章中所存在的问题，又有侵犯计算机信息系统罪等类似犯罪作为先例，显得更加合理。❷

3. 个人信息安全的社会信赖说

部分学者认为，组成社会的基本单元除了具体个人，还需要一些制度性事实，如货币制度、电子交易制度等，这些制度的正常运作依赖于社会成员对该制度的信赖，例如，只有买方相信自己先行付款之后能够收到货物、卖方相信自己账号上数字的增加等同于财产的增加，电子交易制度才能够产生并正常运行。当社会成员的信赖感成为某项制度必不可少的要素时，对这一信赖感予以保护即具有了正当性。大数据时代存在着不容小觑的信息安全风险，这些风险使得人们产生不安感，进而怯于披露、分享、使用自身信息，这将严重影响人们的日常生活。因此保护社会成员对个人信息安全的信赖是必要的，虽信息风险不可能被完全消灭，但只要保证了信赖感，社会成员就能安心参与社会活动，整个社会的信息秩序也能正常运行。❸ 另外，相关学者还从刑法条文与司法解释的内容、修法背景、司法实践等方面对个人信息安全的社会信赖说进行证立。其一，《刑法》第 253 条之一明确规定"情节严重"这一构成要件，而《解释》将信息数量、用途、造成的危害后果作为其认定标准并对不同类型的信息设置高低不同的入罪门槛，这充分表明了本罪法益不可能是个人法益，而将法益认定为个人信息安全的社会信赖是没有问题的。其二，从修法背景来看，立法者设立侵犯公民个人信息罪的主要目

---

❶ 参见王肃之：《被害人教义学核心原则的发展——基于侵犯公民个人信息罪法益的反思》，《政治与法律》2017 年第 10 期，第 35 页。

❷ 参见皮勇、王肃之：《大数据环境下侵犯个人信息犯罪的法益和危害行为问题》，《海南大学学报（人文社会科学版）》2017 年第 5 期，第 120—122 页。

❸ 参见江海洋：《侵犯公民个人信息罪超个人法益之提倡》，《交大法学》2018 年第 3 期，第 148—150 页。

的在于打击下游犯罪，因为下游犯罪才直接危害公民个人的人身、财产安全，而如前所述，下游犯罪作为信息社会中的风险是不可能被完全消灭的，因此立法者只是通过维护信赖感，进而保障社会公众安心参与社会活动。其三，从司法实践来看，在现实发生的侵犯公民个人信息案件中，涉案信息数量动辄成千上万，因此不可能只是损害单个人的利益，而将本罪法益认定为信赖则能够很好地与司法实践相契合。

4. 信息专有权说

有学者承认信息自决权是公民个体享有的宪法法益，但其不应作为刑法法益，进而否定个人法益说；但同时该学者认为信息安全过于抽象，不具有实质内容且不能明确侵犯公民个人信息罪的适用范围，因此应寻找中间进路，构建既能保护个人信息自决权，又具有实质内涵的超个人法益类型，由此提出信息专有权说。信息专有权指的是个人信息专为法定主体所特有，其他无权限的人不得获取、使用或对个人信息进行其他形式的处理。[1] 该学者认为，侵犯公民个人信息罪的主要行为类型表述为"出售或者提供"以及"窃取或者以其他方法非法获取"，其中"窃取"很明显表明是不具备信息处理权限的人获取个人信息，侵犯了法定主体的信息专有权，而"非法获取"应与"窃取"具有相当性，因此意为违反法律、行政法规、部门规章中关于信息专有权的规定，"出售"与"提供"亦是如此。[2] 采取信息专有权说，不仅相比于信息安全而言具有更加实质性的内容，而且也能从侧面实现对个人信息权利的保护，因为公民个人将其信息初次提供给相关主体之后随即丧失对其自身信息的控制，只有刑法严格保护法定主体的信息专有权，才能在个人信息不受信息主体支配的情况下保障信息不被非法获取与滥用。

5. 公民个人信息的正常流转状态

公民个人信息的正常流转状态指的是《刑法》《民法典》《个人信息保护法》《网络安全法》等法律规范共同建立起来的，由公民、网络服务提供者、

---

[1] 参见皮勇、黄琰：《试论信息法益的刑法保护》，《广西大学学报（哲学社会科学版）》2011 年第 1 期，第 44 页。

[2] 参见敬力嘉：《大数据环境下侵犯公民个人信息罪法益的应然转向》，《法学评论》2018 年第 2 期，第 123—124 页。

个人信息处理者、国家等不同主体的权利和义务共同构成的，符合社会共同体利益的安全状态。相关学者之所以从与公共信息安全说、信息专有权说、社会信息管理秩序说的比较中选择出公民个人信息的正常流转状态作为本罪法益，是基于以下理由。其一，公共信息安全的概念过于抽象，不符合法益明确性的要求，与之相比，公民个人信息的正常流转状态更加具体，更能反映出刑法设置本罪的目的。其二，信息专有权说建基于认为超个人法益必须还原为个人法益的自由主义法益观，但其并不符合中国国情。其三，社会信息管理秩序说没有体现出法益的利益本质，其与个人信息的正常流转状态从本质上而言是一致的，但前者是表象，后者才是蕴含于管理秩序背后的有价值的部分。❶

三、双重法益说

双重法益说认为，侵犯公民个人信息罪所保护之法益既包括个人法益又包括超个人法益，代表性学者为曲新久教授。❷ 这一学者的论著虽表面上关注的是侵犯公民个人信息罪的超个人法益属性，但从其具体内容来看，其在承认个人法益的基础上强调"公民个人信息"还具有超个人法益属性，因此该学者实质上支持的是双重法益说。另有学者虽然将研究的重点聚焦于个人信用信息这一特定信息类型，但在其研究成果中也凸显出该学者所持有的双重法益说观点。❸

相关学者提出双重法益说意在通过综合个人法益说与超个人法益说的优点，寻求一条折中的进路，以达到准确认定侵犯公民个人信息罪之法益并合理指引对相关构成要件解释的效果。但事与愿违的是，这样的折中与综合在

---

❶ 参见王飞：《侵犯公民个人信息罪若干实务问题探析——以犯罪客体为视角》，《法律适用（司法案例）》2018 年第 18 期，第 106—108 页。

❷ 参见曲新久：《论侵犯公民个人信息犯罪的超个人法益属性》，《人民检察》2015 年第 11 期，第 5 页。

❸ 例如，该学者指出："在互联网征信领域，个人信用信息的法益可分为两部分：一是个体法益，即个体的人格权及财产权。二是公共法益，即信息网络领域的国家安全、社会公共利益及秩序，其法益结构具有多元性发展态势。"张勇：《个人信用信息法益及刑法保护：以互联网征信为视角》，《东方法学》2019 年第 1 期，第 62 页。

吸收个人法益说与超个人法益说优点的同时亦完整接受了二者的不足，因此不仅未能探寻出最完美的法益学说，而且导致二者弊端相叠加，呈现出聚合放大的负面效应。同时，有学者还提出双重法益说本身的缺陷。其一，若认为侵犯公民个人信息罪所保护之法益为双重法益，那么必须同时侵犯两种法益才具有刑事违法性进而构成犯罪；若仅侵犯个人利益而与社会利益、国家利益无涉，或者仅损害社会利益、国家利益而个人自愿放弃权利，则不构成犯罪，这一结论不当限缩了本罪的处罚范围。其二，双重法益说一般都是泛泛而论，仅指出侵犯公民个人信息罪的法益为个人法益与超个人法益，但并未明确指出是哪种具体的法益类型，不符合法益内容明确性的要求，同时也无法对该罪构成要件的解释起到应有的指引作用。❶

在对侵犯公民个人信息罪的法益探讨中，双重法益说属于一种非典型的学说，而且其缺陷明显，因此只有极少数学者主张，不具有代表性，同时其亦未能形成与其他学说的大规模交锋。基于此，本书只对其进行简单介绍，而将论述重点置于个人法益说与超个人法益说及其争议之上。

四、核心分歧：个人法益说与超个人法益说之争

目前学界关于该罪之法益存在众多学说，主要可以分为三大类，即个人法益说、超个人法益说、双重法益说。由于双重法益说缺陷明显，因而只有极少数学者主张，未能与其他观点产生大规模交锋，故目前关于该罪之法益的核心分歧在于个人法益说与超个人法益说之间的争论。

（一）个人法益说对超个人法益说的批判与回应

个人法益说对超个人法益说的观点进行了批判，并对超个人法益说提出的质疑进行了回应。

第一，"公民"一词在我国法律中的含义并不完全统一。例如，在《宪法》上"公民"指具有我国国籍的人，在《中华人民共和国治安管理处罚法》（以下简称《治安管理处罚法》）等行政法律中"公民"与"自然人"同义，即使在同一部刑法典中，"公民"一词也有不同的含义，《刑法》第

---

❶ 参见陈梦寻：《论侵犯公民个人信息罪的法益》，《刑法论丛》2018 年第 1 期，第 242 页。

376 条"战时拒绝、逃避服役罪"中的"公民"指具有中国国籍的人,而《刑法》第 2 条、第 13 条等条文中的"公民"又指代一切自然人。因此,超个人法益说以侵犯公民个人信息罪之罪名中含有"公民"二字为依据,认为其表明了该罪保护的是具有整体性意义的公民的利益,这一观点是不能成立的。❶ 另外,即使不存在概念内涵混淆的问题,认为"公民"一词既代表了超出个人的社会利益或国家利益的观点也有望文生义之嫌,"公民"既具有表示全体公民的总称意义,也可以仅指某一特定公民个人,不能因为侵犯公民个人信息罪的罪名中含有"公民"二字即简单得出该罪法益为超个人法益的结论,❷ 否则按此"文字游戏"的进路,该罪罪名中的"个人"二字亦可表明该罪法益之个人属性。

第二,侵犯公民个人信息犯罪虽然大多数情况下具有群发性,但实践中仍然存在仅侵犯单一特定公民的个人信息的情形。例如,在尹某故意杀人案中,尹某发现妻子出轨后与妻子离婚,且其一直对"第三者"刘某怀恨在心,一次偶然机会尹某从妻子口中得知刘某全名以及电话号码,于是尹某花费 1888 元从网上非法购买到刘某的身份证号、照片、住址、车辆等个人信息,根据这些信息,尹某找到刘某并将其杀害。❸ 这种仅针对特定公民个人信息的犯罪并不常见,但不能因其发生概率低而忽视其存在,从而以偏概全地认为侵犯公民个人信息犯罪仅具有群发性的特点。另外,《解释》第 5 条第 1 款对"情节严重"认定标准的规定中虽大多数情形与信息数量相关,需要达到一定数量要求才能构成本罪,但同时应看到其判断标准并不仅限于信息数量,信息用途、违法所得、曾受处罚均被囊括其中,因此即使仅侵犯一条个人信息,只要符合上述要求,仍然能构成"情节严重"。❹ 即便侵犯多条乃至大量个人信息,也可能是同一主体的不同信息,仍然不能构成对社会利益或国家利益的侵害。再者,即使某一犯罪涉及被害人主体众多也不能就此

---

❶ 参见陈梦寻:《论侵犯公民个人信息罪的法益》,《刑法论丛》2018 年第 1 期,第 241 页。

❷ 参见靳宁:《大数据背景下个人信息刑罚治理的合理边界——以侵犯公民个人信息罪的法益属性为例》,《黑龙江社会科学》2018 年第 3 期,第 30 页。

❸ 参见刘浏:《血案牵出特大倒卖公民信息交易网》,《扬子晚报》2020 年 8 月 19 日,第 A04 版。

❹ 参见自正法、韩铁柱:《流通知情权与侵犯公民个人信息罪的法益及其刑事保护边界》,《内蒙古社会科学》2020 年第 5 期,第 90 页。

证明本罪的法益为超个人法益。以盗窃罪为例，即使行为人在火车上扒窃多人的财物，也不能认为盗窃罪的法益为超个人法益。[1] 这是因为个人法益不因数量的增加而产生性质上的变化，多个个人法益的集合仍是个人法益，在没有产生真正意义上独立于个人利益的社会利益或国家利益时，不会质变为超个人法益。[2] 因此，仅以信息数量或被害人数量认定侵犯公民个人信息罪之法益为超个人法益不具有合理性。

第三，超个人法益具有使用上的非排他性、消耗上的非竞争性与不可分配性，而侵犯公民个人信息罪所保护之法益明显不符合上述特性。具体而言，其一，个人信息的使用不具有非排他性。虽然一定程度上而言个人信息具有公共价值，例如，个人购物记录有利于网站分析用户喜好、行踪轨迹信息有利于疫情防控等，但并非所有信息均能非排他性地为他人所使用，例如，涉及个人隐私的信息以及其他非公开信息等，即他人无法支配与使用的。其二，个人信息与不可分配性相矛盾。超个人法益的不可分配性是指法益同属于每一个社会成员，其是所有人共同享有的，不可被分配给具体个人，但个人信息很显然是能够被划分给各个信息主体的。虽然在某些案件中行为人侵犯了海量的个人信息，但其只是多个信息的集合，仍然是可以被拆解并分配的。[3]另外，由于超个人法益的不可分配性，若超个人法益遭受侵犯则会对全体社会成员的利益产生威胁，但个人信息不具有这样的特征，因此该罪所保护之法益不应是超个人法益。

第四，一般而言，实害犯、具体危险犯侵犯的是个人法益，而行为犯、抽象危险犯侵犯的是超个人法益。[4] 侵犯公民个人信息犯罪的危害虽然具有间接性，但从构成要件的设计来看，侵犯公民个人信息罪并没有采取预防性

---

[1] 参见姜涛：《新罪之保护法益的证成规则——以侵犯公民个人信息罪的保护法益论证为例》，《中国刑事法杂志》2021 年第 3 期，第 52 页。

[2] 参见王永茜：《论集体法益的刑法保护》，《环球法律评论》2013 年第 4 期，第69 页。

[3] 参见马永强：《侵犯公民个人信息罪的法益属性确证》，《环球法律评论》2021 年第 2 期，第 106 页。

[4] 正如有学者所言："保护超个人法益的规定，很可能安排危险构成要件；保护个人法益的规定，大多以实害或具体危险的构成要件陈述。"参见林东茂：《刑法综览》，一品文化出版社 2015 年版，第 2—8 页。

的处罚措施,❶ 意即侵犯公民个人信息罪不是抽象危险犯,❷ 不能以此论证该罪法益为超个人法益。该罪的构成要件都是非常明确的行为要件与情节要件,充分表明本罪不是行为犯或危险犯,而是情节犯,因此本罪所保护的法益不是超个人法益。❸

第五,超个人法益说过度关注社会利益与国家利益,忽视了对公民个人利益的保护,导致犯罪圈边界划定得不合理。这种不合理主要体现在两个方面。其一,有些侵害个人信息权益的行为因为没有侵犯社会利益或国家利益而不构成犯罪。例如,仅针对单一主体个人信息的侵犯等,对此情形作出罪处理不利于对相关危害行为的打击,也不利于对公民个人信息的周全保护。其二,某些行为只要侵犯了社会利益或国家利益,即使所涉个人信息的信息主体同意也无法阻却其刑事违法性,存在限制出罪的问题。❹ 相关学者之所以采取超个人法益说,是因为其认为以个人权利作为侵犯公民个人信息罪之法益会导致刑罚范围难以控制,但凡对某一主体的个人信息权益/利造成侵犯即构成犯罪,会过度抑制个人信息的合理使用。但需要注意的是,一方面,随着民事、行政等前置法的制定与完善,个人信息处理规则、信息处理者的义务等内容均有了明确的法律依据,以刑法来保护个人信息权利不会导致对信息利用行为的不当限制。另一方面,只有在充分保护个人信息权利的情况下,才能更好地保障信息的自由流通与利用,而在个人信息权利频受侵害的环境中,个人信息的利用反而会受到阻碍。相对的自由才是实质的自由,绝对的自由反而导致不自由。

第六,持超个人法益说的学者认为,在大数据时代,公民的个人信息一旦进入流通领域后,转而由网络服务提供者等信息处理主体进行控制,个人

---

❶ 具体而言,根据《刑法》第 253 条之一的规定,侵犯公民个人信息罪的构成要件为,违反国家有关规定,向他人出售、提供公民个人信息,或者将在履行职责或者提供服务过程中获得的公民个人信息出售、提供给他人,或者窃取、以其他方法非法获取公民个人信息,且情节严重。

❷ 参见姜涛:《新罪之保护法益的证成规则——以侵犯公民个人信息罪的保护法益论证为例》,《中国刑事法杂志》2021 年第 3 期,第 52 页。

❸ 参见刘艳红:《侵犯公民个人信息罪法益:个人法益及新型权利之确证——以〈个人信息保护法(草案)〉为视角之分析》,《中国刑事法杂志》2019 年第 5 期,第 28 页。

❹ 参见徐剑:《侵犯公民个人信息罪法益:辨析与新证》,《学海》2021 年第 2 期,第 119 页。

即丧失对其的控制，因此所谓的个人信息权根本无法实现。但需要注意的是，虽然在流通领域中，个人对自身信息的支配力会大大减损甚至完全丧失，但信息本身仍与个人相关联，其需要具备可识别性。另外，信息脱离信息主体的控制恰恰表明个人信息权利的需保护性。❶

第七，除了从总体上对超个人法益说的观点进行辩驳与回应，个人法益说还针对具体的超个人法益学说进行批判。其一，公共信息安全的概念过于抽象，不符合法益明确性的要求。同时，公共安全在刑法中有其特殊含义，其中"公共"指的是公众，即不特定人或多数人，"安全"指的是生命安全、健康安全或重大财产安全，不能随意扩大或缩小。❷ 而侵犯公民个人信息犯罪中的被害人可以是特定人或少数人，信息安全也不属于公共安全，因此以公共信息安全作为侵犯公民个人信息罪之法益的观点是对公共信息安全的误读。❸ 其二，若行为人及时清除其所非法获取的他人信息或及时删除其所披露的他人信息，社会成员对个人信息安全的信赖是可以恢复的，但行为已经发生，若由此即认为不存在法益侵害进而阻却犯罪，显然是不合理的，因此个人信息安全的社会信赖说存在疑问。❹ 其三，信息专有权说建基于认为超个人法益必须还原为个人法益的自由主义法益观，但其并不符合中国国情。另外，部分论者混淆了"数据"与"信息"的概念，进而得出本罪法益为信息专有权的结论，其实公民在使用 App 时向科技企业让渡的只是自己的个人数据而非个人信息，企业只享有数据的专有权。

（二）超个人法益说对个人法益说的批判与回应

超个人法益说对个人法益说的观点进行了批判，并对个人法益说提出的质疑进行了回应。

---

❶ 正如有学者所言："他人对个人信息利用的正当性仍然只能来源于信息主体在自主决定基础上的同意，无论这种同意在实际操作中的真实性已经被削弱到何种地步。"林鸿潮：《个人信息在社会风险治理中的利用及其限制》，《政治与法律》2018 年第 4 期，第 5 页。
❷ 参见曲新久：《论刑法中的"公共安全"》，《人民检察》2010 年第 9 期，第 17 页。
❸ 参见欧阳本祺：《侵犯公民个人信息罪的法益重构：从私法权利回归公法权利》，《比较法研究》2021 年第 3 期，第 62 页。
❹ 姜涛：《新罪之保护法益的证成规则——以侵犯公民个人信息罪的保护法益论证为例》，《中国刑事法杂志》2021 年第 3 期，第 52 页。

第一，虽然对犯罪客体的分类中确实有同类客体这一项，并且我国刑法分则的章节设置与罪名排列通常也以同类客体为依据，但按照同类客体排列组合并非刑法分则中确定罪名具体位置的"金科玉律"，这种同类客体的结构化只是相对的。❶ 例如，《刑法》第285、第286条规定的与计算机相关的犯罪，虽其所针对的对象包括个人计算机信息系统、数据，所侵害的法益也是特定主体计算机信息系统与数据的安全，属于个人法益，但该类犯罪仍被规定于《刑法》第六章"妨害社会管理秩序罪"中，该类犯罪的同类客体显然属于超个人法益的范畴。❷ 因此，以侵犯公民个人信息罪位于《刑法》第四章"侵犯公民人身权利、民主权利罪"为依据认定该罪所保护法益为个人法益的观点是值得商榷的。

第二，个人法益说与刑法条文、《解释》对"情节严重""情节特别严重"的规定内容不相适配。首先，《刑法》第253条之一明确规定"情节严重"为本罪的构成要件之一，因此并不是所有侵犯公民个人信息的行为均能构成本罪，必须达到"情节严重"的程度。若认为本罪法益为个人信息权等个人法益，则只存在侵害与否的问题，这显然与《刑法》第253条之一对本罪构成要件的规定不相符。❸ 其次，《解释》第5条第1款第（一）项与第2款第（一）、（二）项的规定，明显超出了个人法益的涵盖范围，其反而更加表明最高司法机关对生命权、身体权、财产权的重视，体现了本罪法益的公共性。❹

第三，被害人教义学与针对个人的犯罪关系密切，因此其往往与个人法益相关联，若认为侵犯公民个人信息罪所保护之法益为个人法益，则被害人教义学理论毫无疑问可以适用于该罪。但从被害人教义学的视角来看，如果

---

❶ 参见郭泽强、张鑫希：《走出侵犯公民个人信息罪的法益保护之迷思——超个人法益之提倡》，《天府新论》2020年第3期，第95页。

❷ 参见冀洋：《法益自决权与侵犯公民个人信息罪的司法边界》，《中国法学》2019年第4期，第71页。

❸ 参见江海洋：《侵犯公民个人信息罪超个人法益之提倡》，《交大法学》2018年第3期，第150—151页。

❹ 参见张勇：《个人信用信息法益及刑法保护：以互联网征信为视角》，《东方法学》2019年第1期，第62页。

采取个人法益说，会导致从被害人教义学解释侵犯公民个人信息罪的两条解释路径相互冲突，具体体现在以下方面。传统被害人教义学的两大核心原则是被害人的保护可能性与被害人需保护性，二者应是此消彼长的关系，❶ 在信息社会，信息权利人自我保护的可能性降低，因此按照被害人教义学的正常解释路径来说，其需保护性应该增加。但是，目前的现实情况是由于侵犯公民个人信息罪所具有的群发性与间接性，导致信息权利人需保护性呈现出离散的状态。在面对侵犯公民个人信息罪时，被害人教义学两条解释进路之间存在着冲突，这从侧面也体现出个人法益说似乎并不适合侵犯公民个人信息罪所保护之法益。有论者提出该罪法益其实是公共法益的观点，其需保护性是从公共信息安全中得出的，由此也更新并延展了被害人教义学的核心原则。换言之，以前被害人教义学被用于解释个人法益的犯罪，现在扩展为也关注公共法益的犯罪。❷

第四，在大数据时代，公民个人的信息自决权是一种被削弱的自治，面对占据绝对优势地位的国家、数据企业等个人信息处理者，其知情同意权被虚化进而导致相关信息权能根本无法实现。例如，从国家层面而言，为了保护国家安全和公共卫生安全、社会福利、行政管理等目的，国家机关在很多情况下收集、使用个人信息无须经过信息主体同意，因此所谓信息自决权无从谈起；从数据企业层面而言，App 运营商向用户提供冗长、复杂的隐私协议，或者设置不授权即无法使用的模式，使得用户为了顺利使用该 App 的功能而不得已允许 App 收集、使用其个人信息，此时虽形式上符合知情同意原则，但用户的同意实质上并非出自本人真实意愿。❸ 因此可以说，在信息社会中，个人很难预见自身信息可能遭遇的风险，或者即使预见也没有能力去应付或实现对自身信息的有效控制，一旦个人信息进入流通环节，个人就丧失了对其的绝对支配权，取而代之的实际控制人则是各强势的信息处理者。

---

❶ 参见王肃之：《被害人教义学核心原则的发展——基于侵犯公民个人信息罪法益的反思》，《政治与法律》2017 年第 10 期，第 37 页。

❷ 参见王肃之：《被害人教义学核心原则的发展——基于侵犯公民个人信息罪法益的反思》，《政治与法律》2017 年第 10 期，第 37 页。

❸ 参见敬力嘉：《大数据环境下侵犯公民个人信息罪法益的应然转向》，《法学评论》2018 年第 2 期，第 119—120 页。

在这种信息自决权被虚置或失效的情境下，刑法应当站出来为公民保驾护航，这是一种刑法家长主义，但这也是风险社会中公民个人信息保护的最佳选择。❶

第五，虽然相比于关注社会利益与国家利益的超个人法益说，个人法益说更有利于保障个人的权利，但需要注意的是，随着科技的进步与社会的发展，绝对自决权的观点已经与时代发展脱节，因为这种烦琐的同意需要会不当阻碍信息的合理流通与适用。例如，若信息业者在每一次收集或使用用户信息之前都需要告知用户并取得其同意，将会极大地降低服务效率并增加运营成本。而网络服务提供者可能会为了避免信息侵权而取消个性化功能的开发，这不仅会减损数据企业的利润，还会影响用户自身的体验感，整体而言甚至会严重阻碍信息科技的发展与进步。可以说，过于强调个人信息权利会危及对个人信息的公共利用。❷

第六，从司法实践的可操作性来说，认为侵犯公民个人信息罪所保护之法益为个人法益的观点是不合理的。要认定行为人构成侵犯公民个人信息罪，则必须首先证明其行为侵犯了该罪所保护的法益，而在刑事司法领域，对行为人进行定罪量刑必须做到事实清楚、证据确实充分，故若认为该罪所保护之法益为个人法益，则需要切实查明行为人的行为是否侵害了法益、侵害了几个被害人的法益、被害人是否具有主观意愿上的同意等。从目前已经发生的侵犯公民个人信息案件来看，涉案信息数量一般少则几万条，多则成百上千万条甚至上亿条，涉及被害人数量更是极其众多，在这种情况之下要求办案机关确切查明涉案信息到底多少条、逐条检验信息的真伪、一一求证被害人的主观意愿无疑是一项巨大的工程，是极度耗费司法资源且几乎可以说不可能完成的任务。因此从司法实践角度来看，个人法益说不具有合理性，反而是将本罪法益认定为超个人法益有利于上述问题的解决，因为诸如社会管理秩序、公共信息安全、社会成员对个人信息安全的信赖等超个人的受侵

❶ 参见郭泽强、张鑫希：《走出侵犯公民个人信息罪的法益保护之迷思——超个人法益之提倡》，《天府新论》2020 年第 3 期，第 100—101 页。
❷ 参见郭泽强、张鑫希：《走出侵犯公民个人信息罪的法益保护之迷思——超个人法益之提倡》，《天府新论》2020 年第 3 期，第 99—100 页。

害与否可以从整体上进行判断，无须司法机关逐条、逐人地核实。❶

第七，除了从总体上对个人法益说的观点进行辩驳与回应，持超个人法益说的学者还对个人法益说的具体学说进行了批判。其一，一般人格权过于抽象，并且其产生于民法未跟上立法之时，但是随着前置法的完善，这种局面已经得到改善，因此不应再认为侵犯公民个人信息罪之法益是一般人格权。其二，我国的隐私权概念与美国不同，无法适用美国大隐私权理论，❷ 因此无法通过隐私权说来实现对公民个人信息的保护。其三，公民个人生活安宁过于主观，很不明确，毕竟每个人对生活安宁有不一样的要求和感受。其四，有些信息与人身、财产安全无涉，如个人发表论文情况、官员财产情况等，个人信息权说将上述信息都包含在内，有扩大处罚范围之嫌。其五，个人自决权说对犯罪边界的划分不合理，根据比例原则，用刑法来保护个人信息权属于用力过猛，而有些信息涉及他人利益、公共利益、国家利益，因此即使个人同意也不应该排除非法。虽然德国法律中早有个人信息自决权的概念并以之作为信息保护的基础，但国外立法背景与我国不同，对于如何将其引入民法还在争论，在此情况下贸然将信息自决权引入刑法会造成混乱。

第二节 侵犯公民个人信息罪法益
证成规则的理论建构

如前所述，法益是刑法理论的核心概念，如何理解侵犯公民个人信息罪中法益的性质，直接影响到该罪构成要件的解释与适用，正如有学者所言："所有刑法规范均是以对重要法益的积极评价为基础的"❸。但立法者在设立侵犯公民个人信息罪时，并没有直接将该罪之法益明确规定在法条中，因此

---

❶ 参见江海洋：《侵犯公民个人信息罪超个人法益之提倡》，《交大法学》2018 年第 3 期，第 153 页。

❷ 美国的隐私权保护，通过扩充传统隐私权的内涵，将个人信息也包含在内，而我国法律中的隐私权具有特定含义，与个人信息不同。

❸ ［德］汉斯·海因里希·耶赛克、托马斯·魏根特：《德国刑法教科书（上）》，徐久生译，中国法制出版社 2017 年版，第 11 页。

对该罪法益的认识有赖于刑法教义学的思考与探寻。需要注意的是，这种思考与探寻并不能仅依靠学者的理论直觉以及对构成要件的单纯理解，要想具备正当性基础则必须遵循一套科学合理的论证逻辑与方法，进而才能得出"立法者设置该罪意欲保护什么"这一问题的答案。因此，要想准确界定侵犯公民个人信息罪所保护之法益，首先需要明确判断该罪法益的方法，即该罪法益的证成规则。

一、现状：侵犯公民个人信息罪法益证成规则的缺失

欲善其事，必利其器，证成规则是确定侵犯公民个人信息罪所保护之法益的工具，是研究该罪法益首先应当解决的问题。但从学界现有的成果来看，虽然侵犯公民个人信息罪之法益是目前该罪研究的绝对重点，并在学者们持续、激烈的争论中逐渐形成了个人法益说、超个人法益说、双重法益说等多种分歧巨大的学说，但鲜有学者专门研究证成该罪法益的规则或明确提出其研究结论是依据何种规则，有的只是对该罪法益内涵的具体探讨，其关注的重点在于该罪的法益是什么，而不是如何确定该罪法益，由此形成一种"学说丰富，规则缺失"的窘境。❶

（一）部分论著中完全缺乏法益证成规则

在现有研究成果中，绝大多数论著完全缺乏对侵犯公民个人信息罪所保护之法益证成规则的体现与探讨，具体表现在以下几个方面。

第一，部分现有论著在提出关于侵犯公民个人信息罪所保护之法益的自身立场时，只有观点，没有任何论证，更谈不上证成方法与规则。这类论著一般是在他人已经提出的法益学说中进行选择，而并未提出新观点。

第二，另有部分论著虽不是只有观点，但通常采取的叙述路径为先直接给出结论，然后逐条分析得出这一结论的理由。或许在相应学者看来，这种叙述路径开篇直接给出结论，只是将思考的过程按照倒叙的方式写出来，其

---

❶ 其实不只是侵犯公民个人信息罪，在其他犯罪甚至所有个罪的法益研究中，目前最主要的内容即该罪的法益是什么，几乎没有学者关注到研究个罪法益的方法。因此可以说，整体而言，对于个罪法益之研究均缺乏方法论的探讨与指引。

本身仍具有方法论指引，是按照一定的证成规则来确定侵犯公民个人信息罪所保护之法益的，而这种规则就蕴含在理由中。但需要注意的是，理由与规则是有区别的。其一，理由中不仅有证成自身观点的部分，还有证否其他观点的部分，如前文所论述，无论是个人法益说还是超个人法益说，其均在正面提出自身立场的同时，对对方观点进行批判，并针对对方的质疑进行回应。理由中证否其他观点的部分虽然最终也是加功于某一学说自身的观点，只是采取了反向论证的进路，但其与规则并不相同。本书所关注的规则是侵犯公民个人信息罪之法益的证成规则，其仅指从正面证立法益学说的方法，即如何认定该罪法益，如何从无到有地提出相应的学说或在已有学说中做出选择，不包含从反面证否其他观点的方法与进路。其二，即使是理由中正面证成自身观点的部分也与规则有所区别。规则是先于结论存在的，是结论产生的前提与根本，而理由既可能是相关学者得出结论的依据，也可能是该学者依靠其理论直觉或现有学说得出结论之后，为佐证该结论之合理性而事后补充的。另外，规则是证成侵犯公民个人信息罪之法益的一种范式或者理论模型，其具有严格的体系性与逻辑性，包含确定该罪法益的步骤、流程、顺序，而理由则没有这些要求，各个理由之间可能具有一定的逻辑联系，也可以是完全相互独立的。因此，理由与规则是相互区别的，现有的部分论著虽在其观点之后阐明了得出这一结论的理由，但从方法论的视角考察，其仍然缺乏证成侵犯公民个人信息罪所保护之法益的具体规则。

第三，或许部分学者认为，虽相关论著并未明确说明其按何种进路思考进而提出相应的法益学说，但从其所阐明的理由中能够分析总结出其所遵循的规则与方法，即使理由与规则本身并不相同。但本书认为，这种归纳与总结是事后的、带有补充性质的，其所得出的所谓"规则"是在相关结论已经提出之后，为了佐证与补强该结论的合理性而"拼凑"起来的，具有"牵强附会"之嫌。这样的"规则"具有偶然性，其具体呈现出怎样的结构完全取决于相关学者所提出的论证理由与其进行归纳、总结的技巧。因此，这样的"规则"不是先于结论存在的、具有体系性的、真正用于确定侵犯公民个人信息罪所保护之法益的证成规则，无论事后如何总结，实质上相关论著所提出的法益学说仍然缺乏方法论的指引。

（二）部分论著中提及法益证成规则但存在疑问

现有研究成果中只有极少数论著体现甚至明确提出了证成侵犯公民个人信息罪所保护之法益的具体规则，主要有以下几种表现形式。

第一，部分论著本身仍关注于研究该罪法益之内涵，并未明确探讨法益的证成规则，但从其对自身结论的论证过程与进路中能够清晰地感知其是按照一定的步骤与方法来进行研究的，而不是仅提出结论或在提出结论的基础上简单阐明理由。因此，这些论著虽未写明其所遵循的论证逻辑与方法，但实质上蕴含着一套完整的法益证成规则，只不过是一种"隐性"的规则。例如，有学者首先从侵犯公民个人信息罪在刑法分则中的章节位置、其构成要件设计、犯罪的自然犯性质等方面提出该罪所保护的法益是个人法益而非超个人法益；然后根据《个人信息保护法（草案）》《网络安全法》《中华人民共和国民法总则》（以下简称《民法总则》）❶ 等前置法的规定以及构成要件，将该罪法益与传统隐私权相区别，在个人法益中进一步限缩为作为新型权利的个人信息权；最后随着法律制定进程的推进，在《民法典》编撰背景下，结合刑民一体化视野与法秩序统一原理，同时基于"民法要扩张刑法要谦抑"的理念，将该罪法益确定为个人信息权中的信息自决权。❷ 这种形式的论著与前述第三种情形并不相同，前述第三种情形中相关学者仅提出观点与理由，然后为了佐证其结论的合理性而"牵强附会"地从理由中归纳、总结出所谓的"规则"，而此处的论著是在其论证过程中真实地蕴含并体现出其证成法益所遵循的步骤与方法，只是并未明确说明而已，前者"求其名而无其实"，后者"无其名而有其实"。

第二，部分论著中法益证成规则附属在对"侵犯公民个人信息罪的法益是什么"这一问题的探讨之上，即在研究该罪法益内涵的同时对证成规则进行附带性讨论。这类论著虽不是专门对侵犯公民个人信息罪之法益证成规则

❶ 该学者提出上述观点时，《个人信息保护法》《民法典》等相关法律还未正式出台。
❷ 参见刘艳红：《侵犯公民个人信息罪法益：个人法益及新型权利之证成——以〈个人信息保护法（草案）〉为视角之分析》，《中国刑事法杂志》2019年第5期，第27—33页；刘艳红：《民法编纂背景下侵犯公民个人信息罪的保护法益：信息自决权——以刑民一体化及〈民法总则〉第111条为视角》，《浙江工商大学学报》2019年第6期，第24—30页。

的研究，其关注的核心仍是该罪的法益内涵，但其在论证该罪法益之前明确提出其所遵循的确定该罪法益的步骤、方法与路径。例如，有学者提出确认刑法分则个罪法益内涵应遵循如下步骤：首先，如果立法者通过个罪法条的内容明示了其设置该罪所欲保护的法益，或者从其他法条中可以推定得知，则必须对立法者的意思予以尊重；其次，多数情况下从法条内容本身无法得知立法者的真实意思，因此必须借由类型化思维总结出既有的、被普遍承认的法益类型，如生命、身体、自由、财产等，然后根据个罪构成要件的内容判断该罪所保护之法益是否符合既有的法益类型，如果对应上某一具体法益，则能够确认该罪的法益内涵；最后，若根据该罪构成要件判断该罪法益不符合既有法益类型，则应回溯到法益的正当性基础，即将刑法法益与宪法基本权利做联结性思考，检验该罪法益是否属于宪法保障的基本权利的范围。若得出肯定结论，则该罪法益为宪法赋予公民的基本权利；若得出否定结论，则应质疑设置该罪这一行为本身的正当性。根据这一步骤，该学者最终得出侵犯公民个人信息罪所保护之法益为超个人法益中的个人信息安全的社会信赖。[1]

第三，极少数论著直接以个罪法益证成规则为主题进行研究，旗帜鲜明地提出论证个罪法益时应遵循的方法与路径。例如，有学者以侵犯公民个人信息罪所保护之法益的论证为例，探寻普适于全部个罪的法益证成规则。该学者提出"四规则说"的主张，即以四个标准进行筛选，最终确定个罪法益的具体内涵。其一，法益保护的真实性，即法益必须与利益相关并对于人类社会生活而言是具有意义的，同时法益必须具有可侵害性，其是可以被犯罪损害或威胁的。正因如此，罗克辛教授等学者将法益定义为"一个可被侵害的、在历史中可显示出作为个人发展前提和条件的真实事实情状"[2]。其二，法益保护的必要性，即法益必须与宪法基本权利相关且不得违背比例原则，刑法只保护重要法益，一般法益交由民法、行政法等其他法律调整。其三，法益保护的价值性，即刑法所保护的法益必须在文化价值、社会价值等层面

---

[1] 参见江海洋：《侵犯公民个人信息罪超个人法益之提倡》，《交大法学》2018 年第 3 期，第 140—154 页。

[2] 克罗斯·罗克新：《法益讨论的新发展》，许丝捷译，《月旦法学杂志》2012 年总第 211 期，第 263 页。

具有意义，若某行为不具有任何价值侵害性，则其不会侵害法益进而构成犯罪。需要注意的是，刑法保护的法益都需要具有价值，但并非具有价值的都是刑法保护的法益，法益保护的价值性还涉及价值衡量与价值判断的问题，若某行为虽侵害法益，但其是为了保护更大的法益，那么该行为也不构成犯罪。其四，法益保护的规范性，即刑法保护的法益必须与法相关联，只有被法秩序所承认的具有合法性的法益才受刑法保护。因此虽然法益具有对构成要件的解释机能，但其也要受到构成要件内容的制约。根据"四规则说"，该学者最终证成侵犯公民个人信息罪所保护之法益为个人信息安全。❶

上述论著体现甚至明确提出了论证侵犯公民个人信息罪所保护之法益的具体路径，是对构建该罪法益证成规则所进行的有益尝试，但就其具体内容而言还并不完善，其科学性与合理性仍存在疑问。①上述不同论著中所体现或提出的法益证成规则各不相同甚至差别巨大，这些零散的观点并没有为确定侵犯公民个人信息罪之法益提供统一、可行的具体方案。②部分证成规则主要是从正面推导出侵犯公民个人信息罪所保护之法益，比如上述第一种情形，其依据该罪在刑法分则中的章节位置、构成要件的内容、犯罪性质等标准一步步将法益确定为信息自决权。但这种证成规则缺少对已有结论的检验，虽按照其所设计的进路可以从无到有地提出侵犯公民个人信息罪之法益为何，但没有事后的检验机制，这样无法从制度上保障所得出结论的方法正当性与基本合理性。③部分证成规则之实质标准即为从侵犯公民个人信息罪的构成要件推导出该罪法益，比如上述第二种情形，其虽包含立法者原意、宪法关联性、构成要件三部分，但前两者只是极少数情况或辅助标准，真正起实质作用的主要是该罪之构成要件。构成要件是法定的、固定的，以其为依据确定侵犯公民个人信息罪之法益有利于保障罪刑法定原则的实现，但仅依靠这一标准也存在多重弊端。一方面，从构成要件推导法益存在循环论证的问题，因为如前所述，法益具有构成要件的解释机能，其对构成要件的理解与适用起着指导作用，因此对构成要件的理解在一定程度上依赖于该罪法益的确定，

---

❶ 参见姜涛：《新罪之保护法益的证成规则——以侵犯公民个人信息罪的保护法益论证为例》，《中国刑事法杂志》2021 年第 3 期，第 48—55 页。

若再反过来以法益推导构成要件，则在论证逻辑上形成循环。另一方面，构成要件本身也会存在模糊的情况，依据此类含义不清的构成要件是无法准确推导出某罪所保护之法益的。例如，在侵犯公民个人信息罪行为要件中的"以其他方法非法获取"采取的是兜底式的描述，其具体含义何为并不明确，无法从法条本身判断其是否包含"劫取"这一行为类型，由此导致无法确定该罪法益的具体内容，尤其是无法确定其是否涵盖公民人身安全。④部分证成规则从实质意义上而言，更像是论证理由的集合。比如上述第三种情形中的"四规则说"，虽相关学者明确表示此为其所提出的个罪法益证成规则，但从该规则的具体内容来看，实则只是四个筛选理由。除法益保护的规范性具有一定的正面证成作用外，剩下的所谓真实性、必要性、价值性均是在得出法益学说的结论之后进行检验的理由，其虽对最后结论的成立起着决定作用，但并不能从无到有地提出或证成侵犯公民个人信息罪所保护之法益。换言之，法益保护的真实性、必要性、价值性只能检验某一法益作为侵犯公民个人信息罪之法益是否合理，但不能自始得出"该罪法益是什么"这一问题的答案。另外，"四规则说"中的四项筛选理由之间并没有严格的逻辑联系，其也并未形成一定的体系，四者之间更像是相互独立的个体，对该罪法益的检验也是分别进行，没有固定的步骤或流程。因此，其只是四项法益检验理由的集合，并不是真正意义上的法益证成规则。

综上所述，从目前已有研究成果来看，绝大多数论著完全缺乏对侵犯公民个人信息罪所保护之法益的证成规则的体现与探讨，仅有极少数论著涉及这一方面的内容，但其并不完善，科学性与合理性仍存在疑问。因此，目前学界对侵犯公民个人信息罪之法益的研究缺乏相应的证成规则，至少缺乏完善、合理的规则，整体上呈现出一种"学说丰富，规则缺失"的窘境。

二、困境：规则缺失导致法益选择的合理性不足

如前所述，侵犯公民个人信息罪之法益的确定需要通过刑法教义学去思考与探寻，而这种思考与探寻必须遵循一套科学合理的论证逻辑或方法，即该罪法益之证成规则。学界现有论著中已逐渐形成个人法益说、超个人法益说、双重法益说等多种法益学说，但均未专门探讨或明确提出侵犯公民个人

信息罪之法益证成规则，这种规则的缺失导致已有学说虽观点丰富，但其法益选择的合理性严重不足。

首先，缺乏证成规则，尤其是其中正面论证侵犯公民个人信息罪之法益内涵的规则的指引，则难以甚至根本无法提出法益学说，一般而言只能在他人已经提出的学说中进行选择，进而形成自身立场。在讨论侵犯公民个人信息罪所保护之法益的场合，如果缺乏最起码的法益证成规则，即使面对丰富的素材，如构成要件设计、前置法内容等，也不知应如何运用这些素材，更无法从其中论证出合理的结论。当由于证成规则的缺失而无法确定侵犯公民个人信息罪所保护之法益时，容易产生另一种危险倾向，即以社会危害性、处罚必要性等抽象的概念替代法益，以填补犯罪边界划定标准上的空缺，这种刑事政策面向的标准会导致刑法对民众自由的不当且过度的干预，不利于刑法保障人权目的的实现。❶需要注意的是，并非缺乏证成规则的指引就一定无法提出任何关于侵犯公民个人信息罪的法益理论，现有论著中有相当部分虽无证成规则，但仍提出了自己的学说主张。不过应当看到，这一类学说的提出均是仅依靠相关学者的理论直觉以及单纯对构成要件的理解，并不具有实在的根据，意即在缺乏证成规则指引的情况下，能否提出关于侵犯公民个人信息罪的法益学说完全取决于相关学者的理论预设，存在极强的偶然性。

其次，在探讨"侵犯公民个人信息罪所保护之法益是什么"这一问题时，如果缺乏一套完善的证成规则的指引，则即使如上文所述能偶然提出来相关法益学说，相当部分情况下也在合理性层面具有明显不足，这里所说的合理性指的是结论上的合理性。最典型的情形为现有部分论著仅凭相关学者的理论直觉以及单纯对构成要件的理解而提出关于侵犯公民个人信息罪之法益的主张，但其完全忽视法益的一般理论，即脱离基础理论来单纯研究该罪保护之法益，呈现出一种法益理论上总论与分论相分离的错位现象，因而最终得出的结论完全不具有合理性。例如，一般而言，从法益基础理论来看，

---

❶ 参见姜涛：《新罪之保护法益的证成规则——以侵犯公民个人信息罪的保护法益论证为例》，《中国刑事法杂志》2021年第3期，第41页。

法益必须具有真实性，这种真实性实则体现为法益的可被侵害性，而现有论著中部分学者提出侵犯公民个人信息罪所保护之法益为社会信息管理秩序，即涉及对公民个人信息进行管理的一种社会秩序，个人信息只是信息管理的内容。❶ 但就目前我国的社会发展阶段而言，是否已经形成所谓的社会信息管理秩序是存在疑问的，有学者从立法论的角度提出，如果将来发展出关于个人信息收集、公开、使用等信息处理行为的一整套完善制度并形成相应的管理秩序，那么将侵犯公民个人信息罪所保护之法益认定为社会信息管理秩序说是可行的，❷ 言下之意即当前阶段对该罪法益如此解读并不适合。既然该学者所主张的这种社会秩序当前尚未产生，那么当然地自始无法对其进行侵害，其不具有作为法益所必备的真实性与可被侵害性，不符合法益的一般理论，因此从根本上而言不属于法益，更不可能成为侵犯公民个人信息罪所保护之法益。之所以当前论著中存在脱离法益基本理论探讨侵犯公民个人信息罪之法益的不合理观点，根本原因还在于对该问题的研究缺乏最起码的证成规则，导致各学者在没有任何论证范式与方法指引的情况下，仅依靠其自身的理论预设提出各自关于该罪法益的主张，从而形成一种学说"多而杂"的纯粹的理论多元化现象，但其中相当部分不具有合理性。即使具有相对合理性的部分，也存在极大的偶然性，确定该罪之法益完全取决于各学者的自由选择，若其考虑的要素刚好正确即能得出相对合理的结论，若其考虑的要素错误则结论也不具有合理性。个罪法益对构成要件的解释具有关键作用，因此法益的选择不仅关涉法益本身，其还极大地影响个罪的理解与适用。若在缺乏证成规则的情况下得出不合理的法益结论，进而导致构成要件含义的不当延展或限缩，则严重违背罪刑法定原则。需要注意的是，此处所说的不合理仅指部分现有论著的观点因缺乏法益证成规则的指引，因而导致结论上的不合理，这是只要遵循科学、完善的论证进路即可避免的问题，而不包括在具体问题的主张上各学者间的不同选择。因为这种不同的选择是建基于各学者的理论知识立场，比如个人法益说、超个人法益说、双重法益说之间

---

❶ 参见凌萍萍、焦冶：《侵犯公民个人信息罪的刑法法益重析》，《苏州大学学报（哲学社会科学版）》2017 年第 6 期，第 70—71 页。

❷ 参见陈梦寻：《论侵犯公民个人信息罪的法益》，《刑法论丛》2018 年第 1 期，第 239—240 页。

的争论等。即使构建完善的法益证成规则，由于各学者对立法原意、犯罪性质、构成要件等内容的理解不同，仍然会产生具体学说的差异，这是后文将详细阐述的内容，此处仅指出缺乏法益证成规则从而导致的相关困境。

最后，即使部分学者能够抛开证成规则的指引而偶然性地提出关于侵犯公民个人信息罪所保护之法益的相应学说，且其不存在如脱离法益基本理论研究该罪法益等明显的结论上的不合理性，甚至事后能够证明其完全符合立法者设置本罪时的原意，但此种观点与学说也因方法论的缺乏而不具有过程上的合理性。侵犯公民个人信息罪之法益证成规则作为提出与确定该罪法益的基本路径与方法，为相应的法益学说提供正当性基础。正是由于遵循科学完善的证成规则，才能得出"该罪保护法益是什么"这一问题的合理答案，若只是凭借相关学者的理论直觉以及单纯对构成要件的理解而偶然性地提出某种主张，则属于没有根基的理论假设，缺乏来源上的正当性与过程上的合理性，因而其也完全不具备作为侵犯公民个人信息罪之法益学说的最起码的说服力。由于法益具有解释机能，"对构成要件的解释必须以法益的侵害与威胁为核心"❶，因此不仅无证成规则指引而偶然性地提出关于侵犯公民个人信息罪之法益的相关结论缺乏过程上的合理性，在其指导与影响下对该罪构成要件的解释与适用也同样不具有说服力并难以证成其自身的合理性。例如，在部分论著中，相关学者先讨论"侵犯公民个人信息罪所保护之法益何为"，然后再依据这一问题的答案对该罪构成要件进行解释，但由于在前一部分中其对法益的研究缺乏证成规则的指引，因此该结论本身缺乏过程上的合理性，再以这一结论指导构成要件的解释自然也难以说其具有合理性。或许有论者会质疑，即学术研究并不需要事无巨细地涉及某一问题的方方面面的内容全部予以论证，有些前提性的知识可以默认其结论正确，进而在这一结论的指导下进行后续的研究。例如在研究侵犯公民个人信息罪构成要件的解释与适用时，可以将该罪法益作为一个先在的结论，无须对其进行证明也不用怀疑其合理性，直接依据该法益学说对构成要件的含义进行论证。本书赞同这种研究范式，但其只适用于专门探讨构成要件的论著，如前文所述的先研究

---

❶ 张明楷：《法益初论（增订本）》（上册），商务印书馆 2021 年版，第 4 页。

法益，再依据结论指导构成要件解释的论著不在此列，其对构成要件的解释仍然由于其自身对法益的探讨缺乏证成规则而难以具有合理性。另外，即使是将法益作为先在结论而专门研究构成要件的论著也存在合理性风险，因为其基本逻辑在于从已有的法益学说中进行选择，通过借助他人对该罪法益的论证来保障其在这一问题上的合理性。但在目前已有学说普遍缺乏法益证成规则的现状之下，这种借助他人论证结论合理性的逻辑无法实现其原本预想达到的效果。

综上所述，由于缺乏证成规则的指引，现有法益学说的选择在合理性上具有明显缺陷。这里的合理性分为法益选择结论的合理性与法益选择过程（方法）的合理性。结论合理性指只要遵循科学、完善的论证规则即必然具有的结论上的基本合理性，而不考虑在具体问题上各学者的不同选择合理与否的问题，因为后者建基于各学者自身不同的理论知识立场，即使构建完善的法益证成规则，由于其对立法原意、构成要件等内容的理解不同，仍然会产生具体学说的差异，这是后文将详细阐述的内容，不属于此处合理性所指的范畴。过程（方法）的合理性指，科学、完善的法益证成规则为在其指引下所提出的学说主张提供了正当性基础，使该学说以及依据其对构成要件进行的解释具有最起码的说服力。总之，方法论的缺失导致现有法益学说的提出在选择结论合理性与选择方法合理性上严重不足，而这正是后文构建相应法益证成规则所追求解决的主要问题。

三、因应："三重检视"模式的提出与具体建构

通过对现有论著与学说的分析发现，当前我国学界对侵犯公民个人信息罪所保护之法益的研究缺乏最起码的证成规则，呈现出一种"学说丰富，规则缺失"的窘境。而这种窘境直接导致相关学者难以甚至根本无法从无到有地提出有关该罪的法益学说，即使偶然性地提出部分主张，也在法益选择的合理性层面存在严重不足。因此，科学完善的论证路径与方法是得出正确结论的前提，要想得出"侵犯公民个人信息罪所保护之法益是什么"这一问题的答案，必须首先构建起该罪法益的证成规则。

(一)"三重检视"模式的提出

侵犯公民个人信息罪之法益证成规则就是论证该罪法益的步骤、方法和路径,是一种提出该罪法益并确定其具体内涵的理论模型,具有体系性和流程性。现有论著虽尚未探讨侵犯公民个人信息罪之法益证成规则,或偶有涉及也未提出科学完善的最佳方案,但在其对该罪法益的具体研究,尤其是其所列举的理由中,蕴含部分法益证成的标准,这些标准虽未形成一套完整的体系,但对构建该罪法益证成规则仍然具有借鉴意义。因此,本书首先对现有论著中的论证理由进行分析,进而从中筛选出合理的法益证成标准,并据此构建起完善的法益证成规则。

在现有研究成果中,除极少数明确提出法益证成规则的论著外,其他绝大多数均是采取"结论 + 理由"的论证思路。如前所述,理由与规则不同,其不具有体系性,各理由之间也无须严格的逻辑联系。理由是零散的,只要对最终的法益学说有一定的正向作用,均会被囊括其中,因此理由也是纷繁复杂的,需要对其进行筛选。现有论著中关于确定侵犯公民个人信息罪之法益的理由主要有以下三类。其一,提出法益的理由,比如立法意图、罪名、犯罪性质、犯罪的章节位置等能够从无到有地推导出该罪法益是什么的理由。其二,检验法益的理由,比如法益基础理论、刑法谦抑性、比例原则等检验所提出法益是否合理的理由。其三,确定为某种法益的优势,比如有利于罪名间的区分、更适用网络时代或大数据时代等。以上三类理由中的部分内容可以构成侵犯公民个人信息罪之法益证成标准。

上述理由虽未形成完整的体系,但为构建侵犯公民个人信息罪之法益证成规则提供了思路。由于"确定为某种法益的优势"也属于对提出法益观点的增益,因此在判断侵犯公民个人信息罪所保护之法益时,应该大致遵循两个步骤,即首先从正向推导出可能的法益学说,继而从反向对该学说进行检验,经过这两重筛选之后的结论即为具有法益选择合理性的结论,只不过具体的判断标准还需要重新思考与斟酌。同时应注意的是,由于法益可以分为个人法益与超个人法益,因此在对该罪法益进行正向推导时,可以具体分为两步,即先在个人法益与超个人法益二者之间做出选择,然后再在某一类别之下确定该罪的具体法益。❶ 由此一来，侵犯公民个人信息罪之法益证成规则的基本框架即已成形，首先，在个人法益说与超个人法益说之间进行类别选择，其次，确定具体法益，最后，从反向对已提出的法益进行检验。这一法益证成规则体现了"正反双向考察，先后三重检视"的基本逻辑，本书根据意思完整性与表述简洁性的原则，将其称为"三重检视"模式。

（二）"三重检视"模式的具体建构

"三重检视"模式从正反两方面入手，分三个层次逐步对侵犯公民个人信息罪所保护之法益的可能内涵进行分析与筛选，进而得出最终结论。具体而言，"三重检视"模式的构造如下。

1. 正向推导之一：类别选择

如前所述，根据主体的不同，法益可以分为个人法益与超个人法益两类，❷ 要判断侵犯公民个人信息罪所保护之法益，首先需要在此二者中做出选择，主要可以依据以下标准。

（1）立法原意。由于立法者在设置侵犯公民个人信息罪时即对该罪所保护之法益具有一定的考虑与期待，因此若能够确切获知立法者的明示意思表达，则在确定侵犯公民个人信息罪所保护之法益时，必须优先加以尊重。"然而，尊重立法原意确系知易行难之事。"❸ 很多时候，立法者并不会清晰明确地表示出其设置某罪所要保护的是什么，因此对立法原意的确定，需要我们从修法背景、对立法草案、修正案的解释说明性文件，甚至相关新闻发布会上发言人的讲话内容中去探寻。通常而言，从上述来源能够推知立法者设置侵犯公民个人信息罪的原本意思。立法原意一般比较宏观，无法确定具体法益，但足以在个人法益与超个人法益间做出选择。需要注意的是，在判断个罪法益时，部分特殊情况下立法原意能够直接指向具体法益。若侵犯公

---

❶ 现有关于侵犯公民个人信息罪的法益学说分为个人法益说、超个人法益说、双重法益说三类，但由于双重法益说具有明显缺陷而被排除，因此关于该罪法益的主要争议发生在前两者之间，与法益本身的分类相一致，故在进行第一步类别选择时直接在个人法益与超个人法益间选择即可。

❷ 参见张明楷：《法益初论（增订本）》（上册），商务印书馆 2021 年版，第 241 页。

❸ 龙宗智：《立法原意何处寻：评 2021 年最高人民法院适用刑事诉讼法司法解释》，《中国法学》2021 年第 4 期，第 248 页。

民个人信息罪属于此种例外情形，则无须进行类别选择，直接进入第二重检视，即法益的具体确定。

（2）在刑法分则中的章节位置。依照同类客体原理，我国刑法分则将犯罪分为十大类并据此设置十个不同的章节，❶ 因此基于同类客体对个罪法益的制约作用，侵犯公民个人信息罪所保护之法益与其在刑法分则中的章节位置密切相关。根据侵犯公民个人信息罪所处章节并比对前后条文，可以大致确定该罪所保护之同类法益，虽无法具体到最终的结论，但已经足以在个人法益与超个人法益中做出选择。

（3）构成要件。虽然我国刑法分则原则上按照同类法益进行章节划分，但这种标准并不绝对，比如贪污罪、挪用公款罪等犯罪侵犯了职务行为的廉洁性与公共财产，行贿罪、受贿罪等犯罪侵犯了职务行为的不可收买性，但《刑法》分则第八章"贪污贿赂罪"将其规定为一种独立的类罪，很难说这是按照同类法益进行的章节划分。因此，仅根据章节位置无法确保在对侵犯公民个人信息罪所保护之法益进行个人法益与超个人法益的类别选择时必然得出正确的结论，还需要依据其他标准，即该罪的构成要件。客观要件、主体要件、主观要件等构成要件的符合，不仅反映了行为的法益侵害性，而且能够表明行为侵害了怎样的法益。❷ 一方面，侵犯公民个人信息罪所保护之法益的类别决定了其构成要件的安排，而反过来亦可以通过分析构成要件倒推出该罪法益属于个人法益还是超个人法益。若侵犯公民个人信息罪的构成要件为实害构成要件，则其保护个人法益；若该罪构成要件为危险构成要件，则其保护超个人法益。另一方面，构成要件的内容可以反映出立法者设立某一罪名时想要保护的是个人利益，还是社会利益或国家利益，通过对侵犯公民个人信息罪构成要件具体内容进行分析，能够对该罪所保护之法益在个人法益与超个人法益中做出选择。

有部分学者还提出其他判断标准，但本书认为其均不合理。其一，有学者认为，侵犯公民个人信息罪之罪名中的"个人"二字充分表明本罪是针对

---

❶ 参见高铭暄、马克昌主编：《刑法学》（第十版），北京大学出版社 2022 年版，第 52 页。
❷ 参见张明楷：《法益初论（增订本）》（上册），商务印书馆 2021 年版，第 250 页。

个人的犯罪，意即本罪侵犯的是公民个人的信息，直接损害的是与个人相关的利益，而与国家利益、社会利益无涉，因此本罪之法益应为个人法益。❶但罪名的确立一般需要同时遵循准确性、合理性、简洁性原则，❷其不一定能够完全精准地反映出相关条文的全部内容。❸因此单纯依据罪名或罪名中的某一字词无法准确推导出该罪所保护之法益的类别，有望文生义之嫌。其二，部分学者认为，犯罪侵犯的法益与该犯罪的性质相关，侵犯公民个人信息犯罪是带有法定犯气质的自然犯，因此其所侵犯的法益为个人法益。❹但本书认为，这种根据犯罪性质确定犯罪所侵犯法益的论证路径与逻辑存在问题，因为此处的大前提并不周延，法定犯与超个人法益并不完全对应，自然犯也不一定必然侵犯个人法益，比如放火罪等自然犯侵犯的就是公共法益，因此采取此种进路与标准判断侵犯公民个人信息罪所保护之法益是不妥当的。尤其是在某种犯罪的性质本身就存在争议的情况下，以犯罪性质为依据来确定法益类别缺乏准确的判断根基。另外，部分学者虽将犯罪性质与法益相联系，但其认为侵犯公民个人信息犯罪属于自然犯还是法定犯应从该罪所侵犯的法益入手，❺其与前述将犯罪性质作为法益类别判断标准的论证路径完全相反，这种因果逻辑的混乱也从侧面证明从犯罪性质推导犯罪所侵害的法益的模式不具有合理性。

2. 正向推导之二：具体确定

个罪的法益是具体的，类法益只是其上位概念。因此，在判断出侵犯公

---

❶ 参见徐剑：《侵犯公民个人信息罪法益：辨析与新证》，《学海》2021 年第 2 期，第 121 页。

❷ 参见赵秉志、袁彬：《〈刑法修正案（十一）〉罪名问题研究》，《法治研究》2021 年第 2 期，第 45—47 页。

❸ 例如，《中华人民共和国刑法修正案（十一）》（以下简称《刑法修正案（十一）》）增设的"冒名顶替罪"，其行为仅涉及盗用、冒用他人身份，顶替他人取得的高等学历教育入学资格、公务员录用资格、就业安置待遇，而不包括全部的冒名顶替行为。《刑法修正案（十一）》第 32 条规定："在刑法第二百八十条之一后增加一条，作为第二百八十条之二：'盗用、冒用他人身份，顶替他人取得的高等学历教育入学资格、公务员录用资格、就业安置待遇的，处三年以下有期徒刑、拘役或者管制，并处罚金。''组织、指使他人实施前款行为的，依照前款的规定从重处罚。''国家工作人员有前两款行为，又构成其他犯罪的，依照数罪并罚的规定处罚。'"

❹ 参见刘艳红：《侵犯公民个人信息罪法益：个人法益及新型权利之确证——以〈个人信息保护法（草案）〉为视角之分析》，《中国刑事法杂志》2019 年第 5 期，第 22—27 页。

❺ 参见自正法、韩铁柱：《流通知情权与侵犯公民个人信息罪的法益及其刑事保护边界》，《内蒙古社会科学》2020 年第 5 期，第 95 页。

民个人信息罪所保护之法益属于个人法益还是超个人法益之后，还需要在该类别之中进行具体确定，主要可以依据以下标准。

（1）前置法的内容。由于侵犯公民个人信息罪之罪状明文规定了"违反国家有关规定"，因此在确定该罪法益时亦需要考虑前置法的相关内容。法益并不是刑法上的特有概念，而是一般法的共有概念，刑法与其他法所保护的利益都是法益，前者为刑法法益，后者为民法法益或其他法益。❶ 由于侵犯公民个人信息罪规制与打击的是行为人"违反国家有关规定"所实施的侵害行为，而此类行为亦是前置法中有关公民个人信息保护的规定所规制的对象，加之违反前置法是构成侵犯公民个人信息罪的前提，因此立法者设置前置法相关规定时所欲保护的法益对侵犯公民个人信息罪之法益的确定具有参考与制约作用，后者是对《个人信息保护法》《民法典》及相关法律法规所确立的前置法法益的刑法确认。❷ 因此通过考察《民法典》《个人信息保护法》《网络安全法》等前置法中有关公民个人信息保护的规定所保护的法益，有助于在完成类别选择之后对侵犯公民个人信息罪之法益进行具体确定。另外，前置法法益对刑法法益的参考与制约作用从后者的生成机理中也能推导出来。有学者提出，刑法法益的产生遵循以下过程❸：前置法调整性规范❹在宪法价值秩序的指引下，对公民个人和人类社会生活的核心利益进行评价，并将其中的部分利益确立为法益（前置法调整性法益）；对于前置法调整性法益，根据比例原则认为确实有必要通过前置法保护性规范❺，以法律责任的形式予以保护和恢复的部分即进阶成为前置法保护性法益；前置法保护性

---

❶ 参见张明楷：《法益初论（增订本）》（上册），商务印书馆 2021 年版，第164 页。

❷ 参见刘艳红：《民法编纂背景下侵犯公民个人信息罪的保护法益：信息自决权——以刑民一体化及〈民法总则〉第 111 条为视角》，《浙江工商大学学报》2019 年第 6 期，第 24 页。

❸ 该学者所提出的刑法法益的生成机理是从人类生活核心利益到刑法法益的过程，其只能整体性地得出什么法益是刑法法益，是一种宏观的推导，但无法将相关法益与具体罪名结合起来，因此与本书所构建的侵犯公民个人信息罪之法益证成规则既不相同，也不冲突。

❹ 调整性规范仅存在于前置部门法中，其是指以法律权利和法律义务的设定为内容，以假定和处理为形式的法律规范，比如《中华人民共和国证券法》（以下简称《证券法》）第 78 条对相关主体信息披露义务的设定等。

❺ 保护性规范既存在于前置部门法中，又存在于保障部门法即刑事法中，分为前置法保护性规范与刑事法保护性规范，其是指以法律责任的设定为内容、以假定和制裁为形式的法律规范，比如《证券法》第 197 条设置的行政责任以及《刑法》第 161 条规定的刑事责任等。

法益受前置法律责任保护，但民事责任与行政责任的严厉性程度有限，对于立法者重点保护但仅凭前置法保护性规范已难以有效恢复的前置法保护性法益，即有必要动用刑法，通过刑事责任实现对前置法律责任的补强与对该部分法益的二次保护，此部分法益为刑事法保护性法益，即刑法法益。❶ 因此，刑法法益的形成实则是一个从公民个人和人类社会生活的核心利益到前置法调整性法益，再到前置法保护性法益，最后到刑事法保护性法益即刑法法益的过程。可以说，这是一个逐次有序、不断筛选与承认的过程，❷ 因此，在探寻侵犯公民个人信息罪所保护之法益时，向前回溯至前置法的内容有助于该罪法益内涵的具体确定。需要注意的是，由于前置法的空缺，我国个人信息保护在很长一段时间里处于"刑法先行"的状态，在这种情况下根本无法以前置法的内容为依据来确定该罪所保护的法益。但近年来随着《民法典》《个人信息保护法》《网络安全法》等法律的出台，个人信息保护法律体系逐渐构建起来，"刑先民后""刑先行后"的局面得以改善，因此在确定侵犯公民个人信息罪所保护之法益时考察前置法的内容不再是一句空话，而是一条能够真正实现的论证路径。

（2）构成要件。虽然前置法的内容对侵犯公民个人信息罪之法益的确定具有参考与制约作用，但前置法所保护的法益并非必然都能清晰明确地获知，往往也需要从条文内容、立法目的等方面去探寻，这样一来则导致以之为依据来确定侵犯公民个人信息罪之法益的准确性降低、成本升高。因此，在这种情况下应转而寻求其他判断标准，其中最直接可靠的即为该罪本身的构成要件。侵犯公民个人信息罪的构成要件是能够获知的关于该罪的最直接、最全面、最详细的素材，因此在确定该罪所保护之法益时，应充分尊重与承认相应法条的规定及文义。❸ 正是因为构成要件的上述特性，使之成为判断侵犯公民个人信息罪之法益的最核心标准，不仅出现在第一重检视"类别选

---

❶ 参见田宏杰：《刑法法益：现代刑法的正当根基和规制边界》，《法商研究》2020 年第 6 期，第 77—81 页。

❷ 参见田宏杰：《行政犯的法律属性及其责任——兼及定罪机制的重构》，《法学家》2013 年第 3 期，第 52—54 页。

❸ 参见劳东燕：《受贿犯罪的保护法益：公职的不可谋私利性》，《法学研究》2019 年第 5 期，第 119 页。

择"中，而且也对第二重检视"具体确定"起着提示作用，这种从构成要件推导出刑法法益的过程正是法益保护规范性的体现。

（3）刑事政策。在确定个罪所保护之法益时，刑事政策也是应当考量的因素之一。关于刑法与刑事政策之间关系的探讨一直存在，从"李斯特鸿沟"到"罗克辛贯通"，不同学者对此问题给出过完全不同的答案。例如，李斯特教授主张，刑事政策应当受到罪刑法定原则的限制，由此提出"刑法是刑事政策不可逾越的屏障"这一经典命题，以表明刑法与刑事政策之间的紧张关系，而罗克辛教授则认为，立法者对法律条文只能进行粗疏的框架搭建，至于其内部细节则需要进一步的价值填充，这里的价值在很大程度上受刑事政策的影响。● 在我国目前的刑法教义学研究中，主流观点承认刑事政策对刑法的影响与导向作用，但认为应将这种影响严格控制在一定限度内，以此形成一个在接受刑事政策引导的同时又能够对其进行有效约束的刑法体系。❷ 因此，刑事政策所承载的价值判断能够影响甚至指导个罪法益的确定与构成要件的解释，我们不仅应尽量避免刑法教义学内容与刑事政策内容相冲突，而且在研究个罪法益与构成要件时应充分考虑刑事政策这一关键要素。具体到侵犯公民个人信息罪，在判断出侵犯公民个人信息罪所保护之法益属于个人法益还是超个人法益之后，可以进一步以刑事政策为导向，从而得出该罪法益究竟是何种个人法益或超个人法益的最终结论。另外需要注意的是，刑事政策是不断变化的，不同时代背景下的刑事政策是不同的，因此在以之为标准来确定侵犯公民个人信息罪所保护之法益时，应当动态地对当前刑事政策的内容进行考察，而不能仅僵化地固守某一时期的特定政策来判断法益。

3. 反向检验

经过"类别选择"与"具体确定"的双重检视之后，侵犯公民个人信息罪所保护之法益的初步选项即已从正面推导出来，但为了确保前两重检视被

● 参见［德］克劳斯·罗克辛：《德国刑法学总论（第1卷）：犯罪原理的基本构造》，王世洲译，法律出版社2005年版，第137页。

❷ 参见陈兴良：《刑法教义学与刑事政策的关系：从李斯特鸿沟到罗克辛贯通 中国语境下的展开》，《中外法学》2013年第5期，第1000—1005页；邹兵建：《跨越李斯特鸿沟：一场误会》，《环球法律评论》2014年第2期，第139—142页；张翔：《刑法体系的合宪性调控——以"李斯特鸿沟"为视角》，《法学研究》2016年第4期，第43页。

严格遵循，还需要根据一定的标准对已有结论从反向进行检验，即设置"双重保险"。只有顺利通过第三重检视与筛选的选项才必然具备法益选择的合理性，否则即为错误结论，应返回前两个步骤进行重新检视。需要注意的是，证成规则的构建并不能解决具体观点间的争议，其目标仅在于填补方法论上的缺失，因此反向检验的标准应是具备法益选择合理性的全部学说均应满足的最起码要求，由此确保最终通过三重检视的结论均具备法益选择结论上与过程上的合理性，只是具体观点不同而已。反向检验的标准主要有以下几类。

（1）刑法法益的基本要求。侵犯公民个人信息罪所保护之法益首先必须是法益，因此其必须符合关于法益的基础理论，若某一结论在此方面得出否定性答案，那么其本身自始不属于法益，更不可能是侵犯公民个人信息罪所保护之法益了。更进一步而言，由于刑法是其他法律的保障法，因此其不创制新的法益，刑法法益与其他法律所保护的法益具有一致性，不会超出后者的范围。因此，侵犯公民个人信息罪之法益不仅是法益，而且必须是民法、行政法甚至宪法等其他法律中已经普遍承认的既有法益类型。这一点从刑法法益的生成机理也能得到印证。如前所述，刑法法益的形成是一个从公民个人和人类社会生活的核心利益到前置法调整性法益，再到前置法保护性法益，最后到刑事法保护性法益即刑法法益的过程，是一个逐次有序、不断筛选与承认的过程。经过一层层的选择，在这一过程中位于后端的法益源于前端法益，其属于前端法益的一个特殊类型，因此后端法益必须具备前端法益的各种条件与要求，意即其必须先构成前端法益。具体到刑法法益而言，要形成最终的刑事法保护性法益，则其需首先成立前置法保护性法益，否则，若刑法直接对未经前置法调整性规范确认的个人、社会生活的核心利益或未经前置法保护性规范保障的前置法调整性法益予以保护，即属于刑法的越位。因此，在对经过"类别选择"与"具体确定"的双重检视之后的初步结论进行检验时，若其不属于前置法保护性法益，则无法成为刑法法益，更不可能构成侵犯公民个人信息罪之法益；若其具有民法、行政法等前置法基础，则满足刑法法益的基本要求，同时也必然符合法益的基础理论。基于时代背景、立法进程等原因，我国个人信息保护在很长一段时间里一直处于"刑法先行"的状态，刑法学界对侵犯公民个人信息犯罪所侵犯法益的探讨始终缺乏前置法的支撑，因此不少学说均脱离其他法律的基础，提出了一些前所未有的新的法益类型。无论这种提法在当时具有多少由于时代背景而导致的合理性，❶ 如今《民法典》《个人信息保护法》《网络安全法》等法律规范陆续出台，个人信息法律保护体系逐渐完备，在判断侵犯公民个人信息罪的法益时必须严格遵循刑法法益的基本要求，即其必须与前置法所保护的法益具有同一性。另外需要注意的是，刑法法益除了必须具有其他法律基础，还需符合法益保护的必要性原则，意即由于刑罚手段的严厉性，刑法只保护最重要的法益，一般法益交由其他法律调整，以此限制刑法的不当扩张。❷ 因此，若经过"类别选择"与"具体确定"的双重检视之后的初步结论不具刑法保护的必要性，其通过前置法已足以调整与保障，如荣誉权、肖像权等，那么即使其是其他法律已经确立的既有法益类型，也不属于刑法法益，更无法成为侵犯公民个人信息罪所保护之法益。

（2）构成要件。侵犯公民个人信息罪的构成要件不仅为正向推导该罪所保护之法益提供了判断标准，而且有助于对初步结论的反向检验，这种检验主要体现在行为要件上。刑法规制犯罪并保护法益，而犯罪是侵害法益的行为，因此刑法所保护之法益即犯罪行为所侵害之法益，前者与犯罪行为密切相关，意即刑法分则中某罪保护的法益应与该罪行为要件的范围相对应，不可过窄。因此，侵犯公民个人信息罪所保护之法益应能够涵盖该罪的全部行为类型，若经过"类别选择"与"具体确定"的双重检视之后的初步结论与行为要件的范围不符，则其不应是侵犯公民个人信息罪所保护之法益的正确答案。

（3）与其他犯罪间的协调。这里的协调主要指的是法定刑上的协调，意即合理的法益应有利于解释不同犯罪间法定刑的高低有别。法益决定了法定

---

❶ 例如，张明楷教授在论及"如何判断非刑罚手段能否有效地保护法益"这一问题时提出，在民事程序不能发挥应有之机能时，先动用刑罚，到一定阶段后再交给民事程序处理，因为所谓存在替代刑罚的手段，是指当下存在替代手段，而不是指以后存在替代手段。既然现在不能通过民事程序保护，就需要采用刑法保护。参见张明楷：《法益保护与比例原则》，《中国社会科学》2017 年第 7 期，第 104—105 页。

❷ 参见皮勇、王肃之：《大数据环境下侵犯个人信息犯罪的法益和危害行为问题》，《海南大学学报（人文社会科学版）》2017 年第 5 期，第 121 页。

刑的幅度，那么反过来，法定刑的不同亦能够反映出犯罪所侵害法益的不同，且其严厉程度应与法益的重要性程度相匹配。因此，能够根据法定刑的比较来对初步结论进行检验。若侵犯公民个人信息罪的法定刑轻于某犯罪，但初步结论所得出的其所保护之法益相比于其他犯罪却更重要，则该结论显然不具有合理性。需要注意的是，这种不同犯罪间法益与法定刑的横向比较并不绝对，意即犯罪所侵害之法益的重要程度并不必然对应其法定刑的严厉程度，只有在其他条件均相同的情况下才能由法益之间的比较推导至法定刑之间的区别，仅依据法益这一标准无法准确比较不同犯罪间法定刑的轻重。例如，《刑法》第 133 条之一"危险驾驶罪"侵害的法益为公共安全，涉及不特定多数人的生命与财产安全，但由于其是危险犯且未产生严重后果，因此法定刑仅为"拘役并处罚金"；而《刑法》第 264 条"盗窃罪"侵害的法益为财产权，但法定刑却明显重于前者，其最低法定刑幅度为"三年以下有期徒刑、拘役或者管制，并处或者单处罚金"。因此，通过侵犯公民个人信息罪与其他犯罪间法定刑的高低有别对初步结论进行检验时，必须选取与侵犯公民个人信息罪在其他方面均相同的罪名，只有这样才具有可比性。

部分学者认为，还可以根据司法实践是否具有可行性来对初步结论进行检验。例如，有学者提出，若认为侵犯公民个人信息罪所保护之法益是个人法益，则需要在具体案件中查明每一条信息的真伪，确定每一位受害人是否知情同意，这在涉案信息数量动辄成百上千万条的侵犯公民个人信息案件中是根本不可能的，虽然《解释》给出了批量处理的解决方案，但这完全不符合处理侵犯个人法益犯罪的特征，因此该罪法益不是个人法益。❶ 但本书认为，其一，反向检验只考察初步结论是否具有法益选择的合理性，不涉及具体观点的争议。其二，涉案信息数量的计算、被害人主观意愿的确定等均属于可操作性的问题，应在技术层面加以解决，而不是以其在实务中难以处理为由，认为该罪法益不具有合理性。

综上所述，"三重检视"模式从正反两方面入手，分三个层次逐步对侵犯公民个人信息罪所保护之法益的可能内涵进行分析与筛选。首先，从立法

---

❶　参见江海洋：《侵犯公民个人信息罪超个人法益之提倡》，《交大法学》2018 年第 3 期，第 153 页。

原意、章节位置、构成要件等标准出发，对侵犯公民个人信息罪之法益类别在个人法益与超个人法益中做出选择，其中优先考察立法原意，若能直接从立法者设立本罪之初的原本意思中得出本罪所保护的具体法益，则可以跳过"具体确定"而径直进入"反向检验"，若只能得出法益类别，则依然按照正常的论证顺序。其次，以前置法内容、构成要件为标准，对该罪法益的具体内涵进行确定，以得出初步结论。最后，分别从刑法法益的基本要求、构成要件与法定刑、与其他犯罪的关系三方面对经过"类别选择"与"具体确定"的双重检视之后的初步结论进行反向检验，若不符合上述标准，则说明初步结论的推导存在问题，应返回之前的步骤进行重新论证。最终，只有顺利通过三重检视与筛选的结论才具有法益选择的合理性。

另外需要特别注意的是，"三重检视"模式的构建并不决定最终的法益学说，其只是为论证该罪法益提供了一套合理的步骤、流程、方法，从而使得法益学说的提出具有正当性基础，而非缺乏方法论指引的单纯的理论多元。在这一法益证成规则指导之下的观点并非只能唯一，各学者依据同一路径，根据自身在具体问题上的理论立场不同，可以提出不同的观点。无论是"类别选择""具体确定"还是"反向检验"，方法本身均不具有观点上的筛选功能。因此，本节虽构建了统一的法益证成规则，但只是解决了方法论缺失的问题，只能确保在该规则指引下所得出的结论具备法益选择的合理性，而关于侵犯公民个人信息罪所保护之法益的学术争议仍然会存在。法益证成规则无法解决学说之争，最终正确结论的提出必须依靠具体观点、立场的讨论，因此在接下来的一节中，本书将在"三重检视"模式的指引下，结合自身观点，提出本书对于侵犯公民个人信息罪所保护之法益的具体主张。

第三节 "三重检视"模式指引下的信息自决权之确证

法益作为刑法理论的核心概念，对侵犯公民个人信息罪构成要件的解释发挥着极为重要的指导作用，因此要想准确理解并合理适用该罪，必须首先对其法益予以确定。在上一节中，本书提出并构建了"三重检视"模式这一侵犯公民个人信息罪之法益证成规则。本节将在此规则的指引之下，结合笔者自身在具体问题上的理论立场，探寻该罪法益的具体内涵。如前所述，证成规则本身并不具有观点上的筛选功能，其只是为法益学说的选择提供结论上与过程上的合理性，各学说主张之间的具体交锋主要发生在遵循规则探寻该罪法益的过程之中。因此，本节内容是确认侵犯公民个人信息罪所保护之法益的重中之重，也是本书在这一问题上的核心观点与主张之所在。

按照"三重检视"模式，本书将从三个层面入手，逐步进行研究与确证。

一、侵犯公民个人信息罪保护的是个人法益

如前所述，要确定侵犯公民个人信息罪的具体法益内涵，必须首先对其所属的法益类别做出判断。"三重检视"模式中，第一重"类别选择"所依据的标准主要包括立法原意、章节位置与构成要件，因此本书将分别从这三个方面进行判断。

（一）立法者增设侵犯公民个人信息罪时的原本意思

确定侵犯公民个人信息罪之法益最主要、最直接的标准是立法者的原本意思，若立者在刑法条文、立法说明等文件中明确表示或者能够通过上述文件、立法背景等推知其意思，那么应当予以优先尊重。

对于侵犯公民个人信息罪立法原意的探寻需要回溯到《刑法修正案（七）》。相关立法说明论述了刑法开始独立保护公民个人信息的缘由，即特殊主体非法泄露公民个人信息的情况严重威胁了公民的人身、财产安全和个人隐私；[1] 全国人民代表大会（以下简称全国人大）常务委员会（以下简称常委会）法制工作委员会刑法室处长许永安在谈到《刑法修正案（七）》的立法背景时也提出，个人信息的泄露与非法使用严重侵害公民的人身、财产安全与个人隐私。[2] 另外，在立法机关主要工作人员主编的关于《刑法修正

---

[1] 参见《关于〈中华人民共和国刑法修正案（七）（草案）〉的说明》。

[2] 参见许永安：《刑法修正案（七）的立法背景与主要内容》，载中国人大网 http://www.npc.gov.cn/zgrdw/huiyi/lfzt/xfq/2009-03/05/content_1495000.htm，2021 年 9 月 28 日访问。

案（九）》理解和适用的多部论著中，均认为《刑法修正案（七）》在增设出售、非法提供公民个人信息罪与非法获取公民个人信息罪时，其立法动因在于保护公民人身、财产安全等。❶ 而自《刑法修正案（九）》增设侵犯公民个人信息罪以来，该罪成为我国刑法中规制侵犯公民个人信息类犯罪的总体性、一般化规定。❷《关于〈中华人民共和国刑法修正案（九）（草案）〉的说明》中提到，之所以对出售、非法提供公民个人信息罪与非法获取公民个人信息罪进行修改完善，是为了进一步加强对公民个人信息的保护。同样，由立法机关主要工作人员主编对《刑法修正案（九）》进行解读的论著也提到，相应的立法完善是为进一步加强对公民个人信息的保护。❸ 一般而言，立法者不会直截了当地将其立法意图表述为"设置本罪的目的是保护……（该罪法益）"，但从其对该罪立法背景、缘由、动因的描述中仍可以总结出其大致倾向。上述解释说明性文件、立法机关工作人员的讲话及其论著中的内容充分表明，立法者之所以增设侵犯公民个人信息罪，其核心目的在于保护公民个人信息，以防止与之相关的公民个人人身、财产安全与个人隐私遭受侵害。虽据此无法直接确定侵犯公民个人信息罪之法益的具体内涵，但至少能够判断其与公民个人相关，而与社会利益、国家利益无涉，进而得出该罪保护的是个人法益这一初步结论。

（二）侵犯公民个人信息罪在刑法分则中的章节位置

我国刑法分则以同类客体为标准，将具体犯罪分为十个章节，每一章犯

---

❶ 参见雷建斌主编、全国人大常委会法制工作委员会刑法室编：《〈中华人民共和国刑法修正案（九）〉释解与适用》，人民法院出版社 2015 年版，第 123—124 页；臧铁伟、李寿伟主编、全国人大常委会法制工作委员会刑法室编：《〈中华人民共和国刑法修正案（九）〉条文说明、立法理由及相关规定》，北京大学出版社 2016 年版，第 126 页；臧铁伟主编、全国人大常委会法制工作委员会刑法室编：《〈中华人民共和国刑法修正案（九）〉解读》，中国法制出版社 2015 年版，第 116—117 页。

❷ 参见黄陈辰：《大数据时代侵犯公民个人信息罪行为规制模式的应然转向——以"AI 换脸"类淫秽视频为切入》，《华中科技大学学报（社会科学版）》2020 年第 2 期，第 110 页。

❸ 王爱立主编、全国人大常委会法制工作委员会刑法室编：《中华人民共和国刑法修正案（九）（十）解读》，中国法制出版社 2018 年版，第 119 页；全国人大常委会法制工作委员会刑法室编：《〈刑法修正案（九）〉最新问答》，法律出版社 2015 年版，第 50 页；王爱立主编、全国人大常委会法制工作委员会刑法室编：《中华人民共和国刑法解读》（第四版），中国法制出版社 2015 年版，第 581 页。

罪在客体上基本具有同一性，在相当程度上反映出各类犯罪不同的危害程度。❶ "除非有理由可以相信立法的归类出现重大错误，否则不应否认立法对罪类的划分。"❷ 因此，根据侵犯公民个人信息罪在刑法分则中的具体章节位置，并结合该章节所保护的同类法益，则能大体上确定该罪的法益类别。侵犯公民个人信息罪位于"侵犯公民人身权利、民主权利罪"中，该章所保护的同类法益很明显与社会利益、国家利益无关，根据同类法益对个罪法益的制约作用，侵犯公民个人信息罪所保护的法益属于典型的个人法益。❸ 当然，章节位置并不是确定罪名所保护之法益类别的"金科玉律"，这种同类法益的排列布置只是相对的。例如，非法侵入计算机信息系统罪、非法获取计算机信息系统数据罪等计算机犯罪侵犯的是个人计算机信息系统或数据安全，却被规定在《刑法》第6章第1节"扰乱公共秩序罪"中。因此，单纯依靠侵犯公民个人信息罪在刑法分则中的章节位置只能大致判断该罪所保护的法益类型，不具有完全的确定性，要想得到准确的答案，还需结合立法原意、构成要件等其他标准。

（三）侵犯公民个人信息罪的情节要素

个人法益指的是自然人所享有的、受法律保护的重要利益。超个人法益是指由国家或社会作为主体所拥有的、受法律保护的重要利益，超个人法益并不是多个个人法益的纯粹的集合。例如，在放火、爆炸、投放危险物质等危害公共安全的犯罪中，若只是侵害特定多数人的生命健康，则很难将其称为超个人法益。❶ 但需要注意的是，国家与社会由具体的个人组成，人是其中最基本的单元，虽以国家、社会为主体的超个人法益无法通过个人法益的简单相加直接得到，但其二者必然密切相关。量变引起质变，当大量个人法益汇集起来进而发生性质上的转变时，就可能形成不属于任何特定个人的超

---

❶ 参见高铭暄、马克昌主编：《刑法学》（第十版），北京大学出版社2022年版，第310—311页。

❷ 曾粤兴、高正旭：《侵犯公民个人信息罪之法益研究》，《刑法论丛》2018年第3期，第214页。

❸ 参见高富平、王文祥：《出售或提供公民个人信息入罪的边界——以侵犯公民个人信息罪所保护的法益为视角》，《政治与法律》2017年第2期，第47页。

❶ 参见姜涛、杨睿雍：《法益理论之立法检视功能的困境与出路》，《学术界》2020年第4期，第134页。

个人法益。因此我们得出结论,个人法益量上的增加并不必然发生质变进而产生超个人法益,但要想通过个人法益质变形成超个人法益则必须存在前者量上的增加。

侵犯公民个人信息罪的构成要件之一为"情节严重",《解释》第 5 条第 1 款对"情节严重"的标准进行了明确与细化,其中第(一)、(二)、(七)、(九)项分别为信息去向及用途、违法所得、行为人曾受处罚,与涉案信息数量无关。因此极端情况下,即使行为人仅侵犯某一被害人的某一条个人信息,亦可能构成犯罪。虽然《解释》第 5 条第 1 款第(三)、(四)、(五)、(六)、(八)款还规定了构成"情节严重"的信息类型与数量标准,但并不意味着该罪保护的即为超个人法益。一方面,即便侵犯多条乃至大量个人信息,也可能是针对同一主体的不同信息,在这种情况下,虽涉案信息数量巨大,但由于被害人单一,因此不能构成对社会利益或国家利益的威胁,其侵害的仍然属于个人法益。实践中也确实存在仅侵犯单一特定公民的多条个人信息的案例。例如,在尹某故意杀人案中,尹某发现妻子出轨后与其离婚,且其一直对"第三者"刘某怀恨在心,一次偶然机会尹某从妻子口中得知刘某全名以及电话号码,于是尹某花费 1888 元从网上非法购买到刘某的身份证号、照片、住址、车辆等个人信息,根据这些信息,尹某找到刘某并将其杀害。❶ 这种仅针对特定公民个人信息的犯罪并不常见,但不能因其发生概率低而忽视其存在,从而以偏概全地认为侵犯公民个人信息犯罪仅具有群发性特点。另一方面,即使某一犯罪涉及被害人主体众多也不能就此证明本罪的法益为超个人法益。以盗窃罪为例,即使行为人在火车上扒窃多人的财物,也不能认为盗窃罪的法益为超个人法益。这是因为如前所述,个人法益数量的增加并不一定会产生性质上的变化,多个个人法益的单纯集合仍是个人法益,在没有产生真正意义上独立于个人利益的社会利益或国家利益时,不会质变为超个人法益。❷ 因此,仅以信息数量或被害人数量认定侵犯公民个人信息罪之法益为超个人法益不具有合理性。"情节严重"对信息数量与被害

---

❶ 参见刘浏:《血案牵出特大倒卖公民信息交易网》,《扬子晚报》2020 年 8 月 19 日,第 A04 版。

❷ 参见王永茜:《论集体法益的刑法保护》,《环球法律评论》2013 年第 4 期,第69 页。

人数量并无硬性要求，因此其所保护的是作为个人法益的公民个人权利，即使在部分案件中涉案信息与被害人数量巨大，该罪也只是保护多个个人法益的集合，而非超个人法益。

（四）个人法益说的优势

相较于超个人法益说而言，个人法益说更有利于保护个人利益。该说认为侵犯公民个人信息罪所保护的法益之主体为公民个人，因此相对于国家利益与社会利益而言，该学说更加关注对个人利益的保护。一方面，根据个人法益说的观点，无论是其他自然人，还是数据企业、社会组织，甚至是国家机关，其若要收集、公开、使用或以其他任何方式处理个人信息，均需使作为信息主体的公民个人知情并取得其许可、同意，"公民个人有权决定他人能否处理其个人信息，以及何时、何地、以何种方式、在多大范围内进行处理，这充分实现了公民个人对其自身信息的绝对控制"❶。另一方面，既然侵犯公民个人信息罪的法益为个人法益，那么公民个人即有权对这一法益进行处理，甚至放弃该法益。此时，由于个人具有放弃的权限，因此在其意思表示真实的情况下，构成有效的被害人同意这一超法规的违法阻却事由，即使他人未经信息主体同意而收集、公开、使用其个人信息，也因法益阙如而不构成犯罪。❷ 这一观点便于信息主体某些特殊目的的实现。❸ 例如，应聘者为了寻求好的工作机会或企业人资主管为了招录优秀人才而在招聘网站公布其联系方式，由于是作为信息主体的应聘者或人资主管自愿公开其信息，因此，若某人从该网站下载、保存相关信息甚至整理之后提供给第三人，其行为不具有刑事违法性。这样的结论有利于实现应聘者寻求工作岗位与招聘者招录优秀人才的目的，而且将处理此类由于信息主体自身放弃权利而主动公开的信息的行为认定为犯罪亦违背一般人的认知。❹

---

❶ 刘艳红：《民法编纂背景下侵犯公民个人信息罪的保护法益：信息自决权——以刑民一体化及〈民法总则〉第 111 条为视角》，《浙江工商大学学报》2019 年第 6 期，第 23 页。

❷ 参见徐剑：《侵犯公民个人信息罪法益：辨析与新证》，《学海》2021 年第 2 期，第 121 页。

❸ 参见熊波：《侵犯公民个人信息罪法益要素的法教义学分析——基于"泛云端化"信息特质》，《西北民族大学学报（哲学社会科学版）》2019 年第 5 期，第 141 页。

❹ 参见喻海松：《侵犯公民个人信息罪的司法适用态势与争议焦点探析》，《法律适用》2018 年第 7 期，第 13 页。

另外需要注意的是，由于个人法益与超个人法益的划分是对法益概念的完整分类，分类所得的子项与母项刚好相等，● 而双重法益说又由于具有明显缺陷而被排除，因此对于侵犯公民个人信息罪所保护之法益而言，要么属于个人法益，要么属于超个人法益，是一种非此即彼的选择，证否其中一方亦是对另一方的反向证成。● 其一，超个人法益具有不可分解性，即其作为一个整体由社会或国家享有，范围涵盖全体社会成员，而不可被分解到对应具体的个人。因此，侵犯超个人法益即必须对不特定多数甚至全体社会成员的利益进行侵犯。但侵犯公民个人信息犯罪所针对的对象是他人的个人信息，即使在某些案件中信息数量巨大，但也只是多个信息的集合，意即其范围仍然确定且均能与某一特定自然人相联结，故侵犯公民个人信息罪所保护之法益不符合超个人法益的特性。其二，一般而言，实害犯、具体危险犯与个人法益相对应，而行为犯、抽象危险犯与超个人法益相对应，● 侵犯公民个人信息罪并没有采取预防性的处罚措施，意即侵犯公民个人信息罪不是抽象危险犯。该罪的构成要件都是非常明确的行为要件与情节要件，充分表明本罪不是行为犯或危险犯，因此该罪保护的法益不符合超个人法益的特性。上述两点否定了超个人法益的合理性，因此从反面证成该罪法益应为个人法益。

综上，根据立法原意、章节位置、构成要件及个人法益说的优势等标准从正向对个人法益说加以证成，并通过反向证否超个人法益的合理性，最终得出该罪所保护之法益为个人法益。

二、侵犯公民个人信息罪保护的是个人法益中的信息自决权

在判断出侵犯公民个人信息罪所保护之法益是个人法益而不是超个人法益后，接下来需要进一步确定其属于哪种个人法益，只有这样才能明确该罪

● 参见张明楷：《法益初论（增订本）》（上册），商务印书馆 2021 年版，第 244—245 页。
● 虽然在个人法益与超个人法益二者非此即彼的情况下，证否其中一方亦是对另一方的反向证成，但毕竟这种方式具有间接性，无法从正面直接推导出结论。因此，本书未将其包含于侵犯公民个人信息罪之法益证成规则之中，但具体推导时，在已得出初步结论的情况下能够通过这一方法对已有结论进行辅助论证。
● 参见钟宏彬：《法益理论的宪法基础》，元照出版公司 2012 年版，第 250 页。

法益的具体内涵，进而为构成要件的解释与适用提供指导。在"三重检视"模式中，第二重"具体确定"所依据的标准主要包括前置法的内容与构成要件，因此本书将分别从这两个方面进行判断。

（一）《个人信息保护法》《民法典》等前置法的规定

在法律规范体系中，前置法具有两道防线：第一道防线为以法律权利和法律义务的设定为内容、以假定和处理为形式的调整性规范；第二道防线为以法律责任的设定为内容、以假定和制裁为形式的保护性规范。● 就刑法与前置法的关系而言，调整性规范设置前置法上的权利与义务，进而形成调整性法益；当其遭受侵犯时，则进入前置法上的法律责任条文进行保护，形成前置法保护性法益；若前置法上的制裁措施不足以有效保护部分重要法益，则有动用刑法的必要，由此形成的法益即为刑法法益。❷ "在这个意义上，较之于前置法中的调整性规则，刑法是从属法；相对于前置法中的第一保护性规则，刑法是次生法。"❸ 因此，刑法规范与前置法规范密不可分，刑法法益的具体内涵也受前置法法益的影响与制约。由于刑法法益来源于前置法法益，因此通过对前置法内容的回溯与研究有利于确定刑法法益。尤其是侵犯公民个人信息罪的罪状明确规定"违反国家有关规定"，故前置法的相关内容在确定该罪法益时具有更加直接与重要的作用。

随着近年来《个人信息保护法》《民法典》《网络安全法》等法律的制定与颁布，一个完善的公民个人信息保护前置法律规范体系逐渐形成，在研究侵犯公民个人信息罪所保护之法益的具体内涵时必须加以考虑与参照。2016 年颁布实施的《网络安全法》是制定较早的包含有个人信息保护内容的法律，虽主要集中于互联网领域，但在内容上其已有专门的章节条文来对用户信息的保护进行规定。《网络安全法》聚焦于宏观的网络安全，但从其第 4

● 参见田宏杰：《刑法法益：现代刑法的正当根基和规制边界》，《法商研究》2020 年第 6 期，第 75—88 页。

❷ 参见田宏杰：《行政犯的法律属性及其责任——兼及定罪机制的重构》，《法学家》2013 年第 3 期，第 52—54 页。

❸ 田宏杰：《知识转型与教义坚守：行政刑法几个基本问题研究》，《政法论坛》2018 年第 6 期，第 29 页。

章的条文内容来看，也能从侧面推导出该法所保护的、为用户所享有的具体权利，主要包括知情同意权、更正权、删除权以及保障其个人信息免受不当收集、使用、泄露、篡改、毁损的权利等，同时该法第 6 章的部分条文还对违反第 4 章规定、侵犯用户信息权利的行为设置了相应的法律责任。❶ 2021 年 1 月 1 日，《民法典》正式生效实施，其第 111 条虽然没有明确使用"个人信息权"的概念，但民法学界普遍认为该条是对个人信息权这一独立于其他民事权利的新型权利的承认与确立。❷ 另外，《民法典》第四编"人格权"中的第六章"隐私权和个人信息保护"用 6 个条文详细规定了个人信息与处理的含义、个人信息的处理原则、条件及例外、自然人所享有的信息权利与相应主体的保护义务等内容。❸ 同时，《民法典》第一编第八章与第七编规定了法律责任与后果。《个人信息保护法》于 2021 年 8 月 20 日颁布，并于 2021 年 11 月 1 日正式生效实施，其在表述上，相较于《民法典》而言有明显的进步，更加凸显个人信息作为一项独立民事权利的法律地位。❹ 该法第 4 章用 7 个条文具体规定了"个人在个人信息处理活动中的权利"，主要包括移转请求权、更正请求权、补充权请求权、删除请求权、解释说明请求权、承继权❺、诉权等。❻ 同时，《个人信息保护法》第 7 章也规定了违反本法规定、侵犯上述权利的行为所应承担的相应法律责任。

从前述《个人信息保护法》《民法典》《网络安全法》等前置法中有关公民个人信息保护的规定可以看出，前置法上的保护性法益应为个人信息权

---

❶ 参见《网络安全法》第 40 至 50 条以及第 60、64、67、68、69 条。

❷ 参见张新宝：《论个人信息权益的构造》，《中外法学》2021 年第 5 期，第 1148 页；程啸：《论我国民法典中个人信息权益的性质》，《政治与法律》2020 年第 8 期，第 3—14 页；申卫星：《论个人信息权的构建及其体系化》，《比较法研究》2021 年第 5 期，第 1—4 页。

❸ 其中自然人享有的信息权利主要包括查阅权、复制权、异议权、更正权、删除权、知情同意权以及保障其个人信息不受非法收集、储存、泄露、篡改的权利。参见《民法典》第 1034—1039 条。

❹ 例如，《个人信息保护法》第 1 条对立法目的的描述为，"为了保护个人信息权益，规范个人信息处理活动，促进个人信息合理利用……"；第 2 条也规定，"自然人的个人信息受法律保护，任何组织、个人不得侵害自然人的个人信息权益"。

❺ 《个人信息保护法》第 49 条规定："自然人死亡的，其近亲属为了自身的合法、正当利益，可以对死者的相关个人信息行使本章规定的查阅、复制、更正、删除等权利；死者生前另有安排的除外。"为与《民法典》中的继承权相区别，本书将此种接替已故近亲属行使查阅、复制、更正、删除等权利的权利称为"承继权"。

❻ 参见《个人信息保护法》第 44—50 条。

益。根据目前民法学界的主流观点，可以将其称为个人信息权，这是一项独立于传统民事权利的新型权利。❶ 如前所述，刑法法益来源于前置法保护性法益，前者是后者中仅凭前置法保护性规范无法有效保障，进而需要动用刑法予以保护的部分。因此，个人信息权这一前置法保护性法益并非侵犯公民个人信息罪所保护之法益，还需根据一定的标准从中筛选出最终答案。相关学者将刑事犯罪的认定机制概括为"前置法定性与刑事法定量的统一"，即犯罪的违法本质取决于前置法的规定，刑法决定违法程度的不同，只有具有严重法益侵害性的行为才能被规定为犯罪。❷ 其实在刑法法益的生成上也是一样，前置法保护性法益决定了刑法法益范围的最大可能边界，刑法保护性规范则在这一范围内进行量的选择，最终的结论建立在前置法与刑法共同作用的基础之上，而前置法本身只能将其缩小至一个可能的范围。因此，根据《个人信息保护法》《民法典》《网络安全法》等前置法上的保护性法益，我们认为侵犯公民个人信息罪所保护之法益属于个人信息权，至于其具体内涵是止步于此还是进一步限缩至个人信息权中的某项具体权利，则需要结合关于该罪的刑法条文进行综合判断。

（二）犯罪对象即公民个人信息的权益属性

关于犯罪对象的概念与范围，有学者在其早先著作中提出，犯罪对象是犯罪行为直接作用的人或物；❸ 另有学者认为，只有具有法益性即反映刑法所保护法益的客观存在才是犯罪对象；❹ 亦有学者提出应区分行为对象与犯罪对象，前者是行为直接指向的客观事物，后者是法益的客观表现。❺ 但近年来已不存在专门针对犯罪对象本身的研究与争论，学界主流观点基本趋近

❶ 参见杨立新：《个人信息：法益抑或民事权利——对〈民法总则〉第 111 条规定的"个人信息"之解读》，《法学论坛》2018 年第 1 期，第 42—43 页；申卫星：《论个人信息权的构建及其体系化》，《比较法研究》2021 年第 5 期，第 4—13 页。

❷ 田宏杰：《行政犯的法律属性及其责任——兼及定罪机制的重构》，《法学家》2013 年第 3 期，第 55 页。

❸ 参见高铭暄、马克昌主编：《刑法学》，北京大学出版社、高等教育出版社 2000 年版，第 61 页。

❹ 参见田秉远：《浅析犯罪对象的概念与存在范围》，《河南社会科学》2011 年第 5 期，第 62 页；陈开琦：《犯罪对象的二元结构论》，《法学评论》2009 年第 6 期，第 48—52 页。

❺ 参见徐光华：《犯罪对象问题研究》，《刑事法评论》2007 年第 1 期，第 387—389 页。

于向传统主张的回归，即认为"犯罪对象也称行为对象，其是指构成要件行为所作用的物、人、组织（机构）、制度等客观存在的现象"❶，是犯罪构成要件要素之一。本书赞成此种观点。因此，犯罪对象与法益之间不存在绝对的反映与被反映的关系。例如，在伪造货币罪中，伪造行为所直接作用的对象即该罪犯罪对象为假币，但假币并不反映作为该罪法益的货币公共信用。但对于侵犯公民个人信息罪而言，此种类型犯罪的实行行为体现为对犯罪对象的侵害，具体包括"非法获取"与"非法提供"。而犯罪本身亦是对法益的侵害，因此在此种类型的犯罪中，犯罪对象与法益间具有更加紧密的联系。因此，可以通过研究犯罪对象来探寻该罪所保护之法益的具体内涵。

如前所述，在侵犯公民个人信息罪中，犯罪对象是该罪所保护之法益的客观物质表现形式，犯罪实行行为通过作用于犯罪对象达到侵害法益的目的，因此通过犯罪对象探寻法益应遵循如下步骤。首先，确定犯罪对象上承载与附着了哪些权利、利益，这些权利和利益划定了侵犯公民个人信息罪所保护之法益的可能范围，在此范围之外的部分无法通过犯罪对象反映出来，因此不可能成为该罪法益。其次，若犯罪对象仅对应于某一特定法益，则此种情况下侵犯公民个人信息罪所保护之法益即为该法益，没有其他选择。最后，若犯罪对象上承载与附着了多种权利、利益，就像汽车上既存在财产权又存在公共安全，或枪支上既存在公共安全又存在对外贸易秩序一样，❷ 应结合具体情形与其他标准进行判断与选择。

根据《刑法》第253条之一的规定，侵犯公民个人信息罪的犯罪对象为"公民个人信息"，按照上述判断步骤，要探寻该罪所保护之法益的具体内涵，则必须首先确定公民个人信息上承载与附着了哪些权利、利益，而这一

---

❶ 参见张明楷：《刑法学（第六版）》（上册），法律出版社2021年版，第210页。
❷ 故意毁坏停在车库中的汽车的行为侵犯被害人的财产权，构成故意毁坏财物罪，而故意破坏行驶中的汽车的行为侵犯公共安全，构成破坏交通工具罪，二者虽犯罪对象相同，但侵害的法益不同，换言之，作为犯罪对象的汽车上承载与附着了多个法益，即财产权与公共安全。与之类似的是枪支，其上承载与附着的利益既包括公共安全，也包括对外贸易秩序，前者对应非法制造枪支罪，后者对应走私武器罪。

问题涉及前置法上关于个人信息❶权益属性的探讨。对于这一问题，各学者见仁见智，提出多种不同的主张。其一，基本权利。部分学者认为，应将个人信息权益作为宪法上的基本权利来进行保护，这样的模式选择有利于妥善处理个人信息权益与安全价值之间的关系，能够更好地调整个人权利与国家权力间的法权结构。❷ 其二，公法权利。相关学者主张，个人信息保护是一项独立的法律制度，以传统民事权利来对其进行界定存在多重难以协调的内在矛盾，所以应放弃以私权来保护个人信息的进路，转而将其作为公共物品，认定个人信息权益属于一项新型的公法权利。❸ 其三，财产权。相关学者指出，以人格权来保护个人信息的进路不仅使得传统人格权理论难以做出合理的解释，而且导致法律适用与权利主体利益维护方面的困境。因此应在民事权利体系中对个人信息权益进行重新定位，将其置于财产权的保护范围之下。❹ 其四，隐私权。效仿美国法律中信息隐私的概念，以隐私权来保护个人信息。❺ 其五，独立人格权。部分学者认为，个人信息权益属于具体人格权，并且其具有独立的法律地位，"因此其是一项不同于隐私权、姓名权、肖像权等传统具体人格权的新型权利，具体而言即个人信息权"❻。其六，复合权利。部分学者认为，个人信息兼具人格属性与财产属性，因此无论哪一种权利都无法单独实现对其的周全保护，个人信息权益应同时包含人格权面

---

❶ 通过比对《民法典》《个人信息保护法》《网络安全法》对"个人信息"的定义与《解释》对"公民个人信息"的界定，二者内涵大致相同，因此本书在此处不做区分。

❷ 参见王苑：《个人信息保护在民法中的表达——兼论民法与个人信息保护法之关系》，《华东政法大学学报》2021年第2期，第69—70页；孙平：《系统构筑个人信息保护立法的基本权利模式》，《法学》2016年第4期，第67—80页；郭明龙：《个人信息权利的侵权法保护》，中国法制出版社2012年版，第44页。

❸ 参见周汉华：《个人信息保护的法律定位》，《法商研究》2020年第3期，第44—56页；吴伟光：《大数据技术下个人数据信息私权保护论批判》，《政治与法律》2016年第7期，第116—132页。

❹ 参见张融：《论个人信息权的私权属性——以隐私权与个人信息权的关系为视角》，《图书馆建设》2021年第1期，第97—104页；谢琳、李旭婷：《个人信息财产权之证成》，《电子知识产权》2018年第6期，第54—61页。

❺ 参见徐明：《大数据时代的隐私危机及其侵权法应对》，《中国法学》2017年第1期，第136—144页；王泽鉴：《人格权法：法释义学、比较法、案例研究》，北京大学出版社2013年版，第209页；王泽鉴：《人格权的具体化及其保护范围·隐私权篇（中）》，《比较法研究》2009年第1期，第1—20页。

❻ 郑维炜：《个人信息权的权利属性、法理基础与保护路径》，《法制与社会发展》2020年第6期，第130页。

向与财产权面向;❶ 亦有学者将研究范围限缩至个人数据信息，得出其同时具备信息自决权与数据财产权这两个具体权利的结论，❷ 甚至有学者提出数据信息之上的权益是一种权利集合，表现为囊括人身、隐私、财产、主权等多方面的权利为一体的"权利束"。❸

本书认为，首先，随着《个人信息保护法》《民法典》等法律的颁布，信息权益有了明确的法律依据，无须再上升到宪法中去探寻其权益属性。其次，从关于个人信息保护的规定在《民法典》中的位置安排、个人信息的特性、个人信息保护与利用关系属于平等主体间的民事关系等方面可以看出，个人信息权益不是公法权利；另外，《个人信息保护法》的单独制定属于立法方式的选择，不影响所保护权益的性质，尤其在《民法典》确定个人信息权益为民事权益之后，《个人信息保护法》中的相关内容只是对这一权益保护的具体规定。❹ 再次，《民法典》总则第五章"民事权利"是按照从人身权利到财产权利的顺序进行排列的，而规定个人信息保护的第 111 条位于人身权利条文范围中，又由于个人信息要求能够识别特定自然人，其可识别性体现了明显的人格特征，因此个人信息的权益属性不是财产权而是人身权，至于其所具有的经济价值则通过人格要素的商业化利用得以实现。复次，隐私权是一种消极防御的权利，而个人信息权益则同时具备消极防御与积极支配两种面向；另外，隐私中的私人活动与私人领域不属于个人信息，个人信息中的公开信息不属于隐私，二者属于交叉关系，仅在隐私信息部分重合；并且，我国并不存在美国法律中那种外延广泛的大隐私权概念。因此综合而言，无法通过隐私权来实现对个人信息权益的周全保护。又次，前述对宪法权利、公法权利、财产权、隐私权等的排除，直接否定了复合权利说的成立。至于

❶ 参见于冲：《侵犯公民个人信息罪中"公民个人信息"的法益属性与入罪边界》，《政治与法律》2018 年第 4 期，第 20—22 页；刘金瑞：《个人信息与权利配置——个人信息自决权的反思和出路》，法律出版社 2017 年版，第 256 页。

❷ 参见张忆然：《大数据时代"个人信息"的权利变迁与刑法保护的教义学限缩——以"数据财产权"与"信息自决权"的二分为视角》，《政治与法律》2020 年第 6 期，第 54—56 页。

❸ 参见劳东燕：《个人数据的刑法保护模式》，《比较法研究》2020 年第 5 期，第 38 页；闫立东：《以"权利束"视角探究数据权利》，《东方法学》2019 年第 2 期，第 63—67 页。

❹ 参见程啸：《论我国民法典中个人信息权益的性质》，《政治与法律》2020 年第 8 期，第 4—7 页。

相关学者提到的多种权利并存的观点，则是对个人信息权利属性的误读。这些利益确实与个人信息相关，但其只是个人信息保护所带来的附随效果，而非其本身的权利属性，就像通过保护国家秘密、商业秘密来保障国家安全与公平的竞争环境，顺带实现对个人信息的保护一样，这里只不过是反过来了而已。最后，个人信息权益是一项人格权，且其无法被传统隐私权所涵盖，与姓名权、肖像权、名誉权等亦具有明显区别，因此应将其创制为一项新型的、独立的具体人格权，即个人信息权。这一观点亦为我国民法学界主流观点所接受。❶

　　侵犯公民个人信息罪所保护之法益与其犯罪对象即公民个人信息上所承载的权利、利益具有密切联系，因此前置法上如何阐释个人信息的权益属性对刑法上该罪法益的确定至关重要。通过上述分析可以得知，个人信息权益是一项新型的、独立的具体人格权——个人信息权，意即作为犯罪对象的公民个人信息之上承载与附着的权利为个人信息权，而犯罪实行行为通过作用于犯罪对象而达到侵害法益的目的，因此侵犯公民个人信息罪所保护之法益只能在个人信息权的范围之内。需要注意的是，根据《个人信息保护法》《民法典》等前置法的内容可知，个人信息权的外延涵盖知情权、决定权、查阅权、复制权、更正权、删除权等，因此侵犯公民个人信息罪之法益究竟是宽泛的个人信息权，还是应限缩到其中某一项具体权利，则需要结合具体情形与其他标准进行更进一步的判断与选择。

（三）非法获取与非法提供等行为要件

　　犯罪行为侵害法益，因此行为要件的具体样态对法益的确定具有参照与指导作用，不同的行为指向的法益可能完全不同，某一类行为所能侵害的法益范围也必定有限。例如，伪造信用卡的行为不会侵犯自然人的生命、健康，投放危险物质的行为不会侵害商标权等。因此，通过某一犯罪的具体行为能

❶　参见程啸：《论我国民法典中个人信息权益的性质》，《政治与法律》2020 年第 8 期，第 3—14 页；郑维炜：《个人信息权的权利属性、法理基础与保护路径》，《法制与社会发展》2020 年第 6 期，第 130—139 页；张里安、韩旭至：《大数据时代下个人信息权的私法属性》，《法学论坛》2016 年第 3 期，第 127—129 页；王利明：《论个人信息权的法律保护——以个人信息权与隐私权的界分为中心》，《现代法学》2013 年第 4 期，第 68—71 页，等等。

够确定该罪法益的大致范围。但一般而言，行为要件本身无法直接推导出某罪所保护之法益的具体内涵。例如，同为盗窃行为：若行为人盗窃的是普通财物，则侵犯财产权，构成盗窃罪；若行为人盗窃的是枪支、弹药、爆炸物、危险物质，则危害公共安全，构成盗窃枪支、弹药、爆炸物、危险物质罪。❶因此，需要将犯罪行为与其他要件结合起来进行综合判断。

前已述及，根据《个人信息保护法》《民法典》等前置法以及公民个人信息的权益属性，可以确定侵犯公民个人信息罪的法益必定在个人信息权的范围之内。该罪所规制的行为类型为"向他人出售或者提供"与"窃取或者以其他方法非法获取"，因"出售"属于"提供"中的"有偿提供"，而"窃取"亦属于"非法获取"的表现形式之一，只是因为二者较为典型与常见，因此法条将其独立列出，故上述行为方式可以简化为"非法获取"与"非法提供"。这两类行为关注的重点主要在于信息流通环节，指的是行为人在未经权利人许可且无其他合法根据的情况下，擅自取得他人的个人信息或将其所掌握的个人信息披露、公开、提供给他人，这是典型的侵犯被害人自我决定其个人信息是否被处理，以及在多大范围、多长时间内、以何种方式、被哪一主体处理的权利的行为。通过比照个人信息权的外延范围可知，这种被侵害的权利为其中的决定权，学界也将其称为信息自决权。因此可以得出结论，侵犯公民个人信息罪所保护之法益为个人信息权中的信息自决权。

（四）信息自决权的优势

侵犯公民个人信息罪所保护之法益为个人信息权中的信息自决权这一结论，相较于其他学说而言优势明显。

其一，将侵犯公民个人信息罪所保护的法益认定为信息自决权更有利于保护信息主体的个人利益。一方面，无论是其他自然人，还是数据企业、社会组织，甚至是国家机关，其若要收集、公开、使用或以其他任何方式处理个人信息，均需使作为信息主体的公民个人知情并取得其许可、同意，这充分实现了公民个人对其自身信息的绝对控制，并最大限度地保护了其个人利益。另一方面，既然个人法益说认为侵犯公民个人信息罪所保护的法益为个

---

❶ 参见《刑法》第 127 条、第 264 条。

人法益，那么公民个人即有权对这一法益进行处理，甚至放弃该法益。此时，由于个人具有放弃的权限，因此在其意思表示真实的情况下，构成有效的被害人同意这一超法规的违法阻却事由，即使他人未经信息主体同意而收集、公开、使用其个人信息，也因法益阙如而不构成侵犯公民个人信息罪。

其二，对公民个人信息自决权的强调与保护与当前司法现状相符。根据公安部网络安全保卫局长王瑛玮在"公安机关护航全面建成小康社会新闻发布会"上的介绍，在 2018 年至 2020 年，全国破获的侵犯公民个人信息案件共计 1.7 万余起，被抓获的犯罪嫌疑人共计 4 万余名，[1] 这些案件往往涉案信息数量巨大、被害人众多，严重危害公民个人信息权益及与之相关的人身、财产安全。因此，虽然我们需要重视公民个人信息的合理利用以保障相关技术与产业的快速发展，但当前社会管理的核心仍在于对公民个人信息权益的保护。

其三，信息自决权与相关立法内容相一致。虽根据法秩序相统一原理无法推出"刑法必须从属于前置法"这一简单结论，尤其在入罪上不存在这样的约束性，但"前置法上的合法行为不具有刑事违法性"应是其题中之义，从反向考量，则意味着刑法上的犯罪行为必然具备前置法上的违法性。[2]《个人信息保护法》《民法典》《网络安全法》均规定了信息自决权以及行为人侵犯该权利后应承担的法律责任，因此信息自决权属于前置法保护性法益，将侵犯公民个人信息罪所保护之法益认定为信息自决权随即具备了前置法基础。同时，《个人信息保护法》作为个人信息保护方面的专门立法，其第 1 条明文规定本法"为了保护个人信息权益"，《民法典》将个人信息保护放置于第 4 编"人格权"中，这些内容都与作为个人法益中个人信息权之一种的信息自决权相符合。

其四，信息自决权有利于对构成要件的合理解释。侵犯公民个人信息罪的行为类型之一为"窃取或者以其他方法非法获取"，《解释》对"其他方法"的含义进行了明确，其中包括购买。由于信息主体同意而不侵犯其信息

---

❶ 参见熊丰、翟翔：《侵犯公民个人信息案前八个月发案数量同比降 9.1 个百分点》，《新华每日电讯》2021 年 9 月 18 日，第 004 版。

❷ 参见周光权：《论刑法所固有的违法性》，《政法论坛》2021 年第 5 期，第 39—48 页。

自决权，因此直接向信息主体购买其个人信息的行为不属于"以其他方法非法获取"，进而购买者不构成侵犯公民个人信息罪，这一结论符合一般人的认知且具有理论上的合理性。

综上所述，根据前置法的内容、犯罪对象的权益属性、行为要件以及信息自决权的优势等标准，在第一重"类别选择"得出个人法益结论的基础上，第二重"具体确定"进一步明确了侵犯公民个人信息罪所保护之法益的具体内涵为信息自决权。

三、信息自决权符合法益选择之合理性的要求

经过前述"类别选择"与"具体确定"的双重检视之后，侵犯公民个人信息罪所保护之法益的初步结论——法益自决权即已从正面推导出来，但为了确保前两重检视被严格遵循，进而使得该结论符合法益选择之合理性，还需要根据一定的标准对其进行反向检验，即设置"双保险"。"三重检视"模式中，第三重"反向检验"所依据的标准主要包括刑法法益的基本要求、构成要件、与其他犯罪间的协调，因此本书将分别从这三个方面进行判断。

（一）刑法法益的基本要求

侵犯公民个人信息罪所保护之法益为刑法法益，因此其必须满足后者的基本要求。从前述刑法法益的形成机理来看，刑法法益由前置法调整性法益、前置法保护性法益逐步筛选、演变而来，其直接来源于前置法保护性法益。由此可以得出结论，某一权利、利益要想成为刑法法益，则其必须首先属于前置法保护性法益。相关学者主张刑事犯罪确定机制的基本原则为"前置法定性与刑事法定量相统一"，不具备前置法违法性的行为绝无构成刑事犯罪的可能性，前置法保护性法益划定了刑法法益范围的最大边界，此即"前置法定性"的基本含义。❶《网络安全法》第 44 条规定了对非法提供、非法获取公民个人信息行为的禁止，同时该法第 64 条第 2 款规定了相应的行政法律责任，包括没收违法所得、罚款等。《民法典》第 1035 条规定："处理个人

---

❶ 参见田宏杰：《知识转型与教义坚守：行政刑法几个基本问题研究》，《政法论坛》2018 年第 6 期，第 28—31 页。

信息的，应当遵循合法、正当、必要原则，不得过度处理，并符合下列条件：（一）征得该自然人或者其监护人同意……"；第 1038 条禁止泄露公民个人信息，同时其第 1 编第 8 章与第 7 编分别规定了上述行为的法律后果。《个人信息保护法》第 44 条规定个人对自身信息所享有的决定权，该法第 7 章也规定了相应的法律责任。从《网络安全法》《民法典》《个人信息保护法》等前置法的规定可以看出，信息自决权受到其调整性规范与保护性规范的双重规制，属于前置法保护性法益，因此满足刑法法益在这一方面的基本要求。

前已述及，由于民事责任与行政责任的严厉性程度具有局限性，因此在某些情况下，仅凭前置法保护性规范难以有效恢复某部分前置法保护性法益，而这部分法益又是立法者想要重点保护的，此时即有必要动用刑法，通过刑事责任实现对前置法律责任的补强与对该部分法益的二次保护，此部分法益即成为刑法法益。因此，刑法法益不仅源自前置法保护性法益，且其产生需符合比例原则的要求，刑法只保护最为重要的法益，一般法益则交由其他法律调整。前置法所规定的法律责任主要包括警告、罚款、赔偿、吊销执照、记入信用档案等，而在侵犯公民个人信息案件中，往往涉及的信息种类繁多、数量巨大，甚至可能被用于违法犯罪活动，成为下游犯罪的诱因与原料，因此当涉案公民个人信息在种类、数量、用途等方面达到一定的严重程度时，前置法上的行政责任、民事责任即不足以有效保护公民的信息自决权，应诉诸刑法。侵犯公民个人信息罪的罪状明文规定了"情节严重"，因此只有在涉案信息种类、数量、用途、违法所得、行为人曾受处罚等方面达到"情节严重"的程度进而导致前置法律责任无法有效保护信息自决权时，刑法才得以适用，相应信息自决权也才成为刑法法益，而在此程度以下的一般违法行为则通过前置法调整即可，与之对应的信息自决权亦由此仅属于前置法法益。因此，侵犯公民个人信息罪所保护的信息自决权满足刑法法益的比例性要求。

（二）行为要件的范围

有些犯罪的实行行为在类型上具有唯一性，比如故意杀人罪对应的仅为故意杀人行为，而另外一些犯罪的实行行为种类较为丰富，比如重婚罪的行为方式包括有配偶而重婚以及明知他人有配偶而与之结婚两类。刑法所保护之法益即犯罪行为所侵害之法益，前者与犯罪行为密切相关，具体而言即刑法分则中某罪保护的法益应能够涵盖该罪行为要件的全部类型，不可过窄，否则即为法益保护不周延。根据《个人信息保护法》《民法典》等前置法的规定，可以将信息自决权总结为信息主体自我决定其个人信息是否被处理，以及在多大范围、多长时间内、以何种方式、被哪一主体处理的权利，其包含"积极支配"与"消极防御"两个方面。"非法"体现了对信息主体自身意愿的违背，结合前置法对"处理"的界定，可以推导出，非法获取与非法提供行为侵犯了信息主体在收集、传输、提供、公开等方面所享有的信息自决权。据此可知，成立侵犯公民个人信息罪的不法需要违背信息主体对自身信息进行处理的意愿，而这一界定能够涵盖该罪全部的行为类型：其一，行为人通过窃取、购买、收受、交换、在履行职责、提供服务过程中收集的方式非法获取他人的个人信息，使其在不知情或不同意的情况下被行为人获取，严重违背信息主体的意愿。其二，行为人非法出售或向特定人提供他人信息，或利用网络等途径公开、披露他人信息亦未经过信息主体之同意，因此违背其自身意愿。

（三）与其他犯罪间的协调

立法者在新增某一罪名时即已明确该罪需要保护的法益是什么，因此在具体设置其法定刑种类与幅度时必然会以该法益作为依据与参考。一般而言，某一犯罪所侵犯的法益较之另一犯罪更为严重，比如生命权较之财产权，则在同等条件下，前者所体现出来的社会危害性必然大于后者，其法定刑亦会重于后者。由此可见，法益决定了法定刑的幅度，那么反过来，法定刑的不同亦能够反映出犯罪所侵害法益的不同，且其严厉程度应与法益的重要性程度相匹配。因此，可以通过侵犯公民个人信息罪与其他犯罪间法定刑的比较来对前述有关信息自决权的结论进行检验。需要注意的是，这种不同犯罪间法益与法定刑的横向比较并不绝对，意即犯罪所侵害之法益的重要程度并不必然对应其法定刑的严厉程度，只有在其他条件均相同的情况下才能由法益之间的比较推导至法定刑之间的区别，仅依据法益这一标准无法准确比较不同犯罪间法定刑的轻重。因此，通过不同犯罪间法定刑的高低有别对初步结论进行检验时，必须选取与侵犯公民个人信息罪在其他方面均相同的罪名，只有这样才具有可比性。

根据《刑法》第253条之一的规定，侵犯公民个人信息罪的法定刑基础幅度为"三年以下有期徒刑或者拘役，并处或者单处罚金"，情节特别严重的加重刑幅度为"三年以上七年以下有期徒刑，并处罚金"。其一，信用卡信息是一类特殊的公民个人信息。《刑法》第177条之一第2款规定窃取、收买、非法提供信用卡信息罪的法定刑基础幅度为"处三年以下有期徒刑或者拘役，并处或者单处一万元以上十万元以下罚金"，加重刑幅度为"三年以上十年以下有期徒刑，并处二万元以上二十万元以下罚金"。在同样达到"情节严重"以上程度的情况下，该罪法定刑明显重于侵犯公民个人信息罪。学界主流观点认为，"窃取、收买、非法提供信用卡信息罪所保护的法益为国家对信用卡资料的管理秩序，其属于金融管理秩序之一种"[1]。根据相关司法解释的规定，该罪所涉信用卡信息资料必须"足以伪造可进行交易的信用卡，或者足以使他人以信用卡持卡人名义进行交易"[2]，其重要程度高于一般公民个人信息，因此建立在其基础之上的国家对信用卡资料的管理秩序亦比单纯的信息自决权更具有优越性。其二，商业秘密可能涉及公民个人信息。例如，某些企业的重要客户名单、技术人员名单等。《刑法》第219条规定侵犯商业秘密罪的法定刑基础幅度为"三年以下有期徒刑，并处或者单处罚金"，加重刑幅度为"三年以上十年以下有期徒刑，并处罚金"。该罪法定最高刑与最低刑均高于侵犯公民个人信息罪，因此整体而言法定刑重于后者。商业秘密上承载的法益不仅包括商业秘密所有人与许可使用人所享有的权利，而且包括市场竞争秩序，按照三分法，后者属于典型的社会法益，重要性程度高于信息自决权。其三，国家秘密可能会包含公民个人信息，例如，某些涉及国家安全与利益的特殊人员的个人信息等。《刑法》第282条规定非法获取国家秘密罪的法定刑基础幅度为"三年以下有期徒刑、拘役、管制或者剥夺政治权利"，情节严重的加重刑幅度为"三年以上七年以下有期徒刑"。

---

❶ 高铭暄、马克昌主编：《刑法学》，北京大学出版社2022年版，第400页。
❷ 《最高人民检察院、公安部关于公安机关管辖的刑事案件立案追诉标准的规定（二）》第26条。

在同样达到"情节严重"以上程度的情况下，该罪法定最高刑与侵犯公民个人信息罪相同，但最低刑高于后者，因此整体而言法定刑重于后者。非法获取国家秘密罪所保护之法益为国家的保密制度。结合《中华人民共和国保守国家秘密法》（以下简称《保守国家秘密法》）第 2 条的规定，❶ 附着于国家秘密之上的该罪法益应为国家法益，事关国家安全与利益，其重要性程度高于作为个人法益的信息自决权。其四，根据相关司法解释的规定，计算机信息系统数据主要是指身份认证信息，其属于公民个人信息之一种。《刑法》第 285 条第 2 款规定非法获取计算机信息系统数据罪的法定刑基础幅度为"三年以下有期徒刑或者拘役，并处或者单处罚金"，情节特别严重的加重刑幅度为"三年以上七年以下有期徒刑，并处罚金"。本罪法定刑幅度与侵犯公民个人信息罪完全相同。非法获取计算机信息系统数据罪所针对的是个人计算机，且身份认证信息即以电子数据为载体的个人身份信息，亦称为数据信息，其与一般个人身份信息仅存在形式上的差别，因此虽该罪位于刑法分则第 6 章"妨害社会管理秩序罪"中，但其所保护之法益为个人法益，与信息自决权在优越性上并无显著差异。

通过上述对侵犯公民个人信息罪与窃取、收买、非法提供信用卡信息罪、侵犯商业秘密罪、非法获取国家秘密罪、非法获取计算机信息系统数据罪法定刑的比较，并结合前后二者法益重要性程度的相互关系，可以得出结论，信息自决权作为侵犯公民个人信息罪所保护之法益具有选择结论与选择方法上的合理性。

需要注意的是，部分学者亦从法定刑比较的角度进行分析，但得出全然相反的结论。具体而言，该学者认为，《刑法》第 257 条"暴力干涉婚姻自由罪"只有在导致被害人死亡或者重伤、死亡的情况下才处二年以上七年以下有期徒刑，而侵犯公民个人信息罪与这一严重危及他人生命、健康的犯罪最高法定刑相同甚至最低刑更高，这似乎与罪刑均衡原则相违背。对此，唯一合理的解释是，侵犯公民个人信息罪的法益不是仅与单一自然人相关的个

---

❶ 《保守国家秘密法》第 2 条规定："国家秘密是关系国家安全和利益，依照法定程序确定，在一定时间内只限一定范围的人员知悉的事项"。

人法益，而且是涉及大量被害人以及社会整体利益，甚至国家利益的超个人属性的法益。正是因为其所保护的法益具有高于单一个人利益的重要性程度，因此反映在法定刑设置上，该罪法定刑与危害自然人生命、健康犯罪的法定刑相同甚至更高。❶ 但此种观点并未合理界定暴力干涉婚姻自由罪的法益，虽然《刑法》第 257 条第 2 款规定了"致使被害人死亡"的情形，但该罪所保护之法益为被害人的婚姻自由，而非生命权。婚姻自由与个人信息权同属于人身权利，二者在重要性程度上并不存在显著的高低之别，因此在同样"致人死亡"的情况下，暴力干涉婚姻自由罪与侵犯公民个人信息罪的法定刑幅度极其相近。一般而言，个人信息权被侵犯容易引起下游犯罪，进而导致行为的社会危害性成倍增加，而侵犯婚姻自由则不具有此种特征。因此从这一角度分析，立法者对侵犯公民个人信息罪配置较暴力干涉婚姻自由罪稍重的法定刑也能够得到合理解释。

　　遵循"三重检视"模式并结合笔者在具体争议上的理论立场，本书得出"侵犯公民个人信息罪所保护之法益是什么"这一问题的最终答案，即信息自决权。

---

❶　参见皮勇、王肃之：《大数据环境下侵犯个人信息犯罪的法益和危害行为问题》，《海南大学学报（人文社会科学版）》2017 年第 5 期，第 121 页。

第二章

构成要件中的"公民个人信息"

根据《刑法》第 253 条之一，侵犯公民个人信息罪的犯罪
对象为"公民个人信息"。"公民个人信息"作为侵犯公民个人
信息罪的构成要件之一，其内涵与外延直接影响该罪成立与否
的判断，因此要准确适用该罪，必须合理把握"公民个人信
息"的具体含义。《解释》第 1 条对"公民个人信息"进行了
界定，这一解释在一定程度上统一了其内涵与外延，但仍然存
在模糊不清的地方，进而导致刑法理论界对于这一概念的理解
观点各异，各学者对某些关键性问题存在较大争议，也使得实
务部门在适用侵犯公民个人信息罪时难以达成统一标准，对具
体案件的处理结果大相径庭。例如，同样是通过"企查查"等
网站查询包含有法定代表人姓名、联系电话等内容的企业公开
信息并将其整合后出售给他人，在刘某某等侵犯公民个人信息
案中，法院认为公开信息仍然属于"公民个人信息"；❶ 而在朱
某侵犯公民个人信息案中，法院则明确表示公开的企业信息不
应被认定为刑法意义上的"公民个人信息"，因此相应的信息

---

❶ 虽然判决书中未直接写明公开信息属于《刑法》第 253 条之一所规定的"公民
个人信息"，但从其将提供公开信息的行为认定为侵犯公民个人信息罪中的非
法提供行为来看，其已表明法院对待公开信息的态度，即认为公开信息属于
"公民个人信息"。参见河北省涿州市人民法院（2020）冀 0681 刑初 507 号刑
事判决书；类似案件参见广西壮族自治区宾阳县人民法院（2020）桂 0126 刑
初 104 号刑事判决书。

数量在最终计算时应被排除。● 刑事司法实务中对"公民个人信息"的认定存在较大分歧，导致相似案件的最终结论相异甚至完全相反，因此必须厘清"公民个人信息"的具体内涵，确定其外延的边界范围，以保障侵犯公民个人信息罪的合理适用，而这也正是本章的主要内容。

第一节 "公民个人信息"的基本要素

对于"公民个人信息"这一概念的解读主要出现在相关司法解释中。最早规定"公民个人信息"一词且明确界定其含义的刑事司法解释是《最高人民法院、最高人民检察院、公安部关于依法惩处侵害公民个人信息犯罪活动的通知》（公通字〔2013〕12 号，以下简称《通知》）。❷《刑法修正案（九）》出台之后，"两高"于 2017 年发布了关于该罪的《解释》，《解释》第 1 条亦对"公民个人信息"进行了界定。❸ 相比于《通知》而言，《解释》在某些方面进行了一定程度的扩展。例如，在《通知》中，个人身份信息以外的个人隐私信息可以被认定为"公民个人信息"，而在《解释》中，只要能够"反映特定自然人活动情况"，即使不涉及个人隐私，也能够成为"公民个人信息"。目前《解释》第 1 条是司法实践中实务部门关于"公民个人信息"认定所遵循的最主要标准。

通过对《解释》第 1 条进行分析可知，该条对"公民个人信息"的界定主要分为本质、载体、主体与可识别性四个方面。由于可识别性是对"公民个人信息"的判断中极为重要又极为复杂的内容，目前学界关于这一特征在

---

❶ 参见广东省深圳市龙华区人民法院（2020）粤 0309 刑初 727 号刑事判决书。
❷ 《通知》第 2 条规定："公民个人信息包括公民的姓名、年龄、有效证件号码、婚姻状况、工作单位、学历、履历、家庭住址、电话号码等能够识别公民个人身份或者涉及公民个人隐私的信息、数据资料。"
❸ 《解释》第 1 条规定：《刑法》第 253 条之一所规定的"公民个人信息"是指，"以电子或者其他方式记录的能够单独或者与其他信息结合识别特定自然人身份或者反映特定自然人活动情况的各种信息，包括姓名、身份证件号码、通信通讯联系方式、住址、账号密码、财产状况、行踪轨迹等。"

很多方面都存在争议，也确实有很多问题值得我们深入思考。因此，本书拟单设一节对其进行详细研究，本节将主要从前三个方面入手，分别予以解读。

一、"公民个人信息"的本质：信息

《解释》第 1 条规定："……'公民个人信息'，是指……的各种信息，"其最终的落脚点为"信息"一词，因此可以说"公民个人信息"的本质是一种信息。关于信息的概念，从不同角度、不同层次、不同学科上进行考察会得出完全不同的结论。信息论是信息科学的基石，作为信息论的创始人，美国数学家申农（Shannon）对信息的定义是信息科学中最具影响力的观点之一，其认为信息是对不确定性的消除，意即在收到信息前，信息接收者对该信息的内容不甚了解，处于一种不确定的状态，而收到信息后，信息接收者的不确定随即完全或部分消除。与之类似，控制论的创始人维纳（Wiener）借助物理学中"熵"的概念，将信息总结为"负熵"。在物理学上，熵值标志着系统的混乱程度与不确定程度，而负熵即熵的反面，意味着不确定性的减少。除了信息科学领域的学者致力于对信息的概念进行研究，哲学领域，尤其是信息哲学中，也存在对信息含义的探讨。例如，有学者提出，信息是对事物的表现与反映，其形式多样，而内容则是该事物本身。❶ 另外，《剑桥哲学辞典》也对信息进行了界定，即"信息是一种客观的（独立于心智）的实体，它由认知者（诠释者）的消息（词、句）或其他物件产生或运载……几乎所有事情可以（并且通常）产生能被编码或传输的信息"❷。而在日常生活中，对一般人而言，信息也有其语言词汇层面的含义，例如，《现代汉语词典》将信息解释为音讯、消息、资料等。❸ 本书认为，申农、维纳等学者主要是在通信工程等科学领域对信息进行界定，其具有一定的专业性与局限性，不一定能普适于所有领域；哲学上的信息概念则偏重于强调信息及其所

---

❶ 参见邬焜：《信息哲学——理论、体系、方法》，商务印书馆 2005 年版，第 45—46 页。

❷ ［英］罗伯特·奥迪主编：《剑桥哲学辞典》，林正弘召集审订中文版，猫头鹰出版社 2002 年版，第 591 页。

❸ 参见商务国际辞书编辑部：《现代汉语词典》，商务印书馆国际有限公司 2017 年版，第 2067 页。

反映事物之间的关系，并未突出信息的全部属性；语言学上对信息的定义则存在循环解释、同义反复的问题，无法揭示信息的本质特征。基于上述各领域内信息含义所具有的局限性，为了更好地保护信息权利，本书认为，应按照国际标准化组织给出的定义对法律上的信息进行界定，即"在特定语境下具有特定意义的关于对象的知识，这里的对象包括事实、事件、事物、过程或思想"❶，简而言之，信息就是具有一定意义的知识与内容。

上文对法律领域内信息的内涵进行了界定，明确了此处信息的具体含义。但需要注意的是，无论是在学术界，还是在立法、司法实务领域，抑或在日常生活中，广泛存在着诸如数据、隐私等易与信息相混淆的概念，并且也时常出现这些概念间相互混用的情形，因此为了进一步明确信息的外延，划定其范围边界，有必要对其与相关概念间的关系进行研究与确定。

（一）信息与数据

从某种意义上看，可以认为人类历史就是一部信息发展与应用史，在远古时代就存在结绳记事等信息记录的方式，美国作家詹姆斯·格雷克的《信息简史》中也提到了"会说话的鼓"这一信息传递的最原始形式。❷ 随着科技的发展，尤其是电子计算机的产生，在计算机自动化领域开始出现"数据"这一概念。目前普遍认为数据是能够被计算机等设备自动处理的一连串符号序列，包括字符集或字符串，其在计算机系统中具体以二进制信息单元0、1的形式表示。及至法律领域，随着信息时代、大数据时代的到来，为全面保障相关权利，世界各国陆续制定并颁布了数量众多、种类丰富的关于信息、数据保护的法律规范。但在这些规范中，"信息"与"数据"概念在适用过程中形成了四种主要的关系类型，而学界亦存在四种相应的理论观点。其一，信息等同于数据。在立法上对信息与数据不加区分，往往将二者合并使用，统一表述为"数据信息"或"信息数据"。例如，《中华人民共和国电子商务法》（以下简称《电子商务法》）第 25 条规定："有关主管部门依照法律、

---

❶ See ISO/IEC 2832：2015（en）Information technology – Vocabulary.

❷ ［美］詹姆斯·格雷克：《信息简史》，高博译，人民邮电出版社 2013 年版，第 11 页。

行政法规的规定要求电子商务经营者提供有关电子商务数据信息的……"❶。部分学者持类似观点，认为信息与数据仅具有语词含义上的区别，而这种区别并不存在实质意义，意即二者在本质上是等同的。❷ 其二，信息属于数据。此种观点在立法上表现为信息的范围小于数据，数据是信息的上位范畴，因此信息属于数据中的一类，往往以信息来解释数据的含义，比如《快递暂行条例（2019 修订）》第 34 条的规定等。❸ 部分学者认为，"信息是数据经过处理之后得到另一种形式的数据，因此前者在内涵与外延上均小于后者"❹。其三，数据属于信息。此种观点与前一种观点相反，其在立法上表现为信息的范围大于数据，信息是数据的上位概念，往往以数据来解释信息的含义。例如，《中华人民共和国监察法》（以下简称《监察法》）第 25 条规定："监察机关在调查过程中，可以调取……电子数据等信息"❺。部分学者认为，信息的范围大于数据，信息既可以是数据本身，也可以是不以数据形式呈现的其他内容。❻ 其四，信息区别于数据。此种观点认为信息与数据相互区别，二者并不等同，也不具有包含与被包含的关系，信息侧重于强调所要传递的内容，而数据侧重于强调载体与形式，简而言之，"信息是数据的内容，数据是信息的载体。"❼ 这种观点在立法上最典型的体现即《中华人民共和国数

---

❶ 类似的规定还有：《中华人民共和国志愿服务条例》第 19 条，"……按照统一的信息数据标准录入国务院民政部门指定的志愿服务信息系统，实现数据互联互通"。《中华人民共和国人类遗传资源管理条例（2024 修订）》第 24 条，"……研究过程中的所有记录以及数据信息等完全向中方单位开放并向中方单位提供备份。"《中华人民共和国废弃电器电子产品回收处理管理条例（2019 修订）》第 17 条规定，"处理企业应当建立废弃电器电子产品的数据信息管理系统……"。《中华人民共和国消耗臭氧层物质管理条例（2023 修订）》第 28 条，"国务院环境保护主管部门应当建立健全消耗臭氧层物质的数据信息管理系统……"。

❷ 参见谢永志：《个人数据保护法立法研究》，人民法院出版社 2013 年版，第 8 页。

❸ 《中华人民共和国快递暂行条例（2019 修订）》第 34 条规定："经营快递业务的企业应当建立快递运单及电子数据管理制度，妥善保管用户信息等电子数据……"

❹ 黄国彬、张莎莎等：《个人数据的概念范畴与基本类型研究》，《图书情报工作》2017 年第 5 期，第 42 页。

❺ 类似的规定还有：《中华人民共和国环境保护税法（2018 修正）》第 15 条第 2 款，"……污染物排放数据……环境保护相关信息……"；《中华人民共和国国际刑事司法协助法》第 26 条第 1 款第（五）项，"需要获取的……电子数据……具体信息"。

❻ 参见唐思慧：《大数据时代信息公平的保障研究：基于权利的视角》，中国政法大学出版社 2017 年版，第 7 页。

❼ 韩旭至：《信息权利范畴的模糊性使用及其后果——基于对信息、数据混用的分析》，《华东政法大学学报》2020 年第 1 期，第 93 页。

据安全法》（以下简称《数据安全法》）第 3 条的规定。❶

目前学界主流观点倾向于将信息与数据进行区分，认为信息侧重于内容，而数据侧重于载体，二者是内容与表现形式的关系。在网络环境下，由于数据的虚拟性等特征，导致其无法像书本、唱片等传统媒介一样易于与作为内容的信息进行区分，似乎呈现出一种信息、数据一体化的表象。因此，有学者认为，在数字信息技术条件下，信息与数据具有高度的共生性与共通性，二者在概念使用上差别并不明显。但即使是持这种观点的学者仍然认为信息与数据具有区分的必要，因为二者的区分具有确定法律问题类型的实际意义，进而能够帮助我们寻求不同类型法律问题的解决之道。❷ 本书亦赞成学界主流观点，认为应区分信息与数据。但需要注意的是，并非所有的信息均以数据的形式呈现，其还具有许多其他载体，比如书本、唱片、图片等，也并非所有数据均以信息为内容，其还能承载其他事物，比如网络游戏中的装备、金币以及其他虚拟财产等。信息与数据仅在电子化信息的范围内达成内容与形式的统一，此时可以说信息是数据的内容，而数据是信息的载体。信息与数据相区分的观点也与国际标准化组织对信息、数据的定义相一致，如前所述，该组织对信息的界定是"在特定语境下具有特定意义的关于对象的知识"，同时其认为数据是"一种对信息的可重新解释的表现，这种表现是以一种适合于通信、解释或处理的形式化方式呈现出来"❸。

根据上述结论，本书认为，在我国语境下应对信息与数据进行区分理解。需要注意的是，许多域外立法中经常出现"个人数据"（data protection）的表述，比如欧盟 2018 年出台的《通用数据保护条例》以及在其影响下的国家或地区所制定的《数据保护法》等。应当看到，这些域外立法中虽然使用了"个人数据"的概念，但并不强调数据本身，其含义仍指的是与可识别或已识别的自然人相关的内容，与个人信息的核心属性一致。因此，这些域外

---

❶ 《数据安全法》第 3 条规定："本法所称数据，是指任何以电子或者其他方式对信息的记录。"
❷ 参见梅夏英：《信息和数据概念区分的法律意义》，《比较法研究》2020 年第 6 期，第 151—154 页。
❸ See ISO/IEC 2382：2015（en）Information technology – Vocabulary.

法律所称的"个人数据"实则可以等同于我国法律中的"个人信息",❶ 其二者只是各国、各地区在法律传统与语言习惯上的差异所导致的表述方式上的不同,并无本质区别。❷ 因此,虽然在我国语境下应对信息与数据进行区分理解,但域外立法中的"个人数据"并非指向数据本身,其基本含义相当于我国法律中的"个人信息",不应由于其表述上出现"数据"一词而一律否定其参考作用。我国台湾地区所谓的"个人资料保护法"以及我国香港地区《个人资料(隐私)条例》等,❸ 与前述"个人数据"一样,此处的"个人资料"所指的实质内容即大陆法律中的"个人信息",二者只是称谓不同而已。

区分信息与数据的意义主要在于明确信息的外延,进而将单纯的数据排除在"公民个人信息"之外。《信息安全技术 个人信息安全规范》(GB/T 35273—2020)附录 A 对个人信息的种类进行了详细列举,其中包括描述个人通信的数据(通常称为元数据),按照本书对信息与数据进行区分理解的结论,这类单纯的数据不应被认定为信息。另外,一般认为,只有数据才能成为财产权的客体,而信息则不具备民法上财物的属性。信息中的个人信息是人格权的客体,其所具有的经济价值也只是对人格权的商业利用,本质上仍属于人格权的延伸,这一点从《民法典》对个人信息与数据的法条位置安排上也能得出。"公民个人信息"是一种信息,因此其亦不是财产权的客体,虽然侵犯公民个人信息罪包括窃取等行为类型,但该行为不会同时构成盗窃罪等财产犯罪,关于这一部分的内容将在后文中进行详细论述。

(二)信息与隐私

为了应对照片拍摄者与新闻出版企业对公民之私人、家庭生活的入侵与打扰,并防止个人在私密场所谈论的内容被公之于众,隐私权的概念应运而

---

❶ 参见彭诚信、向秦:《"信息"与"数据"的私法界定》,《河南社会科学》2019 年第 11 期,第 34—35 页。

❷ 参见何渊主编:《数据法学》,北京大学出版社 2020 年版,第 41 页。

❸ 参见汪东升:《个人信息的刑法保护》,法律出版社 2019 年版,第 16 页。

生，即个人享有独处的权利（the right to be alone）。❶ 如前所述，信息可以说自人类社会产生以来即已存在，但对信息权益的讨论却是在信息时代才逐渐产生。正是由于人们关注到信息权益，且其与隐私权具有千丝万缕的联系，因此学界开始出现对二者关系的研究与探讨，而这一讨论首先需要解决的是信息与隐私的关系问题。关于隐私的概念，学界存在众多不同的观点，但无论是哪种定义，其都认为隐私与个人相关，即隐私是人的隐私，因此在各国法律文本或学术著作中，"隐私"与"个人隐私"含义相同，这两种表述往往互相交替使用。如前所述，信息指的是具有一定意义的知识与内容，其并不像隐私一样必定与个人相关，例如，"香山的枫叶红了"这一句话毫无疑问属于信息，但其无法与特定个人相联系。信息中与个人相关的部分一般被称为"个人信息"❷，也正是这一部分往往易与隐私产生混淆从而导致需要对二者关系进行辨别。因此，学界目前对信息与隐私关系的探讨过于宽泛，其中真正具有实质意义的部分实则仅涉及个人信息与个人隐私。

关于二者的关系，学界主要有五种观点。其一，个人信息等同于个人隐私。部分学者认为，个人信息本质上处于隐私范畴的涵摄之下，因此应从隐私的意义上来理解个人信息。❸ 其二，个人隐私包含个人信息。我国台湾地区学者王泽鉴教授认为，个人信息属于隐私权的客体，隐私权的保障范围包括生活安宁与信息自主，❹ 因此个人信息应属于个人隐私的一部分。此种观点在司法实践中也有所体现，比如"史玉田与中国平安保险公司等隐私权纠纷案"❺。

---

❶ See Samuel D. Warren, Louis D. Brandeis, The Right to Privacy, Harvard Law Review, Vol. 4, No. 5, 1890, p. 193 – 220.

❷ 为了将与个人相关的信息与其他信息区别开来，从而与隐私形成更具针对性的对比，且考虑到表述上的简洁性，此处将与个人相关的信息称为"个人信息"。但需要注意的是，此处只是本书在表述上的一个选择，并不代表本书对《个人信息保护法》《民法典》等法律文本中"个人信息"的理解为"与个人相关的信息"，具体含义的解释还需要结合其他要素来进行综合判断。

❸ 参见房绍坤、曹相见：《论个人信息人格利益的隐私本质》，《法制与社会发展》2019 年第 4 期，第 99—120 页。

❹ 王泽鉴：《人格权法：法释义学、比较法、案例研究》，北京大学出版社 2013 年版，第 209 页；王泽鉴：《人格权的具体化及其保护范围·隐私权篇（中）》，《比较法研究》2009 年第 1 期，第 1—20 页。

❺ 该案中，史玉田以中国平安保险（集团）股份有限公司等五被告侵犯其个人信息权为由起诉至法院，而法院认为个人信息属于隐私权的客体之一，因此按照隐私权纠纷判断案件管辖权。参见吉林省四平市中级人民法院（2018）吉 03 民辖终 31 号民事裁定书。

另外，从比较法上看，美国、日本等国家亦多采取"一元制"的保护模式。❶
其三，个人信息包含个人隐私。部分学者认为，个人隐私全部属于个人信息，
但后者中有部分信息不涉及个人隐私，比如已经公开的个人信息等。❷ 这种
观点将隐私与隐私信息等同，主张隐私即为个人不希望他人获知的信息。❸
其四，个人信息与个人隐私相互交叉。相关学者认为，二者的内涵与外延并
不相同，且一者也无法为另一者完全包容，二者既有联系又有区别，呈现出
的是一种交叉重叠的关系。❹ 这种关系表现为，有些个人信息不是个人隐私，
比如前面所提到的公开信息，其已丧失私密性，同时有些个人隐私也不属于
个人信息，比如个人的私密活动或私密场所，但二者在隐私信息范围内重合。
其五，个人信息与个人隐私互斥。个人信息保护的是个人愿意为他人所知但
不愿为他人滥用的信息，而个人隐私保护的是个人不愿为他人所知的部分，
二者完全不同，相互区别。❺

　　本书认为，上述各观点虽在个人信息与个人隐私关系的认定上千差万别，
但实质而言并非是存在根本对立，各观点的不同主要源于学者们对个人信息
与个人隐私的定义不同，若从相异甚至完全相反的层面去把握这两个概念，
则自然会得到判若天壤的结论。因此，要厘清个人信息与个人隐私的关系，
首先需要界定清楚本书在二者定义上的立场。如前所述，信息指的是具有一
定意义的知识与内容，且本书在此处将与个人相关的信息称为"个人信息"。
对于隐私的含义，本书认为应采取最经典、最主流的理解，这也是《民法

❶ 参见李永军：《民法总则》，中国法制出版社 2018 年版，第 284 页。
❷ 参见郑飞、李思言：《大数据时代的权利演进与竞合：从隐私权、个人信息权到个人数据权》，
《上海政法学院学报（法治论丛）》2021 年第 5 期，第 144 页；齐爱民：《拯救信息社会中的人
格：个人信息保护法总论》，北京大学出版社 2009 年版，第 78 页。
❸ 参见李勇坚：《个人数据权利体系的理论建构》，《中国社会科学院研究生院学报》2019 年第
5 期，第 101 页。
❹ 参见王利明：《和而不同：隐私权与个人信息的规则界分和适用》，《法学评论》2021 年第 2 期，
第 15—19 页；周汉华：《平行还是交叉　个人信息保护与隐私权的关系》，《中外法学》2021 年
第 5 期，第 1167 页；范姜真媺：《个人资料保护法关于"个人资料"保护范围之检讨》，《东海大
学法学研究》2013 年总第 41 期，第 105—107 页。
❺ 参见彭诚信、杨思益：《论数据、信息与隐私的权利层次与体系建构》，《西北工业大学学报（社
会科学版）》2020 年第 2 期，第 82 页；彭诚信：《数据利用的根本矛盾何以消除——基于隐私、
信息与数据的法理厘清》，《探索与争鸣》2020 年第 2 期，第 81 页。

典》的明文规定,即"自然人的私人生活安宁和不愿为他人知晓的私密空间、私密活动、私密信息"。基于上述对个人信息与个人隐私含义的界定,能够得出本书所认为的二者之间的关系。个人信息中有涉及隐私的部分,也有已经公开的部分,前者即隐私中的私密信息,但后者由于不具有私密性而不属于隐私;个人隐私中的私密信息属于个人信息,而私人生活安宁、私密空间、私密活动则与信息无涉。因此,个人信息与个人隐私属于交叉关系。需要注意的是,有学者基于《民法典》第1034条第3款的规定认为,个人信息与个人隐私应属于互斥的关系。❶ 但《民法典》此条文只是对于私密信息的处理规则,并不能因为其应适用关于隐私权的规定就得出个人信息与个人隐私互斥的结论,相反此条文恰恰表明二者属于交叉关系,正因如此才需要《民法典》第1034条第3款所规定的竞合处理规则。

侵犯公民个人信息罪中的"公民个人信息"本质上是一种信息,因此只有侵犯信息才有可能构成本罪,单纯的不属于私密信息的个人隐私不可能被认定为"公民个人信息",对其的侵犯也不可能构成侵犯公民个人信息罪。例如,据报道,2021年9月,陕西师范大学一男生用手机偷拍女生宿舍楼,并且在偷拍后将所拍摄的照片与视频上传至互联网。❷ 在这个案例中,该男子偷拍的内容为女生宿舍楼,涉及女生宿舍内部环境、被拍摄女生及其在宿舍内的活动,很显然这些内容涉及个人隐私,具体为私密空间与私密活动,但不包括私密信息。因此,该男子的行为构成对他人隐私权的侵犯,但不属于侵犯个人信息,进而亦不可能构成侵犯公民个人信息罪。

二、"公民个人信息"的载体:以电子或者其他方式记录

《解释》第1条对"公民个人信息"的界定为"以电子或者其他方式记录的……信息",从上述定义可知,"以电子或者其他方式记录"应是"公民个人信息"的表现形式。以下从三方面分别对其进行解读。

---

❶ 《民法典》第1034条第3款规定:"个人信息中的私密信息,适用有关隐私权的规定;没有规定的,适用有关个人信息保护的规定。"

❷ 参见《陕西师范大学一学生偷拍女生宿舍 律师:偷拍属侵犯人身权利行为》,载央广网 http://news.cnr.cn/dj/20210902/t20210902_525588298.shtml,2024年8月3日访问。

第一，"电子"，即以电子方式。"我们所处的时代是一个人人有终端、物物可传感、处处可上网、时时在链接的时代。"❶ 无论是政务管理、经济发展，还是科学研究、商业往来，抑或医疗卫生、社交娱乐，社会生活的方方面面均在时刻产生、分享和利用着海量的个人数据与信息。可以说，公民个人信息已然成为现代社会发展的重要资源与核心动力，其具有比金钱更高的内在价值。❷ 在当前数字时代背景下，信息大多以电子数据的方式进行储存与传递，并通过计算机进行操作，这类信息包括电子通讯录、电子邮件、动态实时位置等。《解释》中的"电子"指的就是电子数据，意即"公民个人信息"可以以电子数据的形式存在。从这里也能体现出前文所论证的信息与数据的关系，前者强调所要表达的内容，后者强调表达的形式，二者仅在电子化信息的范围内达成内容与形式的统一。当前绝大多数信息均以电子数据的形式存在，这也是《解释》将其单独列举的原因之所在，而司法实践中所发生的侵犯公民个人信息的案例也以侵犯电子化信息为主，通常涉案信息数量以十万、百万、千万计，最高者甚至能够达到上亿条。例如，2017年3月，在公安部统一指挥下，安徽、北京、辽宁等14个省市公安机关集中行动，成功捣毁一个专门侵犯公民个人信息的犯罪团伙，查获涉案公民个人信息50多亿条。❸

第二，"其他方式"。与电子方式相同，这里的"其他方式"也是"公民个人信息"的表现形式，其是指电子方式之外且与电子方式一样能承载信息的形式，如文字、图片、声音、动作等。其实"其他方式"才是信息的传统表现形式，而电子方式是随着计算机的应用与数字技术的发展而产生的信息的新型表现形式，在计算机出现以前，人们大多把信息记载于纸张、磁带等载体之上。如前所述，当前数字时代背景下，信息大多表现为电子形式，以传统形式记载的信息属于少数，但侵犯此类信息的案件仍然存在。例如，张

---

❶ 李媛：《大数据时代个人信息保护研究》，华中科技大学出版社2019年版，第1页。

❷ 参见［美］迈克尔·费蒂克、戴维·C·汤普森：《信誉经济：大数据时代的个人信息价值与商业变革》，王臻译，中信出版社2016年版，第1页。

❸ 参见中华人民共和国国家互联网信息办公室官网：《公安部指挥破获一特大窃取出售公民个人信息案》，http://www.cac.gov.cn/2017-03/08/c_1120588207.htm，最后访问时间：2024年7月31日。

某为推销保健品，从网上购买 6000 多张快递单，这些快递单上包含公民的姓名、联系电话、收货地址、所购买的商品以及商品价格等详细信息 7000 多条，最终张某因涉嫌侵犯公民个人信息罪被检察机关依法批捕。❶ 类似的还有通过出售、购买等方式非法提供、非法获取火车票、刷卡消费对账单等纸质单据上公民个人信息的情形，当前通过纸质载体导致的信息泄露仍不在少数。

第三，"记录"一词的一般含义是指某一主体将其听到的、看到的、想到的或思考的事情用文字、影像等形式保留下来，而如前所述，信息表现形式中的其他方式主要包括文字、图片、声音、动作等，其中文字、图片等能将信息固定下来并进行重复处理，而声音、动作等则属于瞬时的表现形式，在声音发出或动作做出的时间点传递信息，但声音、动作结束之后其上承载的信息即无法呈现。若单纯按照"记录"一词的字面含义对此处的"记录"进行理解，强调将所见、所闻、所思、所想保留下来，则容易偏向具有固定性的信息表现形式，进而将"其他方式"限缩至文字、图片，排除声音、动作等瞬时性的方式。但这样的限缩是不合理的，其会使得部分信息由于不具有固定性的表现形式而无法被认定为"公民个人信息"，进而导致侵害此部分信息的行为不构成侵犯公民个人信息罪。例如，甲将乙的家庭住址、回家时间等详细信息口头告知丙，丙利用该信息前往乙家蹲守并将乙杀害。若认为"公民个人信息"必须是通过文字、图片等方式记录并固定下来的，那么此例中乙的家庭住址、回家时间等信息则由于是甲口头告知丙而不能被认定为"公民个人信息"，进而甲的行为不构成侵犯公民个人信息罪，这一结论显然不具有合理性。另外，若将"公民个人信息"的表现形式仅限定于固定性的形式，难以合理解释为何要将以固定性形式表现的信息与以瞬时性形式表现的信息予以区别对待，如上例中若甲将乙的家庭住址、回家时间等详细信息记载在纸上或短信、电子邮件上告知丙，则应被认定为"公民个人信息"，其与口头表达的内容具有一致性，所导致的后果也相同，但两例中甲

---

❶ 参见海外网：《武汉一男子购买 7 千多条快递个人信息推销保健品被批捕》，https://m.haiwainet.cn/middle/3541089/2017/0701/content_30997334_2.html，最后访问时间：2024 年 7 月 31 日。

最终的行为定性却完全相反，这样判若天渊的结论难以为任何具有基本正义感的人所接受。因此，应对此处的"记录"做更宽泛的理解。电子或其他方式是"公民个人信息"的表现形式或载体，因此将此处的"记录"解释为"表达"或"存在"似乎更加合理，这样既能包括文字、图片等具有固定性的表现形式，也能包括声音、动作等具有瞬时性的表现形式。因此我们能够得出结论，在《解释》对"公民个人信息"的定义中，"记录"一词的主要作用在于强调，作为规范概念的"公民个人信息"需要具有一定的载体，其不能是凭空存在的，以此区别于事实层面的信息，也区别于单纯的思想或自然人的身体、生理本身。而载体的形式多种多样，既可以是电子、文字、图片，也可以是声音、动作等。有观点可能会认为，《解释》第 5 条对侵犯公民个人信息罪中"情节严重"的含义进行了明确，其中包括信息类型与数量标准，若承认以瞬时性形式表现的"公民个人信息"，对其将难以甚至无法进行数量计算。以上观点所提出的担忧具有一定的道理，但其并非无法解决：①以声音、动作等瞬时性形式传递的个人信息数量不会太多，故不会导致无法计算；②《解释》第 5 条规定的"情节严重"的认定标准，除信息类型与数量外，还包括信息用途与流向、行为人主观要素、违法所得数额、曾受处罚等，因此并不是所有侵犯公民个人信息类案件中均需要进行数量计算；③即使必须确认涉案信息的数量，也可以从信息接收方入手，通过对其所获得的信息数量进行查验，反向推导出提供方以声音、动作等瞬时性方式提供了多少"公民个人信息"；④若接收方并未将相关信息记载下来，则提供方的行为是否属于"提供"即存在疑问，更无所谓涉案信息数量究竟是多少了。

根据《解释》中"以电子或者其他方式记录"的表述以及上述理解可知，"公民个人信息"具有载体依附性，意即其不能脱离载体而存在，必须以电子、文字、图片、声音、动作等形式表达出来才能为人们所认知。因此单纯的思想并不属于"公民个人信息"，虽然其可以是具有意义的知识或内容，但其仅存在于人的大脑，并没有被外化地表达出来，不具有任何载体与表现形式，无法被思想所属主体之外的人感知并理解。另外，从处理可能性上也能说明"公民个人信息"必须具有载体或必须被表现出来，因为只有通过载体被表现出来的信息才有可能被获取、公开、使用，进而才能发挥其内在价值，仅存在于大脑中的思想若不表达则只能是想法，无法转化为现实；同时，只有通过载体被表现出来的信息才有可能被他人侵犯，进而需要法律乃至刑法的保护，而这也正是《刑法》设置侵犯公民个人信息罪的意义之所在，单纯的思想是不会被他人非法获取或非法提供的，因此，其也无任何具有法律保护的必要性。因此，从个人信息与思想的比较中可以看出，前者必然具备载体依附性。但刑法在对"公民个人信息"进行保护时必须将其本身与载体区分开来，二者是内容与形式的关系。如前所述，电子化信息以数据为载体，但只有数据能够成为财产权的客体，而信息则不具备民法上财物的属性，因此对数据可以通过财产权进行保护，而侵犯公民个人信息则不构成盗窃罪等财产犯罪。❶

三、"公民个人信息"的主体：自然人

一直以来，学界对于该罪中"公民个人信息"的主体究竟是什么这一问题始终存在争论，而争论的焦点主要集中于其是否包含外国人与无国籍人、是否包含死者、是否包含法人三个方面。《解释》第 1 条明确将"公民个人信息"的主体限定为自然人，在一定程度上回应了上述争议。本书将从上述三个方面分别进行阐述。

第一，"公民个人信息"的主体是否包含外国人与无国籍人。部分学者认为，应对"公民个人信息"的主体范围做相对宽泛的理解，即其应包括具有我国国籍的人与外国人、无国籍人，主要基于以下理由：①信息无国界，随着外国人、无国籍人来中国求学、就业、旅游等活动的增多，国家机关或其他单位、个人都有可能获取其个人信息，不法分子也可能侵犯其个人信息，外国人、无国籍人的个人信息具有法律保护的必要性。❷②信息跨国、跨境流动需要各个国家或地区提供法律制度层面的协同保障，若将外国人、无国籍人的个人信息排除在我国法律的保护范围之外，则不利于信息的全球化流

---

❶ 参见黄璇：《信息刑法基本问题研究》，武汉大学 2012 年博士学位论文，第 15 页。

❷ 参见赵秉志：《公民个人信息刑法保护问题研究》，《华东政法大学学报》2014 年第 1 期，第 122 页。

动与我国国际形象的树立。❶ ③根据我国属地管辖原则，涉及在我国境内遭受侵害或遭受到来自我国境内危害行为侵害的外国人、无国籍人个人信息的刑事案件应由我国法院管辖，同时我国刑法也应该为其提供平等保护。❷ ④我国《刑法》条文中有多处出现过"公民"的表述，但其含义并不完全与《宪法》中的含义一致，部分条文采取与《宪法》中相同的理解，即具有我国国籍的人，但另外部分则解释为全体自然人。例如，《刑法》分则第4章标题为"侵犯公民人身权利、民主权利罪"，而该章中的法律内容既保护我国公民，也保护外国人与无国籍人的相关权利。❸ ⑤"公民个人信息"中的"公民"二字前并没有前缀将其限定为哪国公民，因此可以理解为世界公民，既包括具有中国国籍的人，也包括外国人与无国籍人。❹ 另有部分学者认为，"'公民'是一个严格的法律概念，其有着固定的内涵与外延"❺，按照我国《宪法》的界定，"公民"一词仅指具有我国国籍的人。因此，根据罪刑法定原则，"公民个人信息"的主体不应包括外国人与无国籍人，即使能够对"公民"进行扩张解释，但其最大程度上也只能包含外国公民，若将无国籍人亦解释为"公民"，则完全超出其语义范围，属于类推解释，进而违反罪刑法定原则。❻

《解释》第1条明确规定"公民个人信息"的主体为自然人，包括外国人与无国籍人，本书亦赞成这一主张。除上述肯定说提出的理由外，本书认为还可以从侵犯公民个人信息罪所保护之法益的角度进行考虑。本罪法益为信息自决权，即个人决定其信息是否被处理，以及在何时、何地、以何种方式、在何种范围内被处理的权利，其与信息主体的国籍无关，非法获取、非

❶ 参见郑毓枫：《大数据时代侵犯公民个人信息犯罪研究》，《广西社会科学》2018年第8期，第113页。

❷ 参见汪东升：《个人信息的刑法保护》，法律出版社2019年版，第149—150页。

❸ 参见皮勇、王肃之：《智慧社会环境下个人信息的刑法保护》，人民出版社2018年版，第111页。

❹ 参见晋涛：《网络社会中个人信息的保护——构建侵犯公民个人信息罪的规范意蕴》，《重庆邮电大学学报（社会科学版）》2018年第3期，第49—50页。

❺ 张庆立：《侵犯公民个人信息罪的要素阐释与立法完善——基于教义学的解读》，《江汉学术》2018年第6期，第63页。

❻ 参见吴允锋、纪康：《侵犯公民个人信息罪的司法适用——以〈网络安全法〉为视角》，《河南警察学院学报》2017年第2期，第92—93页。

法提供外国人、无国籍人个人信息的行为同样侵犯其所享有的信息自决权，因此本罪中“公民个人信息”的主体应包含外国人与无国籍人。这一解释结论不仅有利于对外国人与无国籍人个人信息的平等保护，打击有关违法犯罪行为，而且能够保障个人信息跨境交互的安全，促进信息的全球化流通，同时其亦符合罪刑法定原则的要求。需要注意的是，为尽可能避免理解上的歧义，使《刑法》条文表述与其真实含义相一致，同时结合对其他国家个人信息保护立法情况的考察，部分学者主张在未来刑法修改时应删除“公民”二字，❶ 这样的处理不仅能够更加没有争议地将外国人、无国籍人的个人信息纳入保护范围，而且能使其与《个人信息保护法》《民法典》《网络安全法》等前置法的表述一致。但从目前刑法修正的情况来看，立法者似乎并没有进行此种修改的倾向，因此暂时只能通过解释的方法明确“公民个人信息”的主体范围。

第二，“公民个人信息”的主体是否包含死者。部分学者认为，刑法不仅应保护生者的个人信息，而且应该同样保护死者的个人信息，其主要基于以下理由。①死者的个人信息中存在大量能够甄别其身份的信息类型，从这个意义上说，死者信息与生者信息没有本质区别。❷ ②死者信息可能对死者近亲属或利害关系人的合法权益产生影响，包括隐私、名誉、情感等，对死者信息的任意获取、披露、利用均可能侵害近亲属或利害关系人的权益，因此应对其加以保护。部分学者认为，只有直接或间接与近亲属或利害关系人利益相关的死者信息，才能被认定为“公民个人信息”。❸ ③民法理论及法律规范均支持对死者人身权益的保护，比如对英雄烈士的姓名、肖像等权益的保护等，因此否认死者作为“公民个人信息”主体的观点与民法理论、民法规定相冲突。❹ 司法实践中也存在将死者信息认定为属于“公民个人信息”

❶ 参见赵秉志：《公民个人信息刑法保护问题研究》，《华东政法大学学报》2014 年第 1 期，第 125 页。
❷ 参见韦尧瀚：《侵犯公民个人信息罪在司法认定中的若干问题研究——兼评〈刑法修正案（九）〉第十七条》，《北京邮电大学学报（社会科学版）》2016 年第 1 期，第 36 页。
❸ 参见熊波：《侵犯公民个人信息罪法益要素的法教义学分析——基于“泛云端化”信息特质》，《西北民族大学学报（哲学社会科学版）》2019 年第 5 期，第 142 页。
❹ 参见晋涛：《网络社会中个人信息的保护——构建侵犯公民个人信息罪的规范意蕴》，《重庆邮电大学学报（社会科学版）》2018 年第 3 期，第 50 页。

的案件。例如，在 2018 年"空姐乘顺风车被杀案"中，郑州市公安局警犬训导支队警务辅助人员郝某利私自将包含被害人个人信息的案件照片发给其朋友，进而引发全网扩散，最终警方以涉嫌侵犯公民个人信息罪将其刑事拘留。❶ 另有学者主张，"公民个人信息"不包括死者信息。首先，无论民法还是刑法上，自然人❷始于出生、终于死亡，死者不再享有民事权利，也不再享有作为侵犯公民个人信息罪所保护之法益的信息自决权，因此侵犯死者信息的行为不具有法益侵害性，对其没有进行刑法保护的必要性，❸ 类似的还有胎儿信息，也不应被纳入刑法保护范围。其次，泄露死者信息进而导致其近亲属或利害关系人合法权益遭受侵害的情形一般是由于同时泄露了后者的个人信息，因此就实质而言，近亲属或利害关系人利益受损的原因并非死者信息被泄露，而是其本人信息直接遭受了侵害。❹ 最后，从世界范围来看，绝大多数国家或地区有关个人信息保护的法律均将保护对象限定为生者信息，也能为"公民个人信息"的理解提供借鉴。❺

《解释》将"公民个人信息"的主体限定为自然人，即表示其不包括死者，因为如前所述，自然人的范围仅始于出生、终于死亡。本书认为这一观点是合理的。就死者而言，大量与其相关的个人信息并不会因为其本人死亡而消失，反而会继续存在并产生影响，❻ 且现实生活中侵犯死者信息的事件时有发生。例如，2020 年 12 月，广元市中级人民法院公布了一起利用死者信息从事非法买卖机动车驾驶证的案例，❼ 但这并不能成为证成"公民个人

---

❶ 参见《郑州警方：四人擅自传播"空姐被害案"现场照片被刑拘》，载人民网 http://legal.people.com.cn/nl/2018/0512/c42510-29984597.html，2024 年 8 月 3 日访问。
❷ 关于"公民个人信息"的主体是否包含法人，本书将在下文中详细阐述，此处仅在自然人的范围内探讨。
❸ 参见皮勇、王肃之：《智慧社会环境下个人信息的刑法保护》，人民出版社 2018 年版，第 114 页。
❹ 参见张庆立：《侵犯公民个人信息罪的要素阐释与立法完善——基于教义学的解读》，《江汉学术》2018 年第 6 期，第 63 页。
❺ 例如，我国台湾地区所谓的"个人资料保护法"直接将个人资料（我国台湾地区将"个人信息"称为"个人资料"。）称为"现生存自然人之资料"。参见范姜真媺：《个人资料保护法关于"个人资料"保护范围之检讨》，《东海大学法学研究》2013 年总第 41 期，第 97 页。
❻ 参见谢远扬：《个人信息的私法保护》，中国法制出版社 2016 年版，第 14 页。
❼ 参见文骥：《用死者信息给活人办证，广元中院公布一起非法买卖驾驶证案》，http://scnews.newssc.org/system/20201203/001130718.html，2021 年 10 月 28 日访问。

信息"的主体包括死者的理由。通过死者信息仍能识别出特定自然人,且其与死者近亲属、利害关系人的合法权益密切相关,因此死者信息极其重要,值得法律进行保护,这一点是应当承认的,也是法律未曾忽视的。● 但需要注意的是,死者信息值得法律保护并不意味着其必定受到刑法保护。相对于生者信息而言,死者信息的影响有限,主要在于对死者近亲属或利害关系人利益的影响,侵害死者信息所造成的危害后果亦轻于对生者信息的侵犯,因此对死者信息仅依据前置法即可达到保护效果,基于刑法谦抑性的精神,无须动用刑法予以保护。另外,从《个人信息保护法》的规定可以看出,对死者信息的保护实则在于对其上所关联的死者近亲属权益的保护,后者主要有查阅、复制、更正、删除等权利,并不包括作为侵犯公民个人信息罪之法益的信息自决权,因此无法将死者信息纳入刑法保护范围,进一步而言,即"公民个人信息"的主体不包含死者。

第三,"公民个人信息"的主体是否包含法人。肯定说认为,法人虽不具有自然人意义上的生命实体,但亦需要在刑法层面对法人信息进行保护,● 主要理由如下。①法人与自然人一样,亦具有其最基本的自身信息,比如企业名称、地址、法定代表人、联系方式等。②法人信息亦会遭受侵犯,在现实生活中这类事件时常发生且日渐频繁,其中最典型的是法人社交媒体账户、电子邮箱的账号密码被盗。例如,2019 年 1 月河南省平顶山市人民检察院官方微博账号被盗,盗号者通过该微博发布不雅信息。● 又如,2018 年年底至2019 年 6 月,刘某破解十余家期刊的投稿邮箱并冒充期刊工作人员向投稿作者索要版面费,骗取 85 名受害人共计 92 660 元。● 因此法人信息也具有刑法保护的必要性且其保护程度与日俱增。③从世界范围来看,部分其他国家或地区的法律为法人信息提供保护。例如,《俄罗斯个人资料法》第 1 章第 3 条

● 例如,《个人信息保护法》第 49 条规定:"自然人死亡的,其近亲属为了自身的合法、正当利益,可以对死者的相关个人信息行使本章规定的查阅、复制、更正、删除等权利。"

● 参见王肃之:《论法人信息的刑法保护》,《中国刑事法杂志》2020 年第 3 期,第 125—139 页。

● 参见《平顶山检察院回应官微发不雅信息:系盗号者所为》,http://news.hbtv.com.cn/p/1669777.html,2021 年 10 月 29 日访问。

● 参见《男子破解期刊杂志信箱诈骗投稿人,85 名受害人均为研究生或博士生》,http://www.ahwang.cn/newsflash/20201104/2177359.html,2021 年 10 月 29 日访问。

第 2 款将"处理人"界定为"组织并（或）实施个人资料处理，以及确定个人资料的目的和内容的国家机关、自治市机关、法人或自然人"❶。④不论是民法还是刑法，均承认法人的法律主体地位。《刑法》既将其作为行为主体而规定了单位犯罪，也设置了专门的罪名，对其权益进行保护。例如，《刑法》分则第 3 章第 3 节"妨害对公司、企业的管理秩序罪"，因此对法人信息进行保护不存在主体上的障碍。⑤如前所述，可以将"公民个人信息"中"公民"的含义扩展至外国人与无国籍人，因此"公民"一词的内涵并不是固定不变的，其具有扩张解释的先例，故使之包括法人并非完全不可能。持否定说观点的学者主要基于以下理由。首先，基于《中华人民共和国公司法》（以下简称《公司法》）、《中华人民共和国外商投资法》（以下简称《外商投资法》）等法律的规定，法人信息往往需要对外公开，比如在法人注册时需要登记法人名称、地址、注册资本、经营范围等信息，因此法人信息不具有私密性，不应受法律保护。❷ 其次，法人不具有与自然人一样的生命实体，因此无法享有完全的人格权，难以通过个人信息对其进行有效保护。再次，即使法人信息值得法律保护，但《中华人民共和国反不正当竞争法》（以下简称《反不正当竞争法》）等其他法律已足以保护法人信息权益，无须上升至刑法。❸ 即使其中需要刑法保护的部分也可以通过故意或过失泄露国家秘密罪、侵犯商业秘密罪等其他罪名进行妥当处理，不会产生法律的处罚遗漏，因而不必要将其纳入侵犯公民个人信息罪的保护范围。❹ 最后，"公民"与"单位"这两个概念同时存在于我国《刑法》中，二者明显具有不同的内涵，将"单位"解释到"公民"之中不具有合理性，超出其最大的语义射程范围，另外"个人"与"单位"也互斥，因此无论如何"公民个人信息"不应包含法人信息。❺

---

❶ 参见习胜先等：《个人信息网络侵权问题研究》，上海三联书店 2013 年版，第 62 页。
❷ 参见张庆立：《侵犯公民个人信息罪的要素阐释与立法完善——基于教义学的解读》，《江汉学术》2018 年第 6 期，第 62 页。
❸ 参见郭明龙：《个人信息权利的侵权法保护》，中国法制出版社 2012 年版，第 36 页。
❹ 参见马改然：《个人信息犯罪研究》，法律出版社 2015 年版，第 18 页。
❺ 参见刘宪权、房慧颖：《侵犯公民个人信息罪定罪量刑标准再析》，《华东政法大学学报》2017 年第 6 期，第 110 页。

《解释》第 1 条明确规定"公民个人信息"是识别与反映自然人身份或活动情况的信息，因此其主体仅为自然人，而不包含法人。本书亦赞同这一观点。除上述否定说提出的理由外，本书还认为，刑法上的"公民个人信息"应具有法益关联性，即对其的侵犯应直接影响到作为侵犯公民个人信息罪所保护之法益的信息自决权。如前所述，信息自决权是个人信息权中的一种，而"三重检视"的法益证成规则中综合考量了立法原意、章节位置、构成要件、前置法内容等多个标准，避免了法益与构成要件间的循环论证，因此可以根据侵犯公民个人信息罪之法益指导作为该罪构成要件之一的"公民个人信息"的解释。从信息自决权的定义可以看出其是属于自然人的权利，侵犯法人信息不会导致这一法益遭受损害，因此法人信息不应被认定为"公民个人信息"，后者的主体仅包括自然人，而将法人排除在外。但需要注意的是，这一观点并不否认法人信息应受法律甚至刑法的保护，因为其他法律或刑法中的其他罪名仍然为法人信息提供了全面且有效的保护。❶

除本质、载体、主体外，《解释》对"公民个人信息"的界定还包括极其重要的一个方面，即可识别性。

通常认为，可识别性是个人信息最本质的特征，其是指个人信息能够指向特定自然人并将其与其他自然人区别开来，因此一般而言，可识别性仅表示身份识别。但需要注意的是，除"识别特定自然人身份"外，《解释》第 1 条对"公民个人信息"的规定中还包含"反映特定自然人活动情况"，这一特性显然与身份识别不同，其并不指向特定自然人的身份，而是与其活动情况相关联。本书认为，"无论是识别特定自然人身份还是反映特定自然人活动情况，其均体现为一种对应关系"❷，即"公民个人信息"与自然人身份或活动情况的一一对应，其所强调的是根据某一"公民个人信息"就能追踪到特定的自然人或其活动。因此，虽二者所表述的动词分别为"识别"与"反映"，但其具体意蕴一致，区别仅在于对象不同。可识别性的本质在于对应关系，通常指的是个人信息与特定自然人身份间的对应，但本书认为个人

---

❶ 例如，《反不正当竞争法》第 21 条以及《刑法》中的侵犯商业秘密罪等。
❷ 李媛：《大数据时代个人信息保护研究》，西南政法大学 2016 年博士学位论文，第 166 页。

信息与其他事物，比如活动情况等的对应关系也并不违背可识别性的本质内涵。因此，本书将个人信息的可识别性分为狭义与广义两类，前者指的是身份识别，后者则包含对"公民个人信息"中特定自然人活动情况的反映，《通知》中"公民个人信息"对公民隐私的涉及也是广义可识别性的体现。由此可知，"公民个人信息"的可识别性是指所谓的广义可识别性。

根据《解释》第 1 条的规定，"公民个人信息"的可识别性具体可以分为直接识别与间接识别，识别对象包括特定自然人的身份或活动情况，前者侧重于通过某一信息从而指向特定个人，后者侧重于与特定个人的活动相关联。因此，"公民个人信息"的可识别性可以简要描述为"直接或间接识别身份或反映活动情况"。其实不止《刑法》中的"公民个人信息"有可识别性的要求，其他法律对"个人信息"的解释虽不完全相同，但都将可识别性作为核心要素。❶ 需要注意的是，除《解释》对"公民个人信息"的定义中所呈现出的其所需要具有的要素或者特征外，其他学者亦提出了不同观点。例如，有学者提出有效性❷、真实性❸与合理性❹，也有学者提出隐私性与重要性，❺ 另有学者主张法益关联性❻、应受保护性❼、私生活安

---

❶ 例如，《个人信息保护法》第 4 条规定："个人信息是以电子或者其他方式记录的与已识别或者可识别的自然人有关的各种信息，不包括匿名化处理后的信息"。《民法典》第 1034 条第 2 款规定："个人信息是以电子或者其他方式记录的能够单独或者与其他信息结合识别特定自然人的各种信息"，类似的还有《网络安全法》《信息规范》等的规定。《网络安全法》第 76 条第 1 款第（五）项规定："个人信息，是指以电子或者其他方式记录的能够单独或者与其他信息结合识别自然人个人身份的各种信息"，《信息安全技术 个人信息安全规范》（GB/T 35273—2020）第 3.1 条规定，个人信息是"以电子或者其他方式记录的能够单独或者与其他信息结合识别特定自然人身份或者反映特定自然人活动情况的各种信息"。

❷ 参见周光权：《侵犯公民个人信息罪的行为对象》，《清华法学》2021 年第 3 期，第 30—31 页。

❸ 参见叶小琴、赵忠东：《侵犯个人信息罪的犯罪对象应当是真实的个人信息》，《人民法院报》2017 年 2 月 15 日，第 006 版。

❹ 参见陈梦寻：《"公民个人信息"判断的合理性标准建构——基于流动的公民个人信息边界》，《北京邮电大学学报（社会科学版）》2019 年第 1 期，第 9—16 页。

❺ 参见韩啸、张光顺：《侵犯公民个人信息罪犯罪对象研究》，《河北法学》2021 年第 10 期，第 193—194 页。

❻ 参见叶良芳、应家赟：《非法获取公民个人信息罪之"公民个人信息"的教义学阐释——以〈刑事审判参考〉第 1009 号案例为样本》，《浙江社会科学》2016 年第 4 期，第 76—77 页。

❼ 参见刘伟：《刑法视阈中的"公民个人信息"解读》，《社会科学家》2020 年第 7 期，第 115—116 页。

宁❶等。本书认为,有效性与真实性强调的都是"公民个人信息"必须能够对应到特定的自然人,而不能是无效的、虚假的,因此其实质是可识别性的具体方面,属于可识别性的范畴;隐私性与重要性指的是在可识别性之外,对于无法指向特定个人的信息,若其属于权利人的隐私或权利人认为很重要,则也应属于"公民个人信息",其指的是对可识别性的替代,讨论的是可识别性是否必要的问题;合理性强调的是对可识别性的修正与完善。因此,其均可以归入可识别性一并讨论。法益关联性、应受保护性、私生活安宁侧重于从法益角度进行解释,如前所述,法益对构成要件的解释起着核心的指导作用,因此法益的认定确实对"公民个人信息"的含义具有重要影响,这是该罪中所有构成要件均需遵循的标准,但本书认为在定义时无须将其具体表述出来。因此,对于"公民个人信息"的含义,虽不同学者提出众多观点,但几乎都能被总结到《解释》第 1 条明文规定的内容中,法益关联性等无法归入的内容也不具有在定义中具体表述的必要性。因此,对于其他观点,本书不再进行单独阐述,而是将其融入对《解释》第 1 条的研究中,其中最主要的部分就是对可识别性的探讨。

第二节 "公民个人信息"可识别性的意蕴重释

前已述及,其实《解释》第 1 条的规定并不是刑法领域内对"公民个人信息"的首次界定,最早在条文中表述"公民个人信息"一词且明确界定其含义的刑事司法解释是 2013 年出台的《通知》。❷ 相比《通知》而言,《解释》并未完全按照其逻辑对"公民个人信息"进行界定,而是在某些方面进行了一定程度的修改。这些修改主要反映在可识别性上。例如,《通知》与《解释》对身份信息之外部分的涵盖范围所作的规定并不相同。在《通知》

---

❶ 参见胡胜:《侵犯公民个人信息罪的犯罪对象》,《人民司法》2015 年第 7 期,第 41 页。
❷ 《通知》第 2 条规定:"公民个人信息包括公民的姓名、年龄、有效证件号码、婚姻状况、工作单位、学历、履历、家庭住址、电话号码等能够识别公民个人身份或者涉及公民个人隐私的信息、数据资料。"

中，个人身份信息以外的个人隐私信息可以被认定为"公民个人信息"，而在《解释》中，即使不涉及个人隐私，只要能反映活动情况，也能够成为"公民个人信息"，后者的范围明显较前者更加宽泛。《解释》对"公民个人信息"可识别性的理解是否合理，是否需要对其设置相应的边界，是否需要限定其具体范围，这些问题的答案将在后文的研究中进一步探寻。

一、"公民个人信息"可识别性的当前意蕴

《解释》对"公民个人信息"可识别性的规定为"能够单独或者与其他信息结合识别特定自然人身份或者反映特定自然人活动情况"，主要包含识别方式与识别对象两个方面，前者包括直接识别与间接识别，后者包括特定自然人的身份与活动情况。下面本书将从识别方式与识别对象两个方面分别进行阐述，同时还会涉及识别标准的相关内容。

（一）识别方式

识别方式包括直接识别与间接识别，直接识别指的是依靠某一信息自身即可直接指向特定自然人，而无须与其他信息结合；间接识别又称结合识别，指的是仅凭单一信息无法与特定自然人相关联，必须将其与其他信息结合起来共同作用，才能识别特定自然人。识别方式规定的宽泛首先指的是从直接识别到直接识别、间接识别相结合的扩张。如前所述，《通知》中对"公民个人信息"的规定为"……能够识别公民个人身份……的信息、数据资料"，因此仅包括直接识别，而《解释》第 1 条的规定在刑法层面实现了间接识别从无到有的转变，这是识别方式宽泛最显著的表现。除类型的直接增加外，识别方式的宽泛还体现在具体规定上，具体分为对直接识别规定的宽泛与对间接识别规定的宽泛。

由于直接识别是一种无须与其他信息对照、结合、联系的识别方式，因此其对个人信息本身的要求极高，进而导致能够进行直接识别的信息类型非常有限，一般仅包括个人身份证号码、指纹、DNA 等具有唯一性的信息。对直接识别规定的宽泛主要体现在将必须与其他信息相结合之后才能指向特定自然人的个人信息认定为可以单独适用以确定特定自然人的信息类型，例如，

有学者主张特定个人的姓名是直接识别信息。[1] 本书认为，现实生活中时常存在同名同姓的情况，除极少数情况下某人姓名采用极为生僻的汉字或极为少见的排列形式外，一般人的姓名并不具有唯一性，无法仅凭这一单独的信息类型而直接指向某一特定自然人。正因如此，前述学者在认为姓名是直接识别信息的同时又提出姓名应与其他信息相结合，这种前后矛盾的表述也进一步证明了将姓名作为直接识别信息不具有合理性。可能会有观点认为，即使普通人的姓名不具有唯一性，但公众人物的姓名至少能够直接识别其本人。例如，在现实生活中，当提到"姚明"这一姓名时，大家都能立马想到中国国家篮球队前运动员、NBA 火箭队前中锋，而不会将其对应于其他人。但需要注意的是，公众人物的姓名之所以看似具有唯一确定性，是因为公众对其容貌、性别、职业等各方面的信息均有一定的了解，这些信息蕴含于其姓名背后，被公众不自觉地与其姓名关联在一起，因此在提到公众人物的姓名时能够同时唤起公众对其他信息的印象，进而在特定语境中能够唯一指向该特定个人。但就实质而言，真正起到识别作用的并不仅是其姓名这一单独信息，还包括连接在姓名之上的容貌、性别、职业等其他信息，因此即使是公众人物的姓名亦只能是与其他信息结合才能发挥识别功效的间接识别信息。直接识别信息与间接识别信息均毫无疑问地具有可识别性，进而在满足其他条件的情况下构成"公民个人信息"，因此将间接识别信息认定为直接识别信息只是对信息识别方式的理解偏差，并不影响对"公民个人信息"的认定。

间接识别强调的是信息之间的对照、组合、关联，即使单个信息无法指向特定自然人，只要是在与其他信息结合之后的共同作用下能够与特定自然人相连结，仍属于具有可识别性。对间接识别规定的宽泛主要体现在对"与其他信息结合"的理解上，倘若完全按字面含义理解，则会扩张间接识别的认定范围，进而使得"公民个人信息"的范围大大延展，具体分为三个方面。其一，将不具备任何实质意义的信息纳入"公民个人信息"的范围。如果不加任何限制地直接依照字面含义理解"与其他信息结合"，则间接识别

---

[1] 参见刘定基：《个人资料的定义、保护原则与个人资料保护法适用的例外——以监视录影为例（上）》，《月旦法学教室》2012 年总第 115 期，第 48 页。

信息的范围可以囊括所有信息，无论该信息是否具有识别特定自然人的实质意义。一方面，由于直接识别信息可以单独识别特定自然人，那么任何其他信息与直接识别信息相结合亦可以识别特定自然人，由此得出间接识别信息的范围可以囊括所有信息；另一方面，即使不存在直接识别信息，也可能出现这种情况，例如，A、B 两项间接识别信息结合即可识别特定自然人，那么其他任何信息与 A、B 结合亦可识别特定自然人，由此得出间接识别信息的范围可以囊括所有信息。因此，按照这样的理解，间接识别信息的范围没有限制，其会将对识别特定自然人无任何实质意义的信息包含在内。其二，可识别性的无限递归。正如有学者所提到的，部分可识别信息本身也是需要其他信息单独或结合识别出来的，类似于在因果关系中寻找"原因的原因"，由这些先前信息推导出可识别信息，可识别信息再指向特定自然人，因此先前信息亦与自然人产生关联，尽管这种关联是间接的、遥远的，低程度的，但其仍然符合"与其他信息结合"的字面含义，即先前信息与可识别信息结合能够与特定自然人相关联。❶ 可以看到，每回溯一个层级，先前信息的数量即成倍增长，因此若按照字面含义理解"与其他信息结合"，则会将所有先前信息纳入"公民个人信息"的范围。并且，在无限递归的情况下先前信息几乎可以等同于全部信息，其中除极少部分可能与特定自然人有直接的联系外，其他绝大部分信息与其没有关联。例如，访客账号，又称匿名账号，即无须绑定身份信息即可注册使用的账号，这在网页游戏等领域较为常见。访客账号因完全无法指向特定自然人而不具有可识别性，但其能够通过网络服务提供者的后台数据获知某人的账号注册时间、访问时间、访问页面等关联信息，这些信息与其他信息相结合有可能推导出特定自然人。访客账号作为"原因的原因"，其与特定自然人无任何直接关联，但若允许递归，则其也可以被算作"与其他信息结合"识别特定自然人的信息。其三，科技发展对可识别性的冲击。随着大数据、云计算等前沿科技的发展进步，原先不具备可识别性的信息也可能具备可识别性，比如兴趣爱好、饮食习惯、出行方

---

❶ 参见杨楠：《个人信息"可识别性"扩张之反思与限缩》，《大连理工大学学报（社会科学版）》2021 年第 2 期，第 101 页。

式等许多连我们自己都未意识到重要性的信息，经过一定的技术处理并与足够多的外部信息进行关联后亦能准确识别出特定个人。这些技术使得我们几乎生活在一个"透明的社会"，导致可识别信息与不可识别信息之间的界限逐渐模糊。❶ 但是这些信息对特定自然人的识别并不是容易实现的，其需要结合海量信息，在耗费大量人力、物力、财力的基础上，通过前沿技术经过无数次处理、研判之后才能指向特定自然人。❷ 按照"与其他信息结合"的字面含义，这些信息即使非常"遥远"，也能通过若干信息节点与特定自然人产生间接联系，这样的理解会使"公民个人信息"的范围急剧扩大，几乎能够包含所有信息。❸ 正如有学者所言，由于数据分析技术的发展，人们可以通过分析之前不具备可识别性的信息来重新识别某个人。因此，"个人信息"概念的扩大是不可避免的，因为任何信息都可以在其范围之内。❹

（二）识别对象

识别对象包括特定自然人的身份与活动情况。对于其而言，《解释》规定最明显的宽泛之处在于种类的增加，即增加了"特定自然人活动情况"。《通知》规定的"公民个人信息"可识别性的识别对象为"公民个人身份"与"公民个人隐私"，《解释》中"特定自然人活动情况"虽无法涵盖隐私空间，但相比隐私活动而言亦有扩大。另外，民事、行政等其他领域的法律法规仅规定识别特定自然人身份，比如《民法典》《网络安全法》对"个人信息"的界定强调身份识别，《个人信息保护法》虽未直接提到"身份"一词，但从其表述来看，仍然是对自然人本身的识别，因而实质上也是身份识别。因此，识别对象规定的宽泛在于增加了"特定自然人活动情况"，使得在身份识别之外还产生了活动识别。根据识别对象的不同相应的信息可以划

---

❶ 参见范为：《大数据时代个人信息定义的再审视》，《信息安全与通信保密》2016 年第 10 期，第 74 页。

❷ 参见李怀胜：《公民个人信息保护的刑法扩展路径及策略转变》，《江淮论坛》2020 年第 3 期，第 118 页。

❸ 参见［美］艾伯特－拉斯洛·巴拉巴西：《链接：商业、科学与生活的新思维》，沈华伟译，浙江人民出版社 2013 年版，第 16 页。

❹ See Dae－Hee Lee, *The Concept of Personal Information: A Study on Its Interpretation and Scope*, Asian Business Lawyer, Vol. 17: 15, p. 23 (2016).

分为身份识别信息与活动识别信息。

从表述上看，"特定自然人活动情况"与"身份"不同，因此若单纯按字面含义理解，《解释》增加"特定自然人活动情况"作为识别对象之后，其将不具备身份识别性的活动识别信息纳入"公民个人信息"的范围。因为如果某信息虽反映特定自然人的活动情况，但其同时能单独或者与其他信息结合识别特定自然人身份的话，应该属于身份识别信息。例如，酒店偷拍房客在房间内的私密活动后将视频或图片上传至网络，上传者将房客面部、声音进行处理，使得无法通过其识别出原房客，虽然该视频、图片无法直接识别特定房客，但通过将其与被偷拍者的衣着、性别、住宿时间、房间号、身份登记信息等其他信息相结合仍能指向特定自然人，因此这些视频、照片应属于间接身份识别信息。因此，这里所说的反映"特定自然人活动情况"的信息仅指无法直接或间接识别自然人身份但能反映其活动情况的活动识别信息。例如，某一可使用访客账号登录使用的健身 App 的后台数据，其虽能反映出某一访客账号主体在某一时间段内的运动情况，包括运动时间、运动方式、消耗热量数值、心率情况等，但由于访客账号的匿名性，因此无法指向特定自然人。因此，《解释》将"特定自然人活动情况"增加为识别对象之后，其会将完全不具有身份识别性的活动识别信息认定为"公民个人信息"，大大延展了"公民个人信息"的范围，体现出明显的扩大化倾向。❶

（三）识别标准

在对"公民个人信息"可识别性进行判断时，到底何种情况才能被认定为识别了特定自然人的身份或者反映了特定自然人的活动情况，这里涉及识别标准的问题。识别标准指的是按照什么样的指标或参照来判断某一信息是否具有可识别性，包括身份识别与活动识别。从《解释》对"公民个人信息"可识别性的规定中可以看出，其并没有对识别标准进行明确，意即在《解释》条文中我们无法得出应以什么标准来判断"公民个人信息"可识别性的结论，对其只有学理上的观点与争论。

---

❶ 参见王哲：《侵犯公民个人信息罪中"个人信息"的限定》，《青少年犯罪问题》2021 年第 3 期，第 79—81 页。

对于识别标准的设定,学界通常存在三种观点,即一般人标准、特殊人标准与混合标准。一般人标准指的是以普通公众的认知水平为基准来对某信息的可识别性进行判断,特殊人标准指的是以涉案主体的实际认知水平为基准来对某信息的可识别性进行判断,❶混合标准是对前两者的结合,其认为当行为相对人是社会公众时按照一般人标准,而当行为相对人是特定主体时则按照特殊人标准。❷由于特殊人标准实则强调的是要在具体案件中具体判断行为人的认知水平与识别能力,进而确定可识别性,而不是进行抽象的判断。因此,为了突出其特点并避免与具有特殊认知水平与识别能力的主体相混淆,本书认为将其称为具体人标准更为合适。(下文中若提到特殊人,指的是具有特殊认知水平与识别能力的主体。)

一般人标准是最基本的标准,但其无法适应具体个案中涉案主体具体的认知水平与识别能力,因此有观点提出具体人标准,以全面考虑特殊主体的具体情况,或提出混合标准,将二者相结合,取长补短。具体人标准根据涉案主体的识别能力可以具体划分为一般人标准与特殊人标准,而特殊人标准又包括特殊低标准与特殊高标准两类。特殊低标准是指以涉案主体实际识别能力判断某信息的可识别性,而涉案主体对信息的识别能力低于普通公众,因此部分对于普通公众而言能够识别特定自然人的信息,对于涉案主体而言不具有可识别性。例如,普通公众通过"姚明"这个名字就能联想到中国国家篮球队前队员、NBA火箭队前中锋,但对于某些不识字的特殊人而言,或许其知道作为篮球运动员的姚明这个人,但其并不能将"姚明"这两个字与该运动员联系起来。因而,若以特殊低标准为判断可识别性的基准,姓名等文字性的信息对于不识字的人群而言不具有可识别性,由此导致"公民个人信息"的范围在一定程度上有所缩小。特殊高标准是指以涉案主体实际识别能力判断某信息的可识别性,而涉案主体对信息的识别能力高于普通公众。因此,相较于一般人,涉案主体能够更加容易地识别出某特定自然人,甚至部分对于普通公众而言不具有可识别性的信息,涉案主体仍能将其与特定自

---

❶ 参见刘伟:《刑法视阈中的"公民个人信息"解读》,《社会科学家》2020年第7期,第115页。
❷ 参见陈梦寻:《"公民个人信息"判断的合理性标准建构——基于流动的公民个人信息边界》,《北京邮电大学学报(社会科学版)》2019年第1期,第14—15页。

然人相联系。特殊高标准具体可分为三种情况。其一，涉案主体由于与特定自然人存在亲缘、地缘、交易、学习、工作等密切关系，如亲属、邻居、朋友、同事等，因而对该特定自然人具有高于普通公众的识别能力。❶某些信息，如学号、工号等，对于普通公众而言不具备任何可识别性，但对于特定自然人的同学或同事而言，其能够根据这些信息联系到该特定自然人。其二，涉案主体由于具有特殊技能、技术而具有比普通公众更高的识别能力。最典型的即代码、IP 地址、软件运行数据等，其对于普通公众而言根本无法理解，更不可能将其与特定自然人相联系，但对于具备相关计算机专业知识与技能的程序员而言，这些信息能够通过数据处理技术指向特定自然人，因而具备可识别性。例如，在美国在线（AOL）公开搜索数据事件中，美国在线公司在未经用户同意的情况下擅自公开了数十万用户在三个月内的搜索数据。该公司使用用户 ID 取代真实姓名，进而达到一定的匿名化效果，因而在普通公众看来，这些搜索数据并不能与特定个人相关联，但仍然有部分专业研究人员通过数据处理技术从这些数据中识别出特定自然人。❷再如美国一项研究表明，具备相关专业知识与技能的人能够通过网飞（Netflix）公司影片租借服务中用户对影片的评价识别出特定用户，当其所掌握的信息包括用户对其所租借的任意三部影片的评价时间与评价内容时，这些专业人员能够有效识别出超过 80% 的网飞用户。❸其三，涉案主体由于掌握特殊资源，比如存有海量信息的数据库、强大的搜索引擎与数据处理设备、丰厚的人力、物力、财力等，因而具有比普通公众更高的识别能力。某些信息在普通公众看来根本不能指向任何特定自然人，但涉案主体通过将其与海量数据比对、结合并利用前沿科技对其进行无数次处理、分析、研判之后即能够识别特定自然人。例如，游戏中角色的名称对于其他一般玩家而言无法识别该角色背后的特定自然人，但游戏服务商可以通过将该名称与后台数据库中的信息进

---

❶ 参见齐爱民、张哲：《识别与再识别：个人信息的概念界定与立法选择》，《重庆大学学报（社会科学版）》2018 年第 2 期，第 126 页。

❷ 参见 https：//en. wikipedia. org/wiki/AOL_search_data_leak，2021 年 11 月 2 日访问。

❸ See Paul Ohm, *Broken Promises of Privacy: Responding to the Surprising Failure of Anonymization*, UCLA Law Review, Vol. 57: 1701, 2010, p. 1705 (2010).

行比对，结合该账号注册时用户提供的身份证号、手机号等信息识别出特定玩家。❶

如前所述，一般人标准是最基本的标准，因此识别标准的宽泛主要体现在具体人标准与混合标准的提出。相较于适用一般人标准而言，以具体人标准判断可识别性会导致"公民个人信息"的范围限缩或扩张。具体来说，在特殊低标准情况下，"公民个人信息"的范围会缩小，而在特殊高标准的情况下，"公民个人信息"的范围会扩大。需要注意的是，虽适用特殊低标准会导致"公民个人信息"的范围缩小，但相较一般人标准而言，其仍然体现了可识别性之识别标准的宽泛。

二、当前意蕴的解释逻辑与固有局限

如上所述，《解释》规定了"公民个人信息"可识别性的识别方式与识别对象，前者包括直接识别与间接识别，后者包括特定自然人的身份与活动情况，但其并未明确具体应适用何种识别标准。为更加全面、立体地对《解释》的规定进行认识，以进一步判断这种理解是否具有合理性以及是否应对其进行一定的干预与限制，有必要对其如此规定的原因及其可能产生的危害与弊端进行探究。

（一）当前意蕴的解释逻辑

本书认为，《解释》如此规定与理解"公民个人信息"可识别性，主要存在五个方面的原因。

第一，随着大数据技术的发展，个人信息的价值逐渐显现，但随之而来的是对个人信息的侵害与日俱增，其已然成为一个全社会整体关注的问题。因此，考虑到当前个人信息安全遭受严重威胁的严峻形势，刑法理论界与司法实务界均为全面保护公民个人信息、切实加大刑法保护力度而作出努力，其中极为重要的一个方面即通过对可识别性的扩张来实现为个人信息提供更为周延的刑事保护法网的目的，回应社会公众对个人信息周全保护的现实需

---

❶ 参见岳林：《个人信息的身份识别标准》，《上海大学学报（社会科学版）》2017 年第 6 期，第 35 页。

求。尤其是那些按照以往标准无法被认定为"公民个人信息"但与个人人身、财产安全关系极为密切的信息类型，更是可识别性扩张的重点领域。按照《通知》的规定，个人不涉及隐私的日常活动不能被包含在"公民个人信息"内，但从实践来看，有些日常活动事关个人人身安全，应当予以重点保护。例如，甲将乙日常出门上下班的时间、路线、所经路段的人员流动情况等信息记录下来并提供给丙，丙按照该信息的内容在乙下班回家途经偏僻小路时对其实施绑架。此时，乙的日常上班情况根据《通知》无法被认定为"公民个人信息"，但却极为重要。基于此，《解释》将"特定自然人活动情况"作为识别对象增加到可识别性的判断之中，延展了可识别性的含义，以此延展刑法对个人信息的保护范围。类似的还有家庭住址、工作单位等无法单独识别自然人身份的信息，亦通过识别方式的增加，即增加间接识别而被纳入"公民个人信息"的范围。

第二，在互联网背景下，侵犯公民个人信息犯罪不仅严重威胁公民个人的信息权益，还进一步加功于下游犯罪的产生，因此其具有超出该行为本身的更为严重的法益侵害性，呈现出聚合放大的负面效应。❶ 正如有学者所言，"在大数据时代，侵犯公民个人信息犯罪被称为'百罪之源'"❷。之所以侵犯公民个人信息犯罪能够引起下游犯罪，是因为电信诈骗、网络盗窃等犯罪行为以公民个人信息为"原料"，犯罪分子利用这些信息实施违法犯罪行为。例如在"徐玉玉案"中，行为人利用在网络上购买的个人信息拨打诈骗电话，骗取被害人徐玉玉 9900 元学费，导致其因忧伤过度而引起心源性休克，最终经抢救无效死亡。❸ 因此，除保护公民个人信息权益外，可识别性扩张的原因还在于通过将部分按照先前标准无法被认定为"公民个人信息"的信息类型纳入保护范围，从而打击可能发生的由这些信息引起的下游犯罪，以此实现保护个人信息背后所蕴含的人身、财产利益的目的。例如，行踪轨迹信息并不能识别特定自然人身份，且其也不一定涉及个人隐私，因此按照《通知》的规定则不属于"公民个人信息"。但行踪轨迹信息的泄露容易引起

---

❶ 参见时斌：《App 个人信息保护的路径选择与重构》，《人民论坛》2020 年第 15 期，第 146 页。
❷ 喻海松：《侵犯公民个人信息罪司法解释理解与适用》，中国法制出版社 2018 年版，第 5 页。
❸ 参见万晓岩：《"徐玉玉案"审判纪实》，《中国审判》2017 年第 21 期，第 58—62 页。

相关下游犯罪，对信息主体的人身、财产安全造成威胁，因此《解释》增加"特定自然人活动情况"为识别对象有利于打击相关犯罪，进而保护公民个人的人身、财产等合法权益。

第三，在工业社会，由于科学技术发展水平较低，导致个人信息对特定自然人的识别方式有限，因此许多信息类型根本不可能展现出任何与特定主体相关联的有价值的内容，其自然无法识别特定自然人。但随着技术的发展与进步，很多先前完全不具有可识别性的信息具有了识别的可能。● 例如指纹、DNA 等生物识别信息在科学技术有限的情况下无法指向特定自然人，但当相应的技术发展到一定水平时，其不仅与特定自然人相关，而且所展现出的可识别性高于许多其他信息类型。再如一般情况下，兴趣爱好、饮食习惯、出行方式等信息无法指向特定自然人，但进入大数据时代之后，通过海量数据的比对、组合以及无数次的数据处理、分析、研判，这些看似不具有可识别性的信息均能够与特定自然人相关联。这些以往与特定主体关联程度较低的、没有意义的、碎片化的信息在大数据时代具有了识别的可能，其与公民个人的权益相关，因此进入法律保护的视野。可以说，可识别性的扩张即是为了将这部分信息纳入刑法保护范围。

第四，一般情况下，公民对某信息的识别能力是相同的，意即该信息对于普通大众而言要么具有可识别性，要么无法指向特定自然人。但如前所述，除了普通大众，还存在在识别能力上具有特殊性的主体，既包括部分由于自身文化程度等原因导致识别能力低于普通大众的人，也包括部分与被识别自然人有亲密关系或具有专业技术、享有特殊资源，从而使得自身识别能力高于普通大众的人。若对所有案件均采用一般人标准来对涉案信息的可识别性进行判断，则对于上述特殊主体似乎并不合理。例如，甲将某 App 后台运行数据非法提供给程序员乙，乙利用自身计算机技术对该数据进行处理，从中提取出大量能够识别特定自然人的信息。若以一般人标准进行判断，相关运行数据不具有可识别性，因此甲、乙均不构成侵犯公民个人信息罪。这样的

● 参见杨楠：《个人信息"可识别性"扩张之反思与限缩》，《大连理工大学学报（社会科学版）》2021 年第 2 期，第 101 页。

结论似乎并不合理，因此有学者提出应将识别标准扩张至具体人标准，在具体案件中进行具体判断。

第五，作为首次明确表述"公民个人信息"一词并对其含义进行界定的刑事司法解释，《通知》规定的范围过窄，导致在之后的解释与适用中，为了符合大数据时代的现实需求，只能不断地通过对可识别性的扩张来实现扩大"公民个人信息"范围的目的。因此，《解释》对"公民个人信息"可识别性含义做出宽泛规定的其中一个重要理由即之前的标准过窄，现在的宽泛只是对先前的缺漏之处进行的填补。当然，《通知》具体内容的设置有其自身的时代背景，立足于当时发生的案件类型、理论研究的程度、前置法的规定等因素，其对"公民个人信息"采取了相对保守的界定，仅保护最为主要、最为典型的信息类型，这是可以理解的。对于其中的不足之处，需要在现在与未来通过不断地摸索而逐渐填补与完善。

另外，有学者认为，《解释》对"公民个人信息"可识别性的含义如此规定的主要原因在于实现维护社会管理秩序的目的。❶ 但本书认为，立足于侵犯公民个人信息罪所保护之法益，即信息自决权，可识别性的目的不应在于对作为超个人法益的社会管理秩序的保护，该学者自身亦认为该罪法益为信息自决权，因此维护社会管理秩序的主张与其自身观点相冲突，不具有合理性。

（二）当前意蕴的固有局限

基于上述原因，《解释》对"公民个人信息"可识别性的识别方式与识别对象进行了如此规定。本书认为，从现实需求来看，这种规定具有一定的合理性，但若不加任何限制，则必然存在风险并造成危害，主要表现在以下几个方面。

第一，阻碍公民个人信息的合理利用。对于个人信息而言，保护与利用是伴随其左右的两种最核心的价值形态与利益需求，且这两种价值的博弈始终存在，贯穿于涉及个人信息的全部领域。信息活于流转，其依靠流动产生

---

❶ 参见王哲：《侵犯公民个人信息罪中"个人信息"的限定》，《青少年犯罪问题》2021 年第 3 期，第 86—87 页。

价值,❶ 因此单纯静态的持有对信息主体、企业乃至社会而言意义有限,频繁地收集、交换、共享与利用才是发挥其内在价值的最主要手段。正因如此,我们强调保护公民个人信息的同时应注重对其的合理利用。可识别性的扩张几乎可以等同于"公民个人信息"范围的扩大,其通过识别方式、识别对象、识别标准的增加将更多的信息类型纳入刑法保护范围。因此显而易见的是,可识别性的扩张与个人信息的利用需求相抵牾,无限地延展"公民个人信息"的范围并扩大打击范围无疑会使越来越多直至所有的信息处理活动构成侵犯公民个人信息罪,进而影响信息的合理流通与利用,就宏观层面而言,甚至严重阻碍信息技术的发展与社会整体福祉的增进。

第二,导致可识别性丧失筛选功能。如前所述,从"与其他信息结合"这一表述的字面含义理解,对识别特定自然人无任何实质意义的信息,由于与直接识别信息结合,或与能够达到识别特定自然人程度的其他多条信息结合可以识别特定自然人,因而也被认定为具有间接识别性。另外,可识别性的无限递归也会导致同样的问题。因此,根据对间接识别的如此理解,对识别特定自然人无实质意义的信息,乃至其他任何信息均具有可识别性,因而能够被认定为"公民个人信息",使得可识别性这一"公民个人信息"的本质特征丧失其应有的筛选功能,不合理地扩大了"公民个人信息"的范畴。

第三,忽视法益的解释机能。识别对象方面的宽泛体现在"特定自然人活动情况"的增加,《解释》在其与"特定自然人身份"间使用的表述是"或者",说明二者属于并列关系且互不重合,因此反映"特定自然人活动情况"的信息不具有身份识别性。如前所述,侵犯公民个人信息罪所保护之法益为信息自决权,即个人决定其信息是否被处理,以及在何时、何地、以何种方式、在何范围内被处理的权利。不具有身份识别性的信息无法与特定自然人相关联,那么信息主体是否对其享有信息自决权呢?答案毫无疑问应该是否定的,这类信息不具有身份识别性,因而其甚至都可能无法确定信息主体是谁,更谈不上信息主体对其享有权利了。相应地,行为人对不具有身

---

❶ 参见张莉主编、中国电子信息产业发展研究院编:《数据治理与数据安全》,人民邮电出版社2019年版,第28页。

份识别性的信息的非法获取或非法提供不会构成对信息自决权的侵害，由于法益侵害性的阙如，此类信息不应被认定为"公民个人信息"。换言之，根据法益的解释机能，作为构成要件之一的"公民个人信息"，必须体现侵犯公民个人信息罪的法益，即信息自决权。"特定自然人活动情况"这一识别对象的增加将不具备身份识别性的信息纳入"公民个人信息"的范围，显然属于不合理的扩张，其会导致个人信息正常流通与处理范围的缩小，限制对其的合理利用。

第四，导致法条冲突且违背法秩序统一原则。"特定自然人活动情况"的增加将不具备身份识别性的信息纳入"公民个人信息"的范畴，部分经过匿名化处理的信息属于这类信息。例如，某健身 App 后台数据以用户昵称代替用户真实姓名，虽然已隐去身份识别特征进行匿名化处理，但其仍然能够反映用户的运动情况，包括运动时间、运动类型、消耗热量等内容。因此"特定自然人活动情况"这一识别对象的增加会将匿名信息纳入"公民个人信息"的范畴，而匿名信息已经被《解释》第 3 条排除于保护范围之外，❶因此导致司法解释各条文之间的冲突。另外，根据《个人信息保护法》《民法典》《网络安全法》等前置法的规定，❷不具备身份识别性的信息均被排除于"公民个人信息"的范畴之外，《解释》增加"特定自然人活动情况"为识别对象与这些法律的内容完全抵牾。根据法秩序相统一原则虽不能得出刑法上的概念应与前置法上的概念相同的结论，但"前置法上的合法行为不具有刑事违法性"应是其题中之义。❸既然处理不具有身份识别性的信息的行为在前置法上具有合法性，那么其不应构成刑法上的犯罪行为，换言之，

---

❶ 《解释》第 3 条第 2 款规定："未经被收集者同意，将合法收集的公民个人信息向他人提供的，属于刑法第二百五十三条之一规定的'提供公民个人信息'，但是经过处理无法识别特定个人且不能复原的除外。"很明显，其将不具备身份识别性的信息排除于"公民个人信息"的范畴之外。

❷ 《个人信息保护法》第 4 条规定："个人信息是以电子或者其他方式记录的与已识别或者可识别的自然人有关的各种信息，不包括匿名化处理后的信息。"《民法典》第 1038 条第 1 款规定："信息处理者不得泄露或者篡改其收集、存储的个人信息；未经自然人同意，不得向他人非法提供其个人信息，但是经过加工无法识别特定个人且不能复原的除外。"《网络安全法》第 42 条第 1 款规定："网络运营者不得泄露、篡改、毁损其收集的个人信息；未经被收集者同意，不得向他人提供个人信息。但是，经过处理无法识别特定个人且不能复原的除外。"

❸ 参见周光权：《论刑法所固有的违法性》，《政法论坛》2021 年第 5 期，第 39—48 页。

"不具备身份识别性的信息不应被纳入'公民个人信息'的范围"❶。《解释》对"特定自然人活动情况"这一识别对象的增加违背了法秩序相统一原则，同时与刑法的谦抑性、必要性以及犯罪行为的二次违法性背道而驰。❷

第五，导致"公民个人信息"的内涵与外延不明。《解释》并未明确规定"公民个人信息"可识别性的具体识别标准，使得依据现有定义无法准确判断其内涵与外延。因为不同主体的识别能力与认知水平判若天渊，其差别直接影响对某一信息是否属于"公民个人信息"的判断。究竟应把哪一主体作为识别的标准，是确定何为"公民个人信息"必须解决的问题，《解释》在识别标准上的缺漏导致其对"公民个人信息"的定义难以发挥真正意义上的界定与筛选功能。

三、意蕴重释：方式限制、对象收缩与标准确定

基于上述所列原因，比如先前界定过窄导致存在大量缺漏、科技发展赋予某些信息识别可能、扩大打击范围从而实现周全保护等，我们认为《通知》对"公民个人信息"的规定确实过于限缩，因此《解释》对"公民个人信息"可识别性的宽泛规定具有一定的合理性。正因如此，所以这一观点在刑法学界得到部分学者的支持，例如，有学者认为，刑法在"公民个人信息"的界定这一问题上应保持适当的前瞻性，主动调整其概念范围以适应当前社会现实以及未来可能出现的情况。总体而言，对于"公民个人信息"范围的划定应做到宽窄有度，"但在二者不可兼容的情形下应宁宽勿窄，在个人信息保护与利用的选择中强调对个人信息的刑法保护优先"❸。但需要注意的是，对可识别性规定得过分宽泛亦存在上文所述之弊端，包括影响信息的合理流通与利用、阻碍信息技术的发展、将无任何识别意义的信息纳入保护范围、导致《解释》条文间存在冲突、违背法秩序相统一原则等。正如有学

❶ 李怀胜：《侵犯公民个人信息罪的刑法调适思路——以〈公民个人信息保护法〉为背景》，《中国政法大学学报》2022年第1期，第139页。
❷ 参见王哲：《侵犯公民个人信息罪中"个人信息"的限定》，《青少年犯罪问题》2021年第3期，第88页。
❸ 刘伟：《刑法视阈中的"公民个人信息"解读》，《社会科学家》2020年第7期，第113页。

者所做的比喻那样，对可识别性的规定过于宽泛导致"公民个人信息"认定范围的无限延展，由此带来的直接后果是犯罪圈的膨胀与刑法打击范围的扩大，其结局可能像宇宙中的黑洞一样，"在吞噬了周边的一切星体和物质后，最终走向自身的塌陷"❶。因此不能一味地强调对可识别性的宽泛规定，还应对其设置相应的限度，即进行一定程度的限缩，以防止其走向另一个极端。这里所说的限缩并不是要将"公民个人信息"的可识别性退回到《通知》规定的状态，而是在承认应当对其进行宽泛规定的基础上，对当前《解释》已经扩张的部分采取一定程度的回缩，使其不至于走得太远，但从总体上看，相对《通知》原先的内容而言仍然是更加宽泛的。

另外，有一种观点值得注意，即刑法中个人信息要求可识别性是一场美丽的误会，可识别性并不是构成"公民个人信息"的必备要素。❷ 但仔细分析能够发现，此种观点是在身份识别的含义上理解可识别性，其认为不能识别特定自然人身份的隐私信息也应属于侵犯公民个人信息罪的规制对象，比如身体隐私部位等。因此，此种观点并不是主张刑法中的个人信息不需要可识别性，而是认为身份识别不能成为认定"公民个人信息"的唯一标准，除此之外，还应加入"涉及隐私"这一选项。然而，此种观点实则与《通知》规定的内容相一致，属于本书所述的广义上的可识别性，其既包括身份识别，也包括隐私识别或活动识别，而不是不需要可识别性。因此，可识别性是"公民个人信息"本质属性的观点仍是当前学界的主流观点，分歧仅在于对可识别性的理解与判断。根据上文所述内容，本书认为应在《解释》的基础上对可识别性的含义进行一定程度的调整，具体而言，包括识别方式、识别对象的限缩以及识别标准的确定。

（一）识别方式的限制

上文述及，直接识别规定的宽泛实质上是对直接识别与间接识别的混淆，即将间接识别信息认定为直接识别信息。如前所述，部分学者认为姓名能够

---

❶ 李怀胜：《公民个人信息保护的刑法扩展路径及策略转变》，《江淮论坛》2020 年第 3 期，第 118 页。
❷ 参见晋涛：《刑法中个人信息"识别性"的取舍》，《中国刑事法杂志》2019 年第 5 期，第 70—76 页。

单独直接指向特定自然人，❶ 但其实由于同名同姓的情况存在，因此几乎不可能出现唯一的姓名，即使是公众人物的姓名，也是因为结合其背后所蕴含的该公众人物的样貌、性别、职业等信息才具有直接可识别性。由于一般情况下基本不可能出现将完全不具有可识别性的信息认定为直接识别信息的情形，因此直接识别规定的宽泛主要体现在将部分间接识别信息认定为直接识别信息。但二者均毫无疑问地具有可识别性，进而在满足其他条件的情况下构成"公民个人信息"。由此可知，将间接识别信息认定为直接识别信息这种宽泛只是对信息识别方式的理解偏差，并不影响对"公民个人信息"的认定，更不会不合理地扩大侵犯公民个人信息罪的规制与打击范围。因此，对于直接识别规定的宽泛我们无须刻意强调对其的限缩，只需要在信息数量计算时注意区分直接识别信息与间接识别信息，因为二者数量的计算规则并不相同，这一部分内容本书将在后面的章节进行详细阐述。

可以看到，"公民个人信息"可识别性之识别方式规定得宽泛主要指的是不合理地将部分不具有可识别性的信息认定为间接识别信息。《解释》第 1 条对间接识别方式的表述为"与其他信息结合"，意即某一信息单独情况下无法指向特定自然人身份或其活动情况，必须采用与其他相关信息参照、组合、对比等方式，在共同作用之下才能与特定自然人身份或其活动情况相关联。如前所述，若单纯按照这一表述的字面含义理解，那么对于识别身份与活动无任何实质意义的信息、通过可识别性递归得出的先前信息、由于科技发展从而与特定自然人身份或活动有遥远牵连的信息等均会被认定为间接识别信息。因此，对于"与其他信息结合"这一表述，我们不能简单地进行平义解释，而应在一定程度上对其具体含义进行限缩，以将某些不合理的部分排除在刑法规制范围之外。

如前所述，真正的直接识别信息种类极其有限，一般仅包括指纹、DNA 等具有唯一性的信息，姓名、肖像等看似能够以其为凭据从而直接与特定自然人身份或活动产生关联，但由于同名同姓、样貌相似等，其实质上并不能

---

❶ 参见刘定基：《个人资料的定义、保护原则与个人资料保护法适用的例外——以监视录影为例（上）》，《月旦法学教室》2012 年总第 115 期，第 48 页。

起到唯一识别的作用。在日常生活中，除上述具有唯一性的直接识别信息外，大量存在的是无法单独指向特定自然人身份或活动的信息类型，其中部分信息虽无法单独识别，但通过与其他信息的组合、比对之后，亦能够与特定自然人产生关联，这部分信息即间接识别信息。尤其是在当前大数据时代背景下，许多看似与特定自然人无涉的信息，在经过特殊的处理、分析之后均能够指向特定自然人。因此，间接识别信息不仅在日常生活中广泛存在，较直接识别信息而言更为普遍与常见，而且其亦能够通过不同信息的组合、比对识别特定自然人，与特定自然人的人身、财产、隐私等权益具有关联性，进而可以得出结论，间接识别信息对于公民个人而言亦极为重要，值得刑法予以保护。通过上述分析发现，间接识别信息具有刑法保护必要性，因此间接识别方式的增加是必要的，上文所述对间接识别的限缩并非指要完全排除间接识别方式，而是在承认其存在有合理性的基础上对"与其他信息结合"这一表述的含义进行限缩解释。

在明确间接识别本身的重要性与必要性之后，需要考虑的是如何对其进行合理限缩。上文中提到，若按照字面含义对"与其他信息结合"进行理解，则会导致间接识别在三个方面的宽泛，即对于识别身份或活动无任何实质意义的信息、通过可识别性递归得出的先前信息、由于科技发展从而与特定自然人身份或活动有遥远牵连的信息等均会被认定为间接识别信息。其中，通过可识别性递归得出的先前信息仅能推导出可识别信息，但其本身与特定自然人身份或活动无任何关联，因为二者之间如果存在关联则前者直接能被归入可识别信息项内，而无须将其另外认定为先前信息，❶ 因此，本书所述的先前信息均为能推导出可识别信息但其本身与特定自然人身份或活动无关的信息。按照这一理解，间接识别规定宽泛中的前两方面，即对于识别身份或活动无任何实质意义的信息、通过可识别性递归得出的先前信息实则本质相同，因此可以合并为一类进行研究与探讨。这样一来，间接识别规定的宽泛主要包括两个方面，其一，将对于识别特定自然人身份或活动无任何实质

---

❶ 参见杨楠：《个人信息"可识别性"扩张之反思与限缩》，《大连理工大学学报（社会科学版）》2021年第2期，第105页。

意义的信息认定为间接识别信息，其二，将与特定自然人身份或活动关联性遥远的信息认定为间接识别信息。下面将从这两方面入手，详细探讨间接识别的合理限缩。

第一，《解释》第 1 条对间接识别的表述为"与其他信息结合"，因此按照字面含义理解，对于识别特定自然人身份或活动无任何实质意义的信息完全能被包含在内，毕竟其只需要与直接识别信息结合，或与其他多个组合起来已经达到可识别程度的间接识别信息结合，即可与特定自然人身份或活动产生关联。例如，"某地植被覆盖率为 76%"这一信息完全无法指向特定自然人身份或其活动情况，但将其与某人的姓名、身份证号、家庭住址、工作单位等信息结合，仍然能具有识别该特定个人的效果，因此其能够被认定为间接识别信息。但这样的结论显然与刑法设置侵犯公民个人信息罪的目的不相符，也无法为任何一个具备基本常识的人所接受，其显然会不合理地扩大"公民个人信息"的认定范围，因此需要对"与其他信息结合"的含义进行一定程度的限缩。《解释》增加间接识别的目的在于将不能直接识别特定自然人身份或活动，但与其他信息相结合能够达到这一效果的信息纳入刑法保护范围。需要注意的是，就本质而言，只有侵犯某信息的行为具有法益侵害性，该信息才具有刑法保护的必要性，因此可以从法益的角度来进行限缩。侵犯公民个人信息罪所保护之法益为信息自决权，而对识别特定自然人身份或活动无实质意义的信息之所以完全对识别无任何加功，就是因为其与特定自然人之间没有关联。例如，上述"某地植被覆盖率为 76%"这一信息与任何自然人都不会存在身份识别或活动识别上的联系，并且对于此类信息，相关主体无法实现有效的控制和处分，因此对其的侵犯不会造成信息自决权的损害，该行为不具有法益侵害性，进而可以得出此类信息不具有刑法保护必要性的结论。既然对识别特定自然人身份或活动无实质意义的信息不具有刑法保护的必要性，那么其不应被纳入"公民个人信息"的范畴。由此可知，间接识别并非没有任何限制，与其他信息结合才具有可识别性的信息自身必须对特定自然人的身份识别或活动识别具备一定的实质意义，意即其必须在间接识别的整体过程中发挥实质性作用或具有发挥实质性作用的可能，否则应被排除。此处所谓的发挥实质作用，对作用程度并无要求，即使是对识别特定自然人身份或活动仅起到一点作用的，比如单纯的身高、体重、年龄、血型等，都可以被认定为间接识别信息。另外需要注意的是，这里所说的对身份识别或活动识别具有的实质意义并不一定在具体识别中实际发挥了作用，因为与某一信息所结合的其他信息可能已经达到可识别的程度，比如姓名与身份证号，后者作为直接识别信息已经能够单独识别特定自然人，此时姓名虽对于身份识别具有实质意义，但在具体识别时其所具有的实质意义并没有发挥实际的功效。在这种情况下，只要对身份识别或活动识别具有实质意义，并在整体识别过程中发挥实质作用或具有发挥实质作用可能的信息均能被认定为间接识别信息。

第二，将与特定自然人身份或活动关联性遥远的信息认定为"公民个人信息"这一方面宽泛的原因主要在于间接识别方式的增加，因为这类信息既然与特定自然人身份或活动关联性遥远，那么其必然无法单独进行直接识别，间接识别方式的增加使其能够被认定为具有可识别性。在这类信息中，一部分是与技术发展无关，只是与特定自然人关联性遥远的信息，另一部分是由于技术的进步导致先前无法指向特定自然人的信息具备了可识别性。正如有学者所提到的，随着信息处理技术突飞猛进地发展，个人信息的范畴也会不可避免地扩大下去。❶ 对前者而言，其对于识别特定自然人的身份或活动具有实质意义，虽关联性较远，但符合法益保护的要求，因此毫无疑问地属于间接识别信息，无须进行限缩。对后者而言，除识别方式扩张的原因外，此部分信息从无到有地具备可识别性的另一原因在于科技的发展。正是因为信息分析与处理技术的进步，导致某些之前无法与特定自然人身份或活动产生关联的信息具备了一定的可识别性。但相关前沿科技并非任何人都能具有，且其往往需要以海量数据、丰富的人力、物力、财力等资源为支撑，这亦是普通公众所无法获得的，因此只有对掌握这些特殊技术与资源的主体而言，此部分信息才具有可识别性。从这一层面上讲，将此部分与特定自然人身份或活动关联性遥远的信息认定为"公民个人信息"不仅涉及识别方式的扩

---

❶ 参见［美］布鲁斯·施奈尔：《数据与监控：信息安全的隐形之战》，李先奇、黎秋玲译，金城出版社 2018 年版，第 58 页。

张，更重要的在于其还与识别标准的选择相关，只有在特殊人标准下此部分信息才具有可识别性。若采用一般人标准，即使增加了间接识别方式，其亦因普通大众无法掌握特殊技术与资源而不具有可识别性。因此，识别标准的选择是对于这一部分信息是否应被纳入"公民个人信息"范畴的关键，对于此部分应否限缩以及如何限缩的问题，本书将在后续对识别标准限缩的探讨中进行详细阐述。

对于间接识别的限缩，有学者提出"其他信息"应是识别时已经获知的信息或者社会上已知的信息，意即不能通过将某信息与知悉特定自然人后发掘的信息相结合而认为前者具有可识别性。因为从特定自然人推导与之相关的信息属于个人信息的"归属性"，其与从信息指向特定自然人的"识别性"是不同的。❶该学者是通过对"其他信息"的限制以达到限缩间接识别的目的，但本书认为这种限制是不必要的。一方面，对"公民个人信息"及其可识别性的判断不会在个案中进行，而是从整体上进行抽象的评价。例如，姓名可以结合身份证号码、家庭住址、工作单位等信息共同作用从而识别出特定自然人，那么其就具有间接识别性并毫无疑问地属于"公民个人信息"，不会因为在某一案件中行为人仅非法获取或非法提供了姓名就认为该案中自然人的姓名因没有"其他信息"可结合而不具有可识别性。另一方面，不存在只能与未知信息结合才可识别特定自然人身份或活动的信息。自然人的身份证号码是唯一且已知的，那么任何信息至少能与之结合从而指向特定自然人，因此不会出现该学者所担忧的将只能与事后知悉的信息相结合才具有可识别性的信息认定为间接识别信息的情形。通过这两方面的分析可知，对间接识别进行限缩的关键并不在于对"其他信息"的限制，而在于应强调信息本身对识别特定自然人身份或活动具有实质意义，意即对身份识别或活动识别能够发挥实质性作用或具有发挥实质性作用的可能。

或许会有观点认为本书对间接识别的限缩过于宽松，仅排除了对识别特定自然人身份或活动完全无实质意义的信息，而单纯的身高、体重、血型

---

❶　参见晋涛：《刑法中个人信息"识别性"的取舍》，《中国刑事法杂志》2019年第5期，第64—67页。

等似乎也不具有刑法保护必要性的信息仍被认定为具有可识别性。本书认为，如果承认间接识别是必要的，就必须将身高、体重、血型等符合其基本含义且自身对识别特定自然人身份或活动有实质意义的信息纳入其中，至于非法获取或非法提供上述信息的行为是否构成犯罪，则应结合"违反国家有关规定""情节严重"等其他构成要件进行判断。

（二）识别对象的收缩

若按照字面含义对《解释》第 1 条的规定进行理解，则由于其用"或者"这一表示并列的词语将"识别特定自然人身份"与"反映特定自然人活动情况"相联，因此二者应属于互斥关系，意即反映活动情况的信息不具备身份识别性，否则其应被归入前者。根据这一理解，《解释》在对"公民个人信息"的界定中增加"特定自然人活动情况"的表述，直接导致了"公民个人信息"可识别性在识别对象方面的宽泛，使其包含了单纯反映活动情况而并不能识别特定自然人身份的情形。正因如此，是否应对识别对象进行限缩以及如何限缩的问题，其核心实则在于是否应承认仅反映活动情况而无法识别身份的情形属于具有可识别性，也即是否应将不具备身份识别性的活动信息认定为"公民个人信息"。

对于这一问题，目前刑法学界主要存在三种观点。其一，部分学者认为，当前侵犯公民个人信息类犯罪呈高发态势，且其作为网络黑、灰产犯罪的"源头"，往往还会引起电信诈骗、网络盗窃、敲诈勒索等下游犯罪，二者合流之后具有更为严重的法益侵害性，呈现出聚合放大的负面效应，❶ 因此应当延展"公民个人信息"的范围，以有效打击下游犯罪。❷ 其二，部分学者认为，根据体系解释与法秩序相统一原则，仅反映特定自然人活动情况而不具有身份识别性的信息不应被认定为"公民个人信息"，《解释》第 1 条所规定的"反映特定自然人活动情况"必须以"可识别特定自然人身份"为前

❶ 参见时斌：《App 个人信息保护的路径选择与重构》，《人民论坛》2020 年第 15 期，第 146 页。
❷ 参见郑旭江：《侵犯公民个人信息罪的述与评——以〈关于办理侵犯公民个人信息刑事案件适用法律若干问题的解释〉为视角》，《法律适用》2018 年第 7 期，第 31 页。

提，因此应对前者进行限缩解释，其与后者属于包含关系而非并列关系。[1]
其三，部分学者认为，刑法所保护的"公民个人信息"必须同时具有强识别性与法益关联性，其中强识别性指的是直接识别特定自然人身份的性质。因此，按照该学者的观点，仅反映活动情况的信息不应被认定为"公民个人信息"，在识别对象中应排除"特定自然人活动情况"[2]。就实质而言，观点二与观点三对前述核心问题的回答是一致的，即其均认为"公民个人信息"不包含仅反映活动情况而不具备身份识别性的信息，因此应对识别对象进行限缩解释。二者的不同之处仅在于具体限缩方式的不同，观点二是在保留《解释》第 1 条中"特定自然人活动情况"之表述的基础上，将其解释为必须以身份识别为前提，观点三则是认为应直接删除"特定自然人活动情况"的表述。因此综合来看，是否应将不具备身份识别性的活动信息认定为"公民个人信息"这一问题，主要是观点一与观点二、观点三的区别，至于后两者中具体限缩方式的选择，则是在解决最核心问题之后才需要考虑的。

本书赞同否定说的观点，认为刑法中的"公民个人信息"必须能够识别特定自然人的身份，即使其反映自然人的活动情况，也应是建立在身份识别的基础之上，不具备身份识别性的单纯的活动信息不应被包含在内。理由如下。

第一，侵犯公民个人信息罪所保护之法益为信息自决权，而法益对于刑法分则个罪构成要件的解释至关重要，其发挥着不可替代的指导性作用。[3]因此，对"公民个人信息"的理解必须考虑信息自决权这一具体法益。信息自决权指的是"个人决定其信息是否被处理，以及在何时、何地、以何种方式、在何种范围内被处理的权利"[4]，仅反映活动情况的信息虽与特定主体具有一定的关联性，但其无法具体指向特定自然人，意即其无法识别该自然人身份，因此此类信息并不存在身份识别信息中所谓的信息主体，更谈不上信

---

[1] 参见雷澜珺：《侵犯公民个人信息罪中身份识别标准的理解与适用》，《中国检察官》2021 年第 4 期，第 17 页。

[2] 参见叶良芳、应家赟：《非法获取公民个人信息罪之"公民个人信息"的教义学阐释——以〈刑事审判参考〉第 1009 号案例为样本》，《浙江社会科学》2016 年第 4 期，第 74—76 页。

[3] 参见张明楷：《实质解释论的再提倡》，《中国法学》2010 年第 4 期，第 49 页。

[4] 曾粤兴、高正旭：《侵犯公民个人信息罪之法益研究》，《刑法论丛》2018 年第 3 期，第 219 页。

息主体对其享有信息自决权。同时，由于仅反映活动情况的信息并不指向任何特定自然人，因此其切断了信息与特定主体之间的对应联系，进而导致不存在某一主体能够有权实现对此类信息的掌握与控制，处理此类信息的行为亦无须获得某一主体的知情同意。❶ 正因如此，仅反映活动情况而不具备身份识别性的信息之上并不承载作为侵犯公民个人信息罪之法益的信息自决权，行为人对此类信息的非法获取或非法提供不会构成对这一法益的侵害。由于法益侵害性的阙如，此类信息不应被认定为"公民个人信息"，侵犯此类信息的行为的违法性亦应被排除。❷ 正如有学者所言，"数据可以是有用的，也可以是完全匿名的，但绝不能两者兼而有之……任何有用的数据库都不可能完全匿名，而且随着数据效用的增加，隐私性也会降低"❸。相应地，关涉法益且具有刑法保护必要性的信息也不可能是完全匿名的，其必须能够指向特定自然人，意即身份识别性是其所必备的，若该信息仅反映特定主体的活动情况，则其因不具有法益关联性而无法被认定为刑法中的"公民个人信息"。

第二，前置法内容中仅规定了身份识别信息。例如，《个人信息保护法》第 4 条明确将匿名信息排除，❶ 且"与已识别或者可识别的自然人有关"的表述也表明该法所称"个人信息"必须能够识别特定自然人身份。另外，《民法典》第 1034 条第 2 款规定："个人信息是……识别特定自然人的各种信息"，《网络安全法》第 76 条第 1 款第（五）项规定："个人信息，是指……识别自然人个人身份的各种信息"，从其表述可以看出这两部法律亦认为"个人信息"必须具备身份识别性。刑法作为其他法律的保障法，其所规定的犯罪行为必须具有"二次违法性"，意即前置法上的违法行为不一定构成犯罪，但刑法上的犯罪行为一定具有前置法上的违法性，这也是法秩序相统

---

❶ 参见王哲：《侵犯公民个人信息罪中"个人信息"的限定》，《青少年犯罪问题》2021 年第 3 期，第 84—85 页。

❷ 参见重庆市法学会刑法学研究会：《新形势下刑法边界的理论与实践》，法律出版社 2017 年版，第 118 页。

❸ Paul Ohm, *Broken Promises of Privacy: Responding to the Surprising Failure of Anonymization*, UCLA Law Review, Vol. 57: 1701, p. 1703 - 1706.

❶ 《个人信息保护法》第 4 条规定："个人信息是……与已识别或者可识别的自然人有关的各种信息，不包括匿名化处理后的信息。"

一原则的要求。尤其是侵犯公民个人信息罪属于典型的法定犯，构成本罪的要件之一为"违反国家有关规定"，因此对其的理解与适用更应考虑前置法的内容。由于《个人信息保护法》《民法典》《网络安全法》等前置法律规范均未将仅反映活动情况的信息认定为"个人信息"，非法处理此类信息的行为也不具有前置法上的违法性，因此不应将此类信息纳入刑法保护范围。❶

第三，《解释》第 1 条增加"特定自然人活动情况"为"公民个人信息"可识别性的识别对象，看似在身份识别信息之外亦将仅反映活动情况的信息纳入刑法保护范围，但根据《解释》第 3 条第 2 款的规定，《解释》实则仅认为能够指向特定自然人的信息属于"公民个人信息"，而将反映特定自然人活动情况但不具有身份识别性的信息排除在外。此时若按照字面含义对"反映特定自然人活动情况"进行理解，认为《解释》第 1 条界定的"公民个人信息"包含仅反映活动情况的信息，则会导致司法解释各条文之间的矛盾与冲突，因此根据体系解释的要求，"反映特定自然人活动情况"不应被包含在内。

第四，从《解释》第 1 条的表述上看，"反映特定自然人活动情况的各种信息"受到"特定自然人"的限制，意即其必须与特定自然人相关联。既然该信息能够指向特定自然人，那么其亦能够识别该自然人身份，因此刑法所保护的反映活动情况的信息必然具备身份识别性。❷ 得出上述结论的原因在于，"特定自然人"的表述即代表了身份，因为只要能够具体到特定主体，就能够确定其到底是谁，从而识别其身份。因此"识别特定自然人身份"的表述实则是同义反复，表示一种突出与强调，而"反映特定自然人活动情况"则是在识别身份的基础上同时对活动情况的一种反映，二者不是并列关系，而是属种关系，后者是前者的一种特殊类型。正如有学者所提出的，"反映特定自然人活动情况"只是提示性规定，表明在身份识别信息中还存在一类同时能够对活动情况有所反映的信息类型。❸

---

❶ 参见雷澜珺：《论侵犯公民个人信息罪中行踪轨迹信息的认定》，《中国检察官》2020 年第 2 期，第 10 页。

❷ 参见赵忠东：《可识别性是公民个人信息的根本特性》，《检察日报》2018 年 7 月 8 日，第 003 版。

❸ 参见吴沈括、薛美琴：《刑事司法视野下的"公民个人信息"》，《中国信息安全》2017 年第 12 期，第 71 页。

第五，对个人信息而言，保护与利用是伴随其左右的两种最核心的价值形态与利益需求，且这两种价值的博弈始终存在，因此应同时关注对其的保护与合理利用。具有身份识别性的信息由于能够指向特定自然人，因而与其人身、财产、隐私等权益关系密切，同时其还承载着作为侵犯公民个人信息罪所保护之法益的信息自决权，因此刑法应为其提供必要的保护。但无法与特定自然人相关联的经过去识别化或匿名化处理的信息并不能指向特定自然人，对其的侵犯也不具有法益侵害性。而其在信息时代，尤其是数字经济发展中又体现出巨大的商业价值，因此不应盲目地将其纳入刑法保护范围，相反应允许数据企业或其他信息处理者对此类信息进行合理利用。去识别化或匿名化本身是为防止侵犯公民个人信息权利而采取的保护性措施，其目的在于充分保护信息主体的合法权益，同时保障信息的合理利用。若认为"公民个人信息"包括非身份识别信息，从而对其的处理需要取得权利主体的知情同意，则会不恰当地限制信息的利用，甚至导致几乎不存在可以合理利用的信息类型，进而严重阻碍个人信息内在价值的实现。

第六，绝大多数国家或地区的个人信息保护立法均认为个人信息应具有身份识别性，尚不存在将无法指向特定自然人而仅反映活动情况的信息纳入法律保护范围的例证。例如，《俄罗斯个人资料法》第 3 条规定，个人资料指的是直接或间接确定自然人的任何信息；❶ 我国台湾地区所谓的"个人资料保护法"第 2 条第 1 款将个人资料定义为，"得以直接或间接方式识别该个人之资料"❷。另外，部分国际组织对个人信息的界定亦强调其必须具有身份识别性。❸ 可见，绝大多数国家或地区，甚至国际组织均认为身份识别性是个人信息的最本质特征，从而将仅反映活动情况的信息排除在外，这一整

---

❶ 参见张建文：《俄罗斯个人资料法研究》，《重庆大学学报（社会科学版）》2018 年第 2 期，第 135 页。

❷ 唐彬彬：《疫情防控中个人信息保护的边界——一种利益相关者理论的视角》，《中国政法大学学报》2020 年第 4 期，第 196 页。

❸ 例如，经济合作与发展组织（OECD）发布的《关于隐私保护和个人数据跨境流动指南》（Guidelines on the Protection of Privacy and Transborder Flows of Personal Data），将个人数据定义为"与已识别或可识别的自然人相关的任何信息。参见罗云开：《数据跨境流动的欧美政策演进及启示——基于数据保护与数字经济发展权衡视角》，中国知网网络首发 https：//link. cnki. net/urlid/13. 1356. F. 2024 0715.1629.002，2024 年 8 月 3 日访问。

体性趋势可以成为我国立法对"公民个人信息"进行界定的参照。

第七，从我国的司法实践来看，几乎不会出现认为"公民个人信息"包含非身份识别信息，从而认为对该信息的非法获取或非法提供行为构成侵犯公民个人信息罪的情形，这种概率是极低的。例如，根据部分学者所进行的实证研究，在其所考察的全部 300 份判决书中，能够判断所涉信息类型的有 207 份，其中 206 份判决书显示涉案信息属于能够识别特定自然人身份的信息，如姓名、身份证号码、电话号码等，所占比例高达 99.52%。[1] 因此，司法实践也是采取将不具有身份识别性的信息排除在"公民个人信息"之外的观点。

第八，或许会有反对观点认为，诸如骚扰电话、诈骗短信、垃圾邮件等通过信息化手段实施的侵扰行为不涉及身份识别，但其仍然会对公民个人的人身、财产、隐私等权益造成损害，因此这些行为亦应当受到隐私法或者个人信息法的规制，[2] 以此来证明将身份识别作为界定个人信息的唯一标准是不合理的。但本书认为，一方面，电话号码、电子邮箱地址等虽无法单独指向特定自然人，但其能够与其他信息结合进而达到足以进行身份识别的程度，正因如此，利用该信息进行的侵扰行为才能够侵害特定主体的合法权益。因此，电话号码、电子邮箱地址等不属于完全不能识别身份的信息，前述学者所举反例并不成立。另一方面，即使在民法、行政法等前置法上该类侵扰行为具有违法性，也不能由此论证其应当受到刑法规制，进而认为仅反映活动情况而不具备身份识别性的信息属于"公民个人信息"，这并不是法秩序相统一原则的题中之义。另外有观点认为，受法律保护的个人信息必须具有值得保护的价值，对于单纯的身高、体重、年龄等信息，由于其价值过低，因此即使其能够识别特定自然人身份，也不应纳入法律尤其是刑法的保护范围，以此来说明将身份识别作为唯一的界定标准并不一定准确。[3] 相关学者

---

[1] 参见高富平、王文祥：《出售或提供公民个人信息入罪的边界——以侵犯公民个人信息罪所保护的法益为视角》，《政治与法律》2017 年第 2 期，第 52—53 页。

[2] 参见岳林：《个人信息的身份识别标准》，《上海大学学报（社会科学版）》2017 年第 6 期，第 36—40 页。

[3] 参见于冲：《侵犯公民个人信息犯罪的司法困境及其解决》，《青海社会科学》2013 年第 3 期，第 22 页。

的论点其实主要在于，单纯地非法获取、非法提供身高、体重、年龄等信息的行为不具有刑法规制必要性。本书认为，只要能够识别特定自然人身份，即使是看似对其人身、财产、隐私等权益影响较小的身高、体重、年龄等信息，亦值得刑法保护。

综上所述，不具备身份识别性的单纯的活动信息不应被认定为"公民个人信息"的范畴。为避免产生不必要的歧义，本书认为应将《解释》第1条中"或者反映特定自然人活动情况"的表述直接删除，这样既能够凸显"公民个人信息"所必备的身份识别性，又不至于将无法指向特定自然人的活动信息纳入刑法规制范围，同时能使其与《个人信息保护法》《民法典》《网络安全法》的规定相一致，并且，由于《解释》第1条通过列举的方式明确了典型的信息类型，因此不会导致诸如行踪轨迹等信息被遗漏。

（三）识别标准的确定

根据上文观点，为避免产生歧义，应将《解释》第1条对"公民个人信息"可识别性规定中的"或者反映特定自然人活动情况"删除，因此最终表述为"能够单独或者与其他信息结合识别特定自然人身份"。其中，"单独或者与其他信息结合"是识别方式，"特定自然人身份"是识别对象，而"能够……识别"则指的是识别标准。前文已对识别方式与识别对象进行了限缩，而要想最终厘清"公民个人信息"可识别性的具体含义，还必须确定识别标准。"选择何种识别标准"这一问题的实质在于应以何类主体的认知水平与识别能力为标准来判断某一信息是否能够单独或者与其他信息结合识别特定自然人身份，如前所述，目前学界主要存在三种观点，即一般人标准、具体人标准与混合标准。混合标准主要是对一般人标准与具体人标准的调和，其是为解决二者间冲突而进行的理论尝试，因此当前对于识别标准的选择，最主要、最核心的观点仍然是一般人标准与具体人标准。

应当看到，一般人标准与具体人标准均在一定程度上具有合理性，比如一般人标准较为稳定与统一，能够为司法者提供明确的裁判依据，同时亦能指引社会公众的行为，而具体人标准有助于全面考察涉案主体的实际情况，因人而异地做出最终判断。可能会有观点认为，暂且不论孰优孰劣，作为对

"选择何种识别标准"这一问题的理论回应，一般人标准与具体人标准并不属于同一层面。具体而言，二者并不是按照同一标准划分的不同类型，一般人标准侧重于识别能力的选择，与之相对的应为特殊人标准，具体人标准侧重于判断路径的选择，与之相对的应为抽象人标准。因此就实质而言，这两种观点并不会产生直接冲突，若我们仅将视野局限于此二者之间的比较与选择，则忽视了除此之外的其他主体类型，亦偏离了实际存在的本质争议，因此应进行更加全面的考察。

但需要注意的是，具体人标准与抽象人标准是以判断路径为依据进行的分类，前者采取的是具体判断路径，强调应在具体个案中对涉案信息的可识别性进行分别判断，后者采取的是抽象判断路径，其认为无须考虑具体案件的实际情况，应按照统一标准抽象地对某类信息是否具有可识别性进行判断。上文中虽已提到一般人标准与特殊人标准是以识别能力为依据进行的分类，其不同于具体人标准与抽象人标准的划分，但对其实质进行分析后能够发现，其与后者具有密切联系。一般人标准背后蕴含的逻辑在于应按照统一标准对可识别性进行判断，而前述抽象人标准也强调按照统一标准进行抽象判断，仔细分析后能够发现，所谓抽象判断的统一标准只能是一般人标准，因此不存在一般人标准以外的抽象人标准，二者的含义是相同的；而特殊人标准并不具有独立存在的可能性，因为"特殊人"指的是相较一般公众而言具有特殊认知水平与识别能力的人，但实质上并不能抽象出这样一类主体，只有在具体个案中才能确定某一主体是特殊主体，而个案中以具体人的识别能力为标准，具体人却并不一定都是特殊人，其是一种因人而异的浮动的状态，既包括特殊人，也包括一般人。因此综合而言，对于识别标准的选择实则还是只有一般人标准与具体人标准这两种可能，一般人标准与抽象人标准相同，而特殊人标准并不存在，因此关于识别标准的最基础的争议仍在于判断路径的选择。

由以上分析可知，判断路径的选择直接影响识别标准的确定。若选择具体判断路径，则由于其强调在具体个案中根据涉案主体的实际认知水平与识别能力对信息可识别性进行判断，因此识别标准只能采用具体人标准；若选择抽象判断路径，则由于强调根据一般公众的认知水平与识别能力进行统一的抽象判断，因此识别标准只能采用一般人标准。正是由于判断路径在确定识别标准上的前提性，因此首先应对其进行选择。

应当看到，在现实生活中除普通大众外，还存在着一些在识别能力上具有特殊性的主体，其中既包括部分由于自身文化程度等原因导致识别能力低于普通大众的人，也包括部分与被识别自然人有密切关系或具有专业技术、享有特殊资源，从而使得自身识别能力高于普通大众的人。这些特殊主体对信息的认知程度与普通公众存在区别，因此若对于所有案件均采用一般人标准来对涉案信息的可识别性进行判断，则对其而言似乎并不合理。例如，甲将某网上银行 App 的后台数据非法提供给程序员乙，乙利用自身计算机技术对该数据进行分析、处理，从中提取出大量能够识别特定用户的信息。对普通公众而言，网上银行 App 的后台数据只是大量的代码，不具备专业知识与技能的人根本无法理解这些代码的含义，更不用说从中提取出用户信息，因此若以一般人标准进行判断，这些数据不具备可识别性，从而不属于"公民个人信息"，甲、乙的行为均因犯罪对象不符合而不构成侵犯公民个人信息罪。但需要注意的是，乙基于其计算机技术确实能从普通公众无法理解的数据中识别特定用户，且其甚至可以利用该数据实施电信诈骗、网络盗窃等违法犯罪行为。而一般人标准采用统一判断的方式，将此类信息排除在"公民个人信息"之外，这样的结论似乎无法实现对公民信息权益以及其背后所蕴含的人身、财产、隐私权益的周全保护。若采用具体人标准，则在不同案件中均根据涉案主体的具体识别能力来判断信息的可识别性，上例中由于乙具备专业知识与技能，因此网上银行 App 的后台数据对其而言能够指向特定自然人，故应将其认定为"公民个人信息"，进而在满足其他要件的情况下构成侵犯公民个人信息罪。如此来看，具体人标准具有一定的合理性，正如有学者所言，识别能力的差异会导致即使面对同一信息，不同主体对其的认知程度和可识别性判断并不相同，因此某一信息能否识别特定自然人实则是一种主观判断，必须因人而异。❶

---

❶ 参见岳林：《超越身份识别标准——从侵犯公民个人信息罪出发》，《法律适用》2018 年第 7 期，第 42 页。

但具体人标准也并不是完美无缺的，其虽在处理某些案件时具有一定程度的合理性，但仍然存在不可弥合的固有缺陷。其一，具体人标准会使得"公民个人信息"可识别性的判断具有很强的偶然性，其结论完全取决于涉案主体的识别能力，在不同案件中由于涉案主体识别能力的不同，可能导致同一类型个人信息的可识别性相异甚至完全相反。其二，具体人标准还可能涉及行为人的主观目的，例如，有学者认为，若行为人没有通过涉案信息识别特定自然人的主观目的，即不应当将其认定为"公民个人信息"。❶ 这样的标准使得可识别性的判断变得主观化，由此导致其具有任意性、不确定性、难以准确把握性。其三，由于"公民个人信息"的可识别性需要在具体案件中进行相对性、动态性的判断，导致某些信息在这一场景中具有可识别性，在另一场景中可能由于涉案主体识别能力的变化而不具有可识别性，因此无法抽象地得出结论认为哪些信息具有可识别性，只能认为其在某些具体场景下具有识别性。因此无法列明"公民个人信息"的具体类型，这样既无法为司法人员提供明确的裁判依据，也不利于对社会公众的行为进行指引。其四，行为人面向社会公众公开发布信息时并不存在特定的行为相对人，因此无法适用具体人标准对信息可识别性进行判断。即使行为人仅向特定主体提供信息，当特定主体数量众多时，这种需要针对每个主体进行逐一、具体判断的方法既会极大地耗费司法资源，也并不具有实际可操作性。其五，具体案件中的涉案主体至少有两方，其识别能力并不一定完全一致，存在四种情况，即普通人将软件运行代码提供给普通人、普通人将软件运行代码提供给程序员、程序员将软件运行代码提供给普通人、程序员将软件运行代码提供给程序员，若采用具体人标准，那么应以哪一方的实际识别能力为最终的判断标准？这一问题是具体人标准无法解决的。其六，具体人标准中可识别性的判断依赖于涉案主体的识别能力，因此行为人在处理个人信息时，不仅要考虑自身情况，还要关注行为相对人的识别能力，因为若对方为具有专业技能或掌握丰富资源的特殊人，则某些在普通大众看来不具备可识别性的信息对其

---

❶ 参见陈梦寻：《"公民个人信息"判断的合理性标准建构——基于流动的公民个人信息边界》，《北京邮电大学学报（社会科学版）》2019年第1期，第15页。

而言能够指向特定自然人，进而导致行为人的处理行为可能构成犯罪。这样的潜在情形使得行为人在处理个人信息之前必须审慎查明行为相对人的识别能力，从而大大增加了信息的处理成本，同时其亦导致信息处理者始终处于对自身行为的担忧和不安中。其七，即使某一具体案件中涉案主体不能识别公民个人信息，比如程序员甲把代码提供给普通人乙，此时乙识别不了该信息，但只要甲把代码提供给乙，就无法保证乙会如何处理该代码，此时乙可以将其再次提供给他人，或者直接公开，这样可能会导致其他能识别该信息的主体获取到该信息，如果仅因为乙不能识别该信息就认定甲的行为由于对象不符而不构成犯罪的话，不利于公民个人信息的法律保护。因此，不应选择具体判断路径，相应地，识别主体的确定不应选择具体人标准。

相较而言，抽象判断路径更具有合理性，因此我们应按照统一标准抽象地对某一信息是否具有可识别性进行判断。在选择出判断路径之后，识别标准即已确定，抽象判断路径对应的为一般人标准，但这一标准的具体内涵是否完全合理，还需要进行进一步的研究与探讨。本书将仅以普通大众的识别能力判断某一信息是否具有可识别性的观点称为狭义的一般人标准，其避免了具体人标准所具有的在个案中分别判断的弊端，具有一定的合理性，但由于仅关注普通大众的识别能力而导致范围过窄，将某些重要的信息类型排除在"公民个人信息"的认定范围之外。例如，指纹、DNA、虹膜等生物识别信息直接来源于自然人的身体，与信息主体关系密切，其能够单独指向特定自然人，因此属于典型的直接识别信息。但是狭义的一般人标准认为，只有根据普通大众的识别能力能够将其与特定自然人相连的信息才具有可识别性，而前述指纹、DNA、虹膜等生物识别信息均需要专业知识、技能、仪器才可以利用其"锁定"特定自然人，因此按照狭义的一般人标准，这些信息不具有可识别性，进而不属于"公民个人信息"的范畴。这样的结论不当限缩了"公民个人信息"的范围，显然不具有合理性。虽有学者提出可以将这些普通公众无法识别但极为重要的信息类型作为一般人标准的例外，❶但这样的

---

❶ 参见杨楠：《个人信息"可识别性"扩张之反思与限缩》，《大连理工大学学报（社会科学版）》2021 年第 2 期，第 105 页。

理解具有极强的任意性，不利于识别标准的确定。另外，有学者提出将一般人标准与具体人标准相结合的折中路径。该学者认为，侵犯公民个人信息罪的行为方式主要有非法获取与非法提供两种，非法获取行为主要发生在特定主体之间，而非法提供行为既可以针对特定主体，也可以针对不特定主体，因此在这种情况下行为相对人可能是特定人抑或是社会公众，对向二者所提供信息的可识别性判断应采用不同标准。具体而言，当行为人面向社会公众公开发布信息时，应当以一般人标准判断该信息是否具有可识别性，当行为人向特定主体提供信息时，则应按具体人标准，结合该特定个人的实际识别能力来判断信息的可识别性。❶ 但需要注意的是，首先，折中的路径看似将一般人标准与具体人标准相结合，但仔细分析之后可以发现，由于其认为应根据行为相对人的不同适用不同的标准，因此其一开始所选择的判断路径即在个案中分别进行具体判断，故其实质上属于一种修正的具体人标准，其中所涉及的一般人标准只是在部分个案中的适用。其次，折中路径并没有解决一般人标准与具体人标准的上述缺陷，弊端仍然存在。最后，混合标准容易导致可识别性判断上的不均衡。例如，甲将某网上银行 App 的后台数据非法提供给程序员乙，由于乙能够利用自身计算机技术对该数据进行分析、处理，从而识别特定自然人。因此，按照具体人标准，该类数据属于"公民个人信息"，甲的非法提供行为在满足其他要件的情况下构成侵犯公民个人信息罪；但若甲将某网上银行 App 的后台数据非法公开，由于面向的是社会公众，因此只能按照一般人标准进行判断，而对于普通公众而言，这些数据不能指向特定自然人，因此其不具有可识别性，即使在社会公众中存在众多与乙具备同样专业知识与技能的人，甲的非法公开行为对信息主体合法权益所造成的潜在威胁要远大于仅提供给特定个人的情形，但其仍然因犯罪对象不符合而无法构成侵犯公民个人信息罪。

　　本书认为，在对"公民个人信息"可识别性之识别标准进行确定时，一般人标准确实属于相对合理的选择，即按照普通大众的认知水平与识别能力

---

❶ 参见陈梦寻：《"公民个人信息"判断的合理性标准建构——基于流动的公民个人信息边界》，《北京邮电大学学报（社会科学版）》2019 年第 1 期，第 14—15 页。

抽象地对某一信息是否具有可识别性进行判断，但对其所存在的上述问题，也应进行相应的修补与完善。按照一般人标准对"公民个人信息"可识别性进行判断时，其不仅具有抽象判断路径的优势，还能避免将某些与特定自然人身份关系遥远，但通过极其复杂的数据处理技术使其具有一定识别意义的信息包含在"公民个人信息"的范围内，比如某人偶然使用过的 App 的后台运行数据等。但需要注意的是，在具有上述优势的同时，狭义的一般人标准又将指纹、DNA、虹膜等需要借助专业知识、技能、仪器才可以利用其"锁定"特定自然人的信息类型排除在刑法规制范围之外。通过上述分析可以发现，狭义的一般人标准所存在的最主要问题在于排除得过多，因此完善的重点应是对其所能涵盖的信息范围进行一定程度的合理延展，使其既能够容纳指纹、DNA、虹膜等重要信息，又不至于涵盖与特定自然人身份关系过于遥远的信息。具体而言，与特定自然人身份关系过于遥远的信息必须与海量的其他信息相结合，耗费大量人力、物力、财力，运用专业信息处理设备与技术，经过无数次复杂的分析与转换后才能指向特定自然人。从实质上看，其确实与特定自然人相关联，但由于会花费不成比例的成本，因此在实际生活中利用该信息识别特定自然人的情况极为罕见，若一味地强调将其全盘纳入"公民个人信息"的范畴，则会不当限制个人信息的合理利用，阻碍相关产业与技术的发展。❶ 而指纹、DNA、虹膜等信息虽也需要借助专业知识、技能、仪器才可以指向特定自然人，但由于科技的发展，相关鉴定技术已经成熟，因此通过上述信息识别特定自然人无须再耗费大量人力、物力、财力，其虽不符合狭义一般人标准，但将其认定为"公民个人信息"不会对个人信息的合理流转与利用造成不合理的限制，因此可以将其纳入"公民个人信息"的范畴，这也即对狭义的一般人标准进行合理延展的部分，以此形成广义的一般人标准。

本书认为，广义的一般人标准的题中之义应包含以下内容，即只有社会一般公众采用合理方法便可识别特定自然人的信息才具有可识别性，❷ 将需

---

❶ 参见周光权：《侵犯公民个人信息罪的行为对象》，《清华法学》2021 年第 3 期，第 30 页。

❷ 参见齐爱民、张哲：《识别与再识别：个人信息的概念界定与立法选择》，《重庆大学学报（社会科学版）》2018 年第 2 期，第 125—126 页。

要付出不合逻辑的资源、技术、努力才能与特定自然人相关联的信息排除在"公民个人信息"的范围之外，这里所说的"合理方法"即不需要耗费不成比例成本的方法。正如有学者所言，"即使能够通过物理或科学的方法使（某信息得以）❶ 缩小特定自然人的范围，如果该方法需要不合逻辑的时间、精力和成本，那么此种信息也不应被视为个人信息"❷。部分国家或地区的个人信息保护立法为这一观点提供了参照，例如，欧盟《一般数据保护条例》序言（26）规定，"为判断自然人身份是否可被识别，需要考虑所有可能使用的手段……为判断所使用的手段是否可能用于识别自然人，需要考虑所有客观因素，包括对身份进行确认需要花费的金钱和时间、现有处理技术以及科技发展"❸。因此综合而言，本书关于"公民个人信息"可识别性之识别标准的观点是，应当采取广义的一般人标准，即只要根据一般公众的认知水平与识别能力抽象地对某一信息是否具有可识别性进行判断，得出肯定的结论，或者通过不需要付出不成比例、不合逻辑成本的合理方法便可指向特定自然人，该信息即具有可识别性。广义的一般人标准，相较具体人标准与狭义的一般人标准而言具有更强的合理性，能够弥补后两者所存在的缺陷。一方面，广义的一般人标准在判断路径上选择的是抽象判断，因此不存在具体人标准在个案中进行分别判断的弊端（如具有偶然性、不明确性），增加个人信息处理成本，阻碍个人信息的正常流通与利用等。另一方面，广义的一般人标准并没有局限于以普通公众的认知水平与识别能力为衡量可识别性的尺度，但也没有过度扩张，以囊括与特定自然人身份关系过于遥远的信息，而是将其延展至普通公众利用合理方法所具备的认知水平和识别能力，这样一来，前述指纹、DNA、虹膜等生物识别信息及其他需要专业知识、技能、仪器才可以利用其"锁定"特定自然人的信息类型均能被认定为具有可识别性，进而被囊括于"公民个人信息"的范畴之内。

---

❶　括号内为笔者注。

❷　See Dae - Hee Lee, *The Concept of Personal Information: A Study on Its Interpretation and Scope*, Asian Business Lawyer, Vol. 17: 15, p. 27 (2016).

❸　中国信息通信研究院互联网法律研究中心、京东法律研究院编：《欧盟数据保护法规汇编》，中国法制出版社 2019 年版，第 17 页。

通过限缩识别方式与识别对象，同时对识别标准进行确定，"公民个人信息"可识别性的具体内涵即已厘清，结合前文对"公民个人信息"本质、载体、主体的理解，能够得出本书对侵犯公民个人信息罪构成要件中"公民个人信息"的最终定义。本书认为，"公民个人信息"是指以电子或者其他方式记录的能够单独或者与其他信息结合识别特定自然人身份的各种信息，但对身份识别无实质意义或需要耗费不合逻辑的成本才能进行身份识别的信息除外。

第三节　特殊信息类型的具体判断

犯罪对象的内涵与外延直接影响该罪成立与否的判断，因此要准确适用该罪，必须准确界定"公民个人信息"的含义。一方面，将被认定为"公民个人信息"的信息类型纳入刑法规制范围，从而有利于实现对信息自决权的周全保护；另一方面，将不属于"公民个人信息"的信息类型排除在侵犯公民个人信息罪的规制范围之外，为该部分信息的合理流通与利用预留了法律空间，有利于其内在价值的充分发挥。上文已得出本书对"公民个人信息"的最终定义，厘清了其实质内涵，在这一基础上，本节拟根据上述定义具体判断哪些信息属于"公民个人信息"，哪些不属于，从而明确其外延边界，进一步发挥上述两方面的积极意义。姓名、身份证号码、家庭住址、工作单位等早已形成共识的信息类型属于典型的"公民个人信息"，因此不在本节讨论之列，本节主要关注那些存在争议或容易混淆的特殊信息类型，如行踪轨迹信息、公开信息、匿名信息等。

《解释》第1条对"公民个人信息"的定义采用的是"概括＋列举"的方式，因此首先应对直接列举中有争议的部分进行研究，主要包括通信通讯联系方式、账号密码、行踪轨迹，然后再考察列举之外的其他特殊信息类型。

一、通信通讯联系方式与账号密码

通信联系方式主要包括电话号码（手机、座机）、网络社交账号（微信号、QQ 号等）、传真号码、电子邮箱地址、通信地址等，其中通信地址与家庭住址、工作单位等实际地址信息相似，属于典型的间接识别信息，不存在争议，因此本书关注的主要是前面几类以号码形式存在的信息类型。为方便表述，本书将其称为通信信息。

在之前的很长一段时间里，我国手机号码的办理无须实名，直到 2013 年工信部发布《电话用户真实身份信息登记规定》，才正式开始落实实名登记制度。❶ 之后相关部门陆续出台了《电话"黑卡"治理专项行动工作方案》等文件，2016 年工信部发布的《关于进一步防范和打击通讯信息诈骗工作的实施意见》更是要求在 2016 年底前实名率达到 100%。❷ 可以说，目前我国手机号码实名登记制度已日渐完备，但现实生活中仍然存在许多非实名卡（俗称"黑卡"）、代办卡等。例如，2020 年荆州警方破获一起特大侵犯公民个人信息网络黑产案件，查获并强制关停涉嫌犯罪的电话黑卡 246 万余张。❸ 之前网络社交账号、电子邮箱地址的注册使用也无须实名，但自网信办 2016 年发布《移动互联网应用程序信息服务管理规定》之后逐步开始实施实名制。按照该规定，移动互联网应用程序提供者应当进行身份信息认证，具体而言，在应用程序前端，用户可以自行选择使用实名或者昵称，但在后台注册必须是实名认证。❹ 与手机号码类似，即便我国实名登记制度已经建立，但仍然存在非实名的网络社交账号与电子邮箱地址。其原因有两方面：一方

---

❶ 《电话用户真实身份信息登记规定》第 5 条规定："电信业务经营者应当依法登记和保护电话用户办理入网手续时提供的真实身份信息。"第 6 条规定："电信业务经营者为用户办理入网手续时，应当要求用户出示有效证件、提供真实身份信息，用户应当予以配合。用户委托他人办理入网手续的，电信业务经营者应当要求受托人出示用户和受托人的有效证件，并提供用户和受托人的真实身份信息。"

❷ 《关于进一步防范和打击通讯信息诈骗工作的实施意见》第 1 条第（一）项规定："加快完成未实名电话存量用户身份信息补登记。各基础电信企业要加快推进未实名老用户补登记，在 2016 年底前实名率达到 100%。各移动转售企业要对 170、171 号段全部用户进行回访和身份信息确认，对未登记或登记信息错误的用户进行补登记，2016 年底前实名率达到 100%。在规定时间内未完成补登记的，一律予以停机。"

❸ 参见《荆州警方侦破一特大侵犯公民个人信息网络黑产案》，《荆州日报》2020 年 12 月 21 日，第 A002 版。

❹ 《移动互联网应用程序信息服务管理规定》（2016 年版）第 7 条规定："移动互联网应用程序提供者应当严格落实信息安全管理责任，依法履行以下义务：（一）按照'后台实名、前台自愿'的原则，对注册用户进行基于移动电话号码等真实身份信息认证……"

面，大多数应用程序可以使用手机号码注册，若手机号本身属于"黑卡"，相应的网络社交账号与电子邮箱地址亦为非实名；另一方面，部分应用程序并未完全执行实名登记制度，或者其允许非实名注册用户以"游客"的身份使用该应用程序。正因如此，可以将手机号码等通信信息分为实名与非实名两类。实名通信信息虽只有具有权限的内部人员才能将其与特定自然人身份相联，但这种权限并不需要耗费不合逻辑的成本，因此属于合理方法，该类信息毫无疑问地属于"公民个人信息"。这一结论也得到司法实践的支持，例如，在赵某某、曾某等侵犯公民个人信息案中，针对单纯地凭借手机号码能否认定为个人信息的问题，法院认为，"手机号码与公民个人身份一一对应，通过手机号码也可以单独识别公民个人身份"❶。对于非实名通信信息，需要分情况进行具体判断。若其属于一次性使用或仅能短时间使用，则其与特定自然人关联性较弱，因此不属于"公民个人信息"，比如网络游戏中一次性生成的"游客登录账号"、一次性使用电话卡所反映的电话号码等。若某通信信息虽未实名认证，但其由特定自然人固定使用或长期使用，则该信息与特定自然人关联紧密，能够通过与用户使用或登录的起止时间、通信内容、IP 地址等其他信息相结合实现身份识别，因此属于"公民个人信息"。

账号密码指的是用于登录个人账户的字符组合，如微信登录名及密码、银行卡号及密码等。其中账号与前述通信信息一样（社交账号本身即属于一种通信信息），也存在实名与非实名两类，前者绑定身份信息，因此能够识别特定自然人，后者则应按照其使用时间与固定性程度来进行判断。密码是用户为确保账户安全所设置的"密钥"，其通常与账号同时出现，因此在理论与实践中往往将账号、密码作为一个整体进行理解，并对其进行整体性的判断与评价。例如，在邢伟等侵犯公民个人信息案中，法院认为，"网络虚拟账号密码往往绑定身份证号码、手机号码等特定自然人信息，与特定自然人相关联，通过网络虚拟账号密码可以识别特定自然人身份"❷。但若将账号

---

❶ 重庆市开州区人民法院（2017）渝 0154 刑初 342 号刑事判决书。

❷ 江苏省涟水县人民法院（2017）苏 0826 刑初 569 号刑事判决书。

与密码拆分开进而单独分析密码。其本身并不能指向特定自然人，因此不具有身份识别性，《解释》将密码认定为"公民个人信息"值得商榷。另外需要注意的是，账号并不等同于账户，账号是用于登录账户的用户名，而并非实现功能与享受服务的账户本身，二者的区分涉及"公民个人信息"是否属于虚拟财产的问题，这一部分内容将在后文详细阐述。

二、行踪轨迹信息

行踪轨迹信息是指能够反映特定自然人在特定时间所处空间位置或行动轨迹的信息，如手机定位信息等。《解释》第1条将行踪轨迹信息明确列举为"公民个人信息"的一种类型，有观点认为其是对识别对象中增加"特定自然人活动情况"的回应，意即行踪轨迹信息仅反映活动情况。但本书认为，反映自然人活动情况的信息也应该是建立在身份识别的基础之上，行踪轨迹信息主要反映特定自然人的空间位置或行动轨迹，但通过将其与身高、体重、年龄相结合能够指向特定自然人，因此其能够间接地进行身份识别，应将其认定为"公民个人信息"。

《解释》第5条规定了"情节严重"的认定标准，其中与行踪轨迹相关的有两项，即第1款第（一）项规定"出售或者提供行踪轨迹信息，被他人用于犯罪的"，第（三）项规定"非法获取、出售或者提供行踪轨迹信息……五十条以上的"。从以上内容可以看出，刑法对行踪轨迹信息实行重点保护，为其设置了非常低的入罪门槛，因此对其范围应当从严把握，能够被认定为"公民个人信息"的行踪轨迹信息应具备以下三个条件。

第一，现实性。随着互联网技术的发展与网络时代的到来，人们活动的场域逐渐从物理空间延伸至网络空间，因而相应地，其活动踪迹亦由单独的物理踪迹扩展为物理踪迹与网络踪迹的结合。但根据"行踪轨迹信息"的表述及其字面含义，结合刑法对其的特殊保护，作为"公民个人信息"之一的行踪轨迹信息应仅指与特定自然人现实位置相对应且严重影响其人身、财产、隐私安全的物理踪迹，而不包括网络地址、网络浏览记录等，后者可归为数位足迹等网络信息，其与行踪轨迹信息在表现形式、反映内容、重要性程度

等诸多方面存在差异，因此应分别规制。❶

第二，实时性。行踪轨迹信息中"轨迹"一般是指特定自然人在某一时间段内所通过的所有路径，因此其似乎既包含当前实时位置信息，也包含已经发生的历史位置信息。但需要注意的是，刑法之所以为行踪轨迹信息设置了如此低的入罪门槛，其理由在于该类信息与自然人人身、财产、隐私等权益密切相关，因此应予以重点保护。可见，行踪轨迹信息必须具有足够的重要性，而历史位置信息并不能反映特定自然人当前位置，即使泄露也不会对其相关权益造成严重威胁，故不应属于行踪轨迹信息。但若通过历史位置信息能够分析出特定自然人的当前实时位置，则其亦应被纳入行踪轨迹信息。❷因此，行踪轨迹信息仅指能够反映特定自然人实时位置的信息，而这种实时位置存在"点"与"线"两种形态，前者即某人在某一时间段内一直停留在固定位置，后者即某人在某一时间段内的位置移动路径，有学者也将其称为定位信息或行迹信息。❸其实"线"可以理解为由多个"点"构成，即在移动过程中每一具体时间某人所在位置的"点"组合在一起则形成其在这一段时间内移动路径的"线"。虽相对于当前该特定自然人所在位置的"点"来说，之前的"点"由于是已经过去的历史位置信息，因此不应属于行踪轨迹信息，但由于是实时反映位置，因此在之前的时间，所对应的"点"仍然是实时的位置，因此应被认定为行踪轨迹信息，只是在数量计算时无须重复计算。对于火车票、飞机票、船票、汽车票等票面信息，有学者认为，票面信息清楚地记载了购票人姓名、交通工具、座次、起点、终点、出发时间、到达时间、途经站等信息，足以识别特定自然人，因此其应属于行踪轨迹信息；❹另有学者认为，行踪轨迹信息仅限于 GPS 定位信息等能够直接确定具体位置的信息，票面信息则不在此列；❺还有学者认为，对于高铁、动车等

---

❶ 参见文进宝、肖冬梅：《我国行踪轨迹信息保护范围认定困境与出路》，《图书馆论坛》2022 年第 7 期，第 61—62 页。

❷ 参见刘伟：《刑法视阈中的"公民个人信息"解读》，《社会科学家》2020 年第 7 期，第 116 页。

❸ 参见杨君琳：《论北斗时代的个人位置信息法律保护》，《法学杂志》2021 年第 2 期，第 42 页。

❹ 参见张梁：《单次购票能够完整反映行踪轨迹信息》，《检察日报》2017 年 9 月 25 日，第 3 版。

❺ 参见喻海松：《侵犯公民个人信息罪的司法适用态势与争议焦点探析》，《法律适用》2018 年第 7 期，第 14 页。

具有高准点率且车票与座位一一对应的交通工具,其票据所承载的票面信息属于行踪轨迹信息,而对于长途汽车等不要求严格准点运行且车票并不能对应具体座位的交通工具,其票据所承载的票面信息不属于行踪轨迹信息。❶本书认为,一方面,若行程已经结束,则票面信息属于历史位置信息,如前所述,其不属于行踪轨迹信息;另一方面,即使行程正在进行,且票面信息记载的内容极其详细,但其并无法保证购票人严格按照票面信息进行行动,其可能根本未乘坐该交通工具,或未在原计划起终点站上下车,或未坐在车票所对应的位置上,因此票面信息无法实时地反映特定自然人的位置,与其人身、财产、隐私等权益的关系也并未达到 GPS 实时定位信息一样的程度,故其不应属于行踪轨迹信息。正如有持肯定观点的学者所提到的,只要购票人按原定计划出行,则其在一定时间内的位置就是相对固定的,❷ 但这一观点并不能为票面信息属于行踪轨迹信息提供佐证,其言下之意反而是购票人并不必然按照票面信息行动,票面信息无法反映特定自然人的实时位置。因此,行踪轨迹信息应具备实时性的观点也为司法实践所接受。❸

第三,精准性。要构成能够被认定为"公民个人信息"的行踪轨迹信息,除了上述现实性与实时性,还需要具备精准性,意即该信息能够准确锁定特定自然人的实时位置,根据该信息即可确定其具体行踪。若相关信息定位不准或极其模糊,甚至出现重大偏离,则其并不能反映特定自然人在特定时间所处空间位置或行动轨迹,即使泄露或被非法获取也不会对特定主体的人身、财产、隐私等相关权益造成严重威胁,因此其不应被认定为行踪轨迹信息。精准性是真实性、有效性要求在行踪轨迹信息上的具体体现,❶ 如前所述,真实性、有效性实质是可识别性的具体方面,若某一信息不能准确定

---

❶ 参见雷灆珺:《论侵犯公民个人信息罪中行踪轨迹信息的认定》,《中国检察官·案例》2020 年第 1 期,第 11 页。

❷ 参见邱遥堃:《行踪轨迹信息的法律保护意义》,《法律适用》2018 年第 7 期,第 45 页。

❸ 例如,在一起侵犯公民个人信息案中,为索取债务,李某指使许某、胡某购买 GPS 定位设备并交由施某等人安装在被害人郦某可能驾驶及其公司使用的五辆轿车上,从而通过在手机上查看车辆轨迹查找郦某,法院认为这种实时精准定位获取的信息属于行踪轨迹信息,进而认定行为人构成侵犯公民个人信息罪。参见浙江省永康市人民法院(2019)浙 0784 刑初 461 号刑事判决书。

❶ 参见叶小琴、赵忠东:《侵犯个人信息罪的犯罪对象应当是真实的个人信息》,《人民法院报》2017 年 2 月 15 日,第 006 版。

位特定自然人的实时位置，那么其无法识别特定自然人，不具有可识别性，因此其不属于"公民个人信息"，更不可能属于行踪轨迹信息。

三、公开个人信息

前已述及，个人信息与个人隐私的区别之一在于个人隐私不为他人所知，而个人信息既可以是私密的也可以是公开的，因此个人信息中包含一种特殊的类型，即公开个人信息。对于公开个人信息是否属于"公民个人信息"，刑法理论界一直以来都存在极大的争议。部分学者认为，公开个人信息即使具有可识别性，行为人获取信息的手段也不具有非法性，故收集、整理依法应公开的信息不构成侵犯公民个人信息罪；❶另有学者认为，个人信息与个人隐私不同，即使已经公开，仍有可能成为侵犯公民个人信息罪所侵犯的对象。❷司法实务界对公开个人信息的判断也并不统一。例如，在司法实践中，被告人刘玉周、严云、郭玉玲非法获取、出售企业税务登记信息与企业工商登记信息，这两类信息在网上可以查询，属于公开个人信息，但法院认为其具有可识别性这一"公民个人信息"最根本的特征，因此将其认定为"公民个人信息"；❸而在另一案件中，吴某在天眼查、企查查等网站下载公开的企业工商登记信息 1.8 万余条，出售后共获利 1 万余元，公安机关以涉嫌侵犯公民个人信息罪传唤吴某，之后该案被移送至检察院审查起诉，检察院根据《民法典》第 1036 条认为，既然没有证据证实吴某出售公开个人信息的行为遭到权利人拒绝或侵害其重大利益，则不应认定为侵犯公民个人信息罪，最终公安机关对吴某作撤案处理。❶公开个人信息的特征之一即在于其公共可感知性，这一特性将其区别于其他信息，同时也使个人信息的"利用"与"保护"这两种价值间的冲突与博弈更加明显。因此，公开个人信息是否应

---

❶ 参见张庆立：《侵犯公民个人信息罪的要素阐释与立法完善——基于教义学的解读》，《江汉学术》2018 年第 6 期，第 63 页。

❷ 参见赵秉志：《公民个人信息刑法保护问题研究》，《华东政法大学学报》2014 年第 1 期，第 123 页。

❸ 参见江苏省南京市中级人民法院（2017）苏 01 刑终 870 号刑事裁定书。

❶ 参见卢志坚、白翼轩等：《出卖公开的企业信息谋利：检察机关认定行为人不构成犯罪》，《检察日报》2021 年 1 月 20 日，第 1 版。

该被认定为"公民个人信息"进而为其提供刑法保护是学界亟待解决的问题。

从本书前述对"公民个人信息"的定义来看，其主要包含四个方面的要素，即本质、载体、主体、可识别性，而对其公开性无特殊要求。因此，只要符合上述定义，即属于"公民个人信息"，无论其公开与否，公开个人信息满足这四方面的要求，就应当被认定为"公民个人信息"。这也是个人信息与个人隐私的区别，个人隐私具有私密性要求，一旦其丧失私密性即同时丧失保护必要性，但个人信息并无私密性要求，即使被公开，仍然需要受到法律保护。

综合考察《个人信息保护法》《民法典》《网络安全法》等前置法的内容能够发现，❶在我国当前立法体系中，个人信息无须具有隐秘性，无论是否公开均能包含在内。因此，虽不能直接以其他法律规范中对"个人信息"的定义来解释刑法中的"公民个人信息"，但其能从侧面为公开个人信息属于公民个人信息提供参考与佐证。

从法益侵害的角度来看，若某一信息属于"公民个人信息"，则侵犯该信息的行为应具有法益侵害性。侵犯公民个人信息罪所保护之法益为信息自决权，即个人决定其信息是否被处理，以及在何时、何地、以何种方式、在何范围内被处理的权利。其不因个人信息的公开与否而发生变化，即使相关信息不具备或者已经丧失隐秘性，行为人非法获取、非法提供该信息的行为仍然构成对他人信息自决权的侵害。

需要注意的是，许多学者在探讨这一问题时容易将公开个人信息是否属于"公民个人信息"与侵犯公开个人信息的行为是否具有非法性混淆。应当说前一问题的结论确实对后一行为的非法性有影响，但其并不是唯一决定因素，因此二者实质并不相同。本书此处仅研究前一问题，至于侵犯公开个人

---

❶ 《个人信息保护法》《民法典》《网络安全法》等前置法均对"个人信息"的概念进行界定。例如，《个人信息保护法》第 4 条第 1 款规定："个人信息是以电子或者其他方式记录的与已识别或者可识别的自然人有关的各种信息"；《民法典》第 1034 条规定："个人信息是指以电子或者其他方式记录的能够单独或者与其他信息结合识别特定自然人的各种信息"；《网络安全法》第 76 条第 1 款第（五）项规定："个人信息，是指以电子或者其他方式记录的能够单独或者与其他信息结合识别自然人个人身份的各种信息"。

信息行为是否具有非法性则在有关行为要件的章节进行专门探讨。

四、生物识别信息

生物识别信息是智慧社会环境下产生的不同于姓名、性别、住址、身份证号码等传统身份识别信息的个人信息新形态，是个人数字身份的重要组成部分。随着计算机算法的飞速发展与人工智能技术的进步，其被广泛运用于刑侦、安保、金融、医疗等多个领域。● 我国民事、行政法律规范中明确将生物识别信息规定为个人信息之一种，比如《个人信息保护法》第 28 条、《民法典》第 1034 条、《网络安全法》第 76 条等，其中《信息安全规范》还对生物识别信息的种类进行了列举。但在刑法领域，《解释》并未在"公民个人信息"的定义中明确列举生物识别信息，需要对其进行具体判断。

目前我国法律规范中并未对生物识别信息的含义进行解释，其具体内涵缺少法律依据的支撑，而在法学理论界，对生物识别信息的定义主要有两种观点。部分学者依据国际条例或国外立法，尤其是欧盟《一般数据保护条例》的规定，● 认为生物识别信息是指对自然人身体、生理或者行为进行一定的技术处理所得的能识别特定自然人的信息；● 另有学者认为，生物识别信息是指采集于人体本身，比如指纹、虹膜、面容、声音、步态等信息。● 这两种观点最大的区别在于其是否认为生物识别信息的产生需要进行技术处理，而这也正是确定生物识别信息之内涵与外延的最核心标准。要解决这一问题，本书认为需从信息的本质入手。前已述及，从事实层面来看，信息指的是具有一定意义的知识与内容，而在法律层面，根据前置法的规定可以看出，法律上的个人信息必须是有载体的、固定化的，意即其存在必须被赋予

● 参见付微明：《个人生物识别信息的法律保护模式与中国选择》，《华东政法大学学报》2019 年第 6 期，第 78 页。

● 欧盟《一般数据保护条例》第 4 条第 14 款规定："'生物特征数据'是通过自然人的身体、生理或行为特征进行特定的技术处理得到的个人数据，构成了识别该自然人的独特标识，比如人脸图像或指纹识别数据。"中国信息通信研究院互联网法律研究中心、京东法律研究院编：《欧盟数据保护法规汇编》，中国法制出版社 2019 年版，第 56 页。

● 参见何渊主编：《数据法学》，北京大学出版社 2020 年版，第 53 页。

● 参见雷佳华：《互联网时代莫忽视个人生物信息安全》，https://t.m.china.com.cn/convert/c_nFkSWWeJ.html，最后访问时间：2024 年 8 月 1 日。

一定的形式并附着于某些载体之上,如电子载体、纸质载体等,否则个人信息无法被他人接受或处理,也就丧失了其使用价值。❶根据信息在事实层面与法律层面的含义可知,信息是一种内容或知识,且其必须被记录于一定的载体,从而具有可被处理性。因此,指纹、声音、面容、步态等自然人的身体、生理或行为本身不是信息,只有经过特定设备的数据采集与数字化处理流程之后的相关内容才符合信息的定义并具备其全部要素,进而才能成为生物识别信息。例如,人脸识别设备抓取并储存的人脸数据,即面部各部位的大小、相互距离、投影面积等组成的面部识别特征,或者基因检测设备提取并固定的 DNA 图谱等。正如有学者所言,生物识别信息是来自虹膜、指纹、声纹、手部或面部几何扫描等生物识别标识符(biometric identifiers)的信息,但这些生物标识符本身不是信息。❷

生物识别信息虽不是自然人身体、生理、行为本身,但其直接来源于这些生物识别标识符且具有唯一性,因此其与自然人密切相关,不仅能够识别特定主体身份,而且通常能够单独识别,无须与其他信息相结合,具备直接识别性。❸另外,生物识别信息还符合"公民个人信息"在本质、载体、主体方面的要求,因此毫无疑问地属于刑法中的"公民个人信息"。

五、私密照片或视频

现实生活中时常发生偷拍或泄露他人私密照片、视频的事件,例如,2021 年 11 月,一名男子身着女装,躲在上海爱琴海购物公园的女厕所进行偷拍,最终警方依法对该男子处以行政拘留 10 日的行政处罚,❹再如2017 年,廖某为与前女友谢某复合,以公开谢某私密照片相威胁并最终将相

❶ 参见汪东升:《个人信息的刑法保护》,法律出版社 2019 年版,第 36 页。
❷ See Fiona Q. Nguyen, The Standard for Biometric Data Protection, Journal of Law & Cyber Warfare, 2018, 7 (1), p. 63.
❸ 参见陈伟、宋坤鹏:《数据化时代"公民个人信息"的范围再界定》,《西北民族大学学报(哲学社会科学版)》2021 年第 2 期,第 94 页。
❹ 参见《上海一男子穿女装在女厕偷拍被抓,手机有大量隐私照片,已被行拘》,https://news.sina.cn/kx/2021 - 11 - 16/detail - iktzqtyu7627993. d. html,2021 年 11 月 18 日访问。

关照片发布至互联网，最终廖某被公安机关依法行政拘留9日。❶ 在这些事件中，行为人拍摄或泄露的涉及他人身体私密部位的照片或视频性质如何，其是否属于"公民个人信息"，这一问题值得关注与思考。部分学者认为，侵犯公民个人信息罪的犯罪对象不仅包括具有识别性的身份信息，还包括虽不能识别身份但涉及隐私的隐私信息。上述身体隐私部位的照片或视频即属于后者，因此其应当被认定为"公民个人信息"，进而裙底偷拍等行为应受到刑法处罚。❷ 还有学者虽未明确指明私密照片或视频属于"公民个人信息"，但从其认为有必要将偷拍行为认定为构成侵犯公民个人信息罪可以看出，其实质上亦采取的是肯定的观点。❸ 本书认为，上述观点是对"公民个人信息"含义尤其是其可识别性要求的误读。如前所述，"公民个人信息"以可识别性为核心特征，其必须能够直接或者间接指向特定自然人，否则对其的非法获取、非法提供行为根本无法对信息自决权造成侵害。私密照片或视频是否属于"公民个人信息"，应在正确理解"公民个人信息"含义的基础上分情况进行具体判断。若私密照片或视频中能够清晰地看到被拍摄者的面部或者其他具有个别化特征的身体部位、听到其声音等，进而能够通过该照片或视频识别被拍摄者的身份。例如，"裸贷"通常要求借贷者全裸拍摄露脸照片或视频，那么该照片或视频具有可识别性，且其亦符合"公民个人信息"在本质、载体、主体方面的要求，因此毫无疑问地属于刑法中的"公民个人信息"。若私密照片或视频中的内容仅包含被拍摄者的身体隐私部位，如裙底偷拍、厕所偷拍等，或者该照片或视频是通过深度伪造技术"换脸"合成的，无法将其与真实的特定自然人相关联，更无法通过其识别特定自然人身份，则该照片或视频不具有可识别性，进而无法被认定为"公民个人信息"。❹ 对于这一类事件中的行为人，则应根据其具体行为分别进行处罚。其

---

❶ 参见《男子为挽回感情 竟散布前女友隐私照片，结果……》，载海峡经济网 https：//www.163.com/news/article/CNFJ2CN2000187VG.html，2021年11月18日访问。

❷ 参见晋涛：《刑法中个人信息"识别性"的取舍》，《中国刑事法杂志》2019年第5期，第67—70页。

❸ 参见史洪举：《以刑罚捂上"偷窥之眼"》，《民主与法制时报》2020年6月16日，第002版。

❹ 被替换到私密照片或视频中的人脸信息属于"公民个人信息"，但整体性的私密照片或视频不属于。

一，对于偷拍他人私密照片或视频的行为人，应根据《治安管理处罚法》第 42 条第 1 款第（六）项，以"偷拍他人隐私"对其进行行政处罚；❶ 其二，对于泄露他人私密照片或视频的行为人，亦可按《治安管理处罚法》进行处罚，若达到"情节严重"的程度或其以牟利为目的，则构成传播淫秽物品罪或传播淫秽物品牟利罪；其三，对于利用深度伪造技术合成"换脸"照片或视频的行为人，若其将该照片或视频公开，则与前述第二种情况相同，至于其制作行为，则涉及未来是否应将非法利用行为纳入侵犯公民个人信息罪规制范围的问题，后文将会详细阐述。

六、cookie 信息等个人网络踪迹信息

个人网络踪迹信息指的是反映用户进行网络活动所留下的数字足迹的各种信息，其中最主要、最典型为 cookie 信息。关于个人网络踪迹信息的性质，学界目前存在较大的争议，司法实务部门的观点亦不统一，作为我国 cookie 隐私第一案的"北京百度网讯科技公司与朱某隐私权纠纷案"即是典型例证。❷ 因此，本书以 cookie 信息为例对个人网络踪迹信息的性质进行研究与探讨。❸ 目前关于 cookie 信息等个人网络踪迹信息性质的争议主要存在于民法领域，包含以下三类观点。其一，有学者认为，在大数据时代，基于现有的数据分析技术，cookie 信息可以通过与其他海量数据相结合进而获得间接识别特定自然人的高度可能性，且某些网络活动需要用户直接填写身份注册信息，因而由此产生的 cookie 信息其可识别性不言而喻，因此应将 cookie 信

---

❶ 《治安管理处罚法》第 42 条规定："有下列行为之一的，处五日以下拘留或者五百元以下罚款；情节较重的，处五日以上十日以下拘留，可以并处五百元以下罚款：……（六）偷窥、偷拍、窃听、散布他人隐私的。"

❷ 该案中一审判决与二审判决对 cookie 信息性质的认定完全不同。

❸ "北京百度网讯科技公司与朱某隐私权纠纷案"二审判决书中对 cookie 信息、cookie 技术原理进行了详细介绍。cookie 技术主要用于网络服务器与用户浏览器间的信息交互，当用户使用其计算机上的浏览器访问某网站时，该网站服务器即会向用户浏览器发送一条状态信息并保存于浏览器，该状态信息即 cookie 信息，其会记录浏览器在网页上的浏览记录等内容，此后每一次浏览器访问相同网站时都会将 cookie 信息一并发送给该网站服务器，服务器据此识别不同的浏览器并根据其浏览内容为其提供个性化推荐服务。参见江苏省南京市中级人民法院（2014）宁民终字第 5028 号民事判决书。

息认定为个人信息，❶ 或者有学者认为，至少 cookie 信息中诸如 IP 地址等能够准确识别用户的部分属于个人信息；❷ 其二，另有学者认为，cookie 信息等网络活动轨迹必须与用户身份相结合，一旦分离便无法确定具体的信息归属主体，因此其本身并不具有可识别性，不应将其认定为个人信息；❸ 其三，还有学者认为，不应以 cookie 信息的定性作为相关法律适用的前提与边界，而应转变思维，将关注的重点从信息类型化回归到信息主体本身的权益保障。❹ 及至刑法领域，本书认为，cookie 信息符合"公民个人信息"在本质、载体、主体三方面的要求，因此其能否被认定为"公民个人信息"的关键在于其是否具有可识别性。根据前文对 cookie 信息与 cookie 技术原理的介绍可知，其反映的是用户浏览器在网页上的浏览记录等内容，也即其仅能指向某一浏览器，其所识别的是使用该浏览器进行网络活动的虚拟主体，但并不能与现实中的特定用户形成一一对应的关系，因此其并不具有可识别性。可能会有观点认为，基于当前大数据处理技术，通过海量数据的分析、比对，cookie 信息与相关计算机、浏览器、服务器中存在的其他数据相结合能够实现间接识别特定自然人的目的。但根据本书对"公民个人信息"可识别性之内涵的界定，应将需要耗费不合逻辑成本的信息排除在外，上述观点所述之方法存在技术、资源、成本上的特殊性，不属于合理方法，因此基于该方法产生的与特定自然人关联的信息不应被认定为具有可识别性。❺ 另外，当前在民法学界对 cookie 信息是否属于个人信息的争议仍然很大，并未形成统一观点，因此不应当在前置法对其性质尚未明确的情况下贸然将其纳入刑法保

---

❶ 参见张璐：《个人网络活动踪迹信息保护研究——兼评中国 Cookie 隐私权纠纷第一案》，《河北法学》2019 年第 5 期，第 136 页；参见朱芸阳：《定向广告中个人信息的法律保护研究——兼评 "Cookie 隐私第一案" 两审判决》，《社会科学》2016 年第 1 期，第 106—107 页。

❷ See Maarten Truyens, *No More Cookies for Unregistered Facebook Users in Belgium*: *Belgian Data Protection Legislation Applies to Facebook*, *European Data Protection Law Review*, Vol. 1：135, p. 138 (2016).

❸ 参见孟兆平：《互联网精准营销中 Cookie 技术的性质认定》，《人民法院报》2015 年 7 月 15 日，第 007 版。

❹ 参见郭秉贵：《大数据时代信息自由利用与隐私权保护的困境与出路——以 "中国 Cookie 隐私第一案" 为分析对象》，《深圳社会科学》2021 年第 4 期，第 115—117 页。

❺ 参见杨楠：《个人数位足迹刑法规制的功能性偏误与修正》，《安徽大学学报（哲学社会科学版）》2019 年第 4 期，第 106 页。

护范围,这也是法秩序统一原则的内在要求。❶

七、去识别化信息

可识别性是个人信息的本质属性,去识别化信息是指对个人信息进行处理之后得到的无法与特定自然人相关联的信息,主要包括匿名化信息与去标识化信息两类。匿名化信息指的是信息本身经过匿名化处理后无法单独或与其他信息结合识别特定自然人,而且这种不可识别性是不能被复原的,❷ 例如,公安机关对卧底侦查人员采访时会将其面容、声音进行特殊处理,使得他人从采访视频中完全无法辨认其真实身份。去标识化信息指的是,采用假名等技术手段替代个人信息的标识,使信息本身在不借助其他信息的情况下,无法识别特定自然人,❸ 例如,以编号代替真实姓名,从而将"张三,男,25 岁,天天快递公司员工"这一个人信息处理为"030609,男,25 岁,天天快递公司员工"。在去标识化过程中,存在"编号 – 姓名"对照表等可用于恢复可识别性的信息,通过将该信息与去标识化信息相结合即可使后者重新与特定自然人相关联。例如,将"030609 = 张三"与"030609,男,25 岁,天天快递公司员工"相结合即可得出"张三,男,25 岁,天天快递公司员工"这一原本具有可识别性的个人信息。因此,为保证去标识化信息之去标识处理的有效性,通常要求"将可用于恢复识别个人的信息与去标识化后的信息分开存储并加强访问和使用的权限管理"❹。

由于去标识化信息能够与自始存在的可用于恢复可识别性的信息相结合,从而与特定自然人产生关联,因此其具有间接识别性,❺ 同时其符合"公民个人信息"在本质、载体、主体方面的要求,因此毫无疑问地属于刑法中的"公民个人信息"。对于匿名化信息,若按照其定义,那么由于其无法识别特

---

❶ 参见吴沈括、薛美琴:《刑事司法视野下的"公民个人信息"》,《中国信息安全》2017 年第 12 期,第 71 页。

❷ 参见中华人民共和国国家市场监督管理总局、中国国家标准化管理委员会《信息安全技术 个人信息安全规范》(GB/T 35273—2020)第 3.14 条。

❸ 参见《信息安全技术 个人信息安全规范》(GB/T 35273—2020)第 3.15 条。

❹ 参见《信息安全技术 个人信息安全规范》(GB/T 35273—2020)第 6.2 条。

❺ 参见张勇:《个人信息去识别化的刑法应对》,《国家检察官学院学报》2018 年第 4 期,第 97 页。

定自然人且不可复原，因此其不具有可识别性，进而不属于个人信息。这一观点也被前置法律规范所接受。例如，《民法典》第 1038 条第 1 款将经过加工无法识别特定个人且不能复原的信息排除在不得泄露、篡改、非法提供的信息之外，《个人信息保护法》第 4 条第 1 款明确规定个人信息不包括匿名化处理后的信息，《网络安全法》第 42 条第 1 款、《解释》第 3 条第 2 款也有相似规定。❶ 但由于科技的发展，尤其是大数据处理技术的进步，使得许多匿名化信息重新具备识别特定自然人的可能，也即个人信息的再识别化。正如有学者所提出的，"虽然各国法律都认为侵犯匿名化信息是无须承担责任……但再识别技术揭示了这些法律关于匿名化能保护隐私的承诺是一个空洞的承诺"❷。基于此，部分学者认为，不存在绝对意义上的匿名化信息，任何信息与足够多的外部信息关联比对后，都有指向特定自然人的可能，因此就实质而言，匿名化信息亦具有间接识别性。❸ 但需要注意的是，即使能够通过再识别技术将匿名化信息与特定自然人重新关联，其之间的联系也是极其遥远与微弱的，且这种再识别往往建立在特殊技术、资源、成本的基础之上，有时甚至需要一定的运气，❹ 故并非"公民个人信息"可识别性中所要求的合理方法，因此不应认定其具备可识别性，更无须将其纳入"公民个人信息"的范畴。

---

❶ 《个人信息保护法》第 4 条第 1 款规定："个人信息是以电子或者其他方式记录的与已识别或者可识别的自然人有关的各种信息，不包括匿名化处理后的信息。"《民法典》第 1038 条第 1 款规定："信息处理者不得泄露或者篡改其收集、存储的个人信息；未经自然人同意，不得向他人非法提供其个人信息，但是经过加工无法识别特定个人且不能复原的除外。"《网络安全法》第 42 条第 1 款规定："网络运营者不得泄露、篡改、毁损其收集的个人信息；未经被收集者同意，不得向他人提供个人信息。但是，经过处理无法识别特定个人且不能复原的除外。"《解释》第 3 条第 2 款规定："未经被收集者同意，将合法收集的公民个人信息向他人提供的，属于刑法第二百五十三条之一规定的'提供公民个人信息'，但是经过处理无法识别特定个人且不能复原的除外。"

❷ See Paul Ohm, *Broken Promises of Privacy: Responding to the Surprising Failure of Anonymization*, UCLA Law Review, Vol. 57: 1701, p. 1704 (2010).

❸ 参见范为：《大数据时代个人信息定义的再审视》，《信息安全与通信保密》2016 年第 10 期，第 74 页。

❹ 参见金耀：《个人信息去身份的法理基础与规范重塑》，《法学评论》2017 年第 3 期，第 128 页。

第三章

提供型侵犯公民个人信息行为之认定

根据《刑法》第 253 条之一的规定，侵犯公民个人信息罪的行为方式主要包括"违反国家有关规定，向他人出售或者提供"与"窃取或者以其他方法非法获取"两类。总结而言，本书将前者称为提供型侵犯公民个人信息行为，将后者称为获取型侵犯公民个人信息行为，为表述方便，在行文中亦会将其称为非法提供行为与非法获取行为。❶ 本章主要关注前者，后者则留待接下来的章节进行研究。《刑法》第 253 条之一第 1、2 款均是对于提供型侵犯公民个人信息行为的规定，其中第 1 款是普通出售或者提供行为，而第 2 款则是对特殊主体实施出售或者提供行为进行从重处罚的特殊规定。对于提供型侵犯公民个人信息行为的认定而言，"违反国家有关规定"与"向他人出售或者提供"是最为重要的两部分内容，因此本章将分别对其予以阐释。

---

❶ 本书将《刑法》第 253 条之一第 1、2 款规制的行为类型称为提供型侵犯公民个人信息行为，将第 3 款规制的行为类型称为获取型侵犯公民个人信息行为，为表述方便，在行文中亦会将其称为非法提供行为与非法获取行为。若无特别说明，则本书所述非法提供行为、非法获取行为与提供型侵犯公民个人信息行为、获取型侵犯公民个人信息行为一一对应。

第一节 "违反国家有关规定"的解读

根据《刑法》第 253 条之一的规定，侵犯公民个人信息罪的行为方式主要包括非法提供与非法获取两类，但并非所有前述行为均为刑法所不允许，只有"违反国家有关规定"的部分才有可能构成侵犯公民个人信息罪。信息活于流转，其依靠流动产生价值，❶ 单纯静态地持有对信息主体、企业乃至社会而言意义有限，频繁地收集、交换、共享与利用才是发挥其内在价值的最主要手段，因此我们在强调保护公民个人信息的同时，还应注重对其的合理利用。出售、提供是信息流通的最主要方式，《刑法》第 253 条之一对其设置"违反国家有关规定"的要求为个人信息的正常流转与合理利用预留了空间，并未将全部的出售、提供纳入刑法规制范围，这样的规定符合信息保护与利用并重的理念与相关产业发展的需求。正因如此，对于出售、提供行为而言，"违反国家有关规定"成为判断其构罪与否的前提性要素，并且这一要素是必须考量、不可忽视的，本节拟对侵犯公民个人信息罪中"违反国家有关规定"的相关内容进行研究，以期有助于本罪的合理适用。

一、"违反国家有关规定"表述的演进

我国刑法对公民个人信息的保护以及对相关罪名的设置经历了一个从无到有、从有到优的发展变化过程，而其罪状中与"违反国家有关规定"这一前提性要素相关的表述也随着刑法的修改完善而不断演进，主要可以分为以下三个阶段。

（一）《刑法修正案（七）》以前完全无规定

1997 年刑法制定时，受当时科学技术水平与社会发展阶段的限制，个人信息并未成为立法者重点关注的对象，其内在价值亦尚未显现，因此刑法中

---

❶ 参见张莉主编、中国电子信息产业发展研究院编：《数据治理与数据安全》，人民邮电出版社 2019 年版，第 28 页。

没有设置直接针对个人信息的罪名。但这并不是说当时的刑法不保护个人信息，而是某些行为对象涉及个人信息的犯罪将个人信息作为依附于国家法益、社会法益的附属性利益进行"顺带"保护。❶ 例如，非法提供国家秘密罪的行为对象为国家秘密，其中可能存在特殊人员名单、通信内容等涉及个人信息的部分，刑法通过该罪对此类个人信息提供保护，但该罪的法益为国家安全，个人信息保护只不过是在保护国家安全的过程中所产生的附属效果。在这一阶段，并不存在以个人信息为直接行为对象的罪名，更遑论在罪状中出现与"违反国家有关规定"相关的表述。2005 年《刑法修正案（五）》增设"窃取、收买、非法提供信用卡信息罪"，其犯罪对象为他人信用卡信息。由于该罪位于《刑法》第三章"破坏社会主义市场经济秩序罪"中，其法益为金融管理秩序，因此仍然是对个人信息进行附属保护，但这是个人信息首次作为直接犯罪对象进入刑法视野，标志着我国刑法中开始出现以个人信息作为犯罪对象的罪名。但单纯从条文表述来看，该罪并未将与"违反国家有关规定"相关的表述规定在其罪状中，因此还不存在本节拟要研究的前提性要素。

（二）《刑法修正案（七）》中的"违反国家规定"

随着信息时代的到来，个人信息遭受侵犯的风险大大增加，在这种情况之下，《刑法修正案（七）》出台并增设了新的罪名。其中，在出售、非法提供公民个人信息罪中开始出现判断犯罪成立与否的前提性要素，即"违反国家规定"。

"违反国家规定"属于典型的空白罪状，❷ 之所以如此规定，是因为有些犯罪违反其他法律法规，而相关构成要件的内容在该法律法规中又有详细阐述，因此为了保证刑法表述的简洁性并避免重复，才设置空白罪状。我国刑法分则中均存在着为数不少的空白罪状，涉及数十个罪名，分布于大多数篇

---

❶ 参见于冲：《侵犯公民个人信息罪中"公民个人信息"的法益属性与入罪边界》，《政治与法律》2018 年第 4 期，第 16 页。

❷ 参见高铭暄、马克昌主编：《刑法学》（第十版），北京大学出版社 2022 年版，第 313 页。

章，其中以第三章与第六章为最多。❶ 但 1979 年刑法并没有对"违反国家规定""违反……法规""违反……的规定"等的含义进行界定，也没有明确空白罪状所参照的其他法律、法规的效力层级与外延范围，因此导致在司法实践中认定不一。正是在这种背景之下，为了统一法律概念含义与司法适用标准、贯彻罪刑法定原则，立法机关在 1997 年进行刑法修订时，增加了关于"违反国家规定"含义的规定，❷ 即《刑法》第 96 条。❸ 另外，2011 年 4 月 8 日最高人民法院发布的《关于准确理解和适用刑法中"国家规定"的有关问题的通知》再次对《刑法》第 96 条的内容进行了重申，并且还对"国务院规定的行政措施"与"以国务院办公厅名义制发的文件"的含义进行了详细解读。❹ 因此，对于出售、非法提供公民个人信息罪而言，判断犯罪成立与否的前提性要素，即"违反国家规定"的含义相对明确，不存在较大的争议。

（三）《刑法修正案（九）》中的"违反国家有关规定"

随着人工智能、云计算等科学技术的进步，个人信息在经济建设与社会发展中的价值进一步凸显，无论是政务管理、经济发展，还是科学研究、商业往来，抑或是医疗卫生、社交娱乐，社会生活的方方面面均在时刻产生、分享和利用着海量的信息。大数据时代，个人信息的价值往往体现在具有一定规模的流通与利用上，以打通"数据孤岛"，实现开放共享。但是除了合法的信息交互与利用行为，不法分子也受利益的吸引而将目光与触手伸向个

---

❶ 空白罪状指的是，刑法条文并未直接规定某一犯罪成立的条件，但是指明了需要参照的其他法律、法规等。参见刘德法、尤中富：《论空白罪状中的"违反国家规定"》，《法学杂志》2011 年第 1 期，第 15—16 页。

❷ 参见高铭暄：《中华人民共和国刑法的孕育诞生和发展完善》，北京大学出版社 2012 年版，第 291 页。

❸ 《刑法》第 96 条规定："本法所称违反国家规定，是指违反全国人民代表大会及其常务委员会制定的法律和决定，国务院制定的行政法规、规定的行政措施、发布的决定和命令。"

❹ 最高人民法院《关于准确理解和适用刑法中"国家规定"的有关问题的通知》第 1 条规定："根据刑法第九十六条的规定，刑法中的'国家规定'是指，全国人民代表大会及其常务委员会制定的法律和决定，国务院制定的行政法规、规定的行政措施、发布的决定和命令。其中，'国务院规定的行政措施'应当由国务院决定，通常以行政法规或者国务院制发文件的形式加以规定。以国务院办公厅名义制发的文件，符合以下条件的，亦应视为刑法中的'国家规定'：（1）有明确的法律依据或者同相关行政法规不相抵触；（2）经国务院常务会议讨论通过或者经国务院批准；（3）在国务院公报上公开发布。"

人信息，严重威胁公民的信息权益以及与之相关的人身、财产安全。为了进一步加强对公民个人信息的周全保护，《刑法修正案（九）》增设侵犯公民个人信息罪，同时对《刑法》第253条之一的具体内容进行了进一步的修改与完善，其中即包括将前提性要素"违反国家规定"改为"违反国家有关规定"。其实该修改并不是直接在"违反国家规定"的基础上加上"有关"二字，而是在最终确定为"违反国家有关规定"之前也经历了多次反复的过程。《刑法修正案（九）》（草案）将入罪的前提性要素设置为"未经公民本人同意"，采取了主观判断标准，而对特殊主体的行为则保留了"违反国家规定"的表述；❶ 从《刑法修正案（九）》（草案二次审议稿）开始，无论是针对普通的出售、提供行为，还是特殊主体的出售、提供行为，均将前提性要素设置为"违反规定"，相较于《刑法修正案（七）》而言，删除了"国家"二字；❷《刑法修正案（九）》最终版本延续了草案二次审议稿的客观标准的立场，同时将具体内容调整为"违反国家有关规定"。

　　如上所述，由于《刑法》第96条明确界定了我国刑法中"违反国家规定"的含义，因此之前判断犯罪成立与否的前提性要素，即"违反国家规定"的含义相对明确，不存在较大的争议。但《刑法修正案（九）》出台后，我国刑法中即不存在对"违反国家有关规定"进行直接解释的条文，对其含义的理解缺乏明确的法律依据。另外，我国刑法分则中虽也有使用"有关规定"的表述，但其与"违反国家有关规定"仍有区别，因此可以说对于"违

---

❶《刑法修正案（九）》（草案一次审议稿）第16条规定："将刑法第二百五十三条之一修改为：'违反国家规定，将在履行职责或者提供服务过程中获得的公民个人信息，出售或者提供给他人，情节严重的，处三年以下有期徒刑或者拘役，并处或者单处罚金。''窃取或者以其他方法非法获取公民个人信息，情节严重的，依照前款的规定处罚。''未经公民本人同意，向他人出售或非法提供其个人信息，情节严重的，处二年以下有期徒刑或者拘役，并处或者单处罚金。''单位犯前三款罪的，对单位判处罚金，并对其直接负责的主管人员和其他直接责任人员，依照各该款的规定处罚。'"

❷《刑法修正案（九）》（草案二次审议稿）第17条规定："将刑法第二百五十三条之一修改为：'违反规定，向他人出售或者提供公民个人信息，情节严重的，处三年以下有期徒刑或者拘役，并处或者单处罚金；情节特别严重的，处三年以上七年以下有期徒刑，并处罚金。''违反规定，将在履行职责或者提供服务过程中获得的公民个人信息，出售或者提供给他人，情节严重的，依照前款的规定从重处罚。''窃取或者以其他方法非法获取公民个人信息，情节严重的，依照第一款的规定处罚。''单位犯前三款罪的，对单位判处罚金，并对其直接负责的主管人员和其他直接责任人员，依照各该款的规定处罚。'"

反国家有关规定"的理解，我国刑法其他条文中不存在相同的表述可资借鉴。虽然 2021 年 3 月 1 日生效实施的《刑法修正案（十一）》所增设的非法采集人类遗传资源、走私人类遗传资源材料罪也采取了"违反国家有关规定"的表述，❶ 但由于后者刚刚设立，对其本身的理解与适用尚存在争议，因此亦无法提供参照。由此可以看出，对于"违反国家有关规定"的理解，并不存在直接的法律依据或其他罪名中相同表述的借鉴，需要对其含义进行研究与界定。

二、"违反国家有关规定"性质的厘清

对于出售、提供行为而言，"违反国家有关规定"成为判断其构罪与否的前提性要素，并且这一要素是必须考量、不可忽视的，因此本节的主要目的在于研究与界定"违反国家有关规定"的具体含义，以期有助于侵犯公民个人信息罪的合理适用。需要注意的是，"违反国家有关规定"与"违反国家规定"一样，作为构成犯罪的前提性要素，其性质或者说刑法地位一直以来存在争议，不同学者持有不同，甚至完全相反的观点。而要界定"违反国家有关规定"的具体含义，必须先对其性质予以确定。"违反国家有关规定"的性质与其功能密不可分，对其性质采取某一种观点，则该性质下"违反国家有关规定"具有特定的功能，而认为其具有何种作用与功能，亦对应于其相应性质的观点，因此可以通过对"违反国家有关规定"功能的研究来具体确定其性质如何。

"违反国家有关规定"是新增表述，之前刑法分则条文中并没有与之完全一致的表述方式，故当前对其性质或功能的研究相对较少。而我国刑法分则中与其最为相似的表述当属"违反国家规定"，因此后者的性质或功能可以为前者提供借鉴与参照。需要注意的是，我国刑法分则中除"违反国家规定"外，还存在诸如"违反……法规""违反……规定"等的表述。本书认

---

❶ 《刑法修正案（十一）》第 38 条规定："在刑法第三百三十四条后增加一条，作为第三百三十四条之一：'违反国家有关规定，非法采集我国人类遗传资源或者非法运送、邮寄、携带我国人类遗传资源材料出境，危害公众健康或者社会公共利益，情节严重的，处三年以下有期徒刑、拘役或者管制，并处或者单处罚金；情节特别严重的，处三年以上七年以下有期徒刑，并处罚金。'"

为，其只是写明所违反之规定的具体类别，❶ 因此在无特殊说明的情况下，本书所称的"违反国家规定"包括"违反……法规""违反……规定"等。

对于"违反国家规定"的作用与功能，张明楷教授认为其在不同分则条文中各不相同，因此无法一概而论，需要进行具体分析。因此，张明楷教授将我国刑法分则中所出现的"违反国家规定"的作用与功能分为五个类别分别进行论述。其一，提示违法阻却事由。在某些分则罪名中，刑法条文已经明确、具体且全面地将客观构成要件描述出来，只要实施条文中所规定的行为，即符合客观构成要件，无须再根据行政管理法规进行确定。因为此时行政管理法规的具体内容已经具体化为刑法条文。"违反国家规定"的存在只是一种对违法阻却事由的提示，并没有太多实际意义，意即若存在违法阻却事由，则在违法性层面阻却犯罪成立，若不存在违法阻却事由，则行为符合构成要件且违法，无须单独确定并证明行为到底违反了哪一行政管理法规。例如，根据《中华人民共和国麻醉药品和精神药品管理条例》（以下简称《麻醉药品和精神药品管理条例》）第 30 条、第 32 条的规定，麻醉药品和第一类精神药品不得零售，且禁止无处方销售第二类精神药品，因此《刑法》第 355 条中的行为本身即已违反《麻醉药品和精神药品管理条例》的规定，❷"违反国家规定"不具有实质意义，仅提示违法阻却事由。若行为没有违反国家规定，其也已经符合该罪构成要件，只是由于具有诸如《麻醉药品和精神药品管理条例》第 45 条等规定的违法阻却事由❸而不具有违法性，进而不构成犯罪。其二，要求违反行政管理法规。在某些分则罪名中，刑法条文并没有像前一种情形一样具体地描述客观构成要件，因此仅凭该条文无法确定某一行为是否符合构成要件，需要结合行政管理法规进行综合判断，此时

---

❶　例如，《刑法》第 133 条规定："违反交通运输管理法规，因而发生重大事故，致人重伤、死亡或者使公私财产遭受重大损失的……"

❷　《刑法》第 355 条规定："依法从事生产、运输、管理、使用国家管制的麻醉药品、精神药品的人员，违反国家规定，向吸食、注射毒品的人提供国家规定管制的能够使人形成瘾癖的麻醉药品、精神药品的……"

❸　《麻醉药品和精神药品管理条例》第 45 条规定："医疗机构、戒毒机构以开展戒毒治疗为目的，可以使用美沙酮或者国家确定的其他用于戒毒治疗的麻醉药品和精神药品。具体管理办法由国务院药品监督管理部门、国务院公安部门和国务院卫生主管部门制定。"

"违反国家规定"不再无任何意义，而是对于犯罪成立具有实质性影响。此时必须确定行为人违反了哪一具体条文，否则即无法证成行为人的行为符合构成要件，在构成要件层面就已经阻却了犯罪成立。❶ 其三，表示未经行政许可。在某些分则罪名中，"违反国家规定"指的是该行为未取得相应的行政许可。张明楷教授认为，行政许可可以分为控制性许可与特别许可两类。在控制性许可中，之所以设置行政许可，并不是由于行为本身具有法益侵害性，而是因为行政机关希望对某些事项进行事前监督；在特别许可中，某行为侵犯法益，一般情况下应予以禁止，但在特殊情况下，为了实现更优法益，行政机关允许行为人实施该行为。对于控制性许可，必须确定行为人未经许可的行为具体违反哪部行政管理法规，才能证成其符合构成要件，例如，《刑法》第 174 条第 1 款规定的"擅自设立金融机构罪"；对于特别许可，行为本身即具有法益侵害性，"违反国家规定"只是在违法性层面阻却犯罪，例如，《刑法》第 288 条规定的"扰乱无线电通讯管理秩序罪"。其四，强调行为的非法性质。在某些分则罪名中，"违反国家规定"没有实质含义，其存在仅为强调或重申相关行为的非法性质，意即刑法条文已经明确描述了构成要件，只要实施条文中所规定的行为，即符合构成要件，无须确定行为人具体违反哪一行政管理法规，"违反国家规定"的作用只是在于提示说明相关行为是非法的，比如《刑法》第 222 条规定的"虚假广告罪"、第 339 条规定的"非法处置进口的固体废物罪"等。这种情形与前述"提示违法阻却事由"的区别在于，在此种情形中，几乎不存在违法阻却事由。其五，相关表述的同位语。在某些分则罪名中，"违反国家规定"没有独立的实质含义，而只是对条文部分内容的同义反复，因而属于相关表述的同位语。❷

---

❶ 最典型的例子即交通肇事罪，《刑法》第 133 条规定："违反交通运输管理法规，因而发生重大事故，致人重伤、死亡或者使公私财产遭受重大损失的⋯⋯"根据该条的内容，无法明确获知什么样的行为属于交通肇事行为，要得到这一问题的答案则必须结合交通运输管理法规的规定，只有这样才能判断行为人的行为是否符合交通肇事罪的构成要件。

❷ 例如，《刑法》第 340 条规定："违反保护水产资源法规，在禁渔区、禁渔期或者使用禁用的工具、方法捕捞水产品，情节严重的⋯⋯"根据《中华人民共和国渔业法》第 30 条的规定，禁止制造、销售、使用禁用的渔具。禁止在禁渔区、禁渔期进行捕捞。因此在禁渔区、禁渔期或者使用禁用的工具、方法捕捞水产品的行为本身就是违反保护水产资源法规的行为，"违反保护水产资源法规"的表述只是同义反复的同位语而已。

　　上述对"违反国家规定"作用与功能的总结是极其全面的，其涵盖了我国刑法分则中所出现的"违反国家规定"的全部种类，但本书认为将其分为五个类别略显繁杂，其中多个类型虽稍有差异但本质相同，比如上述第一、四、五种类型相似，第二、三种类型相似，因此可以将其分别合并成为一个类别。经过整理之后，本书认为，我国刑法分则中"违反国家规定"的作用与功能主要可以分为两大类别：一是作为提示违法要素，仅指示与强调行为的违法性，没有实质意义，条文的其他部分已经全面地描述了构成要件，即使删除这一规定也不会影响罪与非罪的判断；二是作为犯罪的构成要件要素，具有实质意义，若缺乏这一规定则不符合构成要件，因而在构成要件阶层阻却犯罪。相应地，"违反国家规定"的性质也可以分为两类，即提示违法要素与构成要件要素，学界有其他学者亦采取这一更加简洁的分类方式。❶ 作为提示违法要素的"违反国家规定"包括上述分类中的第一、四、五种情形，可以说，第四、五种情形没有区别，强调行为的非法本质实则就是对相关表述的同义反复，❷ 而第一种情形"提示违法阻却事由"也是从另一个方面对违法性进行了提示，只是在有些罪名中存在违法阻却事由，而在另外一些罪名中没有而已。可以看到，这三种情形均是指在法条其他内容已全面描述犯罪构成要件的基础上，重复提示与强调行为的违法性，并无实质意义，即使将其删除也不影响罪与非罪的判断，因此可以将其合并。作为构成要件要素的"违反国家规定"包括上述分类中的第二、三种情形，"未经行政许可"从本质上而言仍然属于"违反行政管理法规"，只是前者仅是后者中的一个方面而已，相对而言，前者的含义更加简单，❸ 因此其二者本质相同，可以将其合并。

　　如上所述，"违反国家规定"的性质或刑法地位可以为"违反国家有关规定"提供借鉴与参照，而"违反国家规定"的性质共包含提示违法要素与构成要件要素两大类，因此侵犯公民个人信息罪中"违反国家有关规定"的

---

❶ 参见蒋铃：《刑法中"违反国家规定"的理解和适用》，《中国刑事法杂志》2012年第7期，第34—35页。
❷ 参见张明楷：《刑法分则的解释原理（下）》，中国人民大学出版社2011年版，第561页。
❸ 参见张明楷：《刑法分则的解释原理（下）》，中国人民大学出版社2011年版，第553页。

性质也应属于二者之一。对于这一问题，自《刑法修正案（九）》增设侵犯公民个人信息罪以来，刑法理论界即存在争议。有学者认为，该罪中的"违反国家有关规定"仅是为了提示违法而存在；另有学者主张，其应属于构成要件要素，在罪与非罪的判断中具有实质意义。

提示违法要素说的理由如下。其一，从《刑法》第253条之一第1、2款的内容来看，刑法条文在"违反国家有关规定"之后已经明确、具体且全面地描述了客观构成要件，行为人只要实施条文中所规定的行为，即符合客观构成要件，无须再根据行政管理法规进行确定。"因此即使删除'违反国家有关规定'的表述，第1、2款的罪状结构也是完整的，不会影响罪与非罪的判断，故'违反国家有关规定'不具有实质意义，其存在只是为了提示行为的违法性。"❶ 其二，若认为"违反国家有关规定"属于构成要件要素，那么当不能证明行为人的行为违反某一具体规定，则只能得出无罪的结论。这样的解释会导致侵犯公民个人信息罪的适用遭遇前置法上的困境，即由于该罪的成立完全依赖于前置法的有无及其具体规定，因此在前置法欠缺或无法及时跟进与更新的情况下，这种"刑法先行、前置法滞后"的局面会造成侵犯公民个人信息罪难以有效适用。❷ 其三，根据侵犯公民个人信息罪所处的章节位置、所保护之法益等因素，该罪在犯罪性质上属于自然犯而非法定犯，其无须以违反前置法为前提。即使设置了前置法的相关表述，其也不具有实质意义，只是起到提示法令行为、业务行为等违法阻却事由的作用。❸ 其四，经过梳理可以发现，我国关于个人信息保护的规定散见于数十部不同的法律法规之中，这些规定分散且繁杂。若要求司法人员在每一个案件中都必须寻找并判断行为人的行为是否违反某一具体规定，无疑会极大地增加其工作负担，在降低效率的同时耗费了巨大的司法资源，且这种要求在实践中亦缺乏可操作性。因此对于"违反国家有关规定"的性质，应采取提示违法要素的

---

❶ 江耀炜：《大数据时代公民个人信息刑法保护的边界——以"违反国家有关规定"的实质解释为中心》，《重庆大学学报（社会科学版）》2019年第1期，第155页。

❷ 参见于冲：《侵犯公民个人信息罪中"公民个人信息"的法益属性与入罪边界》，《政治与法律》2018年第4期，第23页。

❸ 参见自正法、韩铁柱：《流通知情权与侵犯公民个人信息罪的法益及其刑事保护边界》，《内蒙古社会科学》2020年第5期，第94—95页。

观点，认为其在罪与非罪判断中不具有实质意义，只是对违法阻却事由的反向重申，在个案中司法人员无须单独确定并证明行为人的行为到底违反了哪一具体规定。其五，部分学者通过检索并查阅案由为"侵犯公民个人信息罪"的判决发现，在其所检索的判决中，绝大多数判决并未在裁判理由中提到"违反国家有关规定"或"违反国家规定"，即使提到，其也只是笼统地描述而鲜有判决明确地指明行为人违反的是哪部法律法规，更遑论清晰地列明具体的法条内容了。故有学者认为，提示违法要素说的观点显然更符合司法实践中实务部门的做法，在判决中只需概括性地提到即可，无须查明其具体内容，刑法理论界对于"违反国家有关规定"性质的争议应借鉴与吸纳这一观点。❶ 另外，若认为"违反国家有关规定"属于构成要件要素，那么即意味着要确定行为人的行为构成侵犯公民个人信息罪，则必须查明其所违反的具体规定并在判决书中列明，否则只能得出无罪的结论。但这种观点会导致以往绝大多数判决书均是错误的，引起极大的不稳定并严重减损司法公信力。

本书赞成构成要件要素说，主要理由如下。

第一，上述支持提示违法要素观点的学者所列举的相当部分理由在《个人信息保护法》出台之前确实具有一定的合理性，例如，前置法欠缺时导致侵犯公民个人信息罪适用困难、查明前置法需耗费极多的司法资源、绝大多数现有判决并未指明行为人具体违反的法规内容等，但随着《个人信息保护法》于 2021 年 11 月 1 日生效实施，这些理由不再成为支持构成要件要素观点的阻碍。《个人信息保护法》作为我国个人信息保护方面的专门立法，其全方位地规定了个人信息处理规则、个人在信息处理活动中的权利以及个人信息处理者的义务与责任等内容，范围涵盖与个人信息保护相关的方方面面，❷ 因此不会再出现前置法欠缺的情况，"刑法先行、前置法滞后"的局面也将得到本质上的改善。另外，这也使得法官查明行为人所违反的具体前置法律法规更加简便，不会耗费过多司法资源，并且法官在之后进行裁判时更加有法可循，不会再在判决中笼统地表述"违反国家有关规定"，而会具体

---

❶ 参见江耀炜：《大数据时代公民个人信息刑法保护的边界——以"违反国家有关规定"的实质解释为中心》，《重庆大学学报（社会科学版）》2019 年第 1 期，第 155 页。

❷ 参见程啸：《个人信息保护法亮点解读》，《中国市场监管报》2021 年 9 月 18 日，第 003 版。

列明行为人违反哪部法律法规的哪一条、哪一款。

第二，应分清实然与应然，不能以司法实践中出现的情况作为论证应如此理解的理由。目前绝大多数判决均未指明行为人所违反的具体前置法内容，很明显其采取的是提示违法要素的观点，但不能以此即认为对于"违反国家有关规定"的性质应当如此理解，这二者之间并没有绝对的因果关系。另外，即使查明前置法具体内容是一项烦琐的任务，会增加司法人员的工作负担，但这也是技术层面的问题，并不能以此为由认为不应当查找，并且到前置法中寻找部分犯罪成立条件是空白罪状的应有之义。既然我国刑法承认并在为数不少的条文中设置了空白罪状，那么即应当接受其所带来的相应的负担，因此上述学者所提出的部分理由并不能够成立。

第三，根据《刑法》第253条之一第1、2款的规定，虽对其罪状进行了相对详尽的描述，但其并非全部客观构成要件要素，刑法也并不是要全面禁止一切出售、提供公民个人信息的行为，只有满足一定条件的出售、提供行为才属于刑法规制的范围。因此应当看到，要构成本罪必须要同时具备前提要素、行为要素、情节要素三个条件，缺一不可，故"违反国家有关规定"属于构成要件要素，直接影响罪与非罪的判断。❶

第四，前述有观点提到侵犯公民个人信息罪是自然犯，或认为其是法定犯，进而对"违反国家有关规定"的性质予以认定。在这里本书首先需要对"违反国家有关规定"性质与犯罪性质的关系进行澄清。条文表述与犯罪性质之间从来没有建立绝对的一一对应的关系，此类表述是法定犯的典型特征，因此可以说法定犯必然具备这一前提性要素，但并不是法条中规定此类要素的犯罪均为法定犯。❷ 例如，《刑法》第244条之一，❸ 虽规定有"违反劳动

---

❶ 参见胡江：《侵犯公民个人信息罪中"违反国家有关规定"的限缩解释——兼对侵犯个人信息刑事案件法律适用司法解释第2条之质疑》，《政治与法律》2017年第11期，第37—38页。

❷ 参见刘艳红：《侵犯公民个人信息罪法益：个人法益及新型权利之确证——以〈个人信息保护法（草案）〉为视角之分析》，《中国刑事法杂志》2019年第5期，第25—26页。

❸ 《刑法》第244条之一第1款规定："违反劳动管理法规，雇用未满十六周岁的未成年人从事超强度体力劳动的，或者从事高空、井下作业的，或者在爆炸性、易燃性、放射性、毒害性等危险环境下从事劳动，情节严重的，对直接责任人员，处三年以下有期徒刑或者拘役，并处罚金；情节特别严重的，处三年以上七年以下有期徒刑，并处罚金。"

管理法规"，但却是典型的侵犯儿童身心健康的自然犯。因此前述支持提示违法要素观点的学者以侵犯公民个人信息罪属于自然犯，进而认定该罪中"违反国家有关规定"不具有实质意义的论证是不具有合理性的。自然犯与法定犯的分类是意大利法学家加罗法洛在其《犯罪学》一书中提出的，"其中自然犯是指违反伦理道德，侵犯自然人核心法益，即使没有法律规定也属于犯罪的行为，而法定犯指的是没有违反伦理道德，亦未侵犯自然人核心法益，由于法律的规定才成为犯罪的行为"❶。侵犯公民个人信息犯罪所侵害的法益为信息自决权，其显然与生命、身体、性自主权等自然人核心法益相区别，在法律对其进行规制之前该行为并不构成犯罪，因此从性质上而言，侵犯公民个人信息犯罪应属于法定犯。❷ 前已述及，某一犯罪之性质与其罪状中"违反国家规定"等表述的性质间不存在完全的对应关系，尤其是从某一犯罪属于自然犯无法推导出其无须"违反国家规定"等要素或该要素无实质意义，上文所提到的雇用童工从事危重劳动罪即为适例。但对于法定犯而言则稍有不同，由于"违反国家规定"等表述是其典型特征与必备要素，因此若确定某一犯罪为法定犯，则能够得出其罪状中不仅需要"违反国家规定"等表述，且该表述属于构成要件要素，具体而言为法定犯构成要件的规范要素，具有实质意义。❸ 由于侵犯公民个人信息罪属于法定犯，因此该罪中的"违反国家有关规定"为构成要件要素。❹

第五，随着人工智能、云计算、大数据收集与处理技术的进步，个人信息具有比金钱更高的内在价值。但信息活于流转，其依靠流动产生价值，因此单纯静态地持有对信息主体、企业乃至社会而言意义有限，频繁地收集、交换、共享与利用才是发挥其内在价值的最主要手段。正因如此，我们在强调保护公民个人信息的同时还应注重对其的合理利用。出售、提供行为本身

---

❶ ［意］加罗法洛：《犯罪学》，耿伟、王新译，商务印书馆 2020 年版，第 266 页。

❷ 参见郑毓枫：《大数据时代侵犯公民个人信息犯罪研究》，《广西社会科学》2018 年第 8 期，第113 页。

❸ 参见陈兴良：《法定犯的性质和界定》，《中外法学》2020 年第 6 期，第 1475 页。

❹ 参见叶良芳：《法秩序统一性视域下"违反国家有关规定"的应然解释——〈关于办理侵犯公民个人信息刑事案件适用法律若干问题的解释〉第 2 条评析》，《浙江社会科学》2017 年第 10 期，第 21 页。

并不当然地具有违法性，只有违反国家有关规定的部分才应被纳入刑法规制范围。因此，"违反国家有关规定"在性质上应属于构成要件要素，其发挥着合理限制侵犯公民个人信息罪之适用范围的功效，意即符合前置法规定的出售、提供行为并不构成犯罪。这样的观点为公民个人信息的合理流转与利用预留了法律空间，更加符合信息保护与利用并重的理念与相关产业发展的需求。❶

第六，《解释》第 2 条专门对"违反国家有关规定"的含义进行了界定，单单从这一点看即能得出结论，"违反国家有关规定"绝不是对罪与非罪之判断无足轻重的提示违法要素，其应当具有实质意义。❷ 或许会有反对观点，即《刑法》第 96 条亦对"违反国家规定"的含义明确规定，但其仍包含属于提示违法要素的情形，说明法律对"违反国家有关规定"的含义明确规定与否与其性质为何并不具有必然联系，因此不能以司法解释对"违反国家有关规定"进行了界定为由认定其属于构成要件要素。需要注意的是，《刑法》第 96 条是对全部刑法条文中所出现的"违反国家规定"的统一界定，由于所涉罪名众多且各罪罪状表述各不相同，因此"违反国家规定"的性质与含义也可能存在差异，需要在不同罪名中进行具体判断，其既可能是构成要件要素，也可能是提示违法要素。但《解释》第 2 条是专门针对侵犯公民个人信息罪中"违反国家有关规定"的解读，因此表明其绝对不是可有可无的语气助词或相关表述的同义反复，其必然具有实质含义，若要论证行为人之行为构成侵犯公民个人信息罪，则必须指明其所违反的具体法律法规，否则只能得出无罪的结论。

综上所述，本书认为侵犯公民个人信息罪中"违反国家有关规定"的性质为构成要件要素，其具有实质含义，直接影响罪与非罪的判断。这一观点

---

❶ 参见胡江：《侵犯公民个人信息罪中"违反国家有关规定"的限缩解释——兼对侵犯个人信息刑事案件法律适用司法解释第 2 条之质疑》，《政治与法律》2017 年第 11 期，第 37 页。

❷ 参见冀洋：《法益自决权与侵犯公民个人信息罪的司法边界》，《中国法学》2019 年第 4 期，第 78 页。

也是目前我国刑法学界的主流观点，得到大多数学者的支持。❶

在新近论著中出现一种新的主张。部分学者提出，"违反国家有关规定"具有复合型机能，其既属于构成要件要素，同时又发挥着提示违法阻却事由的功能。❷ 这种观点实质是对提示违法要素说与构成要件要素说的折中与综合，因此可以将其称为混合说。混合说看似实现了提示违法要素说与构成要件要素说的共生与互补，但其理论根基是存在疑问的。若认为"违法国家有关规定"属于构成要件要素，则在具体案件中，法官必须查明行为人究竟违反了哪一法律法规的哪一具体条文，并且其存在与否对于理解侵犯公民个人信息罪法条的含义至关重要、不可或缺，因此不能随意删除。但若认为"违反国家有关规定"属于提示违法要素，则在具体案件中并不需要法官查明行为人到底违反了哪一部法律法规的哪一具体条文，即使将其删除，也不会影响侵犯公民个人信息罪法条的含义。可以看到，采用提示违法要素说还是构成要件要素说，会对"违反国家有关规定"产生两种不同甚至完全相反的理解，因此二者相互排斥、无法共存，混合说的观点不具有可行性。另外，相关学者之所以提出混合说，主要是为了能够同时弥补提示违法要素说无法填补构成要件在前提方面的缺失，以及构成要件要素说忽略了"违反国家有关规定"的出罪价值的弊端。但事与愿违的是，这样的折中与综合在吸收前述两种学说优点的同时亦完整接受了二者的不足，因此其不仅无法探寻出最合理的观点，而且还会导致二者弊端相叠加，呈现出聚合放大的负面效应。综合而言，这种以所谓复合机能作为创新点的混合说，并不可取。

---

❶ 除了上文中所引用的参考文献，同样主张"违反国家有关规定"属于构成要件要素的著述还有：参见孙靖珈：《侵犯公民个人信息罪的犯罪属性及对刑罚边界的影响》，《海南大学学报（人文社会科学版）》2019 年第 6 期，第 70—71 页；王飞：《侵犯公民个人信息罪若干实务问题探析——以犯罪客体为视角》，《法律适用（司法案例）》2018 年第 18 期，第 102 页；张东升、戴有举：《侵犯公民个人信息罪问题研究》，《河南财经政法大学学报》2018 年第 3 期，第 66 页等。

❷ 参见杨楠：《侵犯公民个人信息罪的空白规范功能定位及适用限度》，《华东政法大学学报》2021 年第 6 期，第 75—81 页。

三、"违反国家有关规定"外延的确定

"违反国家有关规定"的性质直接决定是否需要对其含义与具体范围进行研究。若认为"违反国家有关规定"属于提示违法要素，则其不具备实质意义，仅提示行为违法性，因此无所谓其范围如何；若认为"违反国家有关规定"属于构成要件要素，则由于其影响罪与非罪的判断，因此必须明确其含义与具体范围，以确保侵犯公民个人信息罪的合理适用。前已述及，本书采取当前刑法学界的主流观点，认为"违反国家有关规定"的性质为构成要件要素，因此需要对其范围予以明确。

（一）司法解释对"违反国家有关规定"的界定

《解释》第2条规定了"违反国家有关规定"的含义及范围，即"违反法律、行政法规、部门规章有关公民个人信息保护的规定"。《刑法》第96条也对"违反国家规定"的含义进行了界定，与之相比，《解释》第2条对"违反国家有关规定"的界定有所不同，主要体现在两个方面：其一，《解释》第2条仅包含全国人大及其常委会、中华人民共和国国务院（以下简称国务院）所制定的法律与行政法规；其二，《解释》第2条囊括了部门规章，无论是《刑法》第96条中的法律、决定、行政法规、行政措施、决定、命令，还是《解释》第2条中的法律、行政法规，其制定主体均为全国人大及其常委会、国务院，但部门规章的制定主体则位阶更低。❶《解释》第2条对"违反国家有关规定"的如此界定是否合适需要进一步研究，其中争议的核心在于是否应当将"部门规章"纳入"国家有关规定"的范围。❷

---

❶ 《立法法》第91条第1款规定："国务院各部、委员会、中国人民银行、审计署和具有行政管理职能的直属机构，可以根据法律和国务院的行政法规、决定、命令，在本部门的权限范围内，制定规章。"

❷ 在刑法总则规定了"违反国家规定"的含义后，"违反国家有关规定"作为对前者的细化，可以与其在具体范围上有所不同，但不能超出其最大边界。虽然《解释》第2条仅包含法律与行政法规，不包括全国人大及其常委会制定的决定与国务院规定的行政措施、发布的决定和命令，但其在第96条的范围之内，而《解释》第2条将"部门规章"纳入"国家有关规定"则是对"国家规定"范围的突破。因此学界主要的争议在于是否应当将"部门规章"纳入"国家有关规定"，这也是本书此部分关注的重点。

（二）司法解释增加"部门规章"的原因分析

第一，《刑法修正案（九）》在"违反国家规定"的基础上增加了"有关"二字。刑法涉及财产、自由甚至生命等重大权益，因此立法者在制定、修改、完善刑法时，应注意其用语相较其他法律而言，更加需要避免粗糙、追求精致，[1] 司法者在解释、适用刑法时，应重视其具体表述，每一字、每一词、每一标点都需要严肃对待。[2] 法律用语只有在其含义不同且需要进行区分的情况下，才能使用相似或不同的表达。[3] 既然《刑法修正案（九）》在原先的基础上增加了"有关"二字，那么应当认为前后二者的含义与范围并不相同，正因如此，所以无须以后者作为界定前者的标准与限制。另外，有学者认为："加入'有关'二字之后，我国所有相关的法律均可以成为侵犯公民个人信息罪的前置性法规"[4]，而部门规章作为在全国范围内产生法律效果的规范性文件，将其认定为"国家有关规定"也算是名副其实。

第二，"个人信息的内在价值在大数据时代进一步显现，其已然成为现代社会发展的重要资源与核心动力"[5]。在个人信息在各行各业乃至生活的方方面面发挥着重要作用的同时，不法分子也将目光与触手伸向这一领域，因此侵犯公民个人信息的行为愈加严重。可以看出，信息安全问题严重威胁到公民个人的信息权益及与之相关的人身、财产安全，正是在这样的时代背景下，最高人民法院、最高人民检察院发布了《解释》，延展了侵犯公民个人信息罪的规制半径，加大了刑法的打击力度，这样的解读符合严厉惩治侵犯公民个人信息类犯罪的现实需要，与社会公众的强烈呼声也是一致的。

---

[1] 参见付立庆：《论刑法用语的明确性与概括性——从刑事立法技术的角度切入》，《法律科学（西北政法大学学报）》2013 年第 2 期，第 100—101 页。

[2] 郑旭江：《侵犯公民个人信息罪的述与评——以〈关于办理侵犯公民个人信息刑事案件适用法律若干问题的解释〉为视角》，《法律适用》2018 年第 7 期，第 33 页。

[3] 参见陈兴良：《相似与区别：刑法用语的解释学分析》，《法学》2000 年第 5 期，第 36 页。

[4] 吴允锋、纪康：《侵犯公民个人信息罪的司法适用——以〈网络安全法〉为视角》，《河南警察学院学报》2017 年第 2 期，第 93 页。

[5] 王利明：《敏感个人信息保护的基本问题——以〈民法典〉和〈个人信息保护法〉的解释为背景》，《当代法学》2022 年第 1 期，第 6 页。

第三，在之前相当长的一段时间内，我国仅在其他法律规范中附带涉及个人信息保护的部分条文，因此可以说前置法极其薄弱，完全呈现出一种"刑法先行、前置法缺失"的局面。这种情况在《刑法修正案（九）》颁布之后仍然没有得到好转，由于缺乏能够查阅与参照的前置法律法规，进而导致该罪的适用难题。2016 年 11 月我国出台了《网络安全法》，其专设一章对网络信息安全以及网络用户的信息权益、网络运营者的义务与责任进行了详细规定，2017 年 3 月出台实施的《民法总则》明文规定应保护个人信息。但即使如此，相关法律法规还不甚完善，毕竟《网络安全法》仅聚焦于网络信息安全，而《民法总则》只有一个条文涉及个人信息且是极其抽象的规定，因此若将"国家有关规定"仅限制在法律与行政法规，则还是会导致前置法极其欠缺，无法填补之前的处罚漏洞。正是在这种局面之下，2017 年 5 月，最高人民法院、最高人民检察院发布了《解释》，将部门规章纳入"国家有关规定"，可以说这样的解读在当时我国有关个人信息保护的专门立法缺失、其他相关法律法规不足的情况下无疑是具有积极意义的。❶

第四，随着大数据、云计算、人工智能、人脸识别等技术的发展，如今绝大多数个人信息均储存于"云端"，个人信息的保护通常与互联网相关。因此，与个人信息保护相关的内容，甚至个人信息概念本身会由于技术的介入而变得极其复杂，仅依靠较为宏观的法律、行政法规无法完全详尽地对其进行规范。考虑到这一方面的问题，《解释》第 2 条在"国家有关规定"中加入部门规章，以更为精细化的部门规章对受技术影响而变得专业化、复杂化的个人信息、侵犯行为等内容进行规制，不失为一种合理的选择。❷ 对于这一观点，由立法机关主要工作人员主编的相关论著也有提及，其中谈到"这样的规定有利于根据不同行业、领域的特点有针对性地保护公民个人信息"。❸ 其实，通过司法解释扩充前置法范围，以满足对构成要件中具有专业

❶ 参见张庆立：《侵犯公民个人信息罪的法益廓清与实践认定——基于最新司法解释的考察》，《时代法学》2018 年第 2 期，第 56 页。

❷ 参见熊波：《侵犯公民个人信息罪法益要素的法教义学分析——基于"泛云端化"信息特质》，《西北民族大学学报（哲学社会科学版）》2019 年第 5 期，第 144 页。

❸ 雷建斌主编、全国人大常委会法制工作委员会刑法室编：《〈中华人民共和国刑法修正案（九）〉释解与适用》，人民法院出版社 2015 年版，第 124 页。

性、复杂性的犯罪对象、行为等进行解读的需要的做法，并不是《解释》首创，也不是没有任何先例的措施，在我国司法实践中，还存在许多采取这一方法对法条进行解释的其他例证。❶

（三）基于罪刑法定原则的理性选择

上述原因主要源于特殊时代背景下的现实需求，具有一定程度的政策性特征，但本书基于罪刑法定原则，认为"违反国家有关规定"的范围应与《刑法》第96条的范围保持一致。当然，此处所说的"一致"并不是要求二者的范围完全相同，而是指二者之间不存在矛盾与冲突。

首先，"违反国家有关规定"与"违反国家规定"在表述上极其相似，其最大的差异在于前者增加了"有关"二字，而这也正是相关学者认为二者含义与范围应相互区别的最主要依据。但需要注意的是，仅因为"有关"二字之差并不足以否认"违反国家有关规定"与"违反国家规定"的一致性。其一，"有关"一词通常有两种含义，作为动词其指的是"有关系"，作为介词其指的是"涉及"，❷ 但无论哪种含义均不会扩大与其搭配之名词的范围。例如，学校有关领导不会超出学校领导的范围，银行有关规定不会超出银行规定的范围，政府有关机构不会超出政府机构的范围。因此，"国家有关规定"虽与"国家规定"在表述上存在差异，但其具体含义不会超出后者的范围，也即相关学者所提出的大概念与小概念的关系。❸ 其二，"由于'违反国家有关规定'被规定于具体罪名，因此'有关'仅是对'国家规定'的限制，"❹ 其指的是与特定事项，即个人信息保护相关，因此"国家有关规定"

---

❶ 例如，最高人民法院、最高人民检察院于2019年6月发布《关于办理利用未公开信息交易刑事案件适用法律若干问题的解释》，其第3条对《刑法》第180条第4款"利用未公开信息交易罪"中的"违反规定"进行了界定，认定"违反规定"是指"违反法律、行政法规、部门规章、全国性行业规范有关证券、期货未公开信息保护的规定，以及行为人所在的金融机构有关信息保密、禁止交易、禁止利益输送等规定"。

❷ 参见中国社会科学院语言研究所词典编辑室编：《现代汉语词典》（第7版），商务印书馆2016年版，第1589页。

❸ 参见罗翔：《刑事不法中的行政不法——对刑法中"非法"一词的追问》，《行政法学研究》2019年第6期，第77页。

❹ 杨楠：《侵犯公民个人信息罪的空白规范功能定位及适用限度》，《华东政法大学学报》2021年第6期，第76页。

亦属于"国家规定",其是后者中与个人信息保护相关的具体种类。其三,对于关涉公民财产、自由乃至生命的刑法,其用语应具有严谨性,其中一项重要的要求即是表达相同意思应使用同一术语,但由于在立法过程中过于依赖吸收相关法律的现有用语等,立法实践中并未完全遵循这一要求,我国刑法中存在不少采用不同术语表达相同意思的情形。例如,同样是表达有偿转让,《刑法》第 171 条使用的是"出售",而第 329 条第 2 款使用的是"出卖"。❶ 因此不能仅因为表述不同即否认"违反国家有关规定"与"违反国家规定"在范围上的一致性。

其次,《刑法》第 96 条对"违反国家规定"的界定属于总则部分的条文,且其明确表述"本法所称违反国家规定,是指……"因此其是刑法为了避免指向具体前置法律规范这种方式所存在的挂一漏万的弊端,而采取的针对法定犯前提要件的总体性、一般化规定,❷ 故其应对分则罪名中有关"违反国家规定"的内容起到指导与制约作用。我国刑法分则中有为数不少的条文含有"违反国家规定"或"违反……规定""违反……法规"等表述,前者毫无疑问需要遵循《刑法》第 96 条的规定,而后者属于前者之变体,只是由于各罪名具体构成要件不同或某些罪名关涉具体方面的事项不同等原因,采取了稍有差异的表述形式,因此二者本质相同。"违反国家有关规定"采取的是"违反……规定"的表述,因此其亦属于总则第 96 条"违反国家规定"在分则罪名中的细化与具体体现,为遵循总则规定对分则内容的约束且保证刑法内部的协调统一,对"违反国家有关规定"含义的解释与范围的确定不应脱离第 96 条的内容,而这也正是罪刑法定原则的要求。❸ 具体考察《解释》第 2 条的内容,如果说法律、行政法规尚且属于《刑法》第 96 条所规定的"国家规定",那么部门规章无论如何已经超出其最大边界,因此

---

❶ 《刑法》第 171 条规定:"出售、购买伪造的货币或者明知是伪造的货币而运输,数额较大的……"《刑法》第 329 条第 2 款规定:"违反档案法的规定,擅自出卖、转让国家所有的档案,情节严重的,处三年以下有期徒刑或者拘役。"

❷ 参见张涛、魏昌东:《回顾与展望:刑法中的"违反国家规定"研究》,《法治社会》2018 年第 6 期,第 42 页。

❸ 参见李谦:《侵犯公民个人信息罪的法解释学释义》,《北京邮电大学学报(社会科学版)》2017 年第 1 期,第 17 页。

《解释》第 2 条对"违反国家有关规定"的界定缺乏合理性。

再次，虽法秩序相统一原理无法推导出"刑法必须从属于前置法"这一简单结论，尤其在入罪上不存在这样的约束性，但"前置法上的合法行为不具有刑事违法性"应是其题中之义，从反向考量，则意味着刑法上的犯罪行为必然具备前置法上的违法性。❶ 因此对于侵犯公民个人信息罪而言，构成本罪的行为首先必须是前置法上的违法行为，但从前置法的内容来看，其并不禁止违反部门规章的行为。例如，《个人信息保护法》第 14 条第 1 款后半段规定，"法律、行政法规规定处理个人信息应当取得个人单独同意或者书面同意的，从其规定，"因此行为人应遵循法律、行政法规对同意方式的特殊规定，但对于部门规章的规定则无此强制性要求，违反部门规章关于同意方式规定的行为并不必然违反《个人信息保护法》甚至构成犯罪。❷《个人信息保护法》《民法典》《网络安全法》等前置法中存在大量相似的规定，表明违反部门规章的个人信息处理行为不构成前置法上的违法行为，进而其更不应该成为刑法中的犯罪行为，因此侵犯公民个人信息罪中的"国家有关规定"不应包含部门规章，《解释》第 2 条的内容显然违背法秩序相统一原理的要求。

复次，出于立法技术上的考虑，无论是 1979 年刑法还是 1997 年刑法，其分则中均存在着为数不少的空白罪状。但 1979 年刑法并没有对"违反国家规定""违反……法规""违反……的规定"等的含义进行界定，也没有明确空白罪状所参照的其他法律、法规的效力层级与外延范围，因此导致在司法实践中认定不一。正是在这种背景之下，为了统一法律概念与司法适用标准，贯彻罪刑法定原则，立法机关在对 1997 年刑法进行修订时，增加了关于"违反国家规定"含义的规定，❸ 对分则罪名中的相关内容起到了指导与制约作用，分则相关内容的解释应以《刑法》第 96 条为底线。若将部门规章包含

---

❶ 参见周光权：《论刑法所固有的违法性》，《政法论坛》2021 年第 5 期，第 39—48 页。
❷ 相似的规定还有，《民法典》第 1035 条规定的处理个人信息应符合的条件包括"不违反法律、行政法规的规定和双方的约定"，《网络安全法》第 41 条规定："网络运营者……不得违反法律、行政法规的规定和双方的约定收集、使用个人信息"，同样都未规定部门规章。
❸ 参见高铭暄：《中华人民共和国刑法的孕育诞生和发展完善》，北京大学出版社 2012 年版，第 291 页。

在内，则明显违背立法机关在进行刑法修改时所具有的统一法律概念与适用标准的初衷。

最后，空白罪状的优势之一在于其灵活性，由于其在刑法中不具体规定犯罪的成立条件，而是参照其他法律法规等规范性文件，因此可以在不频繁修改刑法条文的情况下，通过对前置法内容的调整使得刑法能够与不断发展变化的社会现实，尤其是信息时代下出现的新情况、新问题相适应。❶ 但空白罪状这一优势同时也带来了相应的弊端，由于其是以其他法律法规等规范性文件为参照，因此必然导致相关罪名的适用受制于这些文件，这样一来实则将刑法解释的权力分别赋予了多个主体，在一定程度上影响了刑法的稳定性。❷ 同时，规范性文件的种类繁多，若对其不加以限制，只要有相关规定存在就认定其属于"国家有关规定"，进而在满足其他要件的情况下构成侵犯公民个人信息罪，那么会极大地扩张打击范围，导致犯罪圈过宽，不利于对公民自由的保护。❸ 因此，必须对"国家有关规定"的范围予以限制。部门规章的效力层级明显低于法律与行政法规，制定程序相较于后两者也不甚严格。另外，并不存在统一的专门规定个人信息保护的部门规章，有关内容散见于多个文件，具体适用时对相关规章的寻找需耗费大量司法成本，并且各规章的内容之间可能存在脱节，甚至矛盾的情形，以之作为侵犯公民个人信息罪之前置法的来源之一，不符合罪刑法定原则的要求，因此不应将部门规章认定为"国家有关规定"。正如有学者所提到的，"《刑法》第96条之所以严格限定'违反国家规定'的具体含义，其目的即在于想要克服地方保护主义、部门保护主义的藩篱，实现维护国家法制统一的宪法原则"❹，若将部门规章纳入"国家有关规定"的范围，则明显与此目的相背离。

另外需要注意的是，上述学者所提出原因也存在疑问。一方面，由于

---

❶ 参见陈璇：《刑法归责原则的规范化展开》，法律出版社2019年版，第77页。

❷ 参见孙靖珈：《侵犯公民个人信息罪的犯罪属性及对刑罚边界的影响》，《海南大学学报（人文社会科学版）》2019年第6期，第70页。

❸ 参见晋涛：《网络社会中个人信息的保护——构建侵犯公民个人信息罪的规范意蕴》，《重庆邮电大学学报（社会科学版）》2018年第3期，第45页。

❹ 詹红星：《"违反国家规定"的宪法解释与司法适用》，《湘潭大学学报（哲学社会科学版）》2016年第5期，第39页。

2021 年 11 月 1 日《个人信息保护法》正式生效实施，加上之前颁布的《民法典》《网络安全法》等，我国关于个人信息保护的法律规范已经相对完备，尤其是已经具有专门性立法，因此不需要再通过将部门规章纳入"国家有关规定"的方式来扩大打击范围，进而弥补规范层面的立法不足并实现惩治犯罪的现实需要。另一方面，无论是认为加入"有关"二字后，我国所有相关的法律均可以成为侵犯公民个人信息罪前置性法规的观点，还是认为应以更为精细化的部门规章对受技术影响而变得专业化、复杂化的个人信息、侵犯行为等内容进行规制的观点，最终都由于没有限制，进而转变为支持无限延展前置法的范围。因此，有相关学者认为，地方性法规、地方政府规章，甚至国外特殊政策等统统应当被认定为"国家有关规定"，这显然不当地扩大了侵犯公民个人信息罪的处罚范围，不具有合理性。❶ 因此，《解释》第 2 条的界定不具有合理性，应当对"违反国家有关规定"的含义与范围进行一定的限制，不应将部门规章纳入其中，正如有学者所言，"解释刑法应当自觉抵制无限扩张的冲动"❷。

在新近对"违反国家有关规定"进行研究的论著中，相关学者基于其所提出的复合机能的观点，主张对于是否应当将部门规章纳入"国家有关规定"的范畴这一问题，应分情况予以讨论，具体而言，当其作为构成要件要素时，不应包含部门规章，但当其发挥提示违法阻却事由的功能时，应当包含部门规章。❸ 这一主张的理论前提在于相关学者所提出的复合机能的观点，

---

❶ 例如，有学者提到："在加入'有关'两字后，所有和我国相关的法律都可能视为本罪的前置性法规，因此其范围应当扩大至包括地方性法规和部门规章、地方政府规章"。还有学者提到，"笔者认为，对于侵犯法益依据的实质认定并不受任何规章制度的范围限制，对于侵犯的信息类型只要是一切涉及违背公民个人信息自决权而窃取、出售、提供等行为所针对的信息类型都是可以被刑法所保护的信息"。参见吴允锋、纪康：《侵犯公民个人信息罪的司法适用——以〈网络安全法〉为视角》，《河南警察学院学报》2017 年第 2 期，第 93 页；熊波：《侵犯公民个人信息罪法益要素的法教义学分析——基于"泛云端化"信息特质》，《西北民族大学学报（哲学社会科学版）》2019 年第 5 期，第 144 页。

❷ 叶良芳：《法秩序统一性视域下"违反国家有关规定"的应然解释——〈关于办理侵犯公民个人信息刑事案件适用法律若干问题的解释〉第 2 条评析》，《浙江社会科学》2017 年第 10 期，第 22 页。

❸ 参见杨楠：《侵犯公民个人信息罪的空白规范功能定位及适用限度》，《华东政法大学学报》2021年第 6 期，第 81—85 页。

但正如本书在前述对"违反国家有关规定"的性质进行研究的内容中所提到的，这一观点本身不具有合理性与可行性，因此建立在其基础之上的应分情况讨论"违反国家有关规定"是否包括部门规章的主张自然无法成立。

第二节　"向他人出售或者提供"的解读

在刑法理论中，犯罪首先是一种法益侵害行为，因而行为无疑是其最为核心的构成要件要素，也是所有犯罪都必须具备的构成要件要素。研究某一犯罪时，最重要的内容即对其行为要件的分析，在侵犯公民个人信息罪的研究中自然也不例外。根据《刑法》第 253 条之一的规定可以得知，侵犯公民个人信息罪主要规制非法提供与非法获取行为，本部分内容主要聚焦于前者，对于后者的研究将在下一章进行详细阐述。前文已对"违反国家有关规定"这一前提要素的表述沿革、性质、内容、范围进行了明确，本节将重点解读"向他人出售或者提供"。

一、基本问题的澄清

《刑法》第 253 条之一第 1、2 款均是对于"向他人出售或者提供"行为类型的规定，其中第 1 款是普通出售或者提供行为，而第 2 款则是对特殊主体实施出售或者提供行为进行从重处罚的特殊规定。[1] 对于这两款中出售或者提供行为的理解，首先需要澄清一些基本问题。

其一，部分学者提出，侵犯公民个人信息犯罪中的"出售"是一种等价交换的行为。[2] 本书认为，"出售"指的是有偿转让，即某主体以获得利益为目的将其所掌握的公民个人信息转让给其他主体，其重点在于主观上存在牟

---

[1] 《刑法》第 253 条之一第 1、2 款规定："违反国家有关规定，向他人出售或者提供公民个人信息，情节严重的，处三年以下有期徒刑或者拘役，并处或者单处罚金；情节特别严重的，处三年以上七年以下有期徒刑，并处罚金。""违反国家有关规定，将在履行职责或者提供服务过程中获得的公民个人信息，出售或者提供给他人的，依照前款的规定从重处罚。"

[2] 参见赵秉志主编：《刑法修正案最新理解适用》，中国法制出版社 2009 年版，第 118 页。

利的目的，但至于实际上是否获得该利益以及该利益是否属于合理对价则一概不论。一方面，侵犯公民个人信息罪所保护的法益为信息自决权，因此只要行为人将公民个人信息擅自移转给其他主体，无论其是否获得对价，该行为均具有法益侵害性；[1] 另一方面，在当前时代背景下，虽然法律允许符合国家有关规定的个人信息出售行为，但总体来看，我国的信息交易仍处于探索阶段，尚未产生明确的市场定价，不同案件中的出售金额亦不固定，有的甚至差别巨大，因此并不存在所谓的合理对价，不能以之作为认定"出售"的标准。[2]

其二，"提供"指的是行为人将其所掌握的公民个人信息进行转让，若相对人是特定主体，该行为属于侵犯公民个人信息罪中的"提供"自不待言，但对于相对人能否为不特定主体，则存在不同的认识。[3] 本书认为，在向特定人提供的情况下，行为人与相对人之间属于一种"一对一"的对应关系，而在向不特定人提供的情况下，二者属于一种"一对多"的对应关系。显而易见的是，在"一对多"的提供方式中，公民个人信息的扩散范围必然大于"一对一"的提供方式，且该范围的最终大小是不可预期的，因此前者必然具有相较于后者更高程度的法益侵害性，根据"举轻以明重"的原理，应当将向不特定人提供公民个人信息的行为认定为本罪中的"提供"。[4] 同时应当看到，实践中确实也存在不少向不特定主体提供，尤其是通过互联网发布公民个人信息的案例。例如，在 2018 年华住集团数据泄露案中，某一黑客在暗网中兜售华住酒店集团客户数据，其中包括用户注册资料、身份信息、入住信息等。该黑客提供了 3 万条个人信息作为测试数据，经第三方平台及多位用户验证，其真实性非常高，而这些信息被发布于公开平台，不特定主

---

[1] 参见陈伟、熊波：《侵犯公民个人信息罪"行为类型"的教义分析——以"泛云端化"的信息现象为研究视角》，《宁夏社会科学》2018 年第 2 期，第 64 页。

[2] 参见陈建清、王祯：《侵犯公民个人信息罪行为与情节之认定》，《政法学刊》2021 年第 4 期，第 43 页。

[3] 参见周加海、邹涛等：《〈关于办理侵犯公民个人信息刑事案件适用法律若干问题的解释〉的理解与适用》，《人民司法（应用）》2017 年第 19 期，第 33 页。

[4] 参见喻海松：《侵犯公民个人信息罪司法适用探微》，《中国应用法学》2017 年第 4 期，第 178 页。

体均能查阅并下载。❶ 再如"人肉搜索"❷，其即是典型地通过互联网向不特定人发布公民个人信息的情形。相关司法解释明确规定"人肉搜索"造成他人损害的，应承担法律责任，情节严重的还可能构成犯罪，❸ 网信办发布的《网络信息内容生态治理规定》也禁止网络信息内容服务使用者和生产者、平台开展"人肉搜索"等违法活动。正是基于这样的考虑，《解释》第3条对向不特定主体提供公民个人信息的情形进行了回应，其将"通过信息网络或者其他途径发布"与"向特定人提供"两种情形均认定为《刑法》第253条之一规定的"提供"。

其三，如上所述，本书认为"出售"指的是有偿转让，即某主体以获得利益为目的将其所掌握的公民个人信息转让给其他主体，而"提供"是指行为人将其所掌握的公民个人信息转让给他人，二者的差别仅在于是否以获得利益为目的。因此，"出售"与"提供"属于种属关系，后者包容前者，前者只是后者中一个特殊的类型。《刑法》第253条之一之所以会同时提及"出售"与"提供"并将其并列规定，并不是因为其二者存在差别、互不相容，而是"由于前者是后者的一种常见且典型的方式，因此刑法条文将其单独列出，以起到强调与提示的作用"❹。既然"出售"与"提供"属于种属关系，那么为方便表述，本书在接下来对《刑法》第253条之一第1、2款中的"出售或者提供"进行解读时以"提供"整体性地指代二者，除有特殊说明外，下文中的"提供"即同时包含刑法条文中的"出售"与"提供"。

其四，"向他人出售或者提供"中的"他人"并非指所有主体，而是应有一定的限制。首先，"他人"指的是行为人之外的主体，在行为人是单位的情况下，"他人"不包括不具有独立性的分支机构。虽然相关司法解释规

---

❶ 参见中国新闻网：《华住5亿条用户信息疑泄露，警方已介入调查》，https：//www.chinanews.com/sh/2018/08-29/8612867.shtml，2021年12月16日访问。

❷ "人肉搜索"是一种类比说法，主要用于区别机器搜索，是指互联网用户利用搜索引擎或者其在日常生活中掌握的资讯来搜索与特定人或事相关的信息并将其公布于互联网的行为。

❸ 参见《最高人民法院 最高人民检察院 公安部关于依法惩治网络暴力违法犯罪的指导意见》第4条。

❹ 刘宪权、房慧颖：《侵犯公民个人信息罪定罪量刑标准再析》，《华东政法大学学报》2017年第6期，第111页。

定分支机构能够构成单位犯罪，● 但此处并非对犯罪主体地位的探讨，而是对"他人"范围的确定，不具有独立性的分支机构仍属于单位内部的组成部分，公民个人信息在其之间的流转并未导致其他主体获取相关信息，因此不会造成对信息自决权的侵害。例如，某互联网公司开发了一款购物软件，该软件在用户注册时即告知并请求用户允许其收集、使用浏览信息，若用户许可，则其是针对该互联网公司的整体授权。因此，运营部门将收集到的用户信息传输给开发部门以便于后者利用该信息对软件功能进行优化升级的行为属于公民个人信息在被授权主体内部的流转，并未超出用户信息自决权的授权范围，亦未使第三方主体获取相关信息，因此不构成对侵犯公民个人信息罪所保护之法益的侵害。即使某单位非法获取公民个人信息，该信息在单位内部不具有独立性的分支机构间的流转仍然不构成"向他人提供"，在这种情况下亦只能处罚该单位的非法获取行为。其次，"他人"应是指无权获取相关信息的主体，若信息接受者为有权主体，则不属于"向他人出售或者提供"中的"他人"。最典型的有权主体即为信息权利人本身，若行为人未经同意将某人的个人信息传输给他自己，则由于不具有法益侵害性而不构成侵犯公民个人信息罪。其他有权主体包括司法机关、卫生防疫部门等，例如，在新冠肺炎疫情防控工作中，卫生防疫部门有权获取并公布公民个人尤其是确诊病例与疑似病例的行踪轨迹、出行线路、到访目的地、接触人员、家庭住址、共同生活的家庭成员等信息。一般而言，向有权主体提供公民个人信息不会违反国家有关规定，例如，《个人信息保护法》《民法典》都规定了为维护公共利益及应对突发事件，可以处理个人信息，因此上述向卫生防疫部门提供相关信息的行为符合国家相关规定而在构成要件层面阻却犯罪成立，

● 《全国法院审理金融犯罪案件工作座谈会纪要》规定："以单位的分支机构或者内设机构、部门的名义实施犯罪，违法所得亦归分支机构或者内设机构、部门所有的，应认定为单位犯罪。"类似的规定还有 2017 年最高人民检察院发布的《关于办理涉互联网金融犯罪案件有关问题座谈会纪要》，该纪要规定，"对参与涉互联网金融犯罪，但不具有独立法人资格的分支机构，是否追究其刑事责任，可以区分两种情形处理：（1）全部或部分违法所得归分支机构所有并支配，分支机构作为单位犯罪主体追究刑事责任；（2）违法所得完全归分支机构上级单位所有并支配的，不能对分支机构作为单位犯罪主体追究刑事责任，而是应当对分支机构的上级单位（符合单位犯罪主体资格）追究刑事责任。"

无须判断有权主体是否属于"向他人出售或者提供"中的"他人"。但需要注意的是，前置法中除了实体性规定，还存在部分程序性规定，即使是向有权主体提供个人信息也可能违反相关程序性规定。❶ 例如，2002 年中国人民银行发布的《金融机构协助查询、冻结、扣划工作管理规定》规定，在协助有权机关查询相关信息时，金融机构的经办人员应当核实执法人员的工作证件以及协助查询存款通知书。❷ 若金融机构违反上述程序性规定向有权机关提供相关信息，则仍然属于"违反国家有关规定"，但由于后者有权获取该信息，向其提供该信息的行为并不侵犯信息自决权，因此其不属于"向他人出售或者提供"中的"他人"，进而在构成要件层面阻却犯罪成立。最后，"他人"包括已经获取了公民个人信息的无权主体。例如，不知情的乙非法将银行用户信息提供给甲，而甲先前已经非法获取了相关信息，此时虽然甲已经掌握相关信息，乙的提供行为实质上并未使所涉用户的信息自决权遭受进一步侵犯，但其非法提供行为本身仍然具有法益侵害性，只是由于其所提供的对象与甲所掌握的信息重复进而导致未侵犯新的法益而已，因此乙的行为属于对象不能，在满足其他条件的情况下构成侵犯公民个人信息罪的不能犯未遂。

其五，如上所述，《刑法》第 253 条之一第 2 款是对特殊主体实施出售或者提供行为进行从重处罚的特殊规定。其中"履行职责"一般指的是相关单位或者工作人员实施其所具有的社会管理职责，比如公安机关对公民身份信息、户籍信息进行登记，交管部门对车辆信息进行管理，卫生防疫部门对行踪轨迹、家庭住址等信息进行收集等。"提供服务"一般是指具有社会服务功能的单位及其工作人员向公众提供服务，比如银行等金融机构提供存贷款服务、婚介机构提供婚姻介绍服务、医疗机构提供诊疗服务等。上述机构或其工作人员若实施出售、提供行为，则符合《刑法》第 253 条之一第 2 款的

---

❶ 参见张庆立：《侵犯公民个人信息罪的要素阐释与立法完善——基于教义学的解读》，《江汉学术》2018 年第 6 期，第 63 页。

❷ 《金融机构协助查询、冻结、扣划工作管理规定》第 8 条规定："办理协助查询业务时，经办人员应当核实执法人员的工作证件，以及有权机关县团级以上（含，下同）机构签发的协助查询存款通知书。"

规定，应按照普通非法提供行为的法定刑进行从重处罚。在司法实践中，属于这种情况的案件时有发生。例如，在张某等侵犯公民个人信息案中，原社区卫生服务中心工作人员张某，利用每周到医院妇产科抄录辖区内新生儿信息的便利，偷拍部分新生儿信息并出售给他人，共获利 5850 余元。❶ 再如在郭某某、淡某侵犯公民个人信息案中，郭某某系深圳市某信息技术有限公司厦门分公司的红娘部主管，其多次登录工作系统获取大量该公司会员的个人信息，包括电话号码、QQ 号码等，在获取相关信息后，郭某某又伙同淡某将其出售给他人，截至案发，郭某某及淡某共非法出售公民个人信息 6700 余条，获利高达 335 662 元。❷ 刑法之所以对特殊主体实施出售或者提供行为进行从重处罚，主要基于两方面的原因。一方面，"公民基于信赖将自身信息交付于履行职责或提供服务的单位或个人，相信后者会合法、合理地处理其个人信息"❸，而这些单位或个人将相关信息非法提供给他人的行为严重违背信赖原则；另一方面，由于行为人利用了职务或业务上的便利，因此其实施非法获取或非法提供行为的难度更低，涉案信息的数量更大、范围更广、种类更多，导致整体上行为的法益侵害性程度更高、社会危害性更强。

二、"出售或者提供"的规范意蕴：使他人能够处理信息

上文对《刑法》第 253 条之一第 1、2 款中出售或者提供行为的基本问题进行了澄清，包括"出售"不要求实际获得所谓的合理对价、"提供"的对象可以是不特定人、"出售"与"提供"是种属关系、"他人"指的是行为人以外无权获取相关信息的主体、应对特殊主体实施出售或者提供行为进行从重处罚等。在基本问题得到澄清之后，我们应将关注的重点聚焦于前述两款法条最核心的内容，即"出售或者提供"行为，探寻其规范意蕴与具体范围，以期有助于侵犯公民个人信息罪的合理适用。

前已述及，本书认为单纯从字面含义而言，"出售"指的是有偿转让，

---

❶ 参见山东省日照市岚山区人民法院（2015）岚刑初字第 133 号刑事判决书。
❷ 参见广东省深圳市南山区人民法院（2015）深南法刑初字第 106 号刑事判决书。
❸ 李林：《出售、非法提供个人信息罪若干问题研究》，《内蒙古大学学报（哲学社会科学版）》2011 年第 5 期，第 116 页。

即某主体以获得利益为目的将其所掌握的公民个人信息移转给其他主体，而"提供"是指行为人将其所掌握的公民个人信息移转给他人，"出售"是"提供"的一种常见且典型的方式，二者的差别仅在于是否以获得利益为目的。从上述含义可以看出，"出售或者提供"的核心在于公民个人信息在不同主体之间移转与流动。一般而言，移转指的是从一个主体到另一个主体，强调接收方获得对移转对象的掌控，这是移转的本质，也是移转成功的标志，因此可以将"出售或者提供"理解为使他人获得对公民个人信息的掌控。

传统财物的移转往往指的是占有的移转，因为根据我国民法学界主流观点，某主体占有财物即意味着其具有对该财物在事实上的管领力，进而能够实现对财物的具体掌控，包括使用、收益、处分等。[1] 但如前文所述，"公民个人信息"的本质是信息，而信息则指的是具有意义的知识与内容。当前民法学界对于个人信息财产权、数据财产权确立与否以及其权利归属的问题存在激烈争论，尚未形成统一意见。[2] 本书认为，个人信息虽体现出一定程度的经济价值且当前数据交易已经兴起，但由于其能够被复制且能够同时被多个主体访问与使用，因此不具有传统意义上财物所要求的稀缺性与排他性，不能将其认定为民法上的财物。[3] 或许个人信息将来会成为一种新的财物类型，但即便如此，其也属于对财物概念的扩展与更新，仍与传统财物有所不同。由于个人信息不属于财物，因此其不存在"占有"的概念，对其的移转不是占有的移转，接收方也无法通过占有个人信息实现对其的具体掌控，那么对于公民个人信息而言，应以何作为其移转成功，即接收方获得掌控的标志呢？这也是本书对"出售或者提供"之规范意蕴进行探讨的最主要内容。

---

[1] 参见王利明、杨立新等：《民法学》（第六版）（上册），法律出版社 2020 年版，第 508 页。

[2] 民法学界探讨个人信息财产权、数据财产权的确立及其归属问题的学术成果主要有：胡凌：《数字经济中的两种财产权从要素到架构》，《中外法学》2021 年第 6 期，第 1581—1598 页；季卫东：《数据保护权的多维视角》，《政治与法律》2021 年第 10 期，第 2—13 页；申卫星：《论数据用益权》，《中国社会科学》2020 年第 11 期，第 110—131 页；邢会强：《大数据交易背景下个人信息财产权的分配与实现机制》，《法学评论》2019 年第 6 期，第 98—110 页；龙卫球：《数据新型财产权构建及其体系研究》，《政法论坛》2017 年第 4 期，第 63—77 页；梅夏英：《数据的法律属性及其民法定位》，《中国社会科学》2016 年第 9 期，第 164—183 页等。

[3] 参见王镭：《"拷问"数据财产权——以信息与数据的层面划分为视角》，《华中科技大学学报（社会科学版）》2019 年第 4 期，第 113 页。

如前所述，对于传统财物的移转而言，接收方之所以能够通过占有实现对其的掌控，主要是因为占有即意味着接收方对该财物具有了事实上的管领力，无论其是否有权、是否直接、是否以自己所有的意思进行占有，❶ 接收方均能作用于相关财物，比如使用、收益、处分等。由此可知，掌控即意味着能够施加作用与影响。对于个人信息而言，虽然不能通过占有实现对其的掌控，但亦存在一个概念能够描述这种作用与影响，即对个人信息的"处理"。❷ 处理个人信息很显然是对个人信息施加作用或影响，某主体能够处理个人信息即意味着其能够实现对该个人信息的掌控。结合前述将"出售或者提供"理解为使他人获得对公民个人信息的掌控的观点，可以进一步将其具体化为"使他人能够处理公民个人信息"。这里的"处理"以使用为主，出售、提供、获取公民个人信息的主要目的是对其进行使用，因此笼统而言，可以说"出售或者提供"指的是"使他人能够使用公民个人信息"。

在出售、提供财物的场合，财物的移转往往指的是其占有的移转。对于传统财物而言，对其的占有具有排他性，因此当某主体将财物出售、提供给他人后，接收方获得对该财物的占有，同时提供方丧失占有。但如前所述，个人信息具有可复制性，因此当其被出售、提供给他人后，接收方即能够处理该信息，但提供方亦可以处理该信息，这种处理的能力并非只能是在各主体间处于一种非此即彼的流转状态，而是随着个人信息每被出售、提供一次，即新增一个主体获得这种能力，因此与其说是"移转"，不如说是"增加"，这与财物不同。因此对于传统财物而言，出售、提供指的是占有的移转，而对于个人信息而言，出售、提供指的是具有信息处理能力的主体的增加，故本书将侵犯公民个人信息罪中的"出售或者提供"理解为使他人能够处理公民个人信息，而不是使他人获取公民个人信息。另外，并不一定需要接收方实际已经获得该能力，只要具有获取的可能性即可，最典型的例子即《解

---

❶ 在民法理论中，根据不同的标准，占有被分为不同的类型，包括有权占有与无权占有、直接占有与间接占有、自主占有与他主占有等。参见王利明、杨立新等：《民法学》（第六版）（上册），法律出版社 2020 年版，第 509—512 页。

❷ 根据《个人信息保护法》第 4 条第 2 款的规定，"个人信息的处理包括个人信息的收集、存储、使用、加工、传输、提供、公开、删除等"。

释》第 3 条所规定的通过信息网络或者其他途径向不特定人发布的行为，此时无须他人实际从网上下载相关信息，但其已经具有这种可能性，法益处于随时可能遭受侵害的危险状态，因此即可以认定为"出售或者提供"。

如上文所述，"出售或者提供"指的是使他人能够处理公民个人信息，这一理解不仅将其与出售、提供传统财物的"占有"标准区分开，而且亦有助于对个人信息展示行为这一特殊行为类型的认定。个人信息展示行为指的是某主体将其掌握的个人信息向他人展示，使他人了解该信息的内容，但并非将其移转给他人。例如，甲将其手机里存储的个人信息给乙观看，但并未传输给乙，也未允许乙拷贝或者记录。个人信息展示行为的特殊性建立在信息内容与载体可分的基础之上，行为人将个人信息展示给他人，使他人了解信息内容但又未将承载该信息的载体移转给他人，这样的行为是否被认定为"出售或者提供"呢？按照本书对"出售或者提供"的解释，其必须满足"使他人能够处理公民个人信息"这一条件，单纯的展示行为只是让他人获知信息内容，但其并不能作用于该信息，例如，在上例中，乙只能阅读或观看甲手机中的个人信息，无法对该信息进行任何操作，因此该展示行为不属于"出售或者提供"。类似的个人信息展示行为还有某主体将其所掌握的个人信息口头告诉他人但未录音或将个人信息发送给他人但设置了"阅后即焚"❶ 功能等。需要注意的是，若行为人形式上实施的是个人信息展示行为，但被展示方能够通过某些途径实现对该信息的处理，那么此处的展示行为并非真正意义上的展示行为，其由于使他人能够处理个人信息而应被认定为"出售或者提供"，最典型的例子即行为人爬取个人信息后提供有偿查询服务。例如，在丁某某侵犯公民个人信息案中，被告人丁某某在互联网上非法下载包括宾馆住宿信息在内的公民个人信息近 2000 万条，之后其将这些个人信息上传至自己创办的"嗅密码"网站，用户付费注册成为会员之后即可查询他人相关信息。截至案发，会员用户在"嗅密码"网站上实际查询信息

---

❶ 某些社交软件带有"阅后即焚"功能，若设置该功能，某人发送消息给他人，该消息会在他人读取后几秒钟内自动被删除，消息被删除的时间通常是由系统设置，各个软件的具体时长不同，部分软件能够由用户自行设置。

49 698 条，丁某某在此期间共收取会员费用 191 440.92 元。❶ 该案中，会员用户在"开房查询"栏目项下输入被查询人的姓名或者身份证号码，"嗅密码"网站即可显示其宾馆住宿信息，因此提供信息查询服务的行为从形式上看也属于一种个人信息展示行为，但这种行为与前文中所提到的将手机中个人信息给他人看或口头告诉他人相关个人信息的行为不同，后者具有短时性或瞬时性，因此被展示者完全不具有处理相关信息的可能，而前者则没有时间限制，在这种情况下，被展示人可以通过下载、记录、拍照、截屏等方式固定住该信息，进而获得处理该信息的能力。因此，提供个人信息查询服务的行为并非真正意义上的个人信息展示行为，其由于使他人能够处理个人信息而应被认定为"出售或者提供"。最终，法院也采取了这一观点。

三、法益侵害判断标准的转变与平行移转行为的排除

（一）"出售或者提供"必须具备法益侵害性

前已述及，单纯从字面含义而言，"出售"指的是有偿转让，即某主体以获得利益为目的将其所掌握的公民个人信息转让给其他主体，"提供"是指行为人将其所掌握的公民个人信息转让给他人，而本书认为侵犯公民个人信息罪中"出售或者提供"的规范意蕴为使他人能够处理公民个人信息。虽然上述结论已经明确了"出售或者提供"的含义，但需要注意的是，由于出售、提供与窃取、非法获取不同，其是一种中性的行为方式，而公民个人信息与枪支、弹药、爆炸物、毒品、淫秽物品等违禁品亦存在区别，其本身不会对法益造成损害或威胁，因此刑法并不完全禁止出售或提供公民个人信息的行为，相反应对处罚范围予以一定的限制，否则将会影响个人信息的正常流通与利用，影响其内在价值的发挥，甚至严重阻碍信息相关产业的长足发展。

对于应如何限制处罚范围，学者们给出了不同的解决方案。例如，有学者认为，《刑法》第 253 条第 1、2 款均规定了"违反国家有关规定"这一前提性要素，因此表明刑法并不反对合法的信息流转，只有违反前置法规定的

---

❶ 参见浙江省乐清市人民法院（2016）浙 0382 刑初 2332 号刑事判决书。

"出售或者提供"行为才应被纳入刑法规制范围，意即通过"违反国家有关规定"实现对"出售或者提供"行为认定范围的限缩。❶ 再如有学者主张，对于"出售或者提供"行为的认定范围，应作两方面的限缩：其一，由于"出售或者提供"行为本身属于一种中性行为，因此其实质违法性应来源于行为对象；其二，在现有构成要件的基础上增加犯罪目的，即刑法仅规制非法目的指导之下的出售或者提供公民个人信息的行为。❷ 上述学者的观点虽在整体上将部分出售、提供公民个人信息的行为排除在犯罪圈之外，有利于个人信息的正常流转，进而推动产业发展，释放信息红利，但其落脚点并不在于对"出售或者提供"本身的解释，而是通过或结合"违反国家有关规定"，或限缩"公民个人信息"，或增加犯罪目的要件等方式实现犯罪圈的收缩，因此其并不属于本书此处对"出售或者提供"的解读，而只是其他构成要件的内容。本书认为，由于刑法规制的犯罪行为必须是具有法益侵害性的行为，因此对于"出售或者提供"行为本身即应该从法益侵害的角度进行一定的限制，意即只有对侵犯公民个人信息罪所保护之法益造成侵害或威胁的出售、提供行为才具有实质违法性，进而才能够被认定为第253条第1、2款所规定的"出售或者提供"。

（二）以"知情同意"为核心的形式判断及其弊端

侵犯公民个人信息罪所保护之法益为信息自决权，其核心在于信息主体对于其个人信息处理行为的自我决定，而自我决定的前提必须是信息主体对相关事项知情，因此信息自决权与知情同意原则紧密相连，甚至可以说后者以前者为理论基础，后者来源于前者。❸ "知情同意原则是指个人信息处理者在处理个人信息时，应当将与个人信息获取、提供、使用等有关的全部情况充分告知信息主体并征得其明确同意的原则"❹，其是民法领域内个人信息处

---

❶ 参见刘宪权、房慧颖：《侵犯公民个人信息罪定罪量刑标准再析》，《华东政法大学学报》2017年第6期，第111页。

❷ 参见高富平、王文祥：《出售或提供公民个人信息入罪的边界——以侵犯公民个人信息罪所保护的法益为视角》，《政治与法律》2017年第2期，第50—55页。

❸ 参见万方：《隐私政策中的告知同意原则及其异化》，《法律科学（西北政法大学学报）》2019年第2期，第63页。

❹ 齐爱民：《信息法原论——信息法的产生与体系化》，武汉大学出版社2010年版，第76页。

理行为的合法性基础，在民法理论与实践中广泛运用。

由于侵犯公民个人信息罪中"出售或者提供"的认定与信息自决权相关，而信息自决权又衍生出知情同意原则，因此"出售或者提供"与知情同意原则建立起间接联系。一方面，信息主体知晓并获其许可的出售、提供行为符合知情同意原则，因此其不属于"出售或者提供"，这是不存在争议的；另一方面，信息主体不知情或其知情但未许可的出售、提供行为不符合知情同意原则，从形式上看侵害信息主体的信息自决权，因此属于"出售或者提供"，在满足其他要件的情况下构成侵犯公民个人信息罪。总结而言，根据信息自决权的含义及其与知情同意原则的关系可以得出结论，判断行为人的出售、提供行为是否侵犯信息自决权的形式标准应以信息主体是否知情同意为核心，若其知情并同意，则不侵犯信息自决权，若其不知情或知情但不同意，则侵犯信息自决权。

但是否所有未经许可的出售、提供行为均应被认定为"出售或者提供"是存在疑问的，若一味地将此类行为认定为犯罪，无疑会过分延展打击半径，进而不合理地扩大处罚范围。例如，在"多牛传媒公司收购人人网案"❶ 中，人人公司将其旗下的社交网络平台人人网出售给北京多牛互动传媒股份有限公司（以下简称"多牛传媒公司"），其中包括用户姓名、学校、联系方式、照片、日志等个人信息，且人人公司打包出售用户信息的行为并未告知用户，更未取得用户授权，因此很显然其违背了知情同意原则，从形式上判断即侵害相关用户的信息自决权。但需要注意的是，多牛传媒收购人人网后并未改变其性质与业务范围，其仍然属于社交网络平台，只是将游戏、科技、动漫等其他板块与人人网相结合，以增强其社交属性，并且多牛传媒公司承诺将继续恪守人人网原有的用户协议与隐私政策。因此，人人公司将用户信息打

---

❶ 2018 年 11 月 14 日，人人公司宣布将其旗下社交网络平台人人网、人人直播，以及相关的一揽子业务，以 2000 万美元的现金对价出售给多牛传媒公司，其中包括用户姓名、学校、联系方式、照片、日志等个人信息。多牛传媒公司负责人表示，随着并购的完成，多牛传媒公司将承担起人人网的运营责任，一如既往地高度重视和妥善处理人人网用户数据的保密和信息安全管理工作，同时多牛传媒公司将密切关注用户协议、隐私政策的调整趋势，充分尊重和继续恪守既有的承诺，全力确保用户隐私安全。参见《人人网被卖，我的青春数据去哪了？收购方多牛传媒：将妥善保管》，载搜狐网 https://www.sohu.com/a/277418127_161795，2021 年 12 月 20 日访问。

包出售给多牛传媒之后，相关用户信息的使用场合、方式、目的等并没有发生变化，不会超出用户的合理预期，更不会造成相较于信息移转之前更高程度的安全风险。用户之前允许人人公司在运营人人网的过程中收集、使用其个人信息，如今多牛传媒公司仍然在原业务范围内运营人人网并在与之前相同的场合下，出于相同的目的，按照相同的方式收集、使用用户信息，虽由于公司收购导致实际信息控制者发生变更，但对于用户而言，其个人信息并未因这一变更而遭受侵害或威胁。因此人人公司打包出售人人网及其用户信息的行为虽形式上不符合知情同意原则，但实质而言不应被认定为侵犯了用户的信息自决权。

信息活于流转，其依靠流动产生价值，因此在信息时代背景下的商业活动中，频繁的信息收集与交换是发挥个人信息经济价值的最主要手段。2015年4月，贵阳大数据交易所正式挂牌运营，随后在上海、武汉、江苏等多地相继成立多家大数据交易平台，标志着数据交易已成为我国重要的商业活动之一。❶ 随着大数据交易的兴起，如前述"多牛传媒收购人人网案"中的个人信息交易行为会不断增多且逐渐成为个人信息处理的常态，而此类交易中一般所涉信息数量巨大，往往数以亿计，因此要求出售者在处理海量个人信息时都要告知每一位信息主体并取得其同意并不现实，即使具有可操作性也会极大地增加交易成本，降低个人信息合理流转的效率。正因如此，在个人信息，尤其是大数据交易中，行为人不可能一一通知信息主体并取得其同意，若以知情同意为核心，仅从形式层面对行为人出售、提供行为的法益侵害性进行判断，那么几乎所有的信息交易与流转行为均会被认定为具有实质违法性的"出售或者提供"，且在满足其他要件的情况下构成侵犯公民个人信息罪，这必然会严重地阻碍信息产业的长足发展并抑制数字经济的蓬勃生机。因此，不能仅以知情同意原则为标准进行简单的形式判断，而应寻求其他的更为实质的检验标准。

---

❶ 参见人民网：《全国首家大数据交易所在贵阳成立》，载人民网 http://politics.people.com.cn/n/2015/0420/c70731－26873163.html，2021 年 12 月 20 日访问。

（三）场景完整性理论的引入与平行移转行为的排除

如前所述，若仅以知情同意原则为依据对法益侵害进行形式判断，那么凡是获得信息主体授权的信息流转行为均未侵犯信息自决权，凡是未经信息主体同意的信息流转行为均造成信息自决权的损害，进而应被认定为侵犯公民个人信息罪中的"出售或者提供"。但这样的结论显然是不合理的，尤其是在类似上述"多牛传媒收购人人网案"等不改变被收购方性质与业务范围的案例中，一概将未经同意的个人信息流转行为纳入刑法规制范围会不当限制相关产业的发展并压缩其生存空间，因此应寻求不同于知情同意原则的其他标准。通过上述对以知情同意为核心的形式判断之弊端进行分析可知，其最大的不足在于要求每一次个人信息处理行为均需要告知每一个信息主体并征得其同意，否则即视为对信息自决权的侵犯。这样的标准对信息处理者提出了过高甚至完全无法达到的要求，极大地扩展了侵犯公民个人信息罪的入罪边界，尤其是无法合理判断不改变个人信息运用场合、目的、方式等内容的信息流转行为的法益侵害性，因为这种仅从形式层面整体性地依据知情同意原则所进行的"全有全无"式的判断容易将上述情形纳入刑法规制范围。因此，改进方案的核心在于将知情同意与法益侵害性的判断"解绑"，并将个人信息运用场合、目的、方式等内容的改变与否对信息流转行为法益侵害性的影响考虑进去，寻求更为实质的标准。同时，应摒弃"一刀切"的抽象判断标准，追求具体情形具体分析，使个人信息保护的边界从固定的、僵化的转变为具体的、动态的。结合上述对改进方向的要求，隐私保护领域的场景完整性理论（the theory of contextual integrity）值得参考与借鉴。

场景完整性理论由美国学者海伦·尼森鲍姆（Helen Nissenbaum）教授提出，受到迈克尔·沃尔泽（Michael Walzer）教授多元正义理论（pluralist theory of justice）的深刻影响。沃尔泽教授在普适平等的基础上提出了复合平等（complex equality）的概念，并通过对社会产品分配的探讨来确定何为复合平等，其认为社会是由许多不同的分配领域组成，每个领域都有自己独特的正义规范并由它们内部的社会利益所定义。❶ 在沃尔泽教授看来，复合平

---

❶ See Michael Walzer, *Spheres of Justice: A Defense of Pluralism and Equality*, Basic Books, 1983, p. 320.

等是正义的标志，因此其也即所谓的多元正义。场景完整性理论吸收了复合平等的含义，将隐私保护与特定场景（context）结合起来，强调场景的重要性，认为应在具体的信息流转场景之下探讨隐私保护的问题，而不能脱离场景进行抽象式的判断。尼森鲍姆教授提出，每个场景中都存在特定的信息规范，而这些信息规范主要有两种类型，即适当性规范与流转规范。其中适当性规范规定了在特定场景中披露哪些个人信息是合适的，主要涉及个人信息的种类与性质；而流转规范则是指规制个人信息在不同主体之间流通、转换的规范。所谓场景完整性即特定场景中的适当性规范与流转规范均得到遵守，若其中任何一种信息规范被违反，则破坏了场景完整性，此时个人隐私即遭受了侵犯。❶ 一般而言，判断适当性规范与流转规范是否得到遵守需要考察若干要素，包括场景的性质、所涉信息的性质及其与场景的关系、场景中涉及的主体（谁在收集信息、谁在分析信息、谁在传播信息以及向谁传播信息）、各主体之间的关系、流转规则，以及场景中所产生的任何改变等。例如，当我们在与第三方主体共享信息时，我们需要对这些主体的详细情况进行了解，这些情况包括他们的社会角色与主观意图、他们影响信息主体生活的能力、信息共享是否会损害信息主体的利益并干涉其自决权等。需要考察的要素在特定场景中是固定的，也就是说，每一场景均适配有其独特的上述要素且与其他场景中的要素相区别。例如，一家杂货铺与一家餐厅、一个工作面试、一场交响乐演出的场景完全不同，其中的信息规范以及所需考虑的要素更是互异。因此，信息规范的范围始终是在特定场景的内部，从这个意义上说，这些规范是相对的，或者说是非普遍的。❷ 如上所述，在判断适当性规范与流转规范是否得到遵守时需要考察若干要素，而对这些要素的考察标准在于，所要判断的情形中的相关要素与特定场景中所固有的要素相比是否发生变化，因为要素的改变将会打破权利主体的合理预期并可能带来额外的隐私风险，因此在缺乏强有力理由支撑的情况下不应发生重大变化，否则即违反信息规范，破坏场景完整性。针对这一观点，尼森鲍姆教授在其著作

---

❶ See Helen Nissenbaum. *Privacy as Contextual Integrity. Washington Law Review*, Vol. 79：119, p. 136 - 143（2004）.

❷ See Helen Nissenbaum. Privacy as Contextual Integrity. Washington Law Review, 2004（1）. p. 153 -155.

中列举了将公开记录上传至互联网、消费者分析与数据挖掘、射频识别（RFID）标签等三个例子进行佐证。例如，在第一个案例中，将本地保存的出生记录、婚姻记录、驾驶记录、逮捕记录等上传至互联网导致该记录的位置发生变化，这一变化是显著的，其使得能够访问该记录的主体范围从极其有限延展至几乎任何人，因此违反了该场景中的信息规范，从场景完整性的角度来看，前述行为对相关隐私、信息造成侵害。❶

将场景完整性理论引入个人信息保护领域，❷ 则意味着在判断个人信息移转行为是否侵犯信息主体权益时，应当在具体场景中分别考察该移转行为是否改变了相应场景的固有要素，而这里的固有要素主要是指对个人信息进行原始获取或提供时所产生的要素，比如行为人是在何种场合、以何种目的、按照何种方式获取或提供的个人信息等。因此可以说，在个人信息保护领域，信息移转时的场景是对信息初始获取或提供时场景的延伸，二者具有延续性，应保持前者与后者之间的一致。具体到对出售、提供公民个人信息行为的法益侵害性判断，在信息初始获取，也即行为人最初收集该公民个人信息时，信息主体即对其相应个人信息的流转进行了许可与授权，此时是完全符合知情同意原则的，因此不侵犯信息自决权。在现实生活中，尤其在当前正蓬勃发展的大数据交易中个人信息的流转往往不会只有一次，其很有可能是长期的、要进行多次的，如果要求之后每一次的信息流转均需要行为人告知信息主体并征得其同意，那么即会存在上述以知情同意为核心的形式判断的弊端，这也是我们需要避免的。结合场景完整性理论，我们不再只是纠结于行为人的行为在形式上是否符合知情同意，而是将关注的焦点放置于之后每一次信息流转的场景是否与初始场景一致，只要其没有违背当时的场景，没有超出当时信息主体的合理预期，就可以回溯至初始场景进行法益侵害性的判断。如前所述，初始场景中行为人的行为完全符合知情同意原则，因此不侵犯信

---

❶　See Helen Nissenbaum. Privacy as Contextual Integrity. Washington Law Review, 2004 (1). p. 151 – 152.

❷　我国已有学者将个人信息保护与场景完整性理论相结合并展开研究。参见丁晓东：《个人信息私法保护的困境与出路》，《法学研究》2018 年第 6 期，第 194—206 页；苏今：《后疫情时代个人涉疫信息的控制特点及其路径修正——以隐私场景理论为视角》，《情报杂志》2021 年第 9 期，第 124—132 页；李文姝、刘道前：《人工智能视域下的信息规制——基于隐私场景理论的激励与规范》，《人民论坛·学术前沿》2019 年第 6 期，第 70—77 页。

息自决权，而之后的信息流转由于与初始场景相一致，因此亦能够被涵盖于信息主体初次的授权与许可之内，进而亦不侵犯信息自决权。综合而言，在引入场景完整性理论之后，对于行为人之出售、提供行为是否具有法益侵害性的判断标准从知情同意转换为了场景一致，意即行为人出售、提供公民个人信息时的场景若与初始场景一致，即不侵犯信息自决权；若场景不一致，则侵犯信息自决权。按照这一标准，公民个人信息的流转无须行为人一一告知信息主体并征得其同意，只要符合场景一致的要求，即使在之后的流转中未经形式上的同意也不具有法益侵害性。相较以知情同意为核心的形式判断而言，以场景一致为核心的实质判断降低了对个人信息处理者的要求，使得在信息处理过程中，不仅信息处理者能够在其能力范围内达到这一要求（不至于像知情同意原则一样几乎无法达到），而且进一步提升了个人信息流转的效率，降低了交易成本，进而极大地有利于个人信息价值的发挥与信息产业、信息经济的发展。

至于知情同意原则，并非在场景完整性理论引入之后就完全丧失功效，如前所述，场景完整性理论只在未经信息主体同意的场合作为判断法益侵害性的依据，在一定程度上免除了信息提供主体的告知义务，而在信息主体授权许可的情况下，信息移转行为必然不侵犯其信息自决权，因此知情同意原则的功能在于反向排除不具有实质违法性的信息移转行为。具体而言，在以知情同意为核心的形式判断中，信息主体的知情同意同时在入罪与出罪两方面作为判断的标准，只要信息主体知情同意，则不侵犯信息自决权，只要信息主体未知情同意，则侵犯信息自决权。当情景完整性理论引入之后，行为是否侵犯信息自决权不再以知情同意为标准，未经同意的行为，只要其场景一致也不具有法益侵害性。因此，在以场景一致为核心的实质判断中，没有知情同意不再作为行为具有法益侵害性的依据，但知情同意仍然能够得出行为不具有法益侵害性的结论，正如有学者所提出的，引入场景完整性理论之后，知情同意的体系地位弱化为出罪事由，在构成要件层面阻却侵犯公民个人信息罪的成立。

按照以场景一致为核心的实质标准对出售、提供公民个人信息行为的法益侵害性判断，即不再单纯以是否经过信息主体同意为唯一标准，而是应在具体场景中个案式地考察出售、提供公民个人信息的行为是否与该信息原始收集时的场景相一致，是否符合信息主体的合理预期，能否为信息主体所接受。若对于上述问题均得到肯定答案，则该出售、提供行为并未造成额外的风险，因此实质而言，其不会侵害信息主体的信息自决权，亦不应被认定为侵犯公民个人信息罪中的"出售或者提供"。以前述"多牛传媒收购人人网案"为例，虽人人公司在将人人网出售给多牛传媒时一并将人人网运营多年所积累的包括用户姓名、学校、联系方式、照片、日志等在内的个人信息移转给了多牛传媒，改变了相关信息的实际控制者，且人人公司并未告知全体人人网用户并取得用户同意，但多牛传媒收购人人网后并未改变其性质与业务范围，其仍然属于社交网络平台，多牛传媒只是将游戏、科技、动漫等其他板块与人人网相结合，以增强其社交属性，并且多牛传媒承诺将继续恪守人人网原有的用户协议与隐私政策。因此，人人公司将用户信息打包出售给多牛传媒之后，相关用户信息的使用场合、方式、目的等相较用户最初允许人人公司收集其个人信息时而言并没有发生变化，亦不会超出用户的合理预期，更不会造成相较于信息移转之前更高程度的安全风险。根据场景完整性理论，人人公司将人人网用户信息移转给多牛传媒的行为不侵犯相关用户的法益自决权，不具有实质违法性，因此不应被认定为侵犯公民个人信息罪中的"出售或者提供"❶。这种因公司收购、合并、分立等导致需要移转个人信息的情形符合《个人信息保护法》第 22 条的规定，在这种情况下，只要接收方不改变原先的处理目的及方式，个人信息处理者只需向信息主体告知接收方的名称或者姓名和联系方式即可，无须取得信息主体同意。❷ 本书将类似"多牛传媒收购人人网案"中这种不改变个人信息运用场合、目的、方式等内容的信息流转行为称为平行移转行为，由于其发生场景与信息获取或提供的初始场景一致，因此不侵犯信息自决权。与之相反的案例为"Facebook

---

❶ 参见张忆然：《大数据时代"个人信息"的权利变迁与刑法保护的教义学限缩——以"数据财产权"与"信息自决权"的二分为视角》，《政治与法律》2020 年第 6 期，第 65 页。

❷ 《个人信息保护法》第 22 条规定："个人信息处理者因合并、分立、解散、被宣告破产等原因需要转移个人信息的，应当向个人告知接收方的名称或者姓名和联系方式。接收方应当继续履行个人信息处理者的义务。接收方变更原先的处理目的、处理方式的，应当依照本法规定重新取得个人同意。"

与剑桥分析公司丑闻案"，剑桥分析公司通过一款名为"这是你的数字生活"的应用程序获取了大约 27 万使用该程序的 Facebook 用户的个人信息，又由于 Facebook 允许第三方程序收集用户好友的信息，因此剑桥分析公司最终获得约 5000 万人的个人信息。❶ 在这一事件中，Facebook 向剑桥分析公司提供用户及其好友信息的行为看似与"多牛传媒收购人人网案"中人人公司将用户信息打包出售给多牛传媒的行为一致，都是未经用户同意移转用户信息的行为，但仔细分析能够发现，剑桥分析公司的经营业务范围与 Facebook 不同，其从作为网络社交平台的 Facebook 处获取用户信息后并未将其用于网络社交，而是利用该信息进行总统选举宣传等其他业务，因此其改变了相关用户信息使用场合、方式、目的，违背了用户的合理预期，破坏了场景完整性。❷

综上所述，根据场景完整性理论，不改变个人信息使用场合、方式、目的，进而未超出信息原始收集时具体场景的平行移转行为不侵犯信息主体的信息自决权，因此其不属于"出售或者提供"。

---

❶ See Cambridge Analytica scandal—legitimate researchers using Facebook data could be collateral damage, https：//phys. org/news/2018 – 03 – cambridge – analytica – scandallegitimate – facebook – collateral. html, accessed December 22，2021.

❷ 参见丁晓东：《数据到底属于谁？——从网络爬虫看平台数据权属与数据保护》，《华东政法大学学报》2019 年第 5 期，第 81 页。

第四章

获取型侵犯公民个人信息行为之认定

侵犯公民个人信息罪的行为类型主要有两种，即提供型与获取型，也称非法提供行为与非法获取行为，第三章内容已对前者进行了详细解读，本章重点关注后者。非法获取行为类型的法律依据为《刑法》第253条之一第3款，根据该款的规定，非法获取与非法提供行为一样，属于典型的个人信息非法移转行为，严重侵害信息主体的信息自决权。应该来说，非法获取行为的刑法规制必要性是显而易见的，但仍有学者提出反对观点，其认为非法提供行为导致公民个人信息泄露，进而诱发下游犯罪，因此毫无疑问地应将其作为刑法打击的对象，但在单纯的非法获取阶段，行为人仅获得相关个人信息而并未将其扩散，因此该行为只具有引起下游犯罪的可能性，并未侵害任何法益，因此不应将其纳入刑法规制范围。❶ 这种简单地将刑法规制必要性与是否引起下游犯罪直接挂钩的主张过于片面。其一，侵犯公民个人信息罪所保护之法益为信息自决权，而非法获取行为显然是对信息主体自我决定其个人信息是否被他人获取之权利的侵害，严重阻碍公民对其个人信息的移转自主。其二，该学者认为，刑法将非法提供行为作为侵犯公民个人信息

---

❶ 参见庄绪龙：《侵犯公民个人信息罪的基本问题——以"两高"最新颁布的司法解释为视角展开》，《法律适用》2018年第7期，第20—21页。

罪的行为类型具有科学性与合理性，理由在于行为人造成了公民个人信息的非法泄露。但非法提供行为之相对方并非必然是不特定人，行为人完全可以向特定主体有针对性地提供，此时非法泄露仅导致特定主体知晓相关信息，而在非法获取的场合，行为人通过非法获取行为使自身非法获悉信息主体的个人信息。这种情况与前述向特定主体非法提供他人信息并无不同，该学者否认非法获取行为刑法规制必要性的观点无法自圆其说。其三，非法提供行为并非必然导致下游犯罪，接收方在收到公民个人信息后可能未进一步实施违法犯罪行为，而非法获取行为亦有可能引起下游犯罪，即非法获取行为人自身直接利用其所获取的公民个人信息进行诈骗、盗窃等犯罪，这样的案例时有发生。❶ 因此，非法获取行为与非法提供行为一样具有法益侵害性，其应被纳入刑法规制范围。

在确定了非法获取行为的刑法规制必要性之后，要想合理适用侵犯公民个人信息罪，还需要准确认定何为"窃取或者以其他方法非法获取公民个人信息"，而这也正是本章所关注的重点所在，下文将从基本范畴、"非法"的含义及其与"违反国家有关规定"之辨析、智慧社会环境下的特殊获取行为三个方面进行详细研究。

第一节　获取型侵犯公民个人信息行为的基本范畴

获取型侵犯公民个人信息行为即非法获取行为，对于这一行为类型的理解与认定，有一些基本范畴需要先进行厘清，主要包括"获取"的含义解读、"窃取"及其私密与否之判断、"其他方法"的具体外延等三个方面。

---

❶ 例如，在 2017 年 5 月最高人民检察院公布的侵犯公民个人信息犯罪典型案例之三"章某某等诈骗、侵犯公民个人信息案"中，被告人章某某等通过互联网非法购买学生个人信息 12 555 条，然后通过拨打该信息上的家长联系电话，冒充"学校教务处""教育局"工作人员，以获取国家教育补贴款为由，诱骗学生家长持银行卡到 ATM 机上转账至章某某掌控的银行账户，从中获取钱财。截至被查获时，共拨打诈骗电话 4392 人次，骗取 116 200 元。参见最高人民检察院网上发布厅：《侵犯公民个人信息犯罪典型案例》，载最高人民检察院网 https://www.spp.gov.cn/xwfbh/wsfbt/201705/t20170516_190645.shtml#2，2022 年 1 月 6 日访问。

一、"获取"的含义解读

在非法提供行为中，该行为的相对方为信息接受者，其接受公民个人信息的行为即非法提供行为的对向行为，意即侵犯公民个人信息罪中的非法获取行为。虽然与非法提供行为必然对应非法获取行为不同，后者的实施并不一定存在非法提供行为。例如，行为人擅自侵入某地教育局数据库，非法下载大量学生信息，此时行为人对相关个人信息的获取并不依赖于他人的非法提供，但"出售或者提供"的含义解读对"获取"的认定依然具有参考与借鉴作用。如前文所述，个人信息不属于财物，因此其流转并不是指的占有的转移，而应以"处理公民个人信息的能力"为核心，《刑法》第 253 条之一第 1、2 款所规定之"出售或者提供"是指使他人能够处理公民个人信息，以此实现接受者对相关信息的掌控，这是信息移转的本质，也是移转成功的标志。相应而言，不能以取得占有来定义侵犯公民个人信息罪中的"获取"，而应当将其理解为能够处理公民个人信息，意即只要某人处于能够处理公民个人信息的事实状态，就可以说其获取了相关信息。

对"获取"进行如此理解具有合理性与优越性。

其一，如此理解充分考虑到了公民个人信息与传统财物的不同，不再以占有的移转作为信息移转的标志。因为个人信息具有可复制性与可再生性，其不符合传统财物的概念与特性，根本不存在"占有"的概念，且多个主体可以同时实现对其的掌控，占有也并没有从某一主体移转至另一主体，与其说移转，不如说增加，即增加了一个能够掌控其相关信息的主体。因此，虽然在侵犯公民个人信息罪中仍然表述为对公民个人信息的"获取"，类似于对传统财物的获取，且其本质是能够掌控相关对象，如信息或者财物。但其实二者的表现形式存在巨大差别，后者即通过取得对财物的排他占有而实现对其的掌控，前者则是通过取得处理信息的能力或地位来实现对其的掌控。这样的解读充分考虑了公民个人信息的特性，将对其的"获取"作出区别于对传统财物的获取的理解。

其二，如此理解能够避免处罚漏洞。前已述及，作为犯罪对象的"公民个人信息"必须依附于一定的载体,而这些载体通常能够被认定为传统财物。因此,可能会有观点将对公民个人信息的获取理解为对相关载体的获取,由此仍然以传统财物之占有移转作为判断依据。但需要注意的是,若将对公民个人信息的获取理解为对相关载体的获取,则会出现处罚漏洞。例如,电子数据信息以数据作为个人信息的载体,在大数据、云计算时代,通常这些数据存储于"云端",即网络服务提供者的服务器中。若按照对公民个人信息的获取等同于对相关载体的获取的理解,行为人未经用户同意,擅自收集其账户中所记载的个人信息的行为不能被认定为侵犯公民个人信息罪中的"获取"。因为作为相关用户信息之载体的电子数据本身即存储于网络服务提供者的服务器中,行为人擅自收集用户信息的行为只是将该信息从一个账户移转至另一个账户,但作为载体的电子数据仍然存储于同一服务器,因此该擅自收集行为并未移转信息载体的占有,不能被认定为"获取"。这样的结论显然不具有合理性,不仅无法为任何一个具备基本常识的人所接受,也不利于对非法获取公民个人信息行为进行有效打击。若按照本书观点,将"获取"理解为能够处理公民个人信息,则上述问题迎刃而解。行为人擅自收集网络用户个人信息的行为虽未导致作为其载体的电子数据之占有的移转,但行为人由此获得了处理相关信息的能力,因此应当被认定为对公民个人信息的"获取",在满足前置法、情节严重等其他要件的情况下,该行为构成侵犯公民个人信息罪。

其三,如此理解能够在一定程度上解决侵犯公民个人信息罪所规制的行为类型不足的问题。有观点提出,侵犯公民个人信息罪的行为方式仅包括非法提供与非法获取两种,过于局限,与实践中日益多样的侵犯公民个人信息犯罪手段并不相适配,比如非法修改、删除、破坏、利用等行为,[1] 尤其是在《个人信息保护法》《民法典》等法律规范明确将收集、存储、使用、加工、传输、提供、公开、删除等行为规定为个人信息处理行为并对违法实施

---

[1] 参见韦尧瀚:《侵犯公民个人信息罪在司法认定中的若干问题研究——兼评〈刑法修正案(九)〉第十七条》,《北京邮电大学学报(社会科学版)》2016年第1期,第36页。

前述行为设置了法律责任的情况下，● 入罪行为方式的单一性易导致侵犯公民个人信息罪与前置法内容的脱节。但若按照本书的理解，"出售或者提供"指的是使他人能够处理公民个人信息，"获取"指的是能够处理公民个人信息。因此，对于非法修改、删除、破坏、利用等行为而言，其虽不属于侵犯公民个人信息罪所直接规定的典型的非法提供与非法获取行为类型，但由于行为人处于能够处理公民个人信息的事实状态，因此可以认定该行为人获取了相关信息，上述行为可被评价为"获取"行为，若其具有非法性，即可按照侵犯公民个人信息罪中的"非法获取"予以认定。如此即可在不修改刑法条文的情况下，从解释层面实现对非法提供、非法获取以外的其他非法处理信息行为的打击，填补处罚漏洞。例如，甲委托同事乙登录其工作系统帮其填写一份工作表格，乙擅自将甲工作系统中与该表格无关的用户信息删除，按照本书的理解，此处乙虽然未下载用户信息，但是其删除信息的行为即意味着其已经实现对信息的获取，哪怕只是短时间的甚至是瞬时的，因此可以将其行为认定为"非法获取"，在满足其他要件的情况下构成侵犯公民个人信息罪。若非如此理解，则无法实现对乙的行为的刑法规制，因为其行为不属于非法获取与非法提供，亦不符合与计算机相关犯罪的行为要件，● 由此将形成处罚漏洞。但需要注意的是，将"获取"理解为能够处理公民个人信息并不能规制行为人非法修改、删除、破坏、利用其合法获取的公民个人信息的行为。例如，银行职员甲将其在工作中获得的用户信息删除，此时甲由于提供服务而合法获取公民个人信息，故不存在将其后续的非法删除行为解

● 例如，《个人信息保护法》第 4 条第 2 款规定："个人信息的处理包括个人信息的收集、存储、使用、加工、传输、提供、公开、删除等。"第 10 条规定："任何组织、个人不得非法收集、使用、加工、传输他人个人信息，不得非法买卖、提供或者公开他人个人信息；不得从事危害国家安全、公共利益的个人信息处理活动。"第 66 条规定："违反本法规定处理个人信息，或者处理个人信息未履行本法规定的个人信息保护义务的，由履行个人信息保护职责的部门责令改正，给予警告，没收违法所得，对违法处理个人信息的应用程序，责令暂停或者终止提供服务；拒不改正的，并处一百万元以下罚款；对直接负责的主管人员和其他直接责任人员处一万元以上十万元以下罚款……"等。《民法典》第 1035 条规定："处理个人信息的，应当遵循合法、正当、必要原则，不得过度处理，并符合下列条件……个人信息的处理包括个人信息的收集、存储、使用、加工、传输、提供、公开等。"

● 例如，非法侵入计算机信息系统罪、非法获取计算机信息系统数据罪、非法控制计算机信息系统罪等。

释为非法获取行为的空间。因此，若要从根本上解决行为方式局限的问题，则需要在后续刑法修改时，考虑对侵犯公民个人信息罪之行为类型进行扩展，以真正实现刑法与前置法内容的合理衔接。

二、"窃取"的意蕴阐释

与"出售""提供"二者之间的关系一样，"窃取"是"非法获取"之一种，二者属于种属关系，只是由于"窃取"是最为典型与常见的"非法获取"的类型，因此刑法条文将其单独列举出来，以起到强调与提示的作用。既然"窃取"与"非法获取"属于种属关系，为方便表述，本书在接下来对《刑法》第253条之一第3款中的"窃取或者以其他方法非法获取"进行解读时以"非法获取"整体性地指代二者，除有特殊说明外，下文中的"非法获取"即同时包含刑法条文中的"窃取"与"以其他方法非法获取"。

如上所述，"窃取"属于"非法获取"之一种，因此其中的"取"指的是"获取"，即能够处理公民个人信息，只是其具体行为方式具有特殊性，重点即体现在对"窃"的理解之上。针对传统财物而言也是如此，在对"窃取"的认定中，"取"亦指的是"获取"，即取得、占有，这也是其与个人信息的区别之所在，而"窃"则表示其具体行为方式，与窃取公民个人信息中的"窃"应当具有相似性。因此，可以通过对传统财物领域之窃取行为的理解为侵犯公民个人信息罪中"窃取"含义的认定提供参考。

我国《刑法》中出现有"窃取""盗窃"等表述的罪名不在少数，❶ 而针对传统财物的最典型窃取行为主要体现在盗窃罪中，因此本书以盗窃罪为例，通过对该罪中具体行为方式的研究来确定侵犯公民个人信息罪中"窃取"的含义。❷ 关于盗窃罪中的行为要件，我国刑法学界的通说为"秘密窃取说"，然而近年来，受德国、日本刑法学理论的影响，"秘密窃取说"开始受到部分学者的质疑，相关学者提出"公开窃取说"的观点。目前我国刑法

---

❶ 例如《刑法》第127、第196、第210、第219、第234、第282、第287、第329、第382条等。

❷ 《刑法》第264条对盗窃罪之罪状的表述为"盗窃公私财物，数额较大的，或者多次盗窃、入户盗窃、携带凶器盗窃、扒窃的……"使用的是"盗窃"一词，但其含义即为窃取，因此可以将盗窃罪之行为要件总体性地称之为窃取行为。

理论界仍然以"秘密窃取说"为通说，但"公开窃取说"逐渐发展成为一种极为有力的学说，二者各自证成、相互批判，形成关于盗窃罪行为要件的主要争论。❶ 本书对盗窃罪具体行为方式的研究主要围绕"秘密窃取说"与"公开窃取说"之争展开。

"秘密窃取说"强调行为的秘密性，而这种秘密性指的是行为人主观上意图秘密窃取，只要行为人自认为其未被发觉即可。❷ 因此可以说，"秘密窃取说"所强调之秘密性，实则是一种主观的秘密性，其成立与否取决于行为人的思想认知。"公开窃取说"则不以行为之秘密性为限制，其认为盗窃罪的客观行为指的是违反被害人意志，非法获取他人财物的行为，既可以具有秘密性，也可以具有公开性。❸ "公开窃取说"并非对"秘密窃取说"的完全否定，其只是在承认秘密窃取行为的基础上，承认公开窃取行为的成立，因此二者均违反被害人意志，其最大的区别在于对公开窃取行为的态度，前者包容而后者排斥。本书认为，窃取行为公开与否是一个客观事实，不应以行为人主观认知作为判断标准，"秘密窃取说"承认客观上被他人发现但行为人自以为秘密的窃取行为，也证明其实则亦认可公开窃取，并且"秘密窃取说"无法有效规制以公开且平和的方式非法移转占有的行为，进而导致处罚漏洞，因此，"公开窃取说"更具有合理性。需要注意的是，亦有学者将质疑并批判"秘密窃取说"的学说称为"平和窃取说"，其主要从区分盗窃与抢夺的角度来对窃取行为的内涵进行界定，意即抢夺行为指的是公然夺取，

---

❶ 秘密窃取说和公开盗窃说均受到不少学者的支持与肯认。支持秘密窃取说的主要文献有：刘之雄：《"公开盗窃论"的理论根基匡谬》，《法学家》2021年第1期，第97—110页；刘明祥：《也谈盗窃与抢夺的区分》，《国家检察官学院学报》2019年第5期，第99—112页；陈伟强：《"盗窃罪"通说之辩护——兼议"平和窃取说"提倡之不必要》，《河北法学》2019年第9期，第58—72页；夏勇：《论盗窃罪成立之秘密性要素》，《法治研究》2018年第1期，第78—94页；徐光华：《"公开盗窃说"质疑》，《法商研究》2015年第3期，第94—102页；高铭暄、马克昌主编：《刑法学》（第十版），北京大学出版社2022年版，第498页等。支持公开窃取说的主要文献有：张明楷：《刑法学》（第六版）（下册），法律出版社2021年版，第1235—1237页；黎宏：《刑法学各论》（第二版），法律出版社2016年版，第317页；周光权：《刑法各论》（第四版），中国人民大学出版社2021年版，第117页；阮齐林：《论盗窃与抢夺界分的实益、倾向和标准》，《当代法学》2013年第1期，第76—82页等。

❷ 参见高铭暄、马克昌主编：《刑法学》（第十版），北京大学出版社2022年版，第498页。

❸ 参见张明楷：《刑法学》（第六版），法律出版社2021年版，第1235—1237页。

具有对物暴力性，而窃取行为则是采取平和的非暴力手段非法移转公私财物的占有。❶ 这种观点突破了"秘密窃取说"以秘密性对窃取行为进行束缚的藩篱，但同时又设置了手段平和性这一限制性条件，将窃取行为与抢夺、抢劫行为完全对立。因此虽从承认公开窃取行为这一点上来看，"平和窃取说"与"公开窃取说"相一致，但由于手段上的限制，前者只是后者其中的一部分，可以将其称为狭义的"公开窃取说"。本书认为，"平和窃取说"会导致处罚上的漏洞与不平衡。例如，根据《刑法》第 264 条的内容，入户盗窃的行为不以涉案财物数额的多少作为构成盗窃罪的条件，但抢夺罪要求行为人必须多次抢夺或抢夺数额较大，若某人入户实施抢夺行为但数额并未达到较大的程度，根据"平和窃取说"则既无法认定为盗窃罪，也无法认定为抢夺罪。因此对于盗窃罪的认定而言，采取广义的"公开窃取说"的观点更加合理，其不仅突破"秘密窃取说"之秘密性的限制，而且将研究视角从区分盗窃、抢夺、抢劫等行为转向盗窃罪在财产犯罪中的体系性地位，认为盗窃罪属于抢夺罪、抢劫罪等非法移转占有类财产犯罪的普通法条，前者与后者之间只有量的区分而没有质的不同。因此，前述所说的处罚漏洞与不平衡均可以在具有兜底作用的盗窃罪范围内合理解决。❷ 其实在引入德国、日本刑法理论对"秘密窃取说"进行批判的初期，相关学者主要采取的是"平和窃取说"，其关注的焦点在于对行为秘密性的突破，同时又兼顾与抢夺、抢劫等行为的区分。但随着对财产犯罪体系性研究的深入，相当部分学者已经转向广义的"公开窃取说"。❸ 因此，目前我国刑法理论界关于盗窃行为认定的争议，主要存在于"秘密窃取说"与广义的"公开窃取说"之间，而本书的观

---

❶ 参见陈伟强：《"盗窃罪"通说之辩护——兼议"平和窃取说"提倡之不必要》，《河北法学》2019 年第 9 期，第 58—72 页。

❷ 参见胡东飞：《盗窃及其在侵犯财产罪中的体系地位》，《法学家》2019 年第 5 期，第 119—123 页。

❸ 例如，作为我国刑法理论界率先对"秘密窃取说"提出质疑的学者，张明楷教授在其 2006 年发表于《法学家》的《盗窃与抢夺的界限》一文中提出，"盗窃是以非法占有为目的，违反被害人的意志，采取平和的手段，将他人占有的财物移转为自己或者第三者占有的行为"，很明显采取的是"平和窃取说"的观点，但在其最近几版的《刑法学》教科书中，对于窃取行为的界定已经不再有"平和手段"的要求，而是仅强调"违反被害人的意志，将他人占有的财物移转为自己或者第三者占有"。参见张明楷：《盗窃与抢夺的界限》，《法学家》2006 年第 2 期，第 119—131 页；张明楷：《刑法学》（第六版）（下册），法律出版社 2021 年版，第 1235—1237 页。

点为后者。

根据前述分析，本书认为盗窃罪之窃取行为中，"窃取"指的是违反被害人意志，将他人财物移转为自己或第三人占有。那么对于侵犯公民个人信息罪中的窃取行为而言，其对于"窃"的理解与盗窃罪中完全一致吗？本书认为，在盗窃罪中，"秘密窃取说""平和窃取说""公开窃取说"之间的论争与选择对于侵犯公民个人信息罪中"窃取"的理解具有重要的参考意义，但其二者也并不完全等同。一方面，前已述及，由于犯罪对象的区别，侵犯公民个人信息罪之窃取行为中的"取"指的是能够处理公民个人信息，而盗窃罪之窃取行为中的"取"是指获得财物的占有，二者含义不同，但两罪中"窃"的含义应当具有相似性，因此可以通过对盗窃罪之窃取行为的理解为侵犯公民个人信息罪中"窃取"含义的认定提供参考。另一方面，与获取型财产犯罪被划分为盗窃罪、抢夺罪、抢劫罪、诈骗罪等多个独立的具体罪名不同，侵犯公民个人信息罪整体规制所有侵犯公民个人信息且达到犯罪程度的行为，尤其是《刑法》第253条之一第3款涵盖了获取型侵犯公民个人信息行为。因此，对于该罪中行为类型的解释无须担心限制过窄而出现处罚漏洞，也不必以某一类具体行为作为兜底类型，这些在财产犯罪行为要件的解释中需要考虑的因素在侵犯公民个人信息罪中可以被忽略。

基于上述理解，本书认为侵犯公民个人信息罪之窃取行为中"窃取"的含义应参照"秘密窃取说"的观点，即行为人违反被害人意志，采取不使他人知晓的秘密方法，获得处理公民个人信息的能力或状态，主要理由如下：①我国刑法分则中并没有一个罪名对获取型财产犯罪进行统一规定，根据行为方式的不同，其被划分为盗窃罪、抢夺罪、抢劫罪、诈骗罪等多个独立的具体罪名。因此，在对各个犯罪中的行为要件进行解释时，需要注意不同犯罪行为之间的衔接，避免形成处罚漏洞。从"公开窃取说"从盗窃罪在财产犯罪中的体系性地位出发，认为盗窃属于抢夺罪、抢劫罪等犯罪普通法条，在获取型财产犯罪中起着兜底性罪名的作用。但侵犯公民个人信息罪本身即为规制侵犯公民个人信息类犯罪的总体性、一般化规定，并且该罪第3款已经起到兜底性的规制作用，因此无须再对《刑法》第253条之一第3款中的"窃取"作出与盗窃罪之窃取行为一致的符合"公开窃取说"的解释，相反，只需要按照其最自然的文理含义进行理解即可。因此，应采取"秘密窃取说"的观点，认为《刑法》第253条之一第3款中的"窃取"指的是违反被害人意志的秘密获取。②上述盗窃罪之窃取行为的认定中"秘密窃取说"与"公开窃取说"所争论的焦点，即应否承认公开窃取行为的问题，主要影响盗窃罪与抢夺罪的划分界线，由于二者在犯罪成立条件上存在区别，因此对该界限的研究具有重要意义。但在侵犯公民个人信息罪中，无论行为人采取何种方式非法获取公民个人信息，其最终均应被认定为构成本罪，因此所谓窃取、抢夺、抢劫等行为方式之间的区分意义并不那么明显，以公开且平和的方式非法获取公民个人信息的行为是否构成《刑法》第253条之一第3款中的"窃取"并不会影响规制范围，即使不属于"窃取"，其也会被"其他方法非法获取"纳入其中，不会导致出现处罚漏洞。因此，无须采取"公开窃取说"的观点。③如前所述，"窃取"是"非法获取"之一种，二者属于种属关系，只是由于"窃取"是最为典型与常见的"非法获取"的类型，因此刑法条文将其单独列举出来，以起到强调与提示的作用。既然"窃取"属于"非法获取"的典型情形之列举，对其的理解必然应与"公开窃取说"中的兜底行为不同，否则即丧失"窃取"作为典例的作用，并且还会导致其与"以其他方法非法获取"的含义相重复。另外，从司法实践中实际发生的案例来看，最为典型的获取型侵犯公民个人信息的案件中，行为人的行为类型为未经权利人许可，擅自采取不为他人知晓的方式秘密获取公民个人信息，几乎不存在在公开的状态下非法获取他人信息的案例，由此也可以看出，作为《刑法》第253条之一第3款中所列举的典型情形的"窃取"应为秘密获取。因此，"窃取"的含义应采取最狭义的理解，即违反被害人意志，采取不使他人知晓的秘密方法，获得处理公民个人信息的能力或状态的行为。至于部分学者所担忧的诸如以公开且平和的方式非法获取公民个人信息等行为，❶

---

❶ 例如，有学者提出，行为人通过计算机网络技术窃取某数据终端中存储的个人信息资料，而被数据终端管理人员发现后却由于技术原因没能及时阻止，导致个人信息资料泄露，若这种公开窃取的行为不被认定为《刑法》第253条之一第3款中的"窃取"进而纳入侵犯公民个人信息罪的规制范围，那么该罪也就失去了最基本的保护个人信息安全的作用。参见陈建清、王祯：《侵犯公民个人信息罪行为与情节之认定》，《政法学刊》2021年第4期，第44页。

则认定为"以其他方法非法获取"即可，不必担心处罚漏洞的出现。

上文主要是从具体行为方式的角度对"窃取"的含义进行了研究，但需要注意的是，与传统财物不同，公民个人信息的获取途径除了从他人处"由此及彼"地获取已经存在的个人信息，还存在一种"从无到有"地自始生成个人信息并加以获取的方式。例如，通过跟踪定位设备获取他人的行踪轨迹信息、利用人脸识别设备扫描并储存他人的人脸识别信息等。前已述及，在侵犯公民个人信息罪中，"窃取"无须承担兜底行为类型的作用，因此对其的理解应按照其最自然的文理解释即可，意即从他人处非法获取。毕竟无论是在财产犯罪中，还是在社会公众的日常观念里，窃取行为都是对他人已有之物的非法移转，而不包括自始生成的方式。因此，侵犯公民个人信息罪之窃取行为中"窃取"的完整含义应为，违反被害人意志，采取不使他人知晓的秘密方法，从他人处获得处理公民个人信息的能力或状态的行为。对于"从无到有"地自始生成并加以获取公民个人信息的行为应如何认定，本书将在后面章节中进行详细研究与探讨，此处仅确定"窃取"之含义即可，其他不做过多讨论。

公民个人信息必须依附于一定的载体，窃取公民个人信息一般情况下体现为对其载体的非法获取，因此根据载体具体形式的不同，窃取行为存在不同的表现形式。其一，窃取依附于纸张、磁带、U盘等传统物质载体的公民个人信息，比如甲趁某网络公司客户服务部职员乙不备，偷偷拿走乙公文包中储存了大量客户信息的U盘，再如丙潜入某高校招生办公室，盗走档案袋中的纸质版考生信息。这种通过窃取传统物质载体的方式窃取公民个人信息的行为在日常生活中较为少见，尤其是进入信息时代之后，随着数字化办公等措施的推进，记录于传统载体的公民个人信息大幅度减少，与之相关的窃取公民个人信息的行为也随之消减。另外，此类行为在构成侵犯公民个人信息罪的同时还可能形成与盗窃罪等财产犯罪的竞合，因为传统载体一般而言属于刑法意义上的财物，在满足数额等方面要求的情况下构成相应的财产犯罪。其二，窃取依附于电子数据的公民个人信息，比如在肖某、周某等侵犯公民个人信息案中，被告人肖某、周某二人通过黑客软件侵入某邮局内部网络，在内网中窃取公民个人信息 103 257 条并将其转卖给他人，❶ 该案中涉案信息即为储存于邮局内网中的以电子数据形式记录的公民个人信息。在当前司法实践的具体案例中，绝大多数涉案信息均是电子数据信息，这是数字化时代的常态，并且随着未来信息技术的进一步发展，这一类案件的比例会继续增加，甚至成为窃取公民个人信息案件的唯一表现形式。窃取依附于电子数据的公民个人信息的行为具有技术性强、隐蔽性高、涉案信息数量巨大等特点，同时由于此类犯罪的实施通常需要借助计算机、互联网等，因此此类行为在构成侵犯公民个人信息罪的同时还可能形成与非法侵入计算机信息系统罪、非法获取计算机信息系统数据罪等计算机类犯罪的竞合。❷

三、"其他方法"的具体外延

《刑法》第 253 条之一第 3 款规定的行为方式是"窃取或者以其他方法非法获取"，前文已对"获取"与"窃取"的概念进行了界定，而"非法"的含义属于获取型侵犯公民个人信息行为认定中极为重要又极为复杂的内容。目前学界关于"非法"的解读在很多方面存在争议，也确实有很多问题值得我们深入思考，尤其是其与"违反国家有关规定"的关系之辨析，因此本书拟将有关"非法"含义解读的内容单独列为一节进行详细研究，而此处仅重点关注"其他方法"。

《刑法》中的概括性语词，如"其他""等"体现了以简驭繁的立法技术，其通过概括性的表达使得静态的刑法条文具有更强的灵活性并能够更好地适应于不断发展变化的社会现实。❸ 但需要注意的是，概括性语词的含义并非完全没有边界，其具体外延应受到同类解释规则的限制。❹ 因此，概括

---

❶ 参见中华人民共和国最高人民法院：《侵犯公民个人信息犯罪典型案例》，https：//www.court. gov.cn/zixun/xiangqing/43952.html，2022 年 1 月 13 日访问。

❷ 喻海松：《侵犯公民个人信息罪司法适用探微》，《中国应用法学》2017 年第 4 期，第 182 页。

❸ 参见王耀忠：《我国刑法中"其他"用语之探究》，《法律科学（西北政法大学学报）》2009 年第 3 期，第 88—89 页。

❹ 所谓同类解释，是指一个大概念或集合概念中列举了一些种类的事项，其未尽事项的扩大解释应当限于与所列举的事项属于同类。参见致远：《系统解释法的理论与应用（下）》，《法律适用（国家法官学院学报）》2002 年第 3 期，第 49 页。

性语词的含义范围仅限于与已列举事项在刑法规范意义上具有等质性或相当性的情形。❶ 如前所述，"窃取"属于"以其他方法非法获取"的典型情形之列举，且其含义为违反被害人意志，采取不使他人知晓的秘密方法，从他人处获得处理公民个人信息的能力或状态的行为。根据同类解释规则，"以其他方法非法获取"应与明确列举的"窃取"具有等质性，因此其亦指的是违反被害人意志，从他人处获得处理公民个人信息的能力或状态的行为，其与"窃取"在具体的行为方式上有所不同，但二者必须具备同等的危害性。❷ 另外，相关法律规范的内容也为这一结论提供了佐证。❸

对于"其他方法"的具体外延，《解释》第 4 条列举了购买、收受、交换、在履行职责或提供服务过程中收集四类，但仍然属于部分列举，仅在一定程度上对其范围进行了明确。司法实践中非法获取公民个人信息行为的具体形式多样，本书此处仅结合《解释》的规定，对常见且争议不大的类型进行解读，至于其他特殊获取行为的判断与认定，则在后面的章节中进行详细研究与探讨。

（一）购买

购买指的是行为人以金钱或其他等价物为对价，从他人处获取公民个人信息的行为，其是最为常见的获取型侵犯公民个人信息行为的表现形式，大多数案件中，行为人采取购买的方式，从其他合法或非法掌握公民个人信息的主体处非法获取相关信息。应当说，将购买行为纳入"其他方法"的范畴是不存在疑问的，但仍有观点认为，从"其他方法"应与已经明确列举出来的"窃取"具有同等危害性的角度而言，其只能包括抢夺等违法行为，而不应将购买等中性行为纳入其中。这种观点存在理解上的偏差，根据《刑法》第 253 条之一第 3 款的规定，在等质性的理解上，应当是"以其他方法非法

---

❶ 参见储槐植、江溯：《美国刑法》（第四版），北京大学出版社 2012 年版，第 45—46 页。

❷ 参见杨新京、叶萍等：《侵犯公民个人信息犯罪实证研究——以 B 市 C 区人民检察院近五年司法实践为样本》，《中国检察官》2015 年第 3 期，第 27 页。

❸ 例如，《解释》第 4 条对"以其他方法非法获取"的含义进行了明确，主要包括购买、收受、交换、在履行职责或提供服务过程中收集等方法。又如，2018 年最高人民检察院发布的《检察机关办理侵犯公民个人信息案件指引》明文规定，"其他方法"是指窃取以外与窃取行为具有同等危害性的方法，如购买、交换，在履行职责、提供服务过程中收集。

获取"与"窃取"具有同等危害性即可,而其中的"非法"已经表明了相关行为的违法性,故对于"其他方法"的解读则不必再受违法性的限制,将购买行为纳入其中不存在理论上的阻碍。同时亦有学者从政策性层面提出,购买是当前司法实践中非法获取公民个人信息的主要途径,将其排除于"其他方法"之外将会不当限缩侵犯公民个人信息罪的适用范围。另外,购买行为在整个侵犯公民个人信息犯罪链条中往往是作为后续出售、提供、利用行为的前端环节,对其进行规制有利于从源头处打击相关犯罪,实现公民个人信息的周全保护,因此应将购买行为纳入"其他方法"的范畴。●

需要注意的是,有学者虽认为刑法应当对购买公民个人信息的行为予以规制,但并非采取将购买行为纳入"其他方法"的路径,而是从立法论的视角出发,认为购买行为在整个犯罪链条中处于基础地位,是最为典型、最为恶劣的非法获取行为。因此,应当在刑法条文中予以明文规定,直接将其与"窃取"并列列举,如此才能实现对此种行为的有效打击,并且能够与《刑法》第253条之一第1款中的"出售"相对应。● 此种观点看似与上述解释论视角无实质差别,只是在解决路径的具体选择上不同,但其忽略了"以其他方法非法获取"中"非法"对"其他方法"的限制。刑法并非禁止一切买卖公民个人信息的行为,这一点从我国在贵阳、上海、武汉等地相继成立多家大数据交易平台即可得出,因此只有符合"非法"的购买行为才能被纳入侵犯公民个人信息罪的规制范围,若将"购买"直接与"窃取"并列列举,则不合理地扩大了犯罪圈。至于为何"窃取""出售"可以明文规定于法条中,主要基于以下原因:其一,窃取行为与购买行为不同,前者本身即具有违法性,因此不需要再额外规定"非法"以限缩其范围,故可以直接列举;其二,出售行为虽与购买行为一样属于中性行为,但《刑法》第253条之一第1款明文规定了"违反国家有关规定",因此该款中所列举的行为必然受其限制,不会导致所有出售公民个人信息的行为均被认定为侵犯公民个人信

● 参见周加海、邹涛等:《〈关于办理侵犯公民个人信息刑事案件适用法律若干问题的解释〉的理解与适用》,《人民司法(应用)》2017年第19期,第33页。

● 参见王肃之:《侵犯公民个人信息罪行为体系的完善》,《河北法学》2017年第7期,第154—159页。

息罪中的"出售",故其可以直接列举。由于《刑法》第 253 条之一第 1 款与第 3 款之条文规定本身存在差别,加之应考虑表达的简洁性,因此从解释论视角,将购买行为纳入"其他方法"是更加合理的选择。

实践中发生的案例通常都是行为人向合法或非法掌握公民个人信息的主体进行购买,前者如银行、医院、学校等机构的工作人员,后者如非法窃取他人信息或购买信息后又转卖的人,但若行为人直接向信息主体购买其个人信息呢? 应当如何认定? 侵犯公民个人信息罪所保护之法益为信息自决权,而在行为人直接向信息主体购买其个人信息的案例中,信息主体的行为属于对其个人信息的自由处分,符合其自我决定的权利要求,行为人通过购买从而获取相关信息也是经过信息主体的承认与许可。因此,行为人并未侵犯作为侵犯公民个人信息罪之法益的信息自决权,其购买行为不应被认定为《刑法》第 253 条之一第 3 款中的"以其他方法非法获取"。❶

(二) 收受

收受指的是行为人从他人处收到、接受公民个人信息的行为,与购买行为类似,只是前者无须支付对价,而后者则需要以金钱或其他等价物与他人交换,因此收受与购买无实质区别,将其解释为"其他方法"不存在疑问。但需要注意的是,收受行为除了主动向他人索取进而获得公民个人信息,还存在被动获取的情形。例如,黑客甲在侵入某银行内网并窃取大量用户信息后,将其中部分个人信息作为样品随机发送至他人邮箱,以寻找潜在的买家,此时收到相关信息的邮箱账户主体即为被动获取。被动收受属于收受行为之一种,因此属于"其他方法",但至于其是否构成犯罪,本书认为应结合主观目的进行分析,毕竟非法获取公民个人信息的行为成立犯罪必须在主观上具有非法获取的目的。具体而言:若收受方具有非法获取公民个人信息的主观目的,例如,甲是某银行工作人员,其为帮助朋友乙提高销售业绩,表示可以向乙提供其所掌握的银行用户信息,乙同意并最终接受了相关信息,此时乙并未主动向甲索取,而是属于被动收受,但其主观上具有非法获取公民

---

❶ 参见张庆立:《侵犯公民个人信息罪的要素阐释与立法完善——基于教义学的解读》,《江汉学术》2018 年第 6 期,第 66 页。

个人信息的目的，应当在满足其他要件的情况下认定为构成侵犯公民个人信息罪。若收受方不具有前述主观目的，甚至对于自己被动接收到公民个人信息的情况毫不知情，例如，黑客将相关信息随机发送至他人邮箱后，他人并未查收邮件，此时应当在构成要件层面阻却邮箱账户主体的行为构成犯罪。若不具有非法获取目的的行为人在被动收受公民个人信息后又实施非法提供等其他行为的，则应当对其后续行为追究刑事责任。因此，对于被动收受行为的判断取决于行为人的主观目的，而非部分学者所提出的以行为之主动与否为标准，❶ 被动收受行为不必然出罪，若其具有非法获取的目的，仍然在满足其他要件的情况下构成侵犯公民个人信息罪。

（三）交换

交换指的是行为人以自己合法或非法掌握的公民个人信息与他人进行交换，从而获取对方所合法或非法掌握的公民个人信息的行为。从单纯文义的角度理解，交换与前述购买、收受存在区别，相对购买而言，交换无须支付金钱作为对价；相对收受而言，交换不仅是单向的获取，行为人同时还向他人提供其所掌握的公民个人信息，属于一种信息的双向流动。但需要注意的是，根据《刑法》第253条之一的规定以及《解释》其他条文的内容，《解释》第4条所列举的"交换"之含义似乎与其文义理解并不完全相同。根据行为人具体提供与获取信息的情况，可以将以交换为目的所进行的非法移转公民个人信息的行为分为以下三类：一是行为人仅向他人提供了其所掌握的公民个人信息，但尚未从他人处收到公民个人信息；二是行为人仅收到他人提供的公民个人信息，但尚未将自己所掌握的公民个人信息提供给他人；三是行为人既收到了他人提供的公民个人信息，也将自己掌握的公民个人信息提供给了他人，完成了信息的双向流动。由于《刑法》第253条之一规定了提供行为，因此上述第一种情形实则属于对公民个人信息的非法提供，而不应被认定为"以其他方法非法获取"，毕竟行为人并未获得任何公民个人信息。司法实践中往往也倾向于将此种情形认定为非法提供，例如，在于某

---

❶ 参见张东生、戴有举：《侵犯公民个人信息罪问题研究》，《河南财经政法大学学报》2018年第3期，第68页

侵犯公民个人信息案中，被告人于某与梁某（另案处理）约定互换公民个人信息，并先后三次通过 QQ 向梁某非法提供公民个人信息共计 9961 条，最终法院认定于某违反国家有关规定，向他人提供公民个人信息，判处拘役三个月，并处罚金人民币 3000 元。❶ 上述第三种情形中，行为人提供并接受了公民个人信息，虽此种行为符合"交换"一词的通常含义，但《解释》第 4 条所规定之"交换"是对《刑法》第 253 条之一第 3 款中"其他方法"的列举。因此，其应被获取行为所涵盖，仅指的是上述第二种情形，至于第三种情形，行为人实则实施了提供与获取两个行为，应分别予以认定。综合而言，上述第一种情形属于非法提供，第二种情形属于非法获取，第三种情形是二者兼而有之，由于《刑法》第 253 条之一对非法提供与非法获取行为的构罪条件、法定刑规定一致，因此上述区分对行为人之定罪量刑并无实质影响，但需要注意在第三种情形中，涉案信息数量应合并计算。交换行为也具有对向性，与行为人进行信息互换的相对人之行为的认定与行为人应当相反，意即在行为人仅提供而未收到信息的情形中，相对人仅收到而未提供；在行为人仅收到而未提供信息的情形中，相对人仅提供而未收到；在行为人既提供又收到信息的情形中，相对人既收到又提供。

（四）在履行职责或提供服务过程中收集

如前所述，"履行职责"一般指的是相关单位或者工作人员实施其所具有的社会管理职责，比如交管部门对车辆信息进行管理，卫生防疫部门对行踪轨迹、家庭住址等信息进行收集等，"提供服务"一般是指具有社会服务功能的单位及其工作人员向公众提供服务，比如银行等金融机构提供存贷款服务、婚介机构提供婚姻介绍服务、医疗机构提供诊疗服务等。在司法实践中，包含此类行为的侵犯公民个人信息案件时常发生。例如，在韩某等侵犯公民个人信息案中，被告人韩某为上海市疾病预防控制中心工作人员，2014 年初至 2016 年 7 月，韩某进入他人账户非法获取该疾病预防控制中心每月更

---

❶ 参见江苏省无锡市梁溪区人民法院（2021）苏 0213 刑初 933 号刑事判决书。类似的案例还有江苏省苏州市吴江区人民法院（2021）苏 0509 刑初 1376 号刑事判决书。

新的全市新生婴儿信息共计 30 余万条。❶ 需要注意的是,《刑法》第 253 条之一专设第 2 款,对特殊主体实施出售或者提供行为进行了从重处罚,但该条第 3 款并未设置相应的区分,而是将在履行职责或提供服务过程中收集和其他非法获取行为合并规定于一款,因此具体定罪量刑时,至少在立法层面不存在区别。前文已述及,刑法之所以对特殊主体实施出售或者提供行为进行从重处罚,主要是因为公民基于信赖将自身信息交付于履行职责或提供服务的单位或个人,相信后者会合法、合理地处理其个人信息,而这些单位或个人将相关信息非法提供给他人的行为严重违背信赖原则。但在非法获取行为中则不存在此种区别,因为无论是否是特殊主体,违反国家有关规定的非法获取行为均与信赖无关,不会由于违背信赖原则而需要从重处罚,因此第 3 款之法定刑是以第 1 款为参照。

(五)骗取

常见且争议不大的"其他方法"一般还包括骗取。骗取是指行为人采取虚构事实或隐瞒真相的方法,使他人产生错误认识并基于此种认识处理其所掌握的公民个人信息,进而非法获取该个人信息的行为。例如,行为人冒充司法工作人员,以办案需要为名,骗银行、电信等单位的工作人员向其提供公民个人信息。司法实践中骗取他人个人信息的案件并不罕见,通常发生在网络游戏等领域,行为人往往以他人的账号密码为目标。例如,在陈某某、白某侵犯公民个人信息案中,被告人陈某某、白某以免费领取网络游戏皮肤为由,让受害人向其提供微信账号及密码,之后将这些账号密码转卖给他人,截至案发,陈某某、白某共骗取他人微信账号 150 个左右,出售 102 个,违法所得 22 000 余元。❷ 需要注意的是,对于这一类欺骗他人以获取其公民个人信息的行为,亦有司法实务部门将其认定为"窃取"。例如,在某案件中,检察机关指控被告人李某某等骗取他人微信账号密码,但法院最终的结论却

---

❶ 参见最高人民检察院网上发布厅:《侵犯公民个人信息犯罪典型案例》,载最高人民检察院网 https://www.spp.gov.cn/xwfbh/wsfbt/201705/t20170516_190645.shtml#2,2022 年 1 月 18 日访问。

❷ 参见湖南省宜章县人民法院(2021)湘 1022 刑初 252 号刑事判决书。类似的案例还有湖南省宜章县人民法院(2021)湘 1022 刑初 279 号刑事判决书。

表述为"窃取"。❶ 这样的差异虽不影响定罪量刑，但也从侧面反映出司法实践中实务部门对相同行为的具体认定存在偏差。但是可能存在这样的情形，行为人以欺骗的方式获取某银行工作人员的内网账号密码，随后擅自登录该银行内网并非法下载相关客户信息。在此例中，行为人是骗取了银行工作人员的内网账号密码，但对内网中客户信息的获取则应属于窃取，因为该工作人员只是基于错误认识处理了自己的内网账号密码，但并未涉及其中的客户信息，行为人的骗取行为实则就是窃取行为的手段。

实践中非法获取公民个人信息行为的具体形式多种多样，本书此处仅结合《解释》的规定，对常见且争议不大的五种类型，即购买、收受、交换、在履行职责或提供服务过程中收集、骗取进行解读，至于其他特殊获取行为的判断与认定，则在后面的章节中进行详细研究与探讨。

第二节 "非法"的含义及其与"违反国家有关规定"之辨析

本章研究的主要内容是《刑法》第 253 条之一第 3 款中"窃取或者以其他方法非法获取"的认定，前一节已经对"窃取""其他方法""获取"等基本范畴进行了界定，仅剩"非法"之规范意蕴还尚未明确。前已述及，"非法"的含义属于获取型侵犯公民个人信息行为认定中极为重要又极为复杂的内容，目前学界关于"非法"的解读在很多方面都存在争议，也确实有很多问题值得我们深入思考，尤其是其与"违反国家有关规定"的关系之辨析，因此本书单列一节对有关"非法"含义解读的内容进行详细研究。

一、刑法分则中的"非法"

"非法"一词在我国《刑法》中被广泛使用，尤其是刑法分则所规定的十章犯罪中，每一章均有犯罪之罪状存在"非法"的表述，有的罪名甚至在

---

❶ 参见湖南省宜章县人民法院（2021）湘 1022 刑初 411 号刑事判决书。

同一条文中出现多次"非法"概念。显然，刑法分则中这些"非法"的含义与作用并不完全相同，相关学者对其进行了分类。

有学者认为，刑法分则中的"非法"具体可以分为四种情形，即提示违法阻却事由，表示违反法律、法规，强调行为的非法性，已有表述的同位语。❶

第一种情形是提示违法阻却事由。构成要件是违法类型，因此一般而言，具备构成要件符合性的行为通常都是违法的，但是某些行为在存在特殊条件的情况下即不具有违法性，这些特殊条件就是违法阻却事由。此时部分刑法分则条文会以"非法"的表述形式在罪状中对违法阻却事由进行特别提示，提醒司法机关注意相关犯罪在某些情况下可能并不违法。例如，《刑法》第238 条第 1 款，❷ 由于现实中存在公安机关依法传唤犯罪嫌疑人，监狱、看守所羁押犯罪人等大量合法剥夺他人人身自由的情形，因此本条使用"非法"的表述以提示司法机关注意，若行为人是依照法令拘禁他人或剥夺他人人身自由，则不具有违法性，进而不构成犯罪。除非法拘禁罪外，罪状中包含有此种情形之"非法"的犯罪主要有《刑法》第 176 条"非法吸收公众存款罪"、第 245 条"非法搜查罪"与"非法侵入住宅罪"、第 284 条"非法使用窃听、窃照专用器材罪"等。需要注意的是，此种类型"非法"的作用为提示违法阻却事由，但并非表明罪状中不存在"非法"一词的犯罪则不可能具有违法阻却事由，最典型即《刑法》第 232 条"故意杀人罪"，该罪规定，"故意杀人的，处⋯⋯"而并未表述为"故意非法杀人的，处⋯⋯"但实践中存在执行死刑、正当防卫等合法剥夺他人生命的情形，表明该罪亦具有违法阻却事由。《刑法》之所以在非法拘禁罪等罪名中使用"非法"一词对违法阻却事由进行提示，主要原因在于，相关犯罪具备违法阻却事由的情形较为常见，为防止司法机关将合法行为纳入该罪处罚范围，因此需要特别提示。

第二种情形是表示违反法律、法规。为保证刑法条文的简洁性并避免表述上的重复，我国刑法分则罪名中设置有大量的空白罪状，即"刑法条文并

---

❶ 参见张明楷：《刑法分则的解释原理（下）》，中国人民大学出版社 2011 年版，第 534—542 页。

❷ 《刑法》第 238 条第 1 款前段规定："非法拘禁他人或者以其他方法非法剥夺他人人身自由的，处三年以下有期徒刑、拘役、管制或者剥夺政治权利。"

未直接规定某一犯罪成立的条件，但是指明了需要参照的其他法律、法规等"❶。空白罪状在刑法分则中通常表述为"违反国家规定"等，❷ 但是也有罪名以"非法"来指代，因此可以说，刑法分则罪名中的空白罪状以"违反……"或"非法"等为主要表现形式。❸ 对于后者，比如在《刑法》第111条"为境外非法提供国家秘密、情报罪"中，"非法提供"指的是违反《保守国家秘密法》的行为，❹ 因此要认定行为人的行为构成"非法提供"，则需要查明其行为违反了该法律的哪一条具体规定，否则即为无罪。除为境外非法提供国家秘密、情报罪外，罪状中包含有此种情形之"非法"的犯罪还有《刑法》第208条"非法购买增值税专用发票罪"、第439条"非法出卖、转让武器装备罪"等。需要注意的是，在这种情形之中的"非法"与刑法上的违法性并不相同，其仅指违反前置法律法规，意即具备这种"非法"的行为仅符合相关犯罪的构成要件，并不一定违反刑法。

第三种情形是强调行为的非法性。在我国刑法分则中，有部分犯罪之罪状表述里所出现的"非法"并没有实质含义，其仅具有语感上的意义，表示一种对行为非法性的强调，而这里所强调的非法性，既包括刑法上的非法性，也包括前置法上的非法性。例如，《刑法》第192条，❺ 以非法占有为目的，使用诈骗方法所进行的集资行为不可能是合法的，且这种行为几乎不存在违法阻却事由，因此该罪中的"非法"不具有第一种情形中提示违法阻却事由的作用，故其主要意义在于对这种集资行为之非法性的强调与重申。再如《刑法》第336条第1款，❻ 未取得医生执业资格的人所实施的诊断、治疗、医务护理等行为很显然违反了《中华人民共和国医师法》（以下简称《医师

---

❶ 罗翔：《刑事不法中的行政不法——对刑法中"非法"一词的追问》，《行政法学研究》2019年第6期，第76页。

❷ 参见高铭暄、马克昌主编：《刑法学》（第十版），北京大学出版社2022年版，第313页。

❸ 参见罗翔：《空白罪状中刑事不法与行政不法的规范关联》，《国家检察官学院学报》2021年第4期，第46页。

❹ 《保守国家秘密法》第57条第1款规定："违反本法规定，有下列情形之一，根据情节轻重，依法给予处分；有违法所得的，没收违法所得：……（二）买卖、转送或者私自销毁国家秘密载体的……"

❺ 《刑法》第192条规定："以非法占有为目的，使用诈骗方法非法集资，数额较大的，处……"

❻ 《刑法》第336条第1款规定："未取得医生执业资格的人非法行医，情节严重的，处……"

法》）第 13 条的规定，❶ 相应地也违反了刑法，且其存在违法阻却事由的可能性很小，因此该罪中的"非法"不具有任何实体意义，仅强调行为的非法性。除集资诈骗罪、非法行医罪外，罪状中包含有此种情形之"非法"的犯罪还有《刑法》第 251 条"非法剥夺公民宗教信仰自由罪"与"侵犯少数民族风俗习惯罪"、第 282 条第 1 款"非法获取国家秘密罪"等。这些犯罪之罪状中的"非法"不具有实质含义，即使将其删除也不影响该罪的理解与适用，司法机关在认定该罪时也无须查明行为人是否违反某法律法规的具体规定。

第四种情形是已有表述的同位语。除上述第三种情形外，我国刑法分则中还有部分罪名之罪状中的"非法"仅具有语感意义，体现对行为非法性的强调，但与第三种情形不同的是，这种"非法"与相关条文中的已有内容意思完全一致，可以将其看作是已有表述的同位语。这种情形往往出现在某一法条中同时存在"非法"与"违反……规定"表述的场合，而此时"非法"的含义指的是违反某一具体的法律法规，其是"违反……规定"的同位语表达。例如，《刑法》第 190 条，❷ 其中的"非法"只是对"违反国家规定"的重复与强调，本身并非独立的空白罪状，不具有实质含义。再如《刑法》第 228 条，❸ 其中的"非法"是"违反土地管理法规"的同位语，与其含义完全一致，表示对其的强调。除逃汇罪，非法转让、倒卖土地使用权罪外，罪状中包含有此种情形之"非法"的犯罪还有《刑法》第 225 条"非法经营罪"、第 342 条"非法占用农用地罪"、第 344 条"危害国家重点保护植物罪"等。

另有学者亦对刑法分则中"非法"的分类提出见解，其认为可以分为六种情形，即作为主观要素的"非法占有"、作为违法阻却事由的提示规定、

---

❶ 《医师法》第 13 条第 4 款规定："未注册取得医师执业证书，不得从事医师执业活动。"

❷ 《刑法》第 190 条规定："公司、企业或者其他单位，违反国家规定，擅自将外汇存放境外，或者将境内的外汇非法转移到境外，数额较大的……"

❸ 《刑法》第 228 条规定："以牟利为目的，违反土地管理法规，非法转让、倒卖土地使用权，情节严重的……"

对"违反国家规定"的强调、扩张处罚条件、冗余规定、空白罪状。❶ 通过分析可以发现，虽该学者对"非法"所分种类的数量以及具体类型均与前述观点不同，但实质而言二者并不存在本质上的区别。首先，前述学者主要研究的是刑法分则中以"非法"限制客观行为要件的犯罪，因此不包括"以非法占有为目的""非法占为己有"等表示主观要素的情形。其次，作为违法阻却事由的提示规定对应前述分类中的提示违法阻却事由，对"违反国家规定"的强调对应前述分类中的已有表述的同位语，冗余规定对应前述分类中的强调行为的非法性，空白罪状对应前述分类中的表示违反法律、法规。最后，对于该学者所提出的第四种情形，即扩张处罚条件，本书认为并不成立。该学者指出，符合这种情形的犯罪是《刑法》第272条"挪用资金罪"与第384条"挪用公款罪"，由于二者均规定了挪用资金或公款进行非法活动的情形，而此种情形在构罪金额上低于其他两种行为，❷ 因此该学者认为，这两个罪名中的"非法"降低了入罪门槛，扩张了处罚条件。但在这两个罪名中，挪用资金或公款进行非法活动是行为要件之一，其与另外二者并不相同，三者分属于不同的行为类型，❸ 入罪门槛理应分别考量，并不存在一方导致另一方之入罪门槛降低或处罚条件扩张的可能。另外，即使进行非法活动的情形在客观上所要求的挪用金额低于其他两种行为，但也绝不可能理解为是立法者为了降低这两种犯罪之入罪门槛而刻意规定的"非法"，无论如何将之作为"非法"之含义或作用是不合理的。同时，该学者将挪用资金罪与挪用公款罪中之"非法"限定为犯罪也是不恰当的。该学者认为，若将"非

❶ 参见罗翔：《刑事不法中的行政不法——对刑法中"非法"一词的追问》，《行政法学研究》2019年第6期，第71—74页。

❷ 虽法条中未明确规定数额，但相应司法解释中已有规定。例如，最高人民法院、最高人民检察院《关于办理贪污贿赂刑事案件适用法律若干问题的解释》第5条、第6条规定，挪用公款归个人使用，进行非法活动，数额在3万元以上的，应当依照刑法第384条的规定以挪用公款罪追究刑事责任。但挪用公款归个人使用，进行营利活动或者超过3个月未还，数额在5万元以上的，才应当认定为刑法第384条第1款规定的"数额较大"。

❸ 《刑法》第272条规定："……挪用本单位资金归个人使用或者借贷给他人，数额较大、超过三个月未还的，或者虽未超过三个月，但数额较大、进行营利活动的，或者进行非法活动的……"第384条规定："……挪用公款归个人使用，进行非法活动的，或者挪用公款数额较大、进行营利活动的，或者挪用公款数额较大、超过三个月未还的……"

法"解释为违法活动，则会导致挪用 4 万元买车后无证经营这种轻微的行为
由于违反《道路运输条例》而被认定为符合上述两罪之行为要件，进而构成
犯罪，而挪用同数额公款进行炒股这种营利性行为反而因数额不足不构成犯
罪，这显然是不公平的。但需要注意的是，该学者进行比较的例子并不恰当，
未取得道路运输经营许可的情况下擅自从事道路运输经营的行为确实违反了
《道路运输条例》，但其并不属于挪用公款进行非法活动中的"非法活动"。
此例中行为人挪用公款所实施的行为是买车这一合法活动，而无证经营则属
于后续行为，与挪用公款无关，故行为人的行为不应被认定为犯罪，不会出
现该学者所担忧的处罚失衡的情形。因此，挪用资金罪与挪用公款罪中的
"非法"指的就是违反法律、法规，其属于前述学者所提出分类中的一种，
并不存在单独的所谓扩张处罚条件的情形。

前述学者对"非法"含义与作用的总结是极其全面的，其涵盖了我国刑
法分则中所出现的"非法"的全部类型，但本书认为将其分为四个类别略显
繁杂，其中多个类型虽稍有差异但本质相同，比如上述第一、三、四种类型
相似，因此可以将其合并成为一个类别。该学者自己也在其著作中提到，某
些情形之间的区别是极为相对的，可能只是同一含义的不同侧面或不同表
达，❶ 因此可以将其合并为一类。经过整理之后，本书认为，我国刑法分则
中"非法"的含义与作用主要可以分为两大类别：一是作为提示违法要素，
仅强调行为的违法性或提示违法阻却事由，没有实质意义，相应条文的其他
部分已经全面地描述了构成要件，即使删除这一规定也不会影响罪与非罪的
判断；二是作为犯罪的构成要件要素，具有实质意义，其含义为违反法律法
规，司法机关在适用相关犯罪时需查明行为人违反了哪部法律法规的哪一具
体条款，否则不具备构成要件符合性，进而在构成要件阶层阻却犯罪。

二、提示违法要素说与构成要件要素说之争

本节主要研究《刑法》第 253 条之一第 3 款中"非法"的含义，根据前
文的研究结论，我国刑法分则中"非法"的含义与作用主要可以分为提示违

---

❶ 参见张明楷：《刑法分则的解释原理（下）》，中国人民大学出版社 2011 年版，第 542 页。

法要素与构成要件要素两大类别，而从当前各学者对《刑法》第 253 条之一第 3 款中"非法"含义的观点来看，其主要分歧也在于提示违法要素说与构成要件要素说之间的争论。因此，本节此部分内容以这两种理论学说为线索展开，通过对其观点与理由的介绍来梳理清楚当前法学界在此问题上的关注焦点与争议核心，为接下来本书立场的提出与确证奠定基础。

（一）提示违法要素说

部分学者认为，《刑法》第 253 条之一第 3 款中的"非法"是一种提示违法要素，其不具有任何实质意义与功能，只是对行为违法性的强调与象征。更有学者进一步将其作用具体认定为是对违法阻却事由的反向重申，其主要价值在于提醒司法机关注意相关行为在某些情况下可能并不违法。[1] 对于作为提示违法要素的"非法"的认定以及《刑法》第 253 条之一第 3 款的适用，并不需要司法机关查明行为人到底违反了哪一部法律法规的哪一具体条款，因此即使删除该款中的"非法"，也不影响法条的含义。另有学者虽未明确提出其对"非法"之含义与功能的观点，但从其表述中可以总结出相关结论。例如，有学者认为，"非法"与"违反国家有关规定"并不等同，前者包含后者，接着该学者又将"违反国家有关规定"界定为提示违法要素。那么基于二者之间的属种关系，又由于"非法"之含义与功能只可能在提示违法要素说与构成要件要素说中择其一，因此"非法"亦应为提示违法要素。[2] 持提示违法要素说之观点的学者，主要基于以下理由。

第一，若将"非法"认定为构成要件要素，则意味着购买、收受、交换、在履行职责或提供服务过程中收集等行为，只有在具有前置法且该行为违反前置法的情况下才符合侵犯公民个人信息罪的构成要件，没有相关法律法规或该行为并未违反法律法规，则不构成犯罪。按照这一方式进行理解，其最大的弊端在于，当前置法不完备或无法及时跟进时，将会导致购买、收受、交换、在履行职责或提供服务过程中收集公民个人信息的行为因无法找

---

[1] 参见张明楷：《刑法学》（第六版）（下册），法律出版社 2021 年版，第 1201 页。

[2] 参见于冲：《侵犯公民个人信息罪中"公民个人信息"的法益属性与入罪边界》，《政治与法律》2018 年第 4 期，第 23 页。

到违反相关规范的依据而阻却构成要件符合性，进而造成侵犯公民个人信息罪适用的短板，不当地限缩处罚范围。❶

第二，经过梳理可以发现，我国关于个人信息保护的规定散见于数十部不同的法律法规之中，这些规定分散且繁杂，若要求司法人员在每个一案件中都必须寻找并判断行为人的行为是否违反某一具体规定，无疑会极大地增加其工作负担，在降低效率的同时耗费了巨大的司法资源，且这种要求在实践中亦缺乏可操作性。

第三，侵犯公民个人信息罪所保护之法益为个人信息权中的信息自决权，意即信息主体自我决定其个人信息是否被处理以及何时、何地、被何主体、以何种方式、在何种范围内处理的权利。因此，在对于公民个人信息处理行为之违法性的判断中，信息主体的知情同意显得尤为重要，而《刑法》第253 条之一第 3 款中的"非法"应指的是未经信息主体同意，即未经同意的获取行为是非法获取，得到信息主体同意的获取行为则阻却违法性。例如，在银行办理相关业务时需要出示个人身份证件、银行卡等信息，此时公民个人是在完全知情并且同意的情况下向银行提供的相关信息，因此银行对其个人信息的获取不属于非法获取。既然《刑法》第 253 条之一第 3 款中的"非法"指的是未经同意，那么其显然是对被害人同意这一违法阻却事由的提示与强调（被害人同意在侵犯公民个人信息罪中还可能阻却构成要件符合性），故其当然属于提示违法要素。❷

第四，刑法涉及公民的财产、自由甚至生命等重大权益，因此立法者在制定、修改、完善刑法时，应注意其用语相较于其他法律而言，更加需要避免粗糙、追求精致，❸司法者在解释、适用刑法时，应重视其具体表述，每一字、每一词、每一标点都需要严肃对待。❹"尤其是对于同一部法律的语言

---

❶ 参见于冲：《侵犯公民个人信息罪中"公民个人信息"的法益属性与入罪边界》，《政治与法律》2018 年第 4 期，第 23 页。

❷ 参见曲新久：《论侵犯公民个人信息犯罪的超个人法益属性》，《人民检察》2015 年第 11 期，第 7 页。

❸ 参见付立庆：《论刑法用语的明确性与概括性——从刑事立法技术的角度切入》，《法律科学（西北政法大学学报）》2013 年第 2 期，第 100—101 页。

❹ 郑旭江：《侵犯公民个人信息罪的述与评——以〈关于办理侵犯公民个人信息刑事案件适用法律若干问题的解释〉为视角》，《法律适用》2018 年第 7 期，第33 页。

表述，在表达相同意思或描述相同对象时，应当使用同一术语，只有在其含义不同且需要进行区分的情况下，才能使用相似或不同的表达。"❶ 既然《刑法修正案（九）》明确将非法提供行为与非法获取行为区分开来，并对二者进行了不同的条文表述，前者必须具备"违反国家有关规定"，而后者则必须符合"非法"，那么应当认为"违反国家有关规定"与"非法"不可能完全等同，否则立法者无须对其二者进行区分。而《刑法》第 253 条之一第 1、2 款要求，非法提供行为必须先经过前置法的审视才可能进入刑法评价领域，因此其是构成要件要素，必须查明行为人非法提供公民个人信息的行为所违反的法律法规，故相对应而言，"非法"应属于提示违法要素。❷

第五，若认为"非法"属于构成要件要素，那么在适用《刑法》第 253 条之一第 3 款时，则需要对其含义进行明确。但仅从字面意思进行文义解释，"非法"指的是违反或者不符合法律规定之意，这样的解读没有任何实质意义，等于什么也没有解释，从而也无法积极且正面地进行构成要件符合性的判断。❸ 因此，只有认为《刑法》第 253 条之一第 3 款中的"非法"属于提示违法要素才具有合理性，其仅是对获取行为违法性的强调与重申，并不存在其他具体含义。

第六，从域外的视角来看，德日刑法学者对于刑法分则罪名中所出现的"非法"的理解也主要认为其属于提示违法要素。例如，《德国刑法典》第 303 条第 1 款规定非法损坏财物罪，❹ 对于该条中的"非法"一词，罗克辛教授认为其不是构成要件要素。❺ 金德霍伊泽尔教授也认为，在某些罪名中，

---

❶ 陈兴良：《相似与区别：刑法用语的解释学分析》，《法学》2000 年第 5 期，第 36 页。

❷ 参见熊波：《侵犯公民个人信息罪法益要素的法教义学分析——基于"泛云端化"信息特质》，《西北民族大学学报（哲学社会科学版）》2019 年第 5 期，第 144—145 页。

❸ 参见张东生、戴有举：《侵犯公民个人信息罪问题研究》，《河南财经政法大学学报》2018 年第 3 期，第 66 页。

❹ 《德国刑法典》第 303 条第 1 款规定："非法损坏或毁坏他人的财物的，处 2 年以下自由刑或罚金刑。"参见《德国刑法典》，徐久生译，北京大学出版社 2019 年版，第 210 页。

❺ 罗克辛教授认为，其仅是一种（本身是多余的）对违法性的一般犯罪特征的提示，或者是一种必要的对法益承担者作出同意可能性的提示。参见［德］克劳斯·罗克辛：《德国刑法学犯罪原理的基础构造总论》（第 1 卷），王世洲译，法律出版社 2005 年版，第 190 页。

"非法"等文字表述仅是对于行为违法性的提示，没有什么特殊意义。❶ 再如《日本刑法典》第 220 条规定非法逮捕、监禁罪，❷ 山口厚教授认为，第 220 条中的"非法"一词只是对行为违法性的重申与强调，不具有实质意义，其本身并不是特别的构成要件要素。❸ 松宫孝明教授也认为，第 220 条中的"非法"，并非该罪的构成要件要素，而是确认成立该罪项以不存在违法阻却事由为必要。❹ 部分学者主张德日刑法学者对于刑法分则罪名中所出现的"非法"的理解能够为我们研究《刑法》第 253 条之一第 3 款中"非法"的含义提供借鉴与参考，基于上述德日学者的结论，侵犯公民个人信息罪中的"非法"也应当属于提示违法要素，而非构成要件要素。❺

（二）构成要件要素说

部分学者认为，《刑法》第 253 条之一第 3 款中的"非法"是一种构成要件要素，其并非仅是对行为违法性的提示或强调，而是具有一定的实质意义。通过对相关学者的观点进行分析可以发现，持构成要件要素说的学者往往将"非法"与《刑法》第 253 条之一第 1、2 款中的"违反国家有关规定"相联系，其认为虽然第 3 款中并没有明文规定"违反国家有关规定"的表述，但其中的"非法"与"违反国家有关规定"含义相同，❻ 因此"非法"也应属于构成要件要素。对于作为构成要件要素的"非法"的认定以及《刑法》第 253 条之一第 3 款的适用，需要司法机关查明行为人到底违反了哪一部法律法规的哪一具体条款，因此其并不像提示违法要素一样，即使删除该款中的"非法"也不影响法条的含义。相关学者主张构成要件要素说，主要

---

❶ 参见［德］乌尔斯·金德霍伊泽尔：《刑法总论教科书》（第六版），蔡桂生译，北京大学出版社 2015 年版，第 71 页。

❷ 《日本刑法典》第 220 条规定："非法逮捕或者监禁他人的，处三个月以上七年以下惩役。"参见［日］西田典之：《日本刑法各论》（第七版），桥爪隆补订，王昭武、刘明祥译，法律出版社 2020 年版，第 85 页。

❸ 参见［日］山口厚：《刑法各论》（第 2 版），王昭武译，中国人民大学出版社 2011 年版，第 93 页。

❹ 参见［日］松宫孝明：《刑法各论讲义》（第 4 版），中国人民大学出版社 2018 年版，第 74 页。

❺ 参见张东生、戴有举：《侵犯公民个人信息罪问题研究》，《河南财经政法大学学报》2018 年第 3 期，第 66 页。

❻ 参见喻海松：《〈民法典〉视域下侵犯公民个人信息罪的司法适用》，《北京航空航天大学学报（社会科学版）》2020 年第 6 期，第 4 页。

有以下原因。

第一，根据《解释》第 4 条的内容，❶《刑法》第 253 条之一第 3 款中的"非法"指的就是"违反国家有关规定"，其并非可有可无的赘言，而是具有实质意义，即违反法律、行政法规中有关公民个人信息保护的规定。❷ 在个案中司法机关需要查明行为人之获取行为是否违反以及违反哪一部法律法规中的哪一具体条款，否则即不符合"非法"的要求。因此，《刑法》第 253 条之一第 3 款中的"非法"属于构成要件要素，不能随意忽略与删除。

第二，自然犯与法定犯的分类是意大利法学家加罗法洛在其《犯罪学》一书中提出的，"其中自然犯是指违反伦理道德，侵犯自然人核心法益，即使没有法律规定也属于犯罪的行为，而法定犯指的是没有违反伦理道德，亦未侵犯自然人核心法益，由于法律的规定才成为犯罪的行为"❸。信息自决权显然与生命、身体、性自主权等自然人核心法益相区别，在法律对其进行规制之前对其的侵犯行为并不构成犯罪，因此根据当前我国刑法学界的主流观点，侵犯公民个人信息罪是法定犯。进而对于其具体行为而言，必须经过前置法的审视之后才可能进入刑法评价领域，因此在其罪状中必然具备关于前置法的相关表述，无论是"违反国家规定""违反国家有关规定"还是其他，且该表述属于构成要件要素，具有实质意义。❹ 从《刑法》第 253 条之一第 3 款的内容来看，其虽未规定有"违反国家规定"或"违反国家有关规定"的表述，但在"获取"之前设置有"非法"的限制，因此其亦应属于构成要件要素。❺

第三，根据《刑法》第 253 条之一的规定，且由于出售、窃取属于典型行为类型的列举，主要起提示与强调的作用，因此该罪行为方式可以总结为

---

❶ 《解释》第 4 条规定，违反国家有关规定，通过购买、收受、交换等方式获取公民个人信息，或者在履行职责、提供服务过程中收集公民个人信息的，属于刑法第 253 条之一第 3 款规定的"以其他方法非法获取公民个人信息"。

❷ 参见冀洋：《法益自决权与侵犯公民个人信息罪的司法边界》，《中国法学》2019 年第 4 期，第78 页。

❸ ［意］加罗法洛：《犯罪学》，耿伟、王新译，商务印书馆 2020 年版，第 266 页。

❹ 参见喻海松编：《侵犯公民个人信息罪司法解释理解与适用》，中国法制出版社 2018 年版，第33 页。

❺ 参见喻海松：《侵犯公民个人信息罪司法适用探微》，《中国应用法学》2017 年第 4 期，第 180 页。

非法提供与非法获取两类。一方面，从整个犯罪链条来看，非法提供与非法获取均属于公民个人信息的非法移转，其处于整个犯罪链的前端，即流通环节，因此这两种行为都是非法将公民个人信息从一个主体转移到另一个主体，对个人信息所造成的危害相同，区别于非法利用行为；另一方面，从《刑法》第 253 条之一的内容来看，立法者为非法获取与非法提供设置了完全相同的法定刑，因此基于体系解释的原理，二者的入罪前提也应保持一致。❶根据《刑法》第 253 条之一第 1、2 款的规定，非法提供的前提性要件是"违反国家有关规定"，其指的是违反法律、行政法规中有关公民个人信息保护的规定，第 3 款并没有相应的表述，而是只用了"非法"一词，因此此处的"非法"应与前两款中"违反国家有关规定"的含义相同，亦属于构成要件要素。

三、本书立场："非法"即为"违反国家有关规定"

前已述及，我国刑法分则中"非法"的含义与作用主要可以分为提示违法要素与构成要件要素两大类别，而从当前各学者对《刑法》第 253 条之一第 3 款中"非法"含义的观点来看，其主要分歧也在于提示违法要素说与构成要件要素说之间的争论。本书赞成构成要件要素说的观点，认为《刑法》第 253 条之一第 3 款中的"非法"并非仅起到语义上的提示与强调作用，其本身具有实质意义，在侵犯公民个人信息罪的适用中应具体判断与认定。另外，本书第三章第一节对《刑法》第 253 条之一第 1、2 款中的"违反国家有关规定"的性质进行了确定，其亦为构成要件要素，因此在对于第 3 款中"非法"含义的理解上，本书更进一步地认为其应与"违反国家有关规定"相联系，二者具体内涵应保持一致。

通过前文的介绍可知，主张提示违法要素说的学者不在少数，并且相关学者也为其观点提出了众多证成理由，但本书认为这些理由均存在值得商榷之处。

---

❶ 参见刘宪权、房慧颖：《侵犯公民个人信息罪定罪量刑标准再析》，《华东政法大学学报》2017 年第 6 期，第 112 页。

首先，在之前相当长的一段时间内，我国法律体系中并不存在专门规定个人信息保护的法律规范，相关内容只散见于《中华人民共和国消费者权益保护法》《中华人民共和国未成年人保护法》《中华人民共和国银行法》等其他领域的法律法规中，因此针对这一时期我国个人信息保护法律状况而言，上述支持提示违法要素观点的学者所列举的相当部分理由确实具有一定的合理性。但如前文所述，随着《个人信息保护法》于 2021 年 11 月 1 日生效实施，再加上之前颁布的《民法典》《网络安全法》等，我国关于个人信息保护的法律规范已经相对完备，前述理由不再成为支持构成要件要素观点的阻碍。

其次，由于《个人信息保护法》是我国个人信息保护方面的专门立法，其内容涉及了与个人信息保护相关的方方面面，因此在其正式生效实施之后，司法工作人员在办理案件时不需要再在分散且繁杂的法律规范中寻找依据，而是直接检索并依照《个人信息保护法》的规定即可，并不存在先前所具有的极重的工作负担。另外，我国刑法分则设置空白罪状，则意味着在对相应罪名适用时必然须查明前置法的内容，不能以操作复杂、工作负担大即认为不应当查找。

再次，如前所述，本书亦认为侵犯公民个人信息罪所保护之法益为个人法益中的信息自决权，但根据这一点并不能够直接推导出《刑法》第 253 条之一第 3 款中的"非法"指的是未经信息主体同意。相关学者提出这一理由，主要侧重于说明获得知情同意的获取行为不侵犯信息自决权，该罪仅规制未经同意的获取行为。但需要注意的是，排除犯罪成立并不一定只能在构成要件层面，被害人同意作为典型的违法阻却事由，其在违法性阶层亦能起到出罪的效果。因此，仅凭侵犯公民个人信息罪之法益为信息自决权，不足以证成《刑法》第 253 条之一第 3 款中的"非法"指的是未经同意，其完全可能指违反相应法律法规中关于个人信息保护的规定。例如，《网络安全法》第 41 条第 2 款规定："网络运营者不得收集与其提供的服务无关的个人信息……"，若某导航类 App 运营商在征得用户同意的情况下收集其与导航服务无关的通讯录信息，则该行为违反上述规定，依然属于非法获取，进而应被认定为具有构成要件符合性，但由于具有被害人同意这一违法阻却事由，因此在违法性层面阻却犯罪成立。另外，即使认为《刑法》第 253 条之一第

3 款中的"非法"指的是未经同意，也不意味着其就是对被害人同意这一违法阻却事由的提示，既然其本身已具有实质意义，那么当然应属于构成要件要素，而非提示违法要素。

复次，就整体而言，我国刑法分则条文中的"非法"与"违反……规定"之内涵与作用显然不可能完全等同，其二者并不是同一含义的不同表达。❶ 例如，《刑法》第 133 条"交通肇事罪"中的"违反交通运输管理法规"指的是对交通运输过程中各种涉及交通规制、操作规程的行政管理法规的违反，而《刑法》第 192 条"集资诈骗罪"中的"以非法占有为目的"指的是主观要素。因此，在对各罪名中的"非法"与"违反……规定"进行认定时，解释者必须具体判断其真实含义，而不能直接以前者解释后者，或以后者解释前者。但从第三章第一节对"违反……规定"分类的介绍以及本章对"非法"分类的介绍来看，❷ 二者虽不完全等同，但也并非完全互斥，而是在一定范围内可能存在重合。例如，《刑法》第 133 条"交通肇事罪"中的"违反交通运输管理法规"指的是对交通运输过程中各种涉及交通规制、操作规程的行政管理法规的违反，而《刑法》第 111 条"为境外非法提供国家秘密、情报罪"中，"非法提供"指的是对《保守国家秘密法》等法律规范的违反，❸ 前者中的"违反……规定"与后者中的"非法"均表示违反法律、法规。因此在具体罪名中，"违反……规定"与"非法"的含义是可能相同的，并不能以其整体上的不完全等同而直接否认在个罪中二者含义一致的可能性，也不能以此认定《刑法》第 253 条之一第 1、2 款中"违反国家有关规定"属于构成要件要素，那么第 3 款中的"非法"就只能是提示违法要素。

---

❶ 参见张明楷：《刑法分则的解释原理（下）》，中国人民大学出版社 2011 年版，第 534 页。
❷ 有学者认为，刑法分则中的"违反……规定"可以分为五类，即提示存在违法阻却事由、要求行为违反行政管理法规、表示未经行政许可、强调行为的非法性质、相关表述的同位语，同时认为刑法分则中的"非法"可以分为四类，即对违法阻却事由的提示，对违反法律、法规的表示，对行为非法性的强调，已有表述的同位语。
❸ 《保守国家秘密法》第 57 条第 1 款规定："违反本法规定，有下列情形之一，根据情节轻重依法给予处分；有违法所得的，没收违法所得：……（二）买卖、转送或者私自销毁国家秘密载体的……"

又次，刑法解释理由本来就不限于文理解释，还存在体系解释、历史解释、比较解释、目的解释等。因此对于《刑法》第 253 条之一第 3 款中"非法"的含义，文理解释只是理由之一，并不一定只能按照字面意思将其理解为违反或者不符合法律规定，还可以根据不同解释理由、方法对其进行解读。另外，即使仅依照文理解释将《刑法》第 253 条之一第 3 款中的"非法"理解为违反法律规定，也并不意味着这样的解读没有任何实质意义或等于什么也没有解释，因为其本身的含义已经足够明确，必须查明行为人违反的具体法律法规，因此这样的理解符合构成要件要素的内涵与要求。

最后，德国、日本等其他国家的刑法渊源及其刑法的内容与我国并不相同，其刑法典中基本规定的是自然犯，法定犯均规定于附属刑法中，因此其刑法分则罪名中所出现的"非法""违反……规定"等表述，通常而言并不具备实质含义，而只是对行为违法性的提示。但由于我国非刑事法律中并未设置真正的罪刑规范，因此不存在真正意义上的附属刑法，而是将自然犯、法定犯统一规定于刑法中。因此我国刑法分则条文中的"非法""违反……规定"等表述，既有可能是提示违法要素，也有可能是具有实质意义的构成要件要素，需要在各个罪名中进行具体判断，不能一概而论。另外，本书研究的是《刑法》第 253 条之一第 3 款中"非法"的含义，因此需要具体到侵犯公民个人信息罪中进行讨论，不能仅以德国或日本刑法典中"非法""违反……规定"等表述的整体印象作为参照，更不能以其他罪名中"非法"的含义作为理解该款中"非法"的直接依据，而前述主张提示违法要素说的学者所持理由之一即《德国刑法典》第 303 条第 1 款以及《日本刑法典》第 220 条，这种以其他罪名作为直接论据的路径是不合理的。

因此，本书认为提示违法要素说的观点与理由并不可取，构成要件要素说更为合理。《刑法》第 253 条之一第 3 款中的"非法"是一种构成要件要素，其并非仅是对行为违法性的提示或强调，而是具有一定的实质意义。通过对相关学者的观点进行分析可以发现，持构成要件要素说的学者往往将"非法"与《刑法》第 253 条之一第 1、2 款中的"违反国家有关规定"相联系，其认为虽然第 3 款中并没有明文规定"违反国家有关规定"的表述，但其中的"非法"与"违反国家有关规定"含义相同，● 因此"非法"也应属于构成要件要素。对于作为构成要件要素的"非法"的认定以及《刑法》第253条之一第3款的适用，需要司法机关查明行为人到底违反了哪一部法律法规的哪一具体条款，因此其并不像提示违法要素一样，即使删除该款中的"非法"也不影响法条的含义。除了前述主张构成要件要素说的学者所提出的《解释》第4条的规定、侵犯公民个人信息罪的犯罪性质为法定犯、体系解释等三方面的理由，本书支持构成要件要素说的最核心、最根本的原因在于没有理由认为立法者会对非法提供行为与非法获取行为区别对待，其二者作为典型行为类型，在整个犯罪链条中的位置、环节、作用、危害性均相当，刑法为其设置的法定刑也完全相同，若如相关学者所提出的，"违反国家有关规定"是构成要件要素，"非法"是提示违法要素，实在难以解释为何立法者要在入罪前提上对二者设置如此区别。因此本书认为，"非法"与"违反国家有关规定"在含义与作用上应是一致的，均为构成要件要素，指的是违反法律、法规中关于个人信息保护的规定，只是二者在具体表述上不同而已。之所以同一法条不同款项中的相同含义要使用不同的表述，主要是基于以下原因。其一，《刑法修正案（七）》在《刑法》第253条后增加一条，作为第253条之一，该条以两个罪名分别规制非法提供与非法获取行为，即使《刑法修正案（九）》将二者合并为一个罪名，仍然沿袭之前的法条设置模式，对非法提供与非法获取行为分别予以规定。其二，出售、提供、获取行为本身属于一种中性行为，因此需要加入"违反国家有关规定""非法"等表述进行筛选，为信息的合理流通与利用留下空间，而窃取行为本身即是一种违反法律禁止性规定的行为，因此无须再加入相关表述。如此一来，在《刑法》第253条之一第3款中，若要将窃取这样典型的非法获取行为在法条中列举出来并同时考量表述的准确性，只能对"窃取"与"获取"分别进行表述，前者直接表述为"窃取"即可，后者则要加入相关要素以限制刑法规制范围。因此无法像第1、2款中一样，在该款开头直接表述为"违反国家有

● 参见喻海松：《〈民法典〉视域下侵犯公民个人信息罪的司法适用》，《北京航空航天大学学报（社会科学版）》2020年第6期，第4页。

关规定",这样会与窃取的含义重复,造成理解上的不准确,而在整句话的表达中出现"违反国家有关规定"又会显得"啰唆",不符合法条表达的简洁性,因此对于获取行为,该款采用了"非法"的表达。其三,对于这种同一法条不同款项中的相同含义使用不同表达的情形,《解释》第4条的内容也予以澄清,即第3款中的"非法"与第1、2款中"违反国家有关规定"的含义一致。

综上所述,本书认为《刑法》第253条之一第3款中的"非法"属于构成要件要素,其与第1、2款中的"违反国家有关规定"含义与作用相同。❶

第三节　智慧社会环境下特殊获取行为的判断

本章第一、二节从"获取"的含义解读、"窃取"的意蕴阐释、"其他方法"的具体外延、"非法"的含义及其与"违反国家有关规定"之辨析等多个方面,对《刑法》第253条之一第3款中"窃取或者以其他方法非法获取"这一构成要素进行了详细解读,从而为非法获取行为的认定提供借鉴与参考。但除了窃取、骗取、购买、收受、交换等典型且常见的获取行为外,司法实践中还存在着一些特殊的行为类型,尤其是在智慧社会环境下,依附于大数据、云计算、人工智能等前沿科技产生繁复多样的特殊获取行为,对其的判断尚存在疑问,需要进一步的判断。因此本节旨在对智慧社会环境下产生的特殊获取公民个人信息的行为进行分析与研究。

一、无感抓拍行为

不可否认,监控技术在国家安全、社会治理、追踪罪犯、便利生活等方面具有重大意义,因此随着科技的发展与公众对安全、便利等价值追求的提

---

❶ 其实,在《刑法修正案(九)》出台之前,相关学者即提出非法获取公民个人信息罪中的"非法"指的是违反法律法规的禁止性规定,与本书的结论是相一致的。参见顾静薇等:《论侵犯公民个人信息犯罪的司法认定》,《政治与法律》2012年第11期,第152页;王昭武、肖凯:《侵犯公民个人信息犯罪认定中的若干问题》,《法学》2009年第12期,第151页。

升，监控技术运用的场景越发广泛，我们逐渐进入一个全民监控的时代。但作为交换的对价，公民个人信息，尤其是生物识别信息被完全暴露在监控者的"视野"之下，由此也产生了不容小觑的信息风险，而其中最主要的即由无感抓拍技术导致的对公民人脸信息的不合理采集。例如，在浙江某地，有售楼部通过无感人脸采集系统来区分购房者是"渠道客户"还是"自然访客"，进而判定佣金归属；再如南京某高校通过人脸识别设备追踪、识别学生听讲、发呆、睡觉等上课状态。❶ 由于作为生物识别信息的人脸信息具有唯一标识性、不可更改性、容易收集性等特点，故对其的侵犯会造成被害人人身、财产权利的重大损失，且这种损失是持续、长久、难以消除的。❷ 因此有必要对无感抓拍行为的法律规制，尤其是刑法规制进行研究，厘清其法律属性并合理划定责任边界，这里的研究主要聚焦于无感抓拍行为是否构成侵犯公民个人信息罪中的"非法获取"。本书所称无感抓拍，指的是不做任何人脸识别标识与提示，在他人毫不知情的情况下，采用与普通摄像头外观无异的装配有人脸识别系统的监控设备，对他人面容进行扫描、特征提取、数字化处理并储存的行为。

（一）抓拍：一种从无到有的生成式"获取"

根据《解释》的规定，"非法获取"的具体方式包括窃取，购买，收受，交换，在履行职责、提供服务过程中收集等。按照一般理解，"获取"指的是从其他主体处得到，"其本质上只是公民个人信息自身的物理流转与空间变换，从一方主体转换至另一方主体，由一个空间移转至另一个空间"❸。侵犯公民个人信息罪及其司法解释中列举的获取方式大多符合这一定义，强调个人信息产生之后在不同主体间的流转。但"获取"的含义不仅限于此，根据《现代汉语词典》的解释，"获取"一词指的是获得、取得，❹ 其着眼于行

---

❶ 参见《强制刷脸？该关注隐私和技术风险了》，载腾讯网 https://new.qq.com/rain/a/20201201A0FE3W00，2022 年 1 月 28 日访问。

❷ 参见赵精武：《〈民法典〉视野下人脸识别信息的权益归属与保护路径》，《北京航空航天大学学报（社会科学版）》2020 年第 5 期，第 25 页。

❸ 刘仁文：《论非法使用公民个人信息行为的入罪》，《法学论坛》2019 年第 6 期，第 119 页。

❹ 参见商务国际辞书编辑部：《现代汉语词典》，商务印书馆国际有限公司 2017 年版，第 609 页。

为人得到某物，但至于该物的来源则未加以限制。因此，无论是某物已经产生并归属于他人，行为人从他人处得到，还是行为人在某物生成时自始得到，都属于"获取"。前者是一种由此及彼的"移转式"获取，而后者则是一种从无到有的"生成式"获取。其实，这一点在《解释》中也有所体现，《解释》第4条列举的获取方式中即包含了特殊主体收集个人信息的情形，这种方式既可以是"移转式"获取已经产生的个人信息，比如在办理信用卡时银行要求用户提供姓名、身份证号、电话号码等；也可以是在个人信息产生之初自始获取，比如开通支付宝或微信刷脸支付时，平台要求用户进行人脸扫描与录入。另外，从《网络安全法》《信息安全技术 个人信息安全规范》等法律规范中也能够解读出"获取"的这两种形式。其实，除无感抓拍外，还有很多形式的行为也属于"从无到有"的生成式获取，如窃听、偷拍、定位跟踪等。

如本书第二章第三节所述，只有经过特定设备的数据采集与数字化处理流程之后的相关内容才符合信息的定义并具备其全部要素，进而才能成为生物识别信息。相应而言，自然人的面容并非信息本身，其必须经过相关设备数字化处理之后方可形成人脸识别信息。因此，在被装配有人脸识别系统的摄像头扫描并提取前，人脸识别信息并不存在。故无感抓拍行为并非对已经存在的信息进行采集，而是人脸识别信息的生成与初次录入，其虽不符合通常意义上"移转式"获取的含义，但属于从无到有的"生成式"获取，故其仍能被认定为《刑法》第253条之一第3款中"非法获取"里的"获取"。

需要注意的是，有观点认为既然作为犯罪对象的个人信息在生成之前是不存在的，那么从客观方面来说，生成行为本身不具有法益侵害性，因为行为对象是行为与法益侵害之间的连接点，若行为对象尚未出现，依附于其上的法益自然也不存在，生成行为的客观违法性也因此得以阻却。❶但如上所述，无感抓拍行为指的是在他人不知情的情况下对他人面容进行扫描、特征提取、数字化处理并储存的行为，属于"信息生成＋储存"的"生成式"获

---

❶ 参见迟大奎：《论公民个人信息的类型化刑法保护进路》，《新疆大学学报（哲学·社会科学版）》2020年第5期，第43页。

取行为，但其并不是生成行为本身。意即无感抓拍行为只是一种区别于一般意义上"移转式"获取类型的、以信息生成为主要方式的信息获取行为，"生成"只是行为方式，其最终落脚点还是在"获取"上。因此，虽生成行为不侵犯具体法益，但不能由此否认无感抓拍行为的法益侵害性。

（二）无感：违反国家有关规定的"非法"

我国多部法律规范对人脸识别信息等公民个人信息的保护有所提及，比如《个人信息保护法》第 26 条、《民法典》第 1035 条、《信息安全技术 个人信息安全规范》5.4（c）等。❶ 从上述法律规范的内容来看，在公共场所安装人脸识别设备采集他人人脸识别信息必须满足两个条件：一是设置显著的提示标识，比如字体加粗、高亮突出的提示牌或标语等，告知他人此处有人脸识别设备且其即将进入图像采集范围，使他人对自己所处的环境以及自身人脸识别信息可能被采集的风险知情；二是取得他人对采集人脸识别信息的单独且明示的同意。只有同时具备上述两个条件，才能安装人脸识别设备并对他人人脸识别信息进行采集，否则即构成"非法"。

无感抓拍行为相对一般人脸信息录入而言，最主要的特征在于其"无感"，即不做任何人脸识别标识与提示，在他人毫不知情的情况下，采用与普通摄像头外观无异的装配有人脸识别系统的监控设备，对他人人脸识别信息进行采集。因此在无感抓拍场合，由于没有显著的提示标识，被采集者对其处于人脸识别设备的图像采集范围这一事实并不知情，进而更谈不上同意采集者对其面容进行扫描、特征提取等数字化处理，采集者的行为明显违背《个人信息保护法》《民法典》《信息安全技术 个人信息安全规范》等法律法规的规定，具有严重非法性。当然，并非一切无感抓拍行为均是非法的，根据《个人信息保护法》第 13 条、《民法典》第 1036 条、《信息安全技术 个人信息安全规范》5.6 的规定，为维护国家安全、公共安全或在与刑事侦查、

---

❶ 《个人信息保护法》第 26 条明确规定在公共场所安装图像采集、个人身份识别设备必须设置显著的提示标识并取得个人单独同意；《民法典》第 1035 条总体性地提出处理公民个人信息应当遵循合法、正当、必要原则；《信息安全技术 个人信息安全规范》5.4（c）规定："收集个人生物识别信息前，应单独向个人信息主体告知收集、使用个人生物识别信息的目的、方式和范围，以及存储时间等规则，并征得个人信息主体的明示同意。"

起诉、审判和判决执行直接相关的特殊场合，个人信息采集者无须严格遵循"知情同意规则"。例如，在机场、火车站、出入境关口、大型活动现场等人流密集的地点，公安或国家安全部门为搜寻涉案在逃人员而安装相应的人脸识别设备，则无须设置显著标识并取得被采集人同意。这样的做法不仅更加高效，而且能够避免相关人员因注意到提示标识而故意避开摄像头能够辐射的范围，有利于对罪犯的搜寻与抓捕。另外，对于这些特殊场合下的无感抓拍行为，还可以通过技术方面的手段尽可能实现对公民个人信息的保护。例如，广东省公安厅发布的《广东省社会治安视频监控系统数据传输技术规范》要求对视频监控实施外网隔离与内网隔离技术，并采取强制访问控制、用户身份认证和用户访问控制技术，以保障监控信息安全。❶

综上所述，"无感"违反国家有关规定，属于"非法"，而"抓拍"是一种从无到有的生成式"获取"，因此无感抓拍行为应当被认定为"非法获取"。

二、App 未经同意获取公民个人信息行为

随着互联网、大数据、人工智能等前沿科技的发展，智能设备逐步从理论走向现实，成为人们日常生活中触手可及且必不可少的一部分，比如智能手表、手机、电脑、家用电器、自动驾驶汽车等。除实体化硬件外，这些智能设备功能的发挥与用户体验感的丰富主要依赖于其中所安装的 App。但种类与数量均迅猛增长的 App 良莠不齐，存在内容低俗、虚假、过度索权、违法违规收集、公开、使用个人信息等乱象，严重危害社会秩序与用户合法权益，而其中 App 未经同意获取公民个人信息的问题最为突出。❷ 例如，2021年3月15日，央视"3·15"晚会曝光了智能清理大师、手机管家 pro 等手机清理 App，这些 App 通过虚假的清理缓存功能窃取老人机里的个人信息。❸

---

❶ 参见刘艳红：《公共空间运用大规模监控的法理逻辑及限度——基于个人信息有序共享之视角》，《法学论坛》2020年第2期，第9页。

❷ 参见吴学安：《对 App 乱象零容忍 推动常态长效整治》，《中国商报》2021年1月22日，第001版。

❸ 参见投资快报社：《2021年央视315晚会曝光！内容汇总涉及这些上市公司名单（全）》，载搜狐网 https：//www.sohu.com/a/455882242_409908，2022年1月29日访问。

另外，从中国信息通信研究院等机构发布的《移动互联网应用个人信息安全报告》以及国家网信办、工信部等部门的日常通报也能看出，未经同意获取公民个人信息是需要整改的 App 所存在的最主要问题。❶ 据相关统计，仅 2020 年 3 月至 2021 年 3 月，被工信部等相关部门通报或下架的违规收集用户信息的 App 即超过 1100 款。❷

相较其他侵犯公民个人信息的行为而言，App 未经同意获取公民个人信息具有一定的特殊性。其一，作为移动互联网应用程序，App 的运行依赖于计算机与网络，因此其所涉及的公民个人信息具有电子化、数据化的特征。其二，App 本身具有相应的功能，如地图导航、即时通信、天气查询等，其在提供服务的过程中收集公民个人信息，因此具有一定的日常性。其三，App 的正常运行及其功能的实现往往以收集用户信息为基础，只有掌握准确信息，App 才能稳定运行并为用户提供具有针对性、个性化的服务。其四，虽然部分 App 使用前确实有授权选项，因而其对公民个人信息的收集获得了用户的许可，在形式上不违背知情同意原则，但其存在告知内容不明晰、索权范围过宽、不授权则无法使用等问题，用户许可存在瑕疵。正是由于 App 未经同意获取公民个人信息行为具有以上特殊性且其直接影响罪与非罪的判断，因此有必要对该行为刑法规制路径及合理边界进行研究。

App 未经同意获取公民个人信息行为包括擅自收集用户信息，强制、频繁、过度索取权限，欺骗、误导用户提供个人信息等，而行为方式的种类会对罪与非罪的判断产生直接影响，因此应基于类型化思维、根据不同行为类型对其刑法规制进路进行具体的分析与研究。

（一）完全未经同意：恶意 App 与越权 App

"知情同意原则"是指个人信息处理者在处理个人信息时，应当将与个

---

❶ 2020 年 1 月，中国信息通信研究院等机构发布的《移动互联网应用个人信息安全报告》统计显示，强制性、高频次、过度性收集使用 App 用户个人信息成为"业界常态"。另外，国家网信办、工信部等部门会对民众反映强烈的网络安全等问题进行调查并将结果予以通报，例如，2021 年 6 月 11 日网信办发布的《关于 Keep 等 129 款 App 违法违规收集使用个人信息情况的通报》，2021 年 5 月 21 日网信办发布的《关于抖音等 105 款 App 违法违规收集使用个人信息情况的通报》等。

❷ 参见魏蔚：《一年 1100 款 App 被通报 谁在侵犯个人信息》，载北京商报网 https：//www.bbtnews.com.cn/2021/0318/389830.shtml，2022 年 1 月 29 日访问。

人信息获取、提供、使用等有关的全部情况充分告知信息主体并征得其明确同意，❶ 其在民法、行政法理论与实践中被广泛适用。例如，我国《民法典》《个人信息保护法》《网络安全法》等均规定，除非法律、行政法规另有规定，个人信息的处理必须取得知情同意。❷ 及至刑法领域，侵犯公民个人信息罪所保护的法益为信息自决权，因此信息主体的同意与否直接影响犯罪之成立，不仅可能阻却违法，甚至在某些情况下可能阻却构成要件。由此可以看出，虽然"知情同意原则"在具体操作过程中存在理论缺陷与技术困境，但其目前仍是判断行为人处理公民个人信息行为非法性的最主流标准。

需要注意的是，随着大数据技术的进步，App 对用户信息的收集、公开、使用逐渐呈现出高频次、大体量、自动化、场景复杂等特征，若要求每一次信息处理均告知用户并征得其明确同意，则将严重阻碍 App 产业的正常发展，而且这种极端的要求在实践中很难，甚至根本无法实现。❸ 另外，即使是正常的"知情同意原则"也会增加运营成本并在一定程度上降低 App 对用户信息的处理效率，同时还存在可能被用户拒绝的风险，进而影响运营商最终获取的经济利益。因此部分 App 完全抛弃"知情同意原则"，在尚未取得用户同意的情况下擅自收集其个人信息，其最典型的表现形式包括不设置隐私条款、不告知信息处理内容、隐瞒信息收集的事实、超越权限范围收集信息等。这种未经同意擅自获取用户信息的 App 主要包括两种类型，即恶意App 与越权 App。恶意 App 指的是以非法收集、公开、使用用户信息为目的而开发的本身不具备任何 App 正常功能的应用程序，其本质即伪装成普通App 的病毒或木马程序，开发者将其披上 App 的"外衣"后上传至应用市

---

❶ 参见张新宝：《个人信息收集：告知同意原则适用的限制》，《比较法研究》2019 年第 6 期，第 1 页。

❷ 《民法典》第 1035 条规定："处理个人信息的，应当遵循合法、正当、必要原则，不得过度处理，并符合下列条件：（一）征得该自然人或者其监护人同意，但是法律、行政法规另有规定的除外……"《个人信息保护法》第 13 条规定："符合下列情形之一的，个人信息处理者方可处理个人信息：（一）取得个人的同意……"《网络安全法》第 41 条规定："网络运营者收集、使用个人信息，应当遵循合法、正当、必要的原则，公开收集、使用规则，明示收集、使用信息的目的、方式和范围，并经被收集者同意……"

❸ 参见田野：《大数据时代知情同意原则的困境与出路——以生物资料库的个人信息保护为例》，《法制与社会发展》2018 年第 6 期，第 117—119 页。

场，以其功能诱使用户下载，在该恶意 App 被下载或安装至用户手机、电脑时即开始窃取用户个人信息。最典型的恶意 App 即前文提到的 2021 年央视"3·15"晚会曝光的智能清理大师、手机管家 pro 等手机清理 App。越权 App 具有其所描述的相应功能并能够正常运行，其是在使用过程中违法违规收集、公开或使用用户信息，具体包括完全未经授权和部分授权后超出授权范围两种情形。越权 App 与恶意 App 对用户信息的收集均未经信息主体同意，但区别在于，前者具有 App 的正常功能，后者则是专门为侵犯公民个人信息而开发。

侵犯公民个人信息罪要求"违反国家有关规定"❶，而"知情同意原则"是《民法典》《个人信息保护法》《网络安全法》等前置法律法规的重要内容，因此是否符合该原则直接影响此罪的成立。恶意 App 与越权 App 对用户信息的收集均未经信息主体同意，故其行为具有非法性，在满足其他要件的情况下，均构成侵犯公民个人信息罪。但需要注意的是，在恶意 App 与越权 App 未经同意向他人出售或提供用户信息的场合，二者的具体定罪判断与量刑选择存在差异。其一，侵犯公民个人信息罪的成立必须达到"情节严重"的罪量标准，《解释》第 5 条第 1 款对"情节严重"的具体标准进行了解读，其中第（八）项规定了履行职责、提供服务过程的情形，信息数量与违法所得数额按半数计算。越权 App 与恶意 App 最大的区别在于其具有 App 的功能，能够为用户提供正常服务，因此其满足此项规定，所出售或提供的信息只需达到 25 条、250 条、2500 条以上或者违法所得达到 2500 元以上即可，而恶意 App 则仍需按照第三项至第七项规定的正常数量或数额标准进行判断。其二，根据《解释》的规定，在提供服务过程中出售、提供个人信息应从重处罚，因此在其他条件相同的情况下，由于越权 App 涉及正常服务，故其所受处罚应重于恶意 App。之所以存在入罪标准与刑罚上的这种轻重差异，主要是因为二者的危害程度不同：虽二者均完全未获得信息主体的同意，但恶意 App 由于不具备任何正常功能，因此很容易被用户察觉并放弃使用，由此一来，

---

❶ 虽《刑法》第 253 条之一第 3 款中不存在"违反国家有关规定"的表述，但其行为要求"非法"。前已述及，本书认为此处的"非法"意即"违反国家有关规定"。

其只能"快餐式"地一次性窃取用户信息，造成的危害后果有限；而越权 App 隐藏在正常 App 的外衣之下，在为用户提供相应服务的同时窃取用户信息，具有更强的隐秘性，更容易让用户放松警惕且难以被察觉，因此其能够持续不断地获取用户已经存在或新产生的信息，对其权益造成更大的侵害。

（二）同意有瑕疵：格式化授权与"非允即退"式授权

"知情同意原则"的实现不仅依赖于现实存在的信息主体对行为人处理其个人信息的许可与同意，还要求这一同意是真实且自由的。若行为人采取欺诈、胁迫等手段使得信息主体基于错误认识或迫于压力而做出允诺，则这种同意是自始无效的，❶ 因此相应的信息处理行为就实质而言属于上述"未经同意"的情形，具有非法性。在 App 运营场合，欺诈、胁迫等完全排除权利人真实意愿的极端手段并不常见，但普遍存在两种使得信息主体之同意存在瑕疵的情形，即格式化授权与"非允即退"式授权。在这两种情形中，App 未经同意获取公民个人信息行为的非法性判断取决于同意之瑕疵是否影响其效力，下文分别对二者进行了研究与讨论。

第一，格式化授权。如上所述，"知情同意原则"属于个人信息保护的"帝王条款"，因此为了遵循法律的规定以使得自身信息处理行为合法化，App 运营商通常会在用户下载使用 App 之初向其提供相应的隐私政策或信息使用说明，以获取用户对其信息获取行为的授权。但这种政策或说明往往冗长、艰涩并涉及复杂的专业术语，普通人很难真正理解其含义与其中所蕴含的风险，为用户阅读带来了沉重的负担。❷ 因此在面对冗长、晦涩的隐私政策或信息使用说明时，很少有用户会认真阅读与理解，反而是越过该政策或说明直接点击同意成为常规操作，❸ 这种例行公事式的同意即本书所说的格

---

❶ 参见万方：《隐私政策中的告知同意原则及其异化》，《法律科学（西北政法大学学报）》2019 年第 2 期，第 63 页。

❷ 例如，美国一项研究表明，若全美国互联网用户认真阅读其所浏览的全部网站的每一份隐私政策，一年内花费的时间将达到 538 亿小时，换算成经济成本大概为 7810 亿美元。See Aleecia M. McDonald, Lorrie Faith Cranor, *The Cost of Reading Privacy Policies*. A Journal of Law and Policy for the Information Society, Vol. 4：543, p. 563 - 564（2008）.

❸ 参见吴泓：《信赖理念下的个人信息使用与保护》，《华东政法大学学报》2018 年第 1 期，第 28—29 页。

式化授权。从形式上来看，由于 App 运营商向用户提供了完整的隐私政策或信息使用说明且获得用户许可，因此格式化授权似乎当然地符合"知情同意原则"；但实质而言，用户并未真正阅读并理解相关政策与说明中的内容，这种知情上的瑕疵是否会影响同意的效力是判断格式化授权情形中 App 运营商获取用户信息行为合法性的重要标准。本书认为，App 运营商在用户下载使用 App 之初即向用户提供隐私政策或信息使用说明的行为履行了其告知义务，且必须用户点击同意或接受其才会按照约定收集用户信息，因此符合"知情同意原则"的内涵。至于相关政策、说明的篇幅冗长、用语晦涩则是客观技术层面的问题。信息处理技术本身的专业性即决定了隐私条款表达的复杂性，但其并未像欺诈、胁迫等手段一样完全排除用户的意愿，跳过隐私条款与点击同意均是用户自主选择的结果。因此格式化授权导致信息主体之同意所存在的些许瑕疵并不影响同意的有效性，其在违法性甚至构成要件层面阻却 App 收集用户信息的行为构成犯罪。❶ 另外，由于隐私条款冗长、晦涩而导致用户不愿看、看不懂的问题可以通过采取相应措施从技术层面加以解决，例如，App 运营商尽量采取简短、通用的语言进行表述，利用通俗的白话语句对专业术语进行解释，以分层次说明取代冗长的告知，通过特殊字号、格式、颜色、图标、示例的方式标注出内容重点等。

第二，"非允即退"式授权。为了顺利获取用户信息且不违反法律法规的规定，App 运营商在向用户提供隐私政策或信息使用说明时会设置同意提供信息或放弃接受服务这种二选一的选项，属于全有或全无的授权模式。但凡用户拒绝 App 运营商所提出的关于信息处理的概括同意，则意味着其将完

---

❶ 《个人信息保护法》第 17 条第 1 款明确规定："个人信息处理者在处理个人信息前，应当以显著方式、清晰易懂的语言真实、准确、完整地向个人告知下列事项：（一）个人信息处理者的名称或者姓名和联系方式；（二）个人信息的处理目的、处理方式，处理的个人信息种类、保存期限；（三）个人行使本法规定权利的方式和程序；（四）法律、行政法规规定应当告知的其他事项。"若 App 运营商仍使用晦涩、复杂的专业表述使用户难以阅读与理解，则违反此条规定。但需要注意的是，这也只能论证 App 运营商处理个人信息的行为违反国家有关规定，具有构成要件符合性，但由于这种晦涩难懂并不像欺诈、胁迫一样完全排除用户的个人意愿，因此其同意仍然有效，从违法性层面阻却犯罪成立。在这种情况下，用户应向相关部门投诉或举报，由相关部门根据《个人信息保护法》等法律法规对运营商进行处罚，而不是授权同意。

全无法使用或在相当程度上无法使用该 App 的功能。❶ 因此在这种情况下，为了正常、便利地工作与生活，用户们不得不同意 App 运营商的索权申请，此类无可奈何的同意即本书所说的"非允即退"式授权。"非允即退"式授权主要采取概括同意的方式，同时索取与提供服务相关的用户信息以及大量无关信息，正是由于其捆绑式的超范围索权，亦有学者将其称为"宽口径授权"。❷ 目前相关部门已经注意到 App 中普遍存在的"非允即退"式授权问题并制定了相应的法律法规，例如，《个人信息保护法》第 16 条，网信办发布的《数据安全管理办法（征求意见稿）》第 11 条，网信办秘书局、工信部办公厅、公安部办公厅、市场监督管理总局发布的《常见类型移动互联网应用程序必要个人信息范围规定》第 4 条等。❸ 虽后两项规范在效力级别上属于部门规范性文件，但《个人信息保护法》属于法律，因此在其正式生效实施之后，"非允即退"式授权毫无疑问违反国家有关规定。但需要注意的是，这也仅论证了"非允即退"式授权符合构成要件层面的要求，对于该行为非法性的判断仍应关注这种授权是否影响用户同意之效力。本书认为，用户同意是否有效取决于其同意是否出于自由意愿与自主决定，因此可以根据 App 运营商所提供服务对用户的重要性程度以及拒绝该服务给用户带来的压力将采取"非允即退"式授权的 App 服务分为两类，即民生所必需之基础服务与非民生所必需之服务。对于前者，由于该服务是维系个人生活所必需，如医疗、教育、交通、保险等，且用户与 App 服务商处于完全不对等的地位，因此若相关 App 以用户授权其获取与提供服务无关的个人信息作为使用的前提，则由于其达到足以压制用户意识自由的程度而应认定在此情况下用户所

---

❶ 参见鲍南：《不全面授权，App 就不能用？》，《中国新闻出版广电报》2020 年 6 月 18 日，第 4 版。

❷ 参见朱珊珊：《以刑制罪："宽口径授权"侵犯个人信息行为的刑事规制》，《江西社会科学》2021 年第 3 期，第 181 页。

❸ 《个人信息保护法》第 16 条规定："个人信息处理者不得以个人不同意处理其个人信息或者撤回同意为由，拒绝提供产品或者服务；处理个人信息属于提供产品或者服务所必需的除外"；2019 年 5 月 28 日网信办发布的《数据安全管理办法（征求意见稿）》第 11 条规定："网络运营者……不得因个人信息主体拒绝或者撤销同意收集上述信息以外的其他信息，而拒绝提供核心业务功能服务"；2021 年 3 月 22 日网信办秘书局、工信部办公厅、公安部办公厅、市场监督管理总局办公厅发布的《常见类型移动互联网应用程序必要个人信息范围规定》第 4 条规定："App 不得因为用户不同意提供非必要个人信息，而拒绝用户使用其基本功能服务"。

做出的同意无效，❶ 进而证成 App 服务商采取"非允即退"式授权收集用户信息的行为具有非法性，在满足其他要件的情况下构成侵犯公民个人信息罪。这一立场也被欧盟《一般数据保护条例》所采纳。❷ 对于后者，由于 App 所提供之服务非民生所必需，如娱乐、购物、休闲、旅游等，用户可以自主选择是否接受以提供自身信息作为对价换取相应的服务，此时用户的自由意识并未受到压制，因此其所做之同意自始有效，进而符合"知情同意原则"，在违法性阶层阻却侵犯公民个人信息罪的成立。❸

（三）同意被撤回：拒不停止获取信息与拒不删除信息

为了使自身收集用户信息的行为符合法律法规的规定，App 运营商往往在用户下载使用 App 之初即通过隐私条款告知用户有关信息处理的内容并取得其同意，因此除上述恶意 App、越权 App、提供民生所必需之基础服务且设置"非允即退"式授权的 App 外，一般情况下 App 获取用户信息的行为具有合法性。但需要注意的是，用户对 App 运营商收集其个人信息行为的授权并非一经做出即始终有效，部分情况下用户可能会基于各种原因撤回先前的同意。例如，甲允许某读书 App 访问其手机通讯录之后发现该 App 未经其同意向通讯录好友发送其阅读书目，由此甲关闭了该 App 的相关权限；再如乙注册某社交 App 后发现其功能不足遂要求注销账号并删除其注册时提供的相关信息。在用户撤回其先前同意后，运营商相关行为的性质如何判断是此处研究的重点。根据撤回同意内容的不同，可以将用户撤回同意后 App 运营商的行为分为两类，即拒不停止获取信息与拒不删除信息。前者指的是用户撤回对 App 后续处理信息行为的授权后，相关 App 并未停止反而继续收集用户信息；后者则是用户撤回对 App 先前已获取信息的授权，要求其删除相关信

---

❶ 参见林玟君：《论个人资料保护法之"当事人同意"》，《东海大学法学研究》2017 年总第 51 期，第 145 页。

❷ 《一般数据保护条例》第 7 条第 4 款规定："当评估同意是否自愿做出时，应尽最大可能考虑合同的履行包括服务的提供是否以基于不必要的同意个人数据处理为条件。"参见中国信息通信研究院互联网法律研究中心、京东法律研究院编：《欧盟数据保护法规汇编》，中国法制出版社 2019 年版，第 60 页。

❸ 参见江海洋：《论大数据时代侵犯公民个人信息罪之告知同意原则》，《湖北社会科学》2020 年第 9 期，第 134 页。

息，App 运营商拒不删除。

第一，对于拒不停止获取信息的行为。虽先前 App 收集用户信息的行为因用户同意而具有合法性，但由于用户已经撤回其对相关 App 后续行为的同意，因此该 App 拒不停止反而继续获取用户信息的行为不具备任何授权，实则属于前述"未经同意"的情形。此种情形中 App 运营商的行为因违反前置法中的"知情同意原则"而存在非法性，在满足其他要件的情况下构成侵犯公民个人信息罪。

第二，对于拒不删除信息的行为。用户在注册、使用 App 的过程中会向 App 运营商提供或允许其获取大量自身信息，但基于某些原因，如注销账号、抹去"负面记忆"、对隐私保护的需求以及对信息安全隐患的担忧等，用户希望 App 运营商能够删除其已经获取的相关信息。❶ 用户信息的删除分为自行删除与请求删除两类，前者指的是用户本人可以在 App 用户端通过自身行为删除相关信息，如微信允许用户删除聊天记录、个人签名、朋友圈等；后者指的是用户向 App 运营商提出申请，由运营商在后台服务器删除相关信息。从当前各 App 的隐私条款与功能设置来看，用户能够自行删除的信息种类有限且通常只涉及一般个人信息，对于生物识别信息、财产信息等敏感个人信息而言，只能采取请求删除的方式。❷ 但在某些情况下，App 运营商会为了持续享受已获取的信息带来的利益或降低成本等而拒绝用户的删除申请。例如，在全国首例"被遗忘权"案例中，百度公司拒绝删除"相关搜索"中涉及原告任某某与陶氏教育相关联的词条内容。❸ 那么在此情况之下 App 运营商拒绝删除且继续持有用户个人信息的行为是否具有非法性进而构成相关犯罪呢？本书认为，这一问题的答案涉及被遗忘权、信息删除权、对《刑法》第 253 条之一中"非法获取"的理解等内容。

"被遗忘权的概念与实践诞生于欧盟，2016 年出台的《一般数据保护条

---

❶ 参见余筱兰：《民法典编纂视角下信息删除权建构》，《政治与法律》2018 年第 4 期，第 27 页。
❷ 参见徐磊：《个人信息删除权的实践样态与优化策略——以移动应用程序隐私政策文本为视角》，《情报理论与实践》2021 年第 4 期，第 91—95 页。
❸ 参见徐航：《〈个人信息保护法（草案）〉视域下信息删除权的建构》，《学习论坛》2021 年第 3 期，第 134 页。

例》将其正式确立。"❶ 被遗忘权的内涵确定、制度构建以及本土化等问题是目前学界研究的热点，❷ 但单纯从法律规范来看，我国尚不存在此项权利，与之类似的是散见于法律、行政法规中关于个人信息删除权的规定。❸ 从上述法律法规的内容可以看出，绝大多数情况下，用户只能在发现 App 运营商违反法律法规或双方约定的情况下要求其删除信息。除此之外，App 运营商拒绝信息删除请求的行为不违反相关规定，因此无法从此处入手证成 App 运营商拒不删除信息行为的违法性。但需要注意的是，虽然 App 运营商先前的获取行为存在授权，但在用户撤回同意后，其继续持有信息的行为即因违背"知情同意原则"而丧失合法根基，App 运营商拒不删除信息行为是否构成本罪的关键在于是否能将其继续持有信息、拒不删除的行为解释为本罪的行为要件。非法提供指的是向第三方移转，与持有的含义相去甚远，因此不在此处考察范围之内。非法获取强调的是对公民个人信息的获得、取得，狭义的获取只是一个动作，即行为人从无到有地从信息权利人或他人处初始得到个人信息；但广义而言，获取应是指行为人掌握他人信息的一种延续的状态，包括初始取得信息的动作，亦包括之后的持有行为。另外，如同《刑法》245 条"非法侵入住宅罪"中"侵入"的含义包括非法进入他人住宅与合法进入他人住宅后经要求退出而拒不退出，❹ 非法获取公民个人信息的行为亦可划分为作为型与不作为型两类，前者为狭义的获取动作，后者指的是合法获取他人信息后经要求删除而拒不删除的行为。因此，App 运营商在收到用户关于删除个人信息的申请后继续持有、拒不删除的行为属于《刑法》第

---

❶ 李媛：《被遗忘权之反思与建构》，《华东政法大学学报》2019 年第 2 期，第 58 页。

❷ 参见蔡培如：《被遗忘权制度的反思与再建构》，《清华法学》2019 年第 5 期，第 168—185 页；薛丽：《GDPR 生效背景下我国被遗忘权确立研究》，《法学论坛》2019 年第 2 期，第 100—109 页；吴姗姗：《论被遗忘权法律保护的必然性及其法理依据》，《江苏社会科学》2020 年第 1 期，第 145—153 页，等等。

❸ 《个人信息保护法》第 15 条与第 47 条规定，基于个人同意而进行的个人信息处理活动，个人有权撤回其同意，个人撤回同意后，信息处理者应当主动或者根据请求，删除个人信息；《网络安全法》第 43 条规定："个人发现网络运营者违反法律、行政法规的规定或者双方的约定收集、使用其个人信息的，有权要求网络运营者删除其个人信息"；《民法典》第 1037 条规定："自然人发现信息处理者违反法律、行政法规的规定或者双方的约定处理其个人信息的，有权请求信息处理者及时删除"。

❹ 参见曲新久主编：《刑法学》（第六版），中国政法大学出版社 2022 年版，第 354 页。

253 条之一第 3 款中的"获取",而用户撤回同意使得该行为违背"知情同意原则"进而丧失合法性基础,因此符合非法获取的行为方式,在满足主体、情节严重等其他要件的情况下该行为构成侵犯公民个人信息罪。

三、劫取公民个人信息行为

2020 年 6 月,樊某伙同刘某等四人在陕西省渭南市澄城县各网吧内寻找独自上网的中学生,在确定目标后将其带至车上并持刀威胁以强行索要其微信账号密码。截至被警方抓获,樊某等人以相同手段共非法获取 18 人的微信账号密码,其中一人因反抗而被捅伤。❶ 根据《解释》的定义,微信账号密码属于刑法上的"公民个人信息",本书将此类以暴力、胁迫或其他足以压制被害人反抗的手段非法获取公民个人信息的行为称为劫取公民个人信息行为。

劫取公民个人信息行为不仅侵犯信息主体对其个人信息所享有的获取、利用等权利,还严重威胁信息主体的人身安全,因此该类行为具有高度的法益侵害性。另外,《刑法》第 253 条之一规定侵犯公民个人信息罪的客观方面包括窃取以及违反国家有关规定的购买、收受、交换等非暴力行为类型,举轻以明重,劫取公民个人信息行为亦具有刑法规制的必要性。但当前我国《刑法》中并未规定对应的"劫取公民个人信息罪",总体性规制个人信息类犯罪的侵犯公民个人信息罪中也不存在明确的"劫取"行为类型。因此在法律规定不甚明确的情况下,如何运用教义学原理并根据现行刑法规范合理规制劫取公民个人信息行为,尤其是如何进行罪名选择的问题显得尤为重要,而这也正是本书此部分研究的核心。

从侵犯公民个人信息犯罪的立法沿革可以看出,无论是附属保护阶段,还是独立保护阶段,尽管非法获取公民个人信息的行为包含窃取、骗取、买卖、交换等多种方式,但我国刑法均将其作为一个整体,通过单一罪名对其进行统一规制。而劫取公民个人信息行为亦属于对他人信息的获取,且暴力、

---

❶ 参见《高中生遭抢劫被扎一刀！歹徒不要钱,只要微信号……真相惊人！》,载澎湃新闻网 https：//www.thepaper.cn/newsDetail_forward_7845307,2022 年 1 月 29 日访问。

胁迫等手段明显违背信息主体的意志，具有非法性，因此对于劫取公民个人信息行为的刑法规制，首先应考虑是否适用当前作为我国刑法对侵犯公民个人信息类犯罪总体性、一般化规定的侵犯公民个人信息罪，而能否适用本罪的关键在于劫取是否属于"以其他方法非法获取"。本书认为应对"以其他方法非法获取"进行限制解释，其范围不包含劫取这一行为类型，理由如下。

（一）"其他方法"应与窃取等行为方式具有等质性

如前文所述，《刑法》中的概括性语词的含义范围仅限于与已列举事项在刑法规范意义上具有等质性或相当性的情形。[1]《刑法》第253条之一第3款规定的行为类型为"窃取或者以其他方法非法获取"，其中"窃取"指的是行为人违反被害人意志，采取不使他人知晓的秘密方法，获得处理公民个人信息的能力或状态，其重要特征在于不具备对人暴力性，无法对他人生命、身体、自由权利造成侵害。根据同类解释规则，"其他方法"应与明确列举的窃取具有等质性，即非对人暴力性。如前所述，劫取公民个人信息行为指的是以暴力、胁迫或其他足以压制被害人反抗的方法非法获取公民个人信息的行为，其不仅侵害信息主体对自身信息所享有的权利，还严重威胁信息主体的人身安全，因此"其他方法"不包含劫取这一行为类型。另外，相关法律规范的内容也为这一结论提供了佐证。例如，《解释》第4条对"其他方法"的含义进行了明确，主要包括购买、收受、交换、在履行职责或提供服务过程中收集等方法，均为非对人暴力的情形；又如，2018年最高人民检察院发布的《检察机关办理侵犯公民个人信息案件指引》更是明文规定，"'其他方法'，是指'窃取'以外，与窃取行为具有同等危害性的方法，"如购买、交换、在履行职责、提供服务过程中收集等。

（二）单一法益保护与双重法益侵害间的冲突

要判断"其他方法"是否包含劫取这一行为类型，首先需要厘清本罪之法益。当前我国刑法理论界将侵犯公民个人信息罪法益的观点主要分为个人

---

[1] 参见储槐植、江溯：《美国刑法》（第四版），北京大学出版社2012年版，第45—46页。

法益说、超个人法益说、双重法益说三大类,❶ 虽尚存争议,但目前主流观点为个人法益说中的具体人格权说,其认为侵犯公民个人信息罪所保护的法益为信息自决权,这也是本书的主张。信息自决权是一种新型的具体人格权,其是指信息主体自我决定其个人信息是否被处理,以及何时、何地、被何主体、以何种方式、在何种范围内处理的权利。劫取公民个人信息行为违背信息主体的意志,属于对他人信息的非法获取,因此其严重侵害权利人的信息自决权。另外,由于劫取个人信息采取的是暴力、胁迫或其他足以压制被害人反抗的行为方式,因此其同时对权利人的生命、身体、自由等权利造成威胁,具有双重法益侵害性。例如,在樊某等劫取微信账号密码案中,行为人将被害人押至车上,限制其行动自由,并持刀对其进行威胁,在非法获取被害人微信账号密码的同时严重危及其生命、身体、自由等人身权利。通过上述分析可以发现,若将劫取解释为"其他方法",则仅处罚了其中对个人信息权进行侵害的部分,另外对于人身权利的侵犯并未受到周全评价,劫取公民个人信息行为的双重法益侵害性与侵犯公民个人信息罪单一法益保护间不完全对等,由此形成刑法规制上的"真空地带"。虽有观点认为,侵犯公民个人信息罪设置了两档法定刑,且《解释》第5条第2款第1项将"造成被害人死亡、重伤"等作为情节特别严重的认定标准,因此可以通过对劫取公民个人信息的行为判处更重的刑罚来对应其相较窃取等其他非法获取行为而言更高的法益侵害性,不会造成处罚漏洞。但此种观点仅从刑罚角度给出了应对方案,仍未解决法益评价不周全的问题,对劫取公民个人信息的行为判处更重的刑罚并不能弥补人身权利部分的评价缺漏。另外,侵犯公民个人信息罪的最高法定刑为七年有期徒刑,与劫取公民个人信息行为对他人生命、身体、自由等造成的损害与威胁并不相称,认定劫取公民个人信息行为构成侵犯公民个人信息罪将会由于法定刑过轻而导致罪刑失衡。

---

❶ 参见冀洋:《法益自决权与侵犯公民个人信息罪的司法边界》,《中国法学》2019年第4期,第71页;刘艳红:《侵犯公民个人信息罪法益:个人法益及新型权利之确证——以〈个人信息保护法(草案)〉为视角之分析》,《中国刑事法杂志》2019年第5期,第30页;敬力嘉:《大数据环境下侵犯公民个人信息罪法益的应然转向》,《法学评论》2018年第2期,第122—126页;李谦:《侵犯公民个人信息罪的法解释学释义》,《北京邮电大学学报(社会科学版)》2017年第1期,第16页。

（三）入罪标准与劫取行为类型不相适配

我国刑法中"情节严重"的犯罪论体系地位为违法构成要件要素，其反映了行为的法益侵害性程度，即只有行为达到"情节严重"的量才有动用刑法进行评价与规制的必要，否则应作为一般违法行为处理。❶《解释》第 5 条第 1 款对"情节严重"的含义进行了解读，具体包括信息类型与数量、信息流向及用途、违法所得、主体身份、预防性要素等十项，其中反映行为法益侵害性程度的为第（一）、（三）、（四）、（五）、（六）项，❷ 其主要着眼于信息本身，包括信息类型、数量、用途等。如上所述，劫取公民个人信息行为既侵犯个人信息权，也对被害人生命、身体、自由等权利造成损害或威胁，因此其具有双重法益侵害性，但侵犯公民个人信息罪"情节严重"中反映法益侵害性程度的标准仅对应于前者，即仅根据受侵害信息的类型、数量、用途等判断是否构成犯罪，无法反映行为对被害人生命、身体、自由等权利造成的损害与威胁，因此二者之间不相适配。若将劫取解释为"其他方法"，则会导致刑法规制上的漏洞。例如，在樊某等劫取微信账号密码案中，行为人将被害人押至车上并持刀强行索要微信账号密码，甚至将某一被害人捅伤，其行为严重威胁被害人的人身安全，但最终由于涉案信息数量未达到标准，因而无法定罪。若窃取、骗取或以其他方法非法获取他人信息的行为因受侵害信息本身的类型、数量、用途等未达到"情节严重"的标准，则证明其不具有严重的法益侵害性，因此不作犯罪处理是恰当的；但劫取公民个人信息的行为即使在信息数量等方面有所欠缺，其仍由于手段上对人暴力性特征而对被害人人身安全产生侵害或威胁，对此种行为不认定为犯罪无法有效实现刑法的法益保护目的。另外，侵犯公民个人信息罪的入罪标准与劫取公民个人信息行为间的不相适配在某些情况下会导致定罪判断上的失衡。例如，某甲利用电子技术窃取 5000 人的普通个人信息，某乙持刀劫取合法持有他人信息的丙，从丙处获取 4500 人的普通个人信息。甲、乙的行为均属于非法获

---

❶ 参见石聚航：《侵犯公民个人信息罪"情节严重"的法理重述》，《法学研究》2018 年第 2 期，第 69—70 页。

❷ 根据违法构成要件要素说，《解释》第 5 条第 1 款第（二）、（七）、（八）、（九）项因未反映行为的法益侵害性程度而应从"情节严重"中剥离出去。

取，但前者达到"情节严重"的标准，构成侵犯公民个人信息罪，后者获取的信息数量过少，因而不构成犯罪。在上例中，若单纯从非法获取的信息数量上评价，则乙少于甲且未达到构罪门槛，但乙持刀劫取个人信息的行为还对丙的人身安全造成严重威胁，其法益侵害性相比甲而言有过之而无不及，但最终结果却是大相径庭，导致定罪判断上的严重失衡。

综上所述，劫取不属于"其他方法"，劫取公民个人信息的行为无法被纳入侵犯公民个人信息罪的规制范围。

CHAPTER 05 >> 第五章

"情节严重" 的理解与适用

从《刑法》第 253 条之一的内容可以看出，侵犯公民个人信息罪是典型的情节犯，其构成犯罪必须达到"情节严重"的程度，除此之外，还有"情节特别严重"这一法定刑升格条件的规定。应当承认，刑法分则中"情节严重"的规定与表述具有简化罪状用语的功能，且其对相应罪名的规制范围进行了一定程度的提示与限制，使立法和司法活动之间能够保持着必要的张力。❶ 但需要注意的是，由于"情节严重"的表述过于模糊，导致其基本内涵与具体外延并不清晰，在司法实践中往往难以准确把握，有违反罪刑法定原则之嫌，因此在对规定有"情节严重"这一表述的罪名进行认定时，必须首先明确该表述的具体含义。在侵犯公民个人信息罪中，"情节严重"的认定一直以来都是本罪适用中最为棘手的难题之一，❷ 因此本章致力于对其进行研究与思考，以期为侵犯公民个人信息罪的理解与适用提供助力。

---

❶ 参见陆建强：《刑法分则条文中"情节严重"类综合性犯罪构成要件研究——以司法实践将综合性要件转化为单一性要件的需求为视角》，《政治与法律》2012 年第 8 期，第 157—158 页。

❷ 参见于冲：《侵犯公民个人信息犯罪的司法困境及其解决》，《青海社会科学》2013 年第 3 期，第 21—22 页。

第一节　"情节严重"概述

在进行研究之前，需要先厘清一些前提性的基本问题，为后续的分析奠定基础。这些问题主要包括两个方面，一是非法获取行为是否有情节严重的限制；二是刑法分则中"情节严重"的犯罪论体系地位究竟如何。下面分别对这两个问题进行探讨。

一、非法提供与非法获取均需"情节严重"

侵犯公民个人信息罪的两种典型的行为类型可以概括为非法提供与非法获取，《刑法》第 253 条之一第 1、3 款分别规定了非法提供、非法获取的情形，从条文内容来看，前者具有"情节严重"的表述，因此其构成犯罪必须符合情节严重的要求。而后者中并未明确规定情节要素，仅规定"依照第一款的规定处罚"，因此对于非法获取行为是否有情节严重的限制这一问题，存在分歧与争论。

肯定说认为，无论是非法提供行为还是非法获取行为，其构成侵犯公民个人信息罪均需达到情节严重的程度，否则只能是一般违法行为甚至合法行为。❶ 对于《刑法》第 253 条第 3 款中未明确规定"情节严重"的问题，持肯定说的学者给出了相应的解释，即这只不过是立法者为避免刑法条文语言上的重复而从立法技术层面进行的处理，第 3 款中的"第一款的规定"即包括"情节严重"的规定。❷ 另外，有学者认为，非法提供行为与非法获取行为的入罪标准差异巨大，因此主张将二者拆分为不同罪名，回归到《刑法修正案（九）》之前的状态，并对二者采取不同的刑事责任认定路径，即后者

---

❶　参见高铭暄、马克昌主编：《刑法学》（第十版），北京大学出版社 2022 年版，第 480 页。
❷　参见王肃之：《论侵犯公民个人信息罪适用标准的完善》，《太原理工大学学报（社会科学版）》2016 年第 3 期，第 26 页。

继续沿用"情节严重"的入罪门槛，而前者则应当改为"造成严重后果"。❶
这种区分对待的观点建立在该学者认定侵犯公民个人信息罪所保护之法益为
法定主体信息处分权的基础之上，本书此处不对其进行评价，但可以看到的
是，该学者认为非法获取行为构成犯罪需要"情节严重"这一要素，符合肯
定说的主张。《解释》第 5 条、第 6 条对侵犯公民个人信息罪中"情节严重"
的含义进行了明确，从具体内容来看，其将非法获取、出售或者提供行为并
列规定，因而其亦采取的是肯定说的观点。

否定说认为，在侵犯公民个人信息罪中，只有向他人出售或者提供公民
个人信息的行为，才需要达到情节严重的程度从而构成犯罪，非法获取行为
则不要求，实施行为即构成犯罪。❷ 按照这一理解，"情节严重"只是非法提
供行为的构成要素之一，非法获取行为对此不做要求。持此观点的学者主要
基于以下理由。其一，最直观的理由在于刑法条文的表述，即《刑法》第
253 条之一第 1 款对非法提供行为的规定中有"情节严重"的表述，而该条
第 3 款对非法获取行为的规定中却没有。其二，在《刑法修正案（七）》中，
非法提供行为与非法获取行为二者均有"情节严重"的规定，❸ 但在《刑法
修正案（九）》将前述两罪合并为"侵犯公民个人信息罪"时，删除了非法
获取行为中"情节严重"的表述。这种对于法条内容的显著修改表明立法者
对待非法获取行为的态度发生了明显转变，即其不再认为该类行为需要达到
情节严重的程度才构成犯罪。❶ 其三，相比出售或者提供行为而言，非法获
取行为本身具有手段上的非法性，这种非法手段的违法程度强化了非法获取

---

❶ 参见敬力嘉：《信息网络犯罪规制的预防转向与限度》，社会科学文献出版社 2019 年版，第 214—
216 页。

❷ 参见周光权：《刑法各论》（第四版），中国人民大学出版社 2021 年版，第 82 页。

❸ 《刑法修正案（七）》第 7 条规定："在刑法第二百五十三条后增加一条，作为第二百五十三条之
一：'国家机关或者金融、电信、交通、教育、医疗等单位的工作人员，违反国家规定，将本单
位在履行职责或者提供服务过程中获得的公民个人信息，出售或者非法提供给他人，情节严重
的，处三年以下有期徒刑或者拘役，并处或者单处罚金。''窃取或者以其他方法非法获取上述信
息，情节严重的，依照前款的规定处罚。''单位犯前两款罪的，对单位判处罚金，并对其直接负
责的主管人员和其他直接责任人员，依照各该款的规定处罚。'"

❶ 参见张庆立：《侵犯公民个人信息罪的法益廓清与实践认定——基于最新司法解释的考察》，《时
代法学》2018 年第 2 期，第 57 页。

行为本身的违法性,因此其无须出售或者提供行为所具有的"情节严重"要素亦能构成犯罪,立法者对于两种行为的区别对待具有合理性。[1] 需要注意的是,部分学者一方面提出上述理由,另一方面认为非法获取行为在入罪上其实也需要考虑量的要求,只是不能直接按照非法提供行为的"情节严重"标准来理解非法获取行为的定量标准,应当分别予以考察,保持其差异性。本书认为这样的观点是自相矛盾的,或者说相关学者所提出的上述理由无法支撑其最终的结论,反而佐证了非法获取行为无须达到情节严重程度即可构成侵犯公民个人信息罪这一观点,又由于此部分所探讨的非法获取行为是否必须具备"情节严重"本身就是与非法提供行为要求相同的"情节严重",因此本书将上述理由归纳入否定说。

本书赞同肯定说的观点,除上述已列举的理由外,本书认为非法获取行为要构成犯罪,必须达到情节严重程度的原因还有以下几方面。第一,《刑法》第253条之一第3款虽未明确规定"情节严重",但其有"依照第一款的规定处罚"的表述,其中"第一款的规定"应包括"情节严重"的规定。第二,非法获取公民个人信息罪之罪状中确实有"情节严重"的表述,但需要注意的是,该表述是与出售、非法提供公民个人信息罪的唯一一档法定刑相配合,二者在相同情况下,法定刑相同。但《刑法》第253条之一第1款具有两档法定刑,显著加大了对相关行为的惩处力度,因此第3款无法再通过"情节严重的,依照前款的规定处罚"的表述笼统地概括第1款法定刑的全部范围,其也应进行相应的调整,即适用"依照第一款的规定处罚"全面涵盖第1款的两档法定刑。因此《刑法修正案(九)》删除非法获取行为中"情节严重"的表述并不表示立法者认为该行为无须情节要素的限制,而只是根据法条具体内容的变化而进行的立法技术上的处理,第3款中虽未直接出现"情节严重"等字眼,但非法获取仍然需要达到"情节严重"的程度才可能构成犯罪。第三,根据《刑法》第253条之一的条文表述,非法获取行为应与违反国家有关规定的非法提供行为相比较,而不是单纯的出售或提供

---

[1] 参见张庆立:《侵犯公民个人信息罪的要素阐释与立法完善——基于教义学的解读》,《江汉学术》2018年第6期,第64页。

行为。相比而言，前者并不具有更高的手段违法性，持否定说的学者以此为由认定非法获取行为无须"情节严重"要素的观点不具有合理性。第四，《刑法》第253条之一第2款从重处罚的依据在于主体的特殊性，那么其他条件应保持相同，因此此处"前款的规定"显然包括第1款中的"情节严重"与"情节特别严重"。由此可以得出结论，即使法条中没有明确规定"情节严重"等字眼，也可以表达出相应的含义，第3款中的"依照第一款的规定处罚"即是此种情况。第五，《刑法》第253条之一第3款规定"依照第一款的规定处罚"，第1款具有两档法定刑，若非法获取行为无须达到"情节严重"的程度，那么第3款如何依照第1款处罚，是依照"情节严重"的基本刑处罚，还是依照"情节特别严重"的加重刑处罚？

综上所述，与非法提供行为一致，非法获取行为亦有"情节严重"的限制，且二者"情节严重"的标准相同，《解释》第5条、第6条对其内容进行了明确。因此可以总体地说，"情节严重"是侵犯公民个人信息罪的成立要件之一，故在后文中无须再划分为两种行为分别探讨，而是可以合在一起统一进行研究。

二、刑法分则中"情节严重"的犯罪论体系地位

本章的研究重点在于对侵犯公民个人信息罪中"情节严重"的解读，即该罪"情节严重"的含义何为，哪些情形能够被认定为达到"情节严重"的程度。在对这一问题进行分析与探讨之前，有必要对刑法分则中"情节严重"这一表述的犯罪论体系地位进行厘清，其结论直接影响到个罪中"情节严重"之基本内涵与具体外延的界定，而侵犯公民个人信息罪亦不例外，因此首先应对这一问题进行研究。一直以来，刑法理论界对"情节严重"的犯罪论体系地位未达成一致意见，不同学者提出相异甚至完全相反的观点。根据是否认为"情节严重"属于构成要件要素，可以将这些观点分为三大类，即构成要件说、非构成要件说、混合说，每一大类又可以分为众多具体学说。

（一）构成要件说

构成要件说认为，"情节严重"属于构成要件要素，根据要素种类的不

同，构成要件说具体可以分为以下几类。

1. 主观要素 + 客观要素说

我国传统刑法理论通常认为，"'情节严重'并不是犯罪构成某一方面的要件，而是涉及主观要素与客观要素的综合性构成要件，是反映行为社会危害性与行为人人身危险性的主客观要素的总和"●。正如有学者所言，"犯罪情节是主观和客观的统一……对于情节犯应当从主观与客观两个方面把握"❷。主观要素 + 客观要素说属于我国刑法上的传统观点，一般是在研究"情节严重"之犯罪论体系地位这一问题初期才有学者持此观点，但当前很少再有支持论者，且部分曾经赞成该观点的学者在其之后的研究中也更改了其主张。例如，张明楷教授之前支持主观要素 + 客观要素说的观点，❸ 但在新近的论著中对该观点进行了修正，认为"情节严重"属于整体的评价要素，仅包括客观方面的情节。❹

2. 违法构成要件要素说

违法构成要件要素说的基本结论与主观要素 + 客观要素说一致，但在对于"情节"内容的具体认定上，二者存在区别。前述主观要素 + 客观要素说认为"情节严重"包含了反映行为社会危害性与行为人人身危险性的主客观要素的总和，而违法构成要件要素说立基于客观违法性的观点，认为"情节"仅限于客观方面表明法益侵害程度的情节，意即不法是客观的，责任是主观的。而构成要件是违法类型，因此作为构成要件的"情节严重"，其中的"情节"只能是客观方面的情节，反映的是行为对法益的侵害程度。❺ 正如有学者所言，卑劣动机、目的等主观恶性程度总是伴随着客观行为，对其进行处罚的原因并不在于主观方面"很坏"，而是其主观意思通过客观行为

---

❶ 刘守芬、方文军：《情节犯及相关问题研究》，《法学杂志》2003 年第 5 期，第 7—8 页。
❷ 李翔：《刑事政策视野中的情节犯研究》，《中国刑事法杂志》2005 年第 6 期，第 25 页。
❸ 参见张明楷：《论刑法分则中作为构成要件的"情节严重"》，《法商研究（中南政法学院学报）》1995 年第 1 期，第 14—15 页。
❹ 参见张明楷：《犯罪构成体系与构成要件要素》，北京大学出版社 2010 年版，第 241 页。
❺ 参见石聚航：《侵犯公民个人信息罪"情节严重"的法理重述》，《法学研究》2018 年第 2 期，第 69—70 页。

反馈出来，导致客观行为达到足以构成犯罪的法益侵害程度。❶ 既然"情节严重"属于违法构成要件要素，不包括主观的内容，那么就应当认为行为人的目的、动机、是否曾受过刑事处罚或者行政处罚等反映人身危险性大小的因素不属于"情节严重"的内容，❷ 相关司法解释对部分犯罪中"情节严重"的解释不具有合理性。对于作为违法构成要件要素的"情节严重"，需要行为人有主观上的认识，否则违背责任主义原则。

3. 整体的评价要素说

整体的评价要素说认为刑法分则中的"情节严重"属于构成要件要素，并且独创性地提出整体的评价要素的概念。根据整体的评价要素说，构成要件是违法类型，因此其所描述的事实的违法性必须达到值得科处刑罚的程度，相关行为才可能构成犯罪，但在某些犯罪中，刑法条文对罪状的一般表述不足以使行为之违法性达到以上程度，因此在这种情况下，刑法就会增加某个要素从而使违法性达标。例如，组织残疾人、儿童乞讨的行为一般具有法益侵害性，但尚未达到值得科处刑罚的程度，因此刑法增加行为手段要素，规定只有以暴力、胁迫手段组织残疾人、儿童乞讨的行为才构成犯罪。❸ 但在某些情况下，刑法无法通过增加特定要素来提升行为之违法性程度或者想要增加的特定要素在表述上过于繁杂，因此刑法只能通过一些笼统的表述来整体性地使行为违法性达到值得科处刑罚的程度，这种笼统的表述就是"情节严重"，也即所谓的整体的评价要素。在此基础之上，该学者进一步将"情节严重"中的"情节"限定于客观方面表明法益侵害程度的情节，❹ 因此虽然整体的评价要素说换了一种表述方式，但其实质观点与前述违法构成要件要素说一致，可以认为这里的整体评价要素等同于违法构成要件要素，其同

---

❶ 参见余双彪：《论犯罪构成要件要素的"情节严重"》，《中国刑事法杂志》2013 年第 8 期，第 33 页。

❷ 参见陈洪兵：《"情节严重"司法解释的纰缪及规范性重构》，《东方法学》2019 年第 4 期，第 89—91 页。

❸ 《刑法》第 262 条之一规定："以暴力、胁迫手段组织残疾人或者不满十四周岁的未成年人乞讨的，处三年以下有期徒刑或者拘役，并处罚金；情节严重的，处三年以上七年以下有期徒刑，并处罚金。"

❹ 参见张明楷：《犯罪构成体系与构成要件要素》，北京大学出版社 2010 年版，第 238—243 页。

样需要行为人主观上有所认识。

（二）非构成要件说

非构成要件说认为，对于"情节严重"在犯罪论体系中的地位，应从构成要件之外寻求解决之道。根据具体解决方案的不同，非构成要件说具体可以分为以下几类。

1. 客观处罚条件说

德国客观处罚条件理论提出，通常情况下，只要一个行为通过犯罪阶层的检验，那么其就成立犯罪并应当受到刑事处罚，但存在一种例外情况——即使成立犯罪，行为也不必然遭受处罚，只有在具备某些特定条件时才应予以处罚，这种特定条件即客观处罚条件。❶ 在德国刑法理论中，对于客观处罚条件的性质及定位尚存在争议，但可以达成共识的是，其既与不法无关，也与责任无关，是独立引起刑罚的事项或条件。❷ 例如，《德国刑法典》第102—104 条规定了"针对外国的犯罪"，根据第 104a 条的内容，"犯本章之罪，只有当联邦德国与他国有外交关系，并订有互惠担保协定，且互惠担保在行为时有效，经外国政府的刑罚要求，以及联邦政府授权进行刑事追诉的，始得追诉"❸。此处的"有外交关系"和"订有互惠担保协定"就属于客观处罚条件。客观处罚条件说认为刑法分则中的"情节严重"属于客观处罚条件，其既不属于不法领域，也不属于责任领域，因此行为人无须对其有所认识。

2. 罪量说

罪量说主要依赖于相关学者所提出的"罪体—罪责—罪量"三位一体的犯罪论体系，其将"情节严重"认定为罪量，认为罪量独立于客观罪体与主观罪责之外，是一种单独的要件。❹ 既然罪量与罪责无关，那么行为人无须

---

❶ 参见［德］克劳斯·罗克辛：《德国刑法学：犯罪原理的基础构造总论》（第 1 卷），王世洲译，法律出版社 2005 年版，第 690 页。

❷ 参见［德］汉斯·海因里希·耶赛克、托马斯·魏根特：《德国刑法教科书》（上册），徐久生译，中国法制出版社 2017 年版，第 747 页。

❸ 《德国刑法典》，徐久生译，北京大学出版社 2019 年版，第 97 页。

❹ 参见陈兴良：《作为犯罪构成要件的罪量要素——立足于中国刑法的探讨》，《环球法律评论》2003 年第 3 期，第 276 页。

对其有所认识，在这一点上，罪量说与前述客观处罚条件说具有相似性，甚至有学者直接将罪量要素理解为客观处罚条件。❶ 需要注意的是，主张"罪体—罪责—罪量"犯罪论体系的学者虽然也将罪量要素称为构成要件，但其实质上属于一种广义的构成要件，与包含罪体、罪责的纯粹的构成要件存在区别。因此从狭义的角度理解，罪量说仍然是将罪量要素与构成要件相割裂，从而在构成要件之外寻求"情节严重"的犯罪论体系地位这一理论难题的解决方案。

3. 犯罪成立消极条件说

该说认为，针对某些罪名，行为人实施类型化的实行行为必须达到一定的程度才能构成犯罪，可见定量因素发挥着入罪与出罪的功能，而根据《刑法》第 13 条但书规定，可以将"情节轻微"认定为阻却犯罪成立的事由，"使其与正当防卫、紧急避险等排除犯罪性行为一样成为犯罪成立的消极条件"❷。犯罪成立消极要件说认为，"情节轻微"独立于犯罪构成要件之外，其是在行为符合构成要件对行为性质要求的情况下，阻却犯罪成立。与之相类似，有学者同样将目光放置于"情节轻微"，尝试借鉴日本刑法中可罚的违法性理论来对《刑法》第 13 条但书规定进行解释。❸ 有观点将这种尝试总结为可罚的违法性说，认为其也属于确定"情节严重"之犯罪论体系地位的一种解决方案。

4. 提示性规定说

提示性规定说认为，"刑法分则中的'情节严重'不是构成要件，其只是一种提示性规定"❹。持这一观点的学者主要基于以下理由：其一，所谓犯罪构成要件指的是客体、客观方面、主体、主观方面四项，并没有将犯罪情况作为第五项；其二，从犯罪情节的具体内容来看，通常包括行为方式、行为对象、主体特殊身份、主观目的等，其分属于客体、客观方面、主体、主

---

❶ 参见黑静洁：《客观处罚条件之理论辨析——兼论客观处罚条件理论在中国刑法中的定位》，《政治与法律》2011 年第 7 期，第 147 页。

❷ 张永红：《我国刑法第 13 条但书研究》，法律出版社 2004 年版，第 166—173 页。

❸ 参见刘为波：《可罚的违法性论——兼论我国犯罪概念中的但书规定》，载陈兴良主编：《刑事法评论》第 10 卷，中国政法大学出版社 2002 年版，第 67—109 页。

❹ 高铭暄主编：《中国刑法学》，中国人民大学出版社 1989 年版，第 83 页。

观方面,意即四要件中均存在犯罪情节,因此无法将情节作为单独的构成要件;其三,在刑法分则的部分条文中,犯罪情节只是作为区分法定刑轻重的依据,因此其显然不是构成要件。提示性规定说是关于刑法分则中的"情节严重"之犯罪论体系地位的一种早期学说,其立基于传统四要件体系,当前几乎已无学者持此观点。

(三)混合说(类构成要件复合体说)

混合说是对前述构成要件说与非构成要件说的综合,其认为无法对"情节严重"的犯罪论体系地位这一问题得出统一的结论,而应当将其划分为不同的类型,分别予以分析。该说认为,每一个构成要件都存在其自身所具有的基本的不法含量指数,也即相关学者所述的"基域",根据"情节严重"的情形是否超出构成要件不法含量的基域,可以将情节分为不法含量基域之内的情节与超出不法含量基域的情节。[1] 混合说认为,不法含量基域之内的情节属于构成要件要素,而超出不法含量基域的情节则按照其具体情形进行具体判断,其可能是客观处罚条件、加重结果、刑事政策因素等。[2] 由于对"情节严重"的犯罪论体系地位进行分类判断,能够得出"构成要件要素 + 客观处罚条件、加重结果、刑事政策因素"的结论,因此这种观点应被称为混合说,即对构成要件说与非构成要件说的混合,而持此观点的学者亦将其称为类构成要件复合体说。另外,有学者认为,应将"情节严重"拆分为"情节"与"严重"来理解,"前者在性质上属于不法构成要件要素,需要行为人主观上有认识,后者属于客观处罚条件,不需要行为人主观上有认识"[3]。虽该学者最终得出"情节严重"属于积极客观处罚条件的结论,但其观点实质上更偏向于混合说。

本书认为,上述学说虽具有其自身的合理性,但也存在值得商榷的地方。①主观要素 + 客观要素说认为"情节严重"包含反映行为的社会危害性与行为人人身危险性的主客观要素,这样会打乱阶层犯罪论体系所秉持的"不法

---

[1] 参见王莹:《情节犯之情节的犯罪论体系性定位》,《法学研究》2012 年第 3 期,第 136—143 页。

[2] 参见江海洋:《论侵犯公民个人信息罪之"情节严重"》,《法律适用》2018 年第 17 期,第 73 页。

[3] 柏浪涛:《构成要件符合性与客观处罚条件的判断》,《法学研究》2012 年第 6 期,第 140—141 页。

在前,责任在后"的递进式的判断顺序,将不法与责任作为并列耦合的两项。如此一来,在判断行为人的行为是否构成犯罪时,就有可能先考虑卑劣动机等责任要素,不当扩大处罚范围。②客观处罚条件说认为"情节严重"属于客观处罚条件,其既不属于不法领域,也不属于责任领域。但在我国刑法分则中,情节犯之情节往往紧密附着于构成要件。例如,根据司法解释的规定,多次索贿属于"其他较重情节",其是受贿罪的行为方式,属于不法的范畴。因此,笼统地将"情节严重"认定为独立于构成要件符合性、违法性、有责性之外的客观处罚条件的观点不具有合理性。而且,将其与行为人的主观认知相阻隔,有违反责任主义原则之嫌。③罪量说与客观处罚条件说相似,均将"情节严重"排除在构成要件之外,不要求行为人对其有所认识,因此上述客观处罚条件说所存在的问题,罪量说同样具备。另外,罪量说成立的一个理论前提在于,其假定存在一个仅包含罪体与罪责的纯粹的构成要件,又存在一个将罪量囊括其中的广义的构成要件,但这个前提是不存在的。④犯罪成立消极条件说聚焦于《刑法》第13条但书规定中的"情节轻微",其虽亦属于对犯罪情节的描述,但毕竟与本书所研究的"情节严重"不同,因此不能直接通过对"情节轻微"性质的分析来确定"情节严重"的犯罪论体系地位。与之类似的可罚的违法性说亦存在这一问题,且该理论本身尚有争议,以之为依据研究"情节严重"的犯罪论体系地位,不具有合理性。另外,犯罪成立消极条件说将定量要素排除于构成要件之外,但应将其放置于何阶层也存在体系结构上的问题,因为其无法像正当防卫、紧急避险一样被归入违法性阶层,毕竟其并不能改变行为的性质,更无法被归入有责性阶层。⑤提示性规定说立基于传统四要件犯罪论体系,在当前阶层犯罪论体系中,其不具有存在的根基,因此几乎没有学者再持此观点。即使在四要件体系中,提示性规定说也不具有合理性,因为"情节严重"并非必须独立于客体、客观方面、主体、主观方面之外,其蕴含于前述四者之中亦可以成为构成要件,且实际情况也是四要件中均含有"情节严重"的具体内容。另外,持提示性规定说的学者在其论述中亦提到犯罪情节在定罪中可以作为划分罪与非罪的标志,这一观点实则是承认了"情节严重"是构成要件。⑥混合说看似依据实际情况对不同类型的情节分别进行了判断,但实则是完全基于司法解释的内容提炼出来的,因为通常司法解释对相关犯罪中的"情节严重"进行解释时,其内容中既包含构成要件要素,又包含诸如曾受处罚、主观目的等其他要素,因此混合说依照该内容提出"构成要件要素 + 客观处罚条件、加重结果、刑事政策因素"的观点。但这种观点存在一个预设的理论前提,即司法解释的内容均是合理的、不容置疑的,但事实并非如此,刑法教义学固然应尊重规范,但也不能放弃对规范的批判,对待立法是这样,对待司法解释更应该是这样。

相比而言,违法构成要件要素说与整体的评价要素说更加具有合理性,由于二者实质内容一致,因此本书仅以违法构成要件要素说为代表。首先,分清实然与应然,应对司法解释中不合理的部分进行批判,进而否定完全依赖于司法解释的混合说。其次,通过对"情节严重"具体内容的分析可以发现其往往紧密附着于构成要件,如行为方式、对象、结果等,属于不法领域,因此不可能将其认定为独立于构成要件的另外的要素。最后,结合客观违法性的观点,应将"情节严重"限定于构成要件中客观方面表明法益侵害程度的部分。因此,本书采取违法构成要件要素说的观点。具体到侵犯公民个人信息罪中亦是如此,《刑法》第253条之一所述的"情节严重"属于违法构成要件要素,在明确其犯罪论体系地位的基础上,本书接下来进一步对其含义与认定进行研究。

第二节 "情节严重"混合认定模式的反思与调整

如前所述,由于"情节严重"的表述过于模糊,导致其基本内涵与具体外延并不清晰,在司法实践中往往难以准确把握,有违反罪刑法定原则之嫌。因此,在对侵犯公民个人信息罪等规定有"情节严重"这一表述的罪名进行适用时,必须先明确"情节严重"的含义与具体判断标准。一直以来,"情节严重"的认定都是侵犯公民个人信息罪适用中最为棘手的难题之一,而随着 2017 年《解释》的出台，其内在要素与判断标准终于在规范层面得以明确，● 在一定程度上解决了上述问题。但需要注意的是，与"情节严重"的认定相关的争论并未彻底平息，反而由于《解释》的规定而产生了一系列新的问题，其中首先就是"情节严重"之认定模式的选择。

一、司法解释确立的混合认定模式

在《解释》出台之前，我国刑法理论界就已经对侵犯公民个人信息罪中"情节严重"的内在要素与判断标准进行了研究与探讨，以期在尚无司法解释规定的情况下为侵犯公民个人信息罪的理解与适用提供助力。各学者提出众多不同的观点，有学者提出应以数量标准为主，以其他综合情节标准为辅，其他综合情节标准包括信息数量、牟利数量、侵权次数、信息属性、后续行为等；● 有学者提出信息数量、违法所得、后果严重程度、行为人一贯表现等四个标准；● 有学者认为，应从信息数量、非法获利或非法销售金额、犯罪次数、行为性质、危害结果等五个方面进行把握；● 有学者认为，可以从涉案公民个人信息的数量、侵犯公民个人信息的次数、违法所得的数额、行为的危害后果四方面考虑。● 这些观点对侵犯公民个人信息罪中"情节严重"的认定具有积极意义，最终《解释》所规定的认定标准也在很大程度上与之

● 2013 年，最高人民法院、最高人民检察院、公安部发布的《关于依法惩处侵害公民个人信息犯罪活动的通知》曾对侵犯公民个人信息罪中的"情节严重"做了如下概括性规定，"对于在履行职责或者提供服务过程中，将获得的公民个人信息出售或者非法提供给他人，被他人用以实施犯罪，造成受害人人身伤害或者死亡，或者造成重大经济损失、恶劣社会影响的，或者出售、非法提供公民个人信息数量较大，或者违法所得数额较大的，均应当依法以非法出售、非法提供公民个人信息罪追究刑事责任。对于窃取或者以购买等方法非法获取公民个人信息数量较大，或者违法所得数额较大，或者造成其他严重后果的，应当依法以非法获取公民个人信息罪追究刑事责任"。但这一规定过于笼统，并不是"情节严重"具体的内在要素或判断标准，因此其作用与意义有限，《解释》对上述规定进一步细化，才形成了关于侵犯公民个人信息罪"情节严重"最为系统的规定。
● 参见廖宇羿：《侵犯公民个人信息犯罪"情节严重"认定研究》，《法律适用》2016 年第 2 期，第 111—116 页。
● 参见喻海松：《网络犯罪的立法扩张与司法适用》，《法律适用》2016 年第 9 期，第 4 页。
● 参见韦尧瀚：《侵犯公民个人信息罪在司法认定中的若干问题研究——兼评〈刑法修正案（九）〉第十七条》，《北京邮电大学学报（社会科学版）》2016 年第 1 期，第 37—38 页。
● 参见李玉萍：《侵犯公民个人信息罪的实践与思考》，《法律适用》2016 年第 9 期，第 15 页。

相似，基本符合学者们的理论预期。

《解释》第 5 条、第 6 条从信息类型与数量、违法所得、主体身份、曾受处罚、综合要素、兜底情形等八个方面对"情节严重"进行了规定。❶

第一，信息用途。❷ 通常而言，他人获取公民个人信息的目的可能是实施合法行为，也可能是实施违法行为甚至犯罪行为，不同行为对信息主体权益的损害程度有天壤之别，因此《解释》将他人利用相关信息实施的最为严重的犯罪行为的情形认定为"情节严重"。需要注意的是，这里对信息的类型也进行了限制，仅限于对信息主体人身、财产安全最为重要的行踪轨迹信息。

第二，主观要素。❸ 此处提到的内容是行为人的主观方面，即其在明知信息接收方会利用相关信息实施犯罪行为，还将其所掌握的公民个人信息出售或者提供给他人。需要注意的是，这一项对他人是否真实地利用公民个人信息实施了犯罪行为不做要求，而是仅对行为人的主观认知提出限制。只要行为人达到明知的程度，即使接收方在获取信息后未按计划实施原定的犯罪行为，行为人的行为亦达到"情节严重"的程度。

第三，信息类型与数量。《解释》第 5 条第 1 款第（三）至（六）项规定，行为人获取、出售或者提供不同类型的公民个人信息，需要达到相应的数量标准才属于"情节严重"。❹ 信息类型与数量在一定程度上均能反映非法获取、出售或者提供行为的法益侵害性程度的大小，因此将其二者结合能够

---

❶ 还有学者将《解释》第 5 条、第 6 条规定的情节要素分为适用于所有侵犯公民个人信息犯罪的要素与适用于部分侵犯公民个人信息犯罪的要素。但需要注意的是，虽其所分大类与本书列举不同，但在上述两大类之下，该学者又将其分为具体小类，与本书所述八个种类无本质差别。参见李静然、王肃之：《侵犯公民个人信息罪的情节要素与数量标准研究》，《法律适用》2019 年第 9 期，第 71—74 页。

❷ 《解释》第 5 条第 1 款第（一）项规定："出售或者提供行踪轨迹信息，被他人用于犯罪的"属于"情节严重"。

❸ 《解释》第 5 条第 1 款第（二）项规定："知道或者应当知道他人利用公民个人信息实施犯罪，向其出售或者提供的"属于"情节严重"。

❹ 《解释》第 5 条第 1 款第（三）至（六）项规定："……（三）非法获取、出售或者提供行踪轨迹信息、通信内容、征信信息、财产信息五十条以上的；（四）非法获取、出售或者提供住宿信息、通信记录、健康生理信息、交易信息等其他可能影响人身、财产安全的公民个人信息五百条以上的；（五）非法获取、出售或者提供第三项、第四项规定以外的公民个人信息五千条以上的；（六）数量未达到第三项至第五项规定标准，但是按相应比例合计达到有关数量标准的……"。

作为判断相应行为是否应被认定为"情节严重"的标准。有学者提到公民个人信息分类、分级保护的问题，● 对于该问题，本书将在下一节进行详细阐述。

第四，违法所得。《解释》第 5 条第 1 款第（七）项规定，"违法所得五千元以上的"属于"情节严重"。通常情况下，行为人非法获取、出售或者提供公民个人信息的目的往往是牟利，其获得非法利益的多少也能够在一定程度上反映出其行为的法益侵害性的大小。因此，《解释》将违法所得数额也作为了判断"情节严重"的标准，并将其具体定为 5000 元以上。

第五，主体身份。《解释》第 5 条第 1 款第（八）项规定，如果是特殊主体，那么其所涉及的公民个人信息数量或违法所得数额只需要达到第（三）至（七）项规定的一半即可认定为"情节严重"。《解释》规定这一项的原因在于，降低相关机构或其工作人员实施侵犯公民个人信息行为的入罪门槛能够有效打击"内鬼"参与的作案。需要注意的是，《刑法》第 253 条之一第 2 款规定了对特殊主体实施出售或者提供行为进行从重处罚，其与《解释》第 5 条第 1 款第（八）项规定的情形相同，因此若根据第（八）项认定行为人之行为认定"情节严重"，进而构成犯罪之后，不宜再据此情形对其从重处罚，以免重复评价。其实对于这一项要素，本书认为其实质上可以被归入信息类型与数量和违法所得中，因为该项虽强调特殊的主体身份，但其最终落脚点仍然是信息类型与数量和违法所得，前述身份只是降低其入罪门槛的依据，而不是认定"情节严重"的标准，毕竟该项并不存在类似"具有特殊身份的主体非法出售、提供、获取公民个人信息的，属于情节严重"的规定。因此，这一项实则可以看作前述两项的特殊情形。

第六，曾受处罚。● 此项规定的依据主要在于行为人的人身危险性，由于行为人之前就已经实施过侵犯公民个人信息的行为，且受到过刑事处罚或

● 该学者将第（三）至（五）项规定的公民个人信息对应为高度敏感信息、一般敏感信息和非敏感信息三类进行分级保护。参见喻海松编：《侵犯公民个人信息罪司法解释理解与适用》，中国法制出版社 2018 年版，第 38—39 页。

● 《解释》第 5 条第 1 款第（九）项规定："曾因侵犯公民个人信息受过刑事处罚或者二年内受过行政处罚，又非法获取、出售或者提供公民个人信息的属于'情节严重'。"

者在短短两年时间内受过行政处罚，表明其屡教不改、屡罚屡犯，人身危险性与再犯可能性大，因此应将其认定为"情节严重"。需要注意的是，行为人之前实施过的行为不仅限于侵犯公民个人信息罪所规定的行为类型，而是包含其他犯罪甚至前置法中所规定的所有侵犯公民个人信息的行为。❶

　　第七，综合要素。上述"情节严重"的具体要素都是单一要素，仅指某一方面，除此之外，《解释》还规定了部分综合要素，即多个要素的综合体。例如，《解释》第6条第1款第（一）项的规定属于主观要素与非法获利数额的综合，该款第（二）项的规定属于主观要素与曾受处罚的综合。❷ 当然，也有学者直接将上述两种情形分别归类于非法获利数额与曾受处罚，但本书认为，《刑法》第253条之一的条文中并没有规定"为合法经营活动"这一要件，因此《解释》第6条所述的"为合法经营活动"也应属于"情节严重"的范畴。

　　第八，兜底情形。《解释》第5条第1款第（十）项与第6条第1款第（三）项均表述为"其他情节严重的情形"，其是兜底的条款，为适用或未来增加前述七类要素以外的情形留有余地。当然，第6条第1款第（三）项也应属于综合要素，其是主观要素与兜底情形的综合。

　　从上述内容可以看出，《解释》将不同性质的要素混合在一起，全部纳入"情节严重"的范畴，例如，信息类型与数量是客观要素、明知他人利用相关信息实施犯罪属于主观要素等，其中有些要素反映的是行为的法益侵害性程度（如信息类型及数量等），有些要素反映的是行为人的人身危险性程度（如曾受处罚等），有些要素反映犯罪收益（如违法所得数额），有些要素反映主观认识（如主观要素）等。《解释》所采取的这种囊括诸多不同性质要素的"情节严重"认定模式，即所谓的混合认定模式，这在最高人民法院工作人员对《解释》的权威解读中也有所体现。该解读认为，对于"情节严

---

❶ 参见贺洪波：《为合法经营活动而侵犯公民个人信息的刑法规制》，《重庆邮电大学学报（社会科学版）》2018年第3期，第33—34页。

❷ 《解释》第6条第1款第（一）（二）规定："……（一）利用非法购买、收受的公民个人信息获利五万元以上的；（二）曾因侵犯公民个人信息受过刑事处罚或者二年内受过行政处罚，又非法购买、收受公民个人信息的……"

重"这一概括性规定的认定，应综合考虑客体、客观方面、主体、主观方面等多个方面的内容，进行全方位的考察，以明确其具体内涵。●

二、对混合认定模式的反思

《解释》对"情节严重"采取混合认定的模式，使得其成为一个涉及客体、客观方面、主体、主观方面等多个方面的内容、囊括诸多不同性质要素的混杂的范畴。从打击侵犯公民个人信息类犯罪以及方便司法工作人员寻找裁判依据的角度而言，混合认定模式具有一定的积极意义，但这只是停留在政策层面或操作层面，从本质上来说，该模式存在着以下三方面不可弥合的弊端与缺陷。

（一）与"情节严重"违法构成要件要素之性质相悖

如前所述，对于刑法分则中"情节严重"的犯罪论体系地位这一问题，本书得出的结论是"情节严重"属于违法构成要件要素，具体到侵犯公民个人信息罪中亦是如此。违法构成要件要素说的结论是在承认"情节严重"属于犯罪构成要件的基础上，结合客观违法性论，否定传统刑法理论所认为的"情节严重"之情节是一个囊括各种主客观要素的混合性概念的观点，并将其进一步限缩，主张"情节严重"之情节必须在客观方面表明法益侵害程度。因此可以得出结论，侵犯公民个人信息罪中的"情节严重"应当反映客观违法性程度，意即法益侵害程度，只有能够反映这一内容的要素才能被纳入"情节严重"的范畴。需要注意的是，前文已得出结论，侵犯公民个人信息罪所保护之法益为信息主体的信息自决权。

反观《解释》对于"情节严重"要素的规定，在混合认定模式下，其包含了信息用途、主观要素、信息类型与数量、违法所得、主体身份、曾受处罚、综合要素、兜底情形等八个方面，而这些要素性质不同，所反映的内容也各异。其中，①曾受处罚之所以被《解释》认定为属于"情节严重"，其逻辑在于行为人屡教不改、屡罚屡犯，因此应对其再犯行为进行更严格的规

● 参见周加海、邹涛等：《〈关于办理侵犯公民个人信息刑事案件适用法律若干问题的解释〉的理解与适用》，《人民司法（应用）》2017 年第 19 期，第 34 页。

制。但是这一要素仅反映出行为人的再犯可能性与特殊预防的必要性较高，并不能说明案件本身的违法性程度，即行为人之非法获取、出售或者提供公民个人信息的行为所造成的法益侵害性程度。因此，这种表明行为人人身危险性的要素不应当被认定为属于"情节严重"的范畴，《解释》将其纳入其中明显是混淆了预防刑要素与构成要件要素，理论上预防刑要素只影响量刑而与定罪无涉。❶ ②违法所得与非法获利体现的是行为人实施犯罪行为之后所获得的相关收益，其并不与该行为之法益侵害性程度成正比，尤其在不存在合法价格与明码标价的侵犯公民个人信息的场合更是如此，司法实践中不乏违法所得少却严重侵害公民个人信息的情形，以及违法所得多但未严重侵害公民个人信息的情形，若严格按照《解释》的规定，会导致处罚不当甚至违背罪责刑相适应原则。例如，甲将其所掌握的 100 条公民住宿信息非法出售给乙，违法所得 6000 元，丙将其所掌握的 450 条同类信息非法出售给丁，违法所得 4000 元，由于丙的行为导致 450 条公民个人信息非法泄露，数量明显多于甲的 100 条，因此其行为对信息主体之自决权的损害也相应地高于甲，但甲由于违法所得数额超过《解释》所要求的 5000 元，在符合其他要件的情况下构成侵犯公民个人信息罪，而丙由于信息数量与违法所得数额均未达到《解释》中所列举的"情节严重"标准，因此只能按无罪处理。此时，法益侵害性程度低的行为构成犯罪，法益侵害性程度高的行为反而无罪，这一结论显然不合理。因此，这种将经济犯罪、财产犯罪中所常用的"情节严重"的认定标准生搬硬套到作为侵犯公民人身权利、民主权利罪中的做法是不合适的，违法所得数额与非法获利不应当被认定为属于侵犯公民个人信息罪中"情节严重"的范畴。③《解释》认为主观要素应被纳入"情节严重"范畴的原因应该在于，行为人的行为在很大程度上为他人后续实施的下游犯罪提供了帮助，且其是明知的，因此反映出了行为人的主观恶性。需要注意的是，在这种情况中，《解释》关注的焦点在于行为人的主观认识，即其明知故犯，而不是其出售或者提供行为所造成的对信息自决权的损害，毕竟若

---

❶ 参见陈洪兵：《"情节严重"的解释误区及立法反思》，《湖南大学学报（社会科学版）》2019 年第 3 期，第 148—149 页。

行为人主观上不明知，即使其行为客观上真的对下游犯罪提供了助力，只要未达到信息数量等其他要素的要求，仍然不属于"情节严重"。但主观要素并不能反映客观行为的法益侵害性程度，根据客观违法性论，其不应被包含于作为违法构成要件要素的"情节严重"。

通过上述论证可以看出，由于"情节严重"的犯罪论体系地位为违法构成要件要素，因此其内容应仅限客观方面表明法益侵害程度的要素，而《解释》所采取的混合认定模式却将曾受处罚、违法所得、主观要素等众多性质不同且未反映法益侵害程度的要素纳入其中，与"情节严重"之性质严重相悖。

（二）易导致风险刑法倾向与司法惰性思维

由于近年来所曝光的恐怖主义、环境污染、基因危机、产品责任等事件与事故呈迅速增长的趋势，而且随着信息时代的到来，大数据、云计算、人工智能等前沿科技在推动经济发展与社会进步的同时亦带来了不容小觑的危害，使得人们清楚地意识到人为的新型风险比传统自然风险具有更大的破坏力，因此相关学者提出，当前我们已经进入一个全新的社会形态，即风险社会。❶ 建基于风险社会的概念，我国刑法学界开始衍生出风险刑法的观点，虽已有学者从风险社会理论的提出者与代表人物乌尔里希·贝克的著作出发，认为前述观点是对风险社会理论的误解，根基上存在偏差，❷ 但并不妨碍相当部分学者对风险刑法的支持与推崇。❸ 与之相对，也存在反对与批判的阵营。❹ 当前，风险社会以及风险刑法的研究已然成为学界关注的热点，虽肯定论与否定论一直处于相互辩论的状态，尚未形成完全统一且权威的意见，

---

❶ 参见吕英杰：《风险社会中的产品刑事责任》，《法律科学（西北政法大学学报）》2011 年第 6 期，第 145 页。

❷ 参见胡彦涛：《风险刑法的理论错位》，《环球法律评论》2016 年第 5 期，第 62—77 页。

❸ 参见姜涛：《为风险刑法辩护》，《当代法学》2021 年第 2 期，第 92—104 页；姜涛：《社会风险的刑法调控及其模式改造》，《中国社会科学》2019 年第 7 期，第 109—134 页；焦旭鹏：《自反性现代化的刑法意义——风险刑法研究的宏观知识路径探索》，《政治与法律》2014 年第 4 期，第 72—86 页等。

❹ 参见陈兴良：《风险刑法理论的法教义学批判》，《中外法学》2014 年第 1 期，第 103—127 页；付强、孙利：《风险刑法质疑》，《中国刑事法杂志》2014 年第 1 期，第 16—21 页；孙万怀：《风险刑法的现实风险与控制》，《法律科学（西北政法大学学报）》2013 年第 6 期，第 130—140 页等。

但总体而言，我国刑法学界对于风险刑法理论还是保持着较为谨慎的态度，尤其是对于其中将刑法作为风险控制工具并采取预防措施对未来利益进行保护的观点，相关学者认为对此应更加警惕。●《解释》对侵犯公民个人信息罪中"情节严重"的含义采取混合认定模式，将曾受处罚这一要素纳入其具体范畴。如前所述，曾受处罚反映的是行为人的人身危险性与再犯可能性，而与法益侵害性程度无涉，将其认定为"情节严重"的内在要素，意味着《解释》在这一点上以风险防控为导向，关注的重点在于行为人的特殊预防必要性，符合风险刑法理论的价值理念。因此，《解释》所采取的混合认定模式隐含着使刑法演变为风险防控法的巨大风险，需要对其进行调整与重构。

前已述及，违法所得与非法获利数额并不必然反映侵犯公民个人信息行为的法益侵害性程度，在《解释》所列举的"情节严重"要素中，最能对此进行反映的当属信息类型与数量。在司法实践的具体案例中，往往行为人之违法所得或非法获利数额较易查明，比如根据其银行卡、微信、支付宝等收款记录等即可确定，但相较而言，由于涉及虚假信息、无用信息、重复信息，且通常涉及海量信息，因此涉案信息类型与数量之确定难度较大。由于《解释》采用了混合认定模式，将违法所得与非法获利纳入"情节严重"范畴，导致司法工作人员在具体办案过程中，倾向于适用这一证据搜集难度较小的规定，而刻意回避信息类型与数量等确定难度大但能直接反映行为法益侵害性的标准，久而久之，容易产生"避难就易"的惰性思维。当然，根据《解释》的规定，若违法所得达到5000元以上或非法获利5万元以上，则认定行为人之行为属于"情节严重"的判决结论是符合规定的，但其亦存在弊端与缺陷。一方面，惰性思维会导致司法工作人员更多地选择违法所得作为判断标准，但其实质上并不能真实反映法益的侵害性程度；另一方面，司法工作人员往往在确定违法所得数额达到5000元以上或非法获利5万元以上之后，就不再对其他"情节严重"标准进行判断，虽同时符合多个标准并不会影响定罪，也不会导致法定刑升格，但是这会在同一幅度内影响具体刑罚的确定，若司法工作人员放弃对其他标准的判断，那么将会在一定程度上导致个案量

● 参见何荣功：《预防刑法的扩张及其限度》，《法学研究》2017年第4期，第148页。

刑的不合理性。❶

（三）部分要素超出规范保护目的

《解释》对"情节严重"采用混合认定的模式，使得其成为一个涉及客体、客观方面、主体、主观方面等多个方面的内容，囊括诸多不同性质要素的混杂的范畴，其中部分要素并不在构成要件的涵摄范围之内，超出侵犯公民个人信息罪的规范保护目的。最为典型的即《解释》第5条第1款第（一）项规定的信息用途，即若他人利用行为人出售或者提供的行踪轨迹信息实施犯罪，则认定行为人之行为符合"情节严重"的要求。侵犯公民个人信息罪之罪状所规制的行为类型仅包括非法提供与非法获取两类，在司法实践中，即使行踪轨迹信息被他人用于下游犯罪，其也并不在该罪构成要件本身的评价范围之内，将其认定为"情节严重"的判断标准，很明显超出该罪的规范保护目的，进而侵入其他犯罪构成要件的领域，形成间接处罚。其实，部分要素超出规范保护目的这一弊端并非《解释》所独有，相反，该误区在我国多部有关"情节严重"的司法解释中普遍存在，如《最高人民法院、最高人民检察院关于办理贪污贿赂刑事案件适用法律若干问题的解释》第1条第2款第（四）项。将"赃款赃物用于非法活动的"认定为贪污罪、受贿罪中的"其他较重情节"，而贪污罪、受贿罪之罪状并无关于赃款赃物用途与去向的规定，司法解释将其纳入情节要素，明显超出该罪构成要件的评价范围。❷ 回到侵犯公民个人信息罪的探讨，行为人所出售或提供的行踪轨迹信息若被他人用于犯罪，其对信息主体之权益的损害显然远高于该信息未被用于犯罪的情形，似乎对行为人进行更高程度的处罚具有合理性。但需要注意的是，无论该信息是否被他人用于犯罪，行为人之出售或者提供行为对信息主体之信息自决权造成的侵害相同，至于下游犯罪可能造成的额外的人身、财产损害，则与行为人之行为无关，其仅关乎下游犯罪，应通过对下游犯罪的认定及对相关行为人的惩处来进行规制，而不应将其一并归入侵犯公民个

---

❶ 参见石聚航：《侵犯公民个人信息罪"情节严重"的法理重述》，《法学研究》2018年第2期，第66页。

❷ 参见陈洪兵：《"情节严重"司法解释的纰缪及规范性重构》，《东方法学》2019年第4期，第93页。

人信息罪的范畴。因此,对于无法被侵犯公民个人信息罪之构成要件所涵摄的信息用途这一要素,不应将其认定为"情节严重"的判断标准,否则属于越俎代庖,超出该罪规范保护目的,不具有合理性。

三、"情节严重"的要素调整

前已述及,《解释》对"情节严重"采用混合认定模式,而混合认定模式存在上述三方面不可弥合的弊端与缺陷,因此需对其进行调整,具体而言,即应在《解释》第 5 条、第 6 条的基础上对"情节严重"的内在要素进行调整。

对于《解释》第 5 条、第 6 条的内容,部分学者主张不应进行修改或调整,而应从解释论的视角出发,在承认其合理性的前提下对其进行解读,即所谓对司法解释的再解释。例如,有学者基于混合说的观点,认为"情节严重"之犯罪论体系地位为类构成要件复合体,包括构成要件要素与客观处罚条件、加重结果、刑事政策因素等多种要素,进而认定《解释》采用混合认定模式,将"情节严重"塑造为一个涉及客体、客观方面、主体、主观方面等多个方面的内容,囊括诸多不同性质要素的混杂的范畴是合理的。❶混合说成立的前提在于一个理论预设,即司法解释的内容完全正确,无法质疑,但这一前提是不存在的,我们不能抛弃批判的态度,对立法如此,对司法解释更是如此。本书认为"情节严重"的犯罪论体系地位是违法构成要件要素,基于这一观点,混合认定模式存在上述三方面的缺陷,因此必然需要对其进行调整与完善。具体而言,应将部分不具有合理性的要素从侵犯公民个人信息罪之"情节严重"中剥离出去。

(一)信息用途

《解释》第 5 条第 1 款第(一)项将信息用途纳入"情节严重"的范畴。他人非法获取公民个人信息绝不仅是为了实现对其的"占有",其往往具有特定用途,而这些用途通常与电信诈骗、网络盗窃、侮辱诽谤等下游犯罪行

---

❶ 参见江海洋:《论侵犯公民个人信息罪之"情节严重"》,《法律适用》2018 年第 17 期,第 74—78 页。

为相联系。相较于未被用于犯罪的情形，个人信息被利用以实施犯罪会导致对信息主体之人身、财产安全的更高程度的损害，因此可以说在这种情况下，行为人的出售、提供行为的危害性更大。正是考虑到这一点，《解释》将其作为认定"情节严重"的要素之一。但需要注意的是，侵犯公民个人信息罪之罪状并没有关于信息被他人用于犯罪的表述，下游犯罪并不在该罪构成要件的评价范围之内。因此，虽然下游犯罪的发生确实得益于行为人出售或者提供行踪轨迹信息的行为，且其确实导致该出售或者提供行为的危害性增加，但下游犯罪本身并不为侵犯公民个人信息罪的构成要件所涵摄，将其纳入"情节严重"的范畴属于越俎代庖，超出该罪的规范保护目的，不具有合理性。有学者基于超个人法益说，认为行踪轨迹信息被他人用于犯罪，一般会威胁到公共安全与公共利益，因此将其作为"情节严重"要素是合理的，❶但若只是针对个人的行踪轨迹信息，下游犯罪也只是针对该特定个人，不会对公共安全造成危害，另外，基于本书关于侵犯公民个人信息罪法益的观点，该学者的主张也不成立。

（二）主观要素

《解释》第 5 条第 1 款第（二）项很明显是将主观要素纳入"情节严重"的范畴。《解释》之所以这样规定应该是因为行为人的行为在很大程度上为他人后续实施的下游犯罪提供了帮助，且其是明知的，因此反映出行为人明知故犯的主观恶性。"情节严重"反映的是行为人之行为的法益侵害性程度，但主观要素并不能体现这一方面的内容，其只能表明行为人的主观心态相较不知道他人利用公民个人信息实施犯罪的情形而言更加具有可谴责性，但本质上仍属于主观上的内容，因此不应被包含于作为违法构成要件要素的"情节严重"。

（三）违法所得与非法获利

《解释》第 5 条第 1 款第（七）项规定，"违法所得五千元以上的"属于"情节严重"，因此，将违法所得纳入"情节严重"的范畴。"情节严重"属

---

❶ 参见王肃之：《论侵犯公民个人信息罪适用标准的完善》，《太原理工大学学报（社会科学版）》2016 年第 3 期，第 26—27 页。

于违法构成要件要素，其反映的是行为人之行为的法益侵害性程度，但违法所得数额与其法益侵害性并不必然成正比，违法所得低但侵害严重的情形与违法所得高但并未严重侵害公民个人信息的情形在司法实践中均有存在。如前所述的案例，甲将其所掌握的 100 条公民住宿信息非法出售给乙，获利6000 元，丙将其所掌握的 450 条同类信息非法出售给丁，获利4000 元，由于丙的行为导致 450 条公民个人信息被非法泄露，数量明显多于甲的 100 条，因此其行为对信息主体之自决权的损害也相应地高于甲。但甲由于违法所得数额超过《解释》所要求的 5000 元，因此在符合其他要件的情况下构成侵犯公民个人信息罪，而丙由于未达到《解释》"情节严重"的标准，因此只能按无罪处理。这一结论显然不具有合理性，也难以为任何一个具有基本正义感的人所接受。另外，将违法所得纳入"情节严重"的范畴，导致司法工作人员在具体办案过程中，倾向于适用这一证据搜集难度较小的规定，而刻意回避信息类型与数量等确定难度大但直接反映行为法益侵害性的标准，久而久之，容易产生"避难就易"的惰性思维。因此，应将违法所得排除在侵犯公民个人信息罪之"情节严重"的要素之外，与之类似的《解释》第 6 条第 1 款第（一）项所规定的非法获利亦是如此。如前所述，主体身份这一要素实质上可以被归入信息类型与数量和违法所得中，因此相应地，《解释》第 5 条第 1 款第（八）项中关于违法所得的部分也应当排除。

需要注意的是，有学者虽承认将违法所得纳入侵犯公民个人信息罪之"情节严重"的范畴将会导致上述弊端，但其认为尚无必要将这一要素完全删除，而是可以通过借鉴《最高人民法院、最高人民检察院关于办理贪污贿赂刑事案件适用法律若干问题的解释》中"数额＋情节"的模式，采用"数额＋类型＋数量"的标准来修正相应的瑕疵。[1] 本书认为，这一观点看似能够在前文所提到的案例中增加"类型＋数量"这一衡量标准，使得综合考量之下甲、丙均构成侵犯公民个人信息罪，不至于出现上述明显不公平的结论，但其治标不治本，只是缓解了上例中的不合理之处，但并未从根源上解决问题，违法所得仍然无法反映行为之法益侵害性程度，也仍然容易导致司法惰

---

[1] 参见李翔：《侵犯公民个人信息罪司法适用疑难问题探究》，《法律适用》2018 年第 7 期，第 28 页。

性思维,因此不足取。

(四)曾受处罚

《解释》第 5 条第 1 款第(九)项与第 6 条第 1 款第(二)项将曾受处罚作为"情节严重"的认定标准。这一规定不具有合理性,应将曾受处罚排除在"情节严重"要素之外,具体基于以下原因。其一,曾受处罚表明行为人之前即实施过侵犯公民个人信息的行为,但屡教不改、屡罚屡犯,具有较高的人身危险性与再犯可能性,相较初犯而言其行为更具可谴责性,因此《解释》将其纳入"情节严重"的范畴。但曾受处罚只能说明对行为人的特殊预防可能性高,而不能通过其反映出行为的法益侵害性程度,因此其与"情节严重"之属性相背离。其二,曾受处罚关注的重点在于行为人的特殊预防必要性,反映出《解释》在这一点上以风险防控为导向,使得刑法有演变为风险防控法之虞。其三,在行为人先前曾受处罚仅是行政处罚或有期徒刑以下刑事处罚,或行为人非法获取、出售或者提供公民个人信息的行为未达到应判处有期徒刑以上刑罚的程度时,曾受处罚甚至都不能构成累犯情节,《解释》将其认定为"情节严重"这一影响定罪的构成要件要素,显然不具有合理性。关于这一点,相关学者在对《最高人民法院、最高人民检察院关于办理贪污贿赂刑事案件适用法律若干问题的解释》中"情节严重"的标准进行反思时也曾提出过。❶ 其四,根据曾受处罚的规定,两年内由于侵犯公民个人信息行为受到两次行政处罚的,就构成"情节严重",这对于专门从事个人信息处理业务的数据公司而言是极为不利的,即易束缚其信息处理行为,阻碍个人信息的正常流通与利用。综上所述,应将曾受处罚排除在"情节严重"要素之外。

需要注意的是,有学者提出可以对曾受处罚这一要素进行修正,具体思路为借鉴盗窃罪相关司法解释。❷ 该解释将曾受处罚与盗窃数额相结合,规定"若行为人曾受处罚,则'数额较大'的标准按照正常标准的百分之五十

---

❶ 参见段阳伟:《受贿罪非数额情节"降格升档"之功能与重构》,《江西社会科学》2018 年第 1 期,第 180 页。

❷ 参见刘宪权、王哲:《侵犯公民个人信息罪刑法适用的调整和重构》,《安徽大学学报(哲学社会科学版)》2022 年第 1 期,第 95 页。

确定"❶，其虽规定的是曾受处罚的情形，但最终落脚点在盗窃数额上，因此仍属于数额标准，曾受处罚只是降低入罪门槛的依据。按照这一观点，也可以对《解释》第 5 条第 1 款第（九）项的内容进行修改，将曾受处罚与涉案信息数量相结合，即行为人曾受处罚的，涉案信息数量只需达到第（三）至（六）项的 50% 即可认定为属于"情节严重"，与《解释》中对主体身份的规定具有相似性。这一观点看似是对曾受处罚的修改，实则是将其落脚点变为信息类型与数量，曾受处罚这一要素仍然被剥离出"情节严重"。这种将仅反映人身危险性的曾受处罚要素转换为体现行为法益侵害性程度的信息类型与数量的思路具有启发性，但其结论并不为本书所认可，因为即使完成前述转换，该观点也无法合理解释曾受处罚这一要素缘何能够降低侵犯公民个人信息罪之入罪门槛。与之相关，《解释》第 5 条第 1 款第（八）项对主体身份的规定中涉及信息类型与数量的部分，虽从性质上讲属于构成要件要素，但主体身份本身并不反映法益侵害性，因此将其作为降低信息数量标准的依据不具有合理性，该项规定也应从"情节严重"的范畴中排除。

除了删除信息用途、主观要素、违法所得、曾受处罚四方面，对于"情节严重"要素的调整，有学者还提出应增加部分内容。具体而言，该学者主张将实际点击、浏览、下载、转发次数作为判断"情节严重"的依据。❷ 本书认为，在认定"情节严重"要素时充分考量时代背景的思路是值得肯定的，但点击、浏览、下载、转发次数与违法所得一样，其并不必然与行为之法益侵害性成正比。因为点击、浏览、下载、转发行为可能针对的是同一信息，虽然次数多，但侵害的信息自决权是相同的，其并不会随着点击、浏览、下载、转发次数的增加而增加，若针对不同主体的多条个人信息，反而法益侵害性更高。因此，点击、浏览、下载、转发次数不应被纳入"情节严重"的范畴，相关学者增加此部分内容的观点不应被采纳。

本书认为，通过对"情节严重"的要素进行调整，侵犯公民个人信息罪中"情节严重"的内在要素仅包括反映行为之法益侵害性程度的信息类型与

❶ 《最高人民法院、最高人民检察院关于办理盗窃刑事案件适用法律若干问题的解释》第 2 条。
❷ 参见张阳：《论网络空间中个人信息的刑法保护》，《中州学刊》2018 年第 8 期，第 61 页。

数量，即《解释》第 5 条第 1 款第（三）至（六）项的内容。这四项内容均为违法构成要件要素，与"情节严重"本身的性质相一致，因此不再属于《解释》先前所采用的混合认定模式，克服了其所存在的缺陷与弊端。

第三节 "情节严重"中信息分级保护的结构重塑

经过上文对混合认定模式的调整，"情节严重"的内在要素仅包括信息类型与数量，即《解释》第 5 条第 1 款第（三）至（六）项的内容。这四项内容是司法实践中利用率最高的判断标准，且前三项以公民个人信息类型与数量为量化的依据，将不同种类的信息划分成三个层级并设置高低有别的入罪门槛。[1] 这种分级保护的模式最能直接反映行为的法益侵害性程度与刑法对不同类型信息的保护力度，但其亦在结构设置、内在要素的范围及排列等方面存在弊端。例如，未对直接来源于自然人生理特征且关涉其核心隐私与本质尊严的生物识别信息给予特殊保护，犯罪记录、受害经历等信息只能被划入第三层级等。因此，应对当前分级保护体系进行调整与完善，以合理认定"情节严重"，进而实现对侵犯公民个人信息罪的准确适用。

一、信息分级保护现状

（一）分级保护的正当性与必要性

在对"公民个人信息"进行统一定义的基础上，根据各信息的具体类型将其分为不同层级，进而实行分级保护的模式，这具有其正当性与必要性。

第一，不同种类的公民个人信息在刑法保护必要性与紧迫性程度上存在差异。"在资讯时代，个人信息是海量的，仅就重要程度而言，林林总总的个人信息是不可等量齐观的"[2]，而重要程度的差别主要就体现在刑法对各类

---

[1] 第（六）项只是在前三项基础之上规定的数量比例计算规则，并不涉及信息分级保护，因此在本节内容中不对其进行研究。

[2] 田野、张晨辉：《论敏感个人信息的法律保护》，《河南社会科学》2019 年第 7 期，第 43 页。

信息保护的必要性与紧迫性上。例如，受道德、风俗等多重因素的影响，与性相关的信息一旦泄露则会在隐私、名誉等方面对权利人造成严重损害，因此其更需要刑法的介入与保护；而身高、体重、年龄、生日等虽也属于个人信息，但很明显相较前者而言其泄露不会导致严重后果，因此其受刑法保护的需求亦没有那么迫切。正是因为各类信息在保护必要性与紧迫性程度上存在差异，刑法也应对其作出轻重有别的反应，以适配于不同的信息类型，即对具有高保护必要性与紧迫性的信息给予高强度的特殊刑法保护，对具有低保护必要性与紧迫性的信息给予低强度的一般刑法保护，也就是所谓的分级保护模式。需要注意的是，刑法保护必要性与紧迫性的判断标准在于侵犯公民个人信息行为所导致的人身、财产等权利的损害，损害越大则对该信息的刑法保护必要性与紧迫性程度越高，反之亦然。这种损害体现在两个方面，其一，由于侵犯信息行为本身所导致的损害，如基因信息反映了人之为人的最本质特征，作为生命的密码，其关涉人最本源层面的尊严，❶因此对基因信息的侵犯严重损害了信息主体的人格尊严，其具有高程度的刑法保护必要性与紧迫性；其二，侵犯公民个人信息行为引起关联犯罪，后者导致人身、财产等权利损害，如人脸识别信息的泄露极易导致诈骗、盗窃、侮辱等犯罪，这些犯罪严重危及信息主体及他人的人身、财产安全。因而，相较身高、体重等引起犯罪可能性较小的信息而言，人脸识别信息具有更高程度的刑法保护必要性。

第二，公民个人信息具有不同的内在价值，各主体对价值需求的侧重也存在差别。个人信息承载着信息主体的个人自由和人格尊严，且其与人身、财产等基本权利相联系，因此对其进行法律保护是不言而喻的。然而，随着个人信息的内在价值被发掘，其逐渐成为现代社会发展的核心资源与强大动力，在政治、经济、科技、文化、医疗、娱乐等各方面发挥着不可替代的重要作用。❷因此仅强调对公民个人信息的保护是不够的，还应顺应时代发展潮流，充分考虑其现实作用，实现个人信息保护与利用间的平衡。由此可以

---

❶ 参见田野：《雇员基因信息保护的私法进路》，《法商研究》2021 年第 1 期，第 60—61 页。

❷ 参见［英］维克托·迈尔－舍恩伯格、肯尼思·库克耶：《大数据时代：生活、工作与思维的大变革》，盛杨燕、周涛译，浙江人民出版社 2013 年版，第 243 页。

看出，在当前时代背景下，公民个人信息所内嵌的最主要的两种价值为保护与利用。根据需求主体的不同，这两种价值具体可以分为保护需求、商业需求、获取和利用需求、公共管理需求四类。❶ 而不同类型的信息所侧重的价值与需求各不相同。例如，公开信息由于其公共可获取性而反映出权利主体对其的保护需求相对较弱，某些公开信息，权利人甚至希望其能够广泛传播与流转，以实现广告宣传、商贸联系等价值，因此对该信息而言，利用价值高于保护价值；非公开信息的非公开状态反映了权利人不愿其信息为他人知晓的心态，因此对该信息应更加注重保护而非利用。正是由于公民个人信息蕴含多元的内在价值且不同种类信息所反映的价值需求有所区别，因此法律乃至刑法在介入时应充分考虑各信息间的差异，作出相应的适度反应。例如，张新宝教授提出，"两头强化，三方平衡"理论，以助力于"实现信息主体、信息业者与国家三方主体间的利益平衡"。❷

第三，既有规范基础上的体系性思维。分级保护的实质在于将公民个人信息划分为不同的层级，进而对某些信息实行特殊保护。尽管我国当前法律规范中并未出现分级保护的表述，但其内容已经开始体现出对不同信息进行区分保护的趋势。例如，《个人信息保护法》第 2 章专设一节来规定敏感个人信息的处理规则，其在处理目的、告知内容、同意方式等方面均明显严格于对一般信息的处理；《中华人民共和国征信业管理条例》第 14 条强调，对于宗教信仰、基因、指纹、血型等信息，征信机构完全禁止采集。"法律体系是指由一国现行的全部法律规范按照不同的法律部门分类组合而成的一个呈现体系化的有机联系的统一整体。"❸ 刑事立法、司法以及学术研究应贯彻体系性的思维，使其他法领域内的最新成果能够及时、有效地进入刑法范畴。因此，民事、行政等前置法上对不同信息进行区分保护的规定不仅体现在侵犯公民个人信息罪中"违反国家有关规定"这一前提要件的内容上，更是为

---

❶ 参见袁泉：《个人信息分类保护制度的理论基础》，《上海政法学院学报（法治论丛）》2018 年第 3 期，第 30—32 页。

❷ 张新宝：《从隐私到个人信息：利益再衡量的理论与制度安排》，《中国法学》2015 年第 3 期，第 50—52 页。

❸ 张文显主编：《法理学》（第五版），高等教育出版社 2018 年版，第 101 页。

在"情节严重"中设置分级保护提供了借鉴与参考。●

（二）分级保护的司法解释规定

如前所述，《解释》第 5 条第（三）至（五）项规定了"情节严重"认定的"信息类型与数量"标准，该标准根据受侵害信息类型的不同将其划分为三个层级并设置了高低有别的入罪门槛，对公民个人信息进行分级保护，具体如下。❷

第一层级为最低入罪门槛，只需 50 条即可构成"情节严重"，因此仅适用于最具刑法保护必要性与紧迫性的信息类型，即行踪轨迹信息、通信内容、征信信息、财产信息四类。此处采取完全列举的形式将符合条件的信息类型全部列出，构成一个封闭区间，以此限制该层级所涉的信息范围。

第二层级采用概括加列举的形式对所包含的信息类型进行界定，须达到 500 条的标准。一方面，该层级规定有"……等其他……"的表述，因此除已经列举出的四项外，与公民人身、财产安全相关的其他信息类型也应被包含在内，但需要注意的是，并非"必然影响人身、财产安全"，而只是"可能"；另一方面，所涉其他信息类型在刑法保护必要性与紧迫性程度上应与已列举的信息类型具有相当性。❸

第三层级作为兜底条款，对侵犯上述两层级范围之外的其他信息类型的行为进行规制。由于该层级信息重要性程度最低，因此入罪门槛设置得最高，需要非法获取、出售或者提供 5000 条以上才能构成"情节严重"。

部分学者认为，《解释》第 5 条第（三）至（五）项将公民个人信息分为高度敏感信息、一般敏感信息和非敏感信息三类，并以此为依据分别设置

---

❶ 参见董悦：《公民个人信息分类保护的刑法模式构建》，《大连理工大学学报（社会科学版）》2020 年第 2 期，第 82 页。

❷ 《解释》第 5 条第 1 款第（三）至（五）项规定："（三）非法获取、出售或者提供行踪轨迹信息、通信内容、征信信息、财产信息五十条以上的；（四）非法获取、出售或者提供住宿信息、通信记录、健康生理信息、交易信息等其他可能影响人身、财产安全的公民个人信息五百条以上的；（五）非法获取、出售或者提供第三项、第四项规定以外的公民个人信息五千条以上的……"

❸ 参见吴沈括、薛美琴：《侵犯公民个人信息罪的司法适用问题研究——围绕"两高"个人信息刑事司法解释的展开》，《刑法论丛》2018 年第 3 期，第 233 页。

入罪门槛，对其进行分级保护。❶ 这样的观点具有一定的规范依据，《检察机关办理侵犯公民个人信息案件指引》（以下简称《指引》）认定《解释》中第一层级与第二层级信息均与公民人身、财产安全直接相关，只是重要性程度不同，且从其表述可知该《指引》认为"可能影响人身、财产安全的信息"为敏感信息，据此《解释》中第一层级与第二层级信息符合敏感信息的要求，而第三层级信息即为非敏感信息。但笔者认为，高度敏感信息、一般敏感信息和非敏感信息是学理上对公民个人信息的分类方式之一，但刑法条文以及《解释》本身并未出现相关表述；即使《指引》中将《解释》第一层级与第二层级信息认定为敏感信息，但仍未作出进一步划分。另外，目前涉及敏感信息与非敏感信息分类的主要是民事、行政领域的规范，且各规范间对敏感信息的定义相互抵牾，不同学者的观点也各异。❷ 因此，在敏感信息与非敏感信息本身划分尚未明晰的情况下，不宜将其引入刑法领域。所以，《解释》只是按照刑法保护必要性与紧迫性程度将公民个人信息分为三个层级，没有必要刻意将其与高度敏感信息、一般敏感信息、非敏感信息的分类一一对应。

二、保护现状的困境与反思

《解释》第 5 条第（三）至（五）项规定的公民个人信息分级保护模式基于不同类型信息的重要程度，依据其刑法保护必要性与紧迫性设置了高低有别的入罪门槛，有利于实现罪责刑相适应。❸ 但需要注意的是，当前分级保护模式的具体构造在结构设置、要素范围、排列顺序等方面仍存在着无法弥合的固有缺陷。

---

❶ 参见胡文涛：《我国个人敏感信息界定之构想》，《中国法学》2018 年第 5 期，第 252 页。

❷ 例如，《信息安全技术 个人信息安全规范》将敏感个人信息定义为"一旦泄露、非法提供或滥用可能危害人身和财产安全，极易导致个人名誉、身心健康受到损害或歧视性待遇等的个人信息"；而《信息安全技术 公共及商用服务信息系统个人信息保护指南》认为敏感个人信息是指"一旦遭到泄露或修改，会对标识的个人信息主体造成不良影响的个人信息"。二者对敏感个人信息的定义明显不同，其具体范围亦相互区别。

❸ 参见周加海、邹涛等：《〈关于办理侵犯公民个人信息刑事案件适用法律若干问题的解释〉的理解与适用》，《人民司法（应用）》2017 年第 19 期，第 34 页。

(一) 第一层级要素范围过窄

第一层级为刑法保护必要性与紧迫性程度最高的层级，因此《解释》设置了最低的入罪门槛，仅需非法获取、出售或者提供相关信息 50 条以上即可构成"情节严重"。为限制处罚范围，本层级采用完全列举方式，仅包含行踪轨迹信息、通信内容、征信信息、财产信息。前述四类信息之重要程度不言而喻，将其放置于第一层级也无太大争议。但还存在其他同样具有高程度刑法保护必要性与紧迫性的个人信息，侵犯此类信息的行为亦将导致人身、财产等权利的严重损害。但由于第一层级属于封闭区间，要素范围固定，因此这些信息被排除于第一层级之外，难以体现其自身重要性，也无法实现刑法对该类信息的特殊保护。例如，基于自然人生物特征的生物识别信息具有唯一性，难以甚至无法更改，[1] 因此其不具备匿名化的可能，一旦被泄露或被别有用心的人掌握，便会给权利人的人身、财产安全以及人格尊严造成巨大的威胁，并且权利人无法像更换手机号码、住址那样来预防和阻断未来侵害行为的发生，故这种损害是持续的、长久的、难以根除的。[2] 另外，侵犯生物识别信息行为已经造成的影响与后果具有不可逆性，若其被非法采集、提供或者滥用，给权利主体造成的损害无法弥补与修复，即使事后采取一定的补救措施，也无法完全消除已经造成的不利影响。[3] 正如伊利诺伊州最高法院在六旗公司（Six Flags）侵犯隐私案的判决中所写的，"若生物识别特征和信息没有得到适当的保护，可能导致实质性和不可逆转的伤害"[4]。同时，侵犯生物识别信息的行为会导致不同领域且危害巨大的下游犯罪，并且这些依附于生物识别信息的犯罪，其触手会随着生物识别技术的普及而深入到社会生活的方方面面，比如智能支付、门禁安防、交通出行、金融认证、出入境管理等。正是由于生物识别信息所具有的上述特殊性，使其具备了与

---

[1] 参见李怀胜：《滥用个人生物识别信息的刑事制裁思路——以人工智能"深度伪造"为例》，《政法论坛》2020 年第 4 期，第 152 页。

[2] 参见程啸：《为个人生物识别信息打造法律保护盾》，《人民论坛》2020 年第 24 期，第 120 页。

[3] 参见周坤琳、李悦：《回应型理论下人脸数据运用法律规制研究》，《西南金融》2019 年第 12 期，第 79—80 页。

[4] 参见《伊利诺伊州最高法院裁定：生物特征隐私是一项基本的民事权利》，https://www.sohu.com/a/292109867_99956743，2021 年 1 月 16 日访问。

其他普通公民个人信息不同的重要性，因此侵犯生物识别信息的行为会导致权利人遭受更加严重的人身、财产安全损害，其具有更高程度的刑法保护必要性与紧迫性。但既定分级保护模式中，第一层级所涵盖的要素范围过窄，不包括生物识别信息，导致公民的人格尊严、核心隐私、人身和财产安全等一系列权益无法得到相应的保护，也使得刑法无法有效且有力地打击侵犯生物识别信息的犯罪行为。

（二）第二层级认定标准单一

第二层级采用非完全列举加概括的方式划定应适用"五百条以上"入罪标准的信息范围。虽该层级通过"……其他……"的表述，使其包含的信息类型不局限于已经列举出的四类，但"可能影响人身、财产安全"标准本身过于单一，不利于该层级范围的合理界定，也难以有效实现信息分级保护的最终目的。这主要体现在，人身、财产安全的范围较窄，尤其是人身安全，其并不等同于人身权利安全，不包括人格权、身份权等全部的人身权利。根据相关司法解释对人身损害的规定可以推导出，人身安全指的是生命、身体、健康安全。[1] 因此，第二层级仅包含可能影响生命、身体、健康及财产安全的公民个人信息。这一标准过于单一，无法涵盖隐私、自由、名誉等权利，而这些权利对自然人而言同样极为重要，若将其排除于第二层级的认定标准之外，与之相关的信息类型则只能被划入第三层级，适用要求最高的入罪门槛，如此则无法实现对该类信息的特殊保护，同时也不利于刑法对侵犯该类信息行为的有效打击。例如，由于犯罪记录包含行为人的姓名、性别、年龄、犯罪事由、裁判结果等内容，且其能够单独或与其他信息相结合而指向特定犯罪人，具有可识别性，因此无论从"内容构成"还是"本质要素"来看，犯罪记录均属于公民个人信息。[2] 虽除部分特殊情形外，裁判文书应当在互

---

[1] 《最高人民法院关于审理人身损害赔偿案件适用法律若干问题的解释》第 1 条第 1 款规定："因生命、身体、健康遭受侵害，赔偿权利人起诉请求赔偿义务人赔偿物质损害和精神损害的，人民法院应予受理。"

[2] 参见吴尚聪：《犯罪记录的双重属性及其使用限度——以个人信息为切入》，《中国人民公安大学学报（社会科学版）》2019 年第 2 期，第 91 页。

联网公开,● 但《中华人民共和国刑事诉讼法》（以下简称《刑事诉讼法》）第286条规定了未成年人犯罪记录封存制度。● 因此，未成年人的犯罪记录属于非公开信息，其关涉相关未成年人的隐私、名誉等重要权利。若行为人非法获取或提供该犯罪记录，不仅会导致对上述权利的严重侵害，而且将产生"标签化""污名化"的附随效果，使相关未成年人在教育、就业、生活等方面遭受歧视，影响其顺利复归社会。● 但犯罪记录的泄露不会对权利人人身、财产安全产生影响，因此若按照现行分级保护模式，其只能被划归于第三层级，需达到5000条以上才能构成"情节严重"，如此高的入罪门槛与侵犯该类信息行为所造成损害的严重程度不相适配，无法实现对犯罪记录的有效保护与对侵害行为的有力打击。

三、信息分级保护的结构重塑

由于《解释》第5条第1款第（三）至（五）项所规定的分级保护模式存在上述问题，无法对不同类型的信息作出符合其刑法保护必要性与紧迫性的合理回应，因此需对其结构与具体要素进行调整，以实现对相关犯罪的有效打击与对公民个人信息的周全保护。

（一）增加"生物识别信息"及"与性相关的信息"至第一层级

如前所述，为限制处罚范围，入罪门槛设置最低的第一层级采用了完全列举的方式，但其所列出的四类并未涵盖全部具有高程度刑法保护必要性与紧迫性的个人信息，导致无法实现对侵犯该类信息行为的严厉打击。因此，应在保持第一层级完全列举形式不变的情况下，增加相应的信息类别。本书认为应被新增列入第一层级的公民个人信息包括"生物识别信息"及"与性相关的信息"。

● 参见《最高人民法院关于人民法院在互联网公布裁判文书的规定》。

● 《刑事诉讼法》第286条规定："犯罪的时候不满十八周岁，被判处五年有期徒刑以下刑罚的，应当对相关犯罪记录予以封存……犯罪记录被封存的，不得向任何单位和个人提供，但司法机关为办案需要或者有关单位根据国家规定进行查询的除外。依法进行查询的单位，应当对被封存的犯罪记录的情况予以保密。"

● 参见宋英辉、杨雯清：《未成年人犯罪记录封存制度的检视与完善》，《法律适用》2017年第19期，第35—37页。

　　生物识别信息是指经过特殊处理的可识别自然人生理特性与行为特征的信息。❶ 如前所述，生物识别信息运用广泛，且其具有唯一性与难以更改性，因此侵犯生物识别信息行为对人身、财产等权利所造成的损害是持续的、长久的、不可逆的，其具有与行踪轨迹信息、通信内容、征信信息、财产信息相当的刑法保护必要性与紧迫性，应被列入第一层级。有学者认为，由于生物识别信息具有的本体特殊性与社会特殊性，刑法应对其进行特殊保护，具体方式为将"非法获取、出售或者提供生物识别信息五条及以上"纳入《解释》第 5 条第 1 款第（十）项规定的"其他情节严重的情形"，即将生物识别信息单独设置为第一层级，先前分级保护的三个层级顺次后延，形成 5 条、50 条、500 条、5000 条的四个数量梯度。❷ 本书认为，由于生物识别信息的特殊性，侵犯该类信息的行为毫无疑问会造成人身、财产等权利的严重损害，但其重要性程度并非一定高于第一层级原本列举的四类信息；并且根据司法实践中发生的案例，"五十条以上"的认定标准已经足以将具有严重法益侵害性的行为纳入刑法规制范围。因此，无须单独设置更低的入罪门槛，将生物识别信息直接增加至第一层级即可。

　　与性相关的信息包括性生活、性取向、私密照片或视频等。"由于人类对性的羞耻感以及我国的文化传统，与性相关的信息属于私密性极强的个人隐私，通常只存在于亲密关系、私人对话、专业社会学调查或心理学检测等特殊信任关系之中，是绝对不得触及的核心领域，若其被他人非法获取或公开，将会严重危及个人尊严。"❸ 另外，近年来与性视频内容相关的霸凌事件及裸贷催债威胁事件等频频发生，表明此类与性相关的信息容易引发关联犯罪且盖然性程度较高。例如，2024 年 7 月 30 日，网上流传一则校园暴力视频，施暴者群殴一未成年女孩并扒掉其上衣拍摄照片、视频，其中还有人将

---

❶ See Fiona Q. Nguyen, The Standard for Biometric Data Protection, Journal of Law & Cyber Warfare, 2018, 7 (1), p. 63.

❷ 参见王德政：《针对生物识别信息的刑法保护：现实境遇与完善路径——以四川"人脸识别案"为切入点》，《重庆大学学报（社会科学版）》2021 年第 2 期，第 133—143 页。

❸ 谢琳、王澈：《我国个人敏感信息的内涵与外延》，《电子知识产权》2020 年第 9 期，第 14 页。

视频发到自己的社交账号炫耀，引起公众强烈反响；❶ 再如，2017 年厦门华夏学院一大二在校女生因裸贷之后不堪还款压力与催债骚扰，最终在宾馆自杀身亡。❷ 由此可见，"与性相关的信息属于人格领域中的私密领域，其实质内容涉及人格尊严的核心"❸，且其与关联犯罪的紧密性程度极高，对其进行侵犯的行为将造成个人尊严的严重损害，甚至还会危及信息主体的人身、财产等重要权利。因此，与性相关的信息具有高程度的刑法保护必要性与紧迫性，应将其纳入第一层级的涵盖范围。

有学者认为，应按照与公民个人隐私权关联的强弱将健康生理信息划分为"与隐私权直接相关的健康生理信息"和"普通健康生理信息"。❹ 前者如流产记录，艾滋病、乙型肝炎、精神病病史等，刑法对其"情节严重"认定标准应从严把握，即将其划入第一层级；后者如身高、体重、血型等，刑法对其入罪标准则可以适度放宽，即将其仍放置于第二层级。本书认为，侵犯健康生理信息将会危及信息主体的人身、财产等权利，但其程度要轻于侵犯第一层级现有信息及上文增加信息所造成的损害，二者不具有相当性。另外，当前分级保护体系足以体现"与个人隐私直接相关的健康生理信息"和"普通健康生理信息"的差别，前者由于可能影响人身、财产安全而属于第二层级，后者如身高、体重等则应纳入第三层级。因此，不应将健康生理信息划入第一层级。另有学者认为，由于信息主体的特殊性，14 周岁以下儿童的个人信息具有高程度的刑法保护必要性与紧迫性，且其被犯罪利用的可能性极高。例如，2019 年，由深圳市爱保护科技有限公司制造生产的 SMA - WATCH - M2 手表被曝光存在严重的安全隐患，其中有 5000 多名儿童及其父母的个人详细信息和位置信息被曝光，不法分子甚至能假扮父母与孩子进行

❶ 参见《乐山校园霸凌事件：女孩遭围殴扒衣，施暴者发视频炫耀》，https：//www.163.com/dy/article/J8JJ9QK005561MJ5.html，2024 年 8 月 2 日访问。
❷ 参见《厦门一女大学生身陷裸贷自杀亡 校园贷款如何叫停》，载搜狐网 http：//news.sohu.com/20170417/n489025329.shtml，访问时间：2021 年 1 月 16 日。
❸ 杨芳：《隐私权保护与个人信息保护法——对个人信息保护立法潮流的反思》，法律出版社 2016 年版，第 16 页。
❹ 参见李艳霞：《侵犯个人健康生理信息犯罪中的"情节严重"类型数量阐释——基于侵犯公民个人信息罪司法解释反思》，《医学与法学》2019 年第 1 期，第 16—20 页。

通话。❶ 因此，刑法应对儿童信息予以特殊保护，将其纳入第一层级。本书认为，儿童信息需要予以特殊保护的原因在于其主体的脆弱性，而非信息本身的重要性，即由于与成年人相比，儿童心智尚未成熟，也缺乏足够的自我保护能力，因此需对其信息进行特殊保护，以实现对儿童权益的保障。但并不是所有儿童信息都是重要的，有些信息由于其自身内容与信息主体的人身、财产等权利并不相关，刑法保护的必要性与紧迫性程度较低。因此，"对于儿童的个人信息进行特殊保护的规定应在信息收集时的同意方式上予以明确体现"❷，如《个人信息保护法》第31条的规定。❸

（二）将第二层级认定标准延展至"可能导致个人受到歧视"

当前分级保护模式下，第二层级的认定标准为"可能影响人身、财产安全"，意即只有可能影响生命、身体、健康及财产安全的公民个人信息才能被纳入这一层级的涵盖范围。但除人身、财产安全外，还有诸如隐私、名誉等对信息主体同样重要的权利，由于第二层级认定标准的单一，与这些权利相关的公民个人信息只能被划入第三层级，适用"五千条以上"的入罪标准。因此，应对第二层级的认定标准予以扩展，以合理划定其边界，实现对与公民重要权利相关的信息的周全保护。对于扩展的范围，本书认为应在认定标准中加入"可能导致个人受到歧视"，理由如下。其一，其他与人身、财产安全同等重要的权利有隐私权、名誉权等，而与之相关的信息主要包括未公开的犯罪记录等。这些信息若被非法获取或公开，对信息主体造成的侵害主要在于使其遭受歧视性待遇。例如，因曾经的犯罪记录而影响求学、就业；或因为受性侵的经历被曝光而导致名誉受损，甚至是遭受他人的污名化歧视；或因民族、种族、宗教信仰的不同而被他人排挤、打压；抑或是运营商非法获取用户网页浏览记录，进而通过大数据分析为其提供不公平、不平

---

❶ 参见雷锋网：《某国产儿童手表泄露5000多儿童信息，还能假扮父母打电话》，载凤凰网 https：//tech.ifeng.com/c/7rwshAT9swk，2021年1月16日访问。

❷ 潘林青：《我国个人敏感信息的界分基础及其立法表达——兼评〈民法典（草案）〉第一千零三十四条》，《北京邮电大学学报（社会科学版）》2020年第2期，第35页。

❸ 《个人信息保护法》第31条第1款规定："个人信息处理者处理不满十四周岁未成年人个人信息的，应当取得未成年人的父母或者其他监护人的同意。"

等的服务,即"大数据杀熟""算法歧视"等。● 因此,"导致个人受到歧视"可以涵盖上述权利受损的危害后果,为从形式上简化认定标准的表述,在第二层级加入"可能导致个人受到歧视"标准即可。其二,虽本书不以高度敏感信息、一般敏感信息、非敏感信息定义第一、二、三层级,但相关法律规定对敏感信息的界定体现了法律对部分信息类型的特殊保护,对本书设置层级划分的标准有借鉴意义,如《个人信息保护法》《信息安全技术 个人信息安全规范》(GB/T 35273—2020)的相关规定等。另外,部分国际规范也以"遭受歧视"为界定敏感信息的标准,如联合国 1990 年发布的《电子化个人数据档案规范指南》规定,可能给个人造成歧视性伤害的信息是敏感信息。● 由此可见,"导致个人遭受歧视"与人身、财产安全遭受损害具有同等的严重性,应将其作为第二层级的认定标准。另外需要注意的是,对"可能影响人身、财产安全"以及"可能导致个人受到歧视"标准的认定不应局限于对信息内容的判断,还应注意认定的动态性与关联性,即在具体情境中结合信息实际处理目的,综合考量侵犯某类公民个人信息的行为是否达到上述标准。●

如前所述,第二层级采用的是不完全列举加概括的表述形式。本书认为,对第二层级的完善除延展认定标准外,还应增加列举的信息种类,尤其是常见的重要类型,如个人联系方式、个人经历信息、网络关联信息等,以合理划定第二层级的信息范围并更加明确其与第三层级之间的区分,同时亦能彰显刑法对这些信息的重视与关注。

至此,本书即完成对"情节严重"中信息分级保护模式的结构重塑。需要注意的是,前述研究关注的重点主要集中于对公民个人信息保护层级的划分之上,比如其划分标准或具体的要素安排,但该分级保护模式中还有另外一部分重要的内容,即信息数量标准。《解释》第 5 条第 1 款第(三)至(五)项规定了 50 条、500 条、5000 条的标准,对于信息数量的具体计算,

---

● 参见喻玲:《算法消费者价格歧视反垄断法属性的误读及辨明》,《法学》2020 年第 9 期,第 83 页。
● 参见张颂、何培育:《论敏感个人信息的法律保护机制优化——兼评我国〈个人信息保护法〉相关条文》,《重庆理工大学学报(社会科学)》2024 年第 5 期,第 153 页。
● 参见李倩:《为个人敏感信息打造法律"保护盾"》,《人民论坛》2018 年第 25 期,第 95 页。

将留待下文进行详细研究，本节最后需要阐明的是第 5 条第 1 款第（六）项所规定的比例换算的问题。❶

《解释》第 5 条第 1 款第（三）至（五）项将公民个人信息分为三个层级，在司法实践的具体案例中，涉案的公民个人信息往往包含多个层级的内容，很少出现仅包含同一层级信息的情形。若涉案信息中某一层级的信息已经达到第（三）至（五）项所规定的 50 条、500 条、5000 条的标准，则直接可以认定为构成"情节严重"，至于其他部分则仅作为衡量法定刑的标准，但若涉案信息所包含的每一层级的部分都没有达到相应层级的数量要求，那么还可以对其按照比例进行计算。具体而言，由于《解释》为三个层级信息设置的构成"情节严重"的标准是 50 条、500 条、5000 条，因此三者之间存在 1∶10∶100 的比例关系，在对涉案信息进行数量计算时，可以按照这一比例对其进行换算后再进行总体判断。例如，银行工作人员甲擅自利用员工权限登录内部网站并下载大量客户信息，其中包括第一层级的信息 30 条，第二层级的信息 150 条，第三层级的信息 1800 条，若单独在每一层级进行判断，则甲所非法获取的信息数量均未达到"情节严重"的标准，但若按比例进行换算，30 条第一层级的信息等于 3000 条第三层级的信息，150 条第二层级的信息等于 1500 条第三层级的信息，因此换算之后甲非法获取了 6300（3000 + 1500 + 1800）条第三层级的信息，超过《解释》所规定的 5000 条的标准，因此属于"情节严重"。既然第一、二、三层级信息间存在 1∶10∶100 的比例关系，那么虽然其重要性程度存在较大差异，但在数量计算上可以灵活按照比例进行换算，即可以换算成任何一个层级的信息后再进行计算。例如，上例中亦可以认定甲非法获取了 63（30 + 15 + 18）条第一层级的信息，或者 630（300 + 150 + 180）条第二层级的信息。其实比例计算规则并不是《解释》首创，在其他司法解释中，也有类似的规定。例如，《最高人民法院最高人民检察院关于办理非法利用信息网络、帮助信息网络犯罪活动等刑事案件适用法律若干问题的解释》第 3 条第 1 款第（三）项、第 4 条第 1 款第

---

❶ 《解释》第 5 条第 1 款第（六）项规定："数量未达到第三项至第五项规定标准，但是按相应比例合计达到有关数量标准的属于'情节严重'。"

（四）项等，❶ 这种计算方式有利于对侵犯公民个人信息类犯罪的打击，并且能体现罪责刑相适应原则，因而具有其自身独特的优越性。❷

有学者从换算方向上对比例计算规则提出了批判，其认为只能将重要性程度高的信息换算成重要性程度低的信息，而不能反向换算，否则对行为人不利。❸ 该学者的论证逻辑在于信息数量的增加并不能导致其性质的改变，因此不能认为 100 条第三层级的信息等于 10 条第二层级的信息或 1 条第一层级的信息。但此处所讲的仅是一种数量换算规则，是按照一定的比例进行数量上的计算，而并不是从实质意义上认为达到一定数量的低层级信息就能够成为高层级的信息，因此相关学者的担忧并不存在。另外，即使在具体进行换算时仅采取从高层级向低层级的转换，而不反向操作，亦能够实现每一个具体案件中的比例计算，相关学者所主张的只能采取某一方向换算的观点并不产生实际影响。

第四节　"情节严重"中的信息数量计算

前已述及，经过上文对混合认定模式的调整，侵犯公民个人信息罪中"情节严重"的内在要素仅包括反映行为之法益侵害性程度的信息类型与数量，即《解释》第 5 条第 1 款第（三）至（六）项的内容，第三节又对前三项所设置的信息分级保护模式进行了完善，进而形成前述本书所主张的侵犯公民个人信息罪之"情节严重"要素的最终版本。最终确定的"情节严重"要素涉及公民个人信息的类型与数量，其中信息类型在前文中已进行分析并完成了调整，但信息数量的判断却尚未研究，而这正是本节所关注的焦点。

---

❶ 《最高人民法院最高人民检察院关于办理非法利用信息网络、帮助信息网络犯罪活动等刑事案件适用法律若干问题的解释》第 3 条第 1 款第（三）项规定："致使传播违法信息，数量虽未达到第一项、第二项规定标准，但是按相应比例折算合计达到有关数量标准的"；第 4 条第 1 款第（四）项规定，"数量虽未达到第一项至第三项规定标准，但是按相应比例折算合计达到有关数量标准的……"。

❷ 参见简洁：《公民个人信息类型和数量如何认定》，《检察日报》2021 年 10 月 12 日，第 007 版。

❸ 参见李翔：《侵犯公民个人信息罪司法适用疑难问题探究》，《法律适用》2018 年第 7 期，第 27 页。

信息分级保护体系共有三个层级，其信息数量的要求分别是 50 条、500 条、5000 条，本节需要解决的核心问题在于，如何认定具体案件中涉案公民个人信息的数量，进而判断其是否达到"情节严重"的程度。

一、基本计算单位的含义确定

《解释》第 5 条第 1 款第（三）至（五）项规定的信息数量标准为 50 条、500 条、5000 条，其基本计算单位是"条"，这一单位符合通常的语言习惯，但对其规范含义还需要具体厘清，意即何为"一条"公民个人信息。对于这一问题，主要有以下几种观点。

（一）一般语义说

按照一般语义对"条"进行理解，即每一单独的公民个人信息都应被算作"一条"，结合公民个人信息的定义，则姓名、身份证号码、电话号码、家庭住址，甚至身高、体重、血型等都能独立成为一条信息。若照此理解"条"的含义，那么非法提供或非法获取 5500 条单一的身高、体重或者血型等间接识别信息的行为也应被认定为"情节严重"。但这样的解释显然过于宽泛，犯罪行为必须是具有法益侵害性的行为，而单一的、不与其他信息相结合的间接识别信息无法指向特定自然人，因此非法提供或非法获取这些信息更谈不上侵犯作为该罪所保护之法益的信息自决权，将其认定为构成侵犯公民个人信息罪，有违法益保护原理。另外，单纯按照字面意思对"条"进行理解，也与当前司法实践中信息的"交易"规则与习惯不相符，从具体案件中可以看出，行为人往往是将包含姓名、手机号码、家庭住址等多种公民个人信息在内的信息组合作为一条信息进行获取、出售或提供，❶ 几乎不存在以单一信息，尤其是单一间接信息为一条信息的案例。同时需要注意的是，司法实践中通常涉案信息数量庞大，往往涉及成百上千万条，甚至上亿条公

---

❶ 参见江苏省常州市新北区人民法院（2022）苏 0411 刑初 7 号刑事判决书、上海市闵行区人民法院（2022）沪 0112 刑初 5 号刑事判决书、辽宁省阜新市海州区人民法院（2021）辽 0902 刑初 137 号刑事判决书等。

民个人信息,● 且这里的"条"是按照行为人交易时所划分的标准来认定的,若按照字面含义,则实际数量的计算还需要将行为人所认定的"条"进行拆分。这样一来,涉案信息数量将呈指数型上升,要求司法工作人员对如此海量的公民个人信息进行去除重复、查验真伪等判断,无疑会极大地增加工作任务量与司法成本,在降低效率的同时亦无法完全保证公平。因此,不应直接按照字面意思将每一单独的公民个人信息都算作"一条",而应对"条"这一计算单位的含义进行更进一步的分析与探讨。

(二)行为人自定标准说

有学者提出,应依据行为人对公民个人信息所进行的划分来认定信息数量,即行为人意欲将其所掌握的公民个人信息按照什么标准来划分条数,则司法机关应按照相同的标准来进行认定,即使行为人所认定的一条信息中同时包含姓名、身份证号码、手机号码等多种信息类型,司法机关亦应仅将其计算为一条公民个人信息。● 这种对"条"的理解基于行为人的主观,而行为人的主观又体现在公民个人信息的"交易"规则或习惯之上,因此涉案信息数量的确定往往可以直接来源于行为人的信息清单或交易记录,而无须司法工作人员进行额外的计算。即使不存在对信息条数的具体记录,也可以通过简单的数学除法予以确定,即首先提取行为人与上下家之间的转账汇款记录并计算出交易的总金额,然后根据行为人的供述确定信息单价,虽不同类型公民个人信息的价格不尽相同,但按照有利于犯罪嫌疑人、被告人原则,可以一律按最高单价计算,最后利用前述总金额除以单价,即可得到涉案信息数量。● 对公民个人信息而言,目前虽然并不存在合法价格与明码标价,但在非法交易中其价格基本能够稳定于某一个区间,尤其是在个案中,公民个人信息的价格是可以确定的,例如,有学者对部分判决书中的信息价格进行了梳理与列举,● 因此说明上述学者所主张的以交易总金额除以信息单价,

---

● 参见中华人民共和国国家互联网信息办公室官网:《公安部指挥破获一特大窃取出售公民个人信息案》,www. cac. gov. cn/2017 – 03/08/c_1120588207. htm,最后访问时间:2024 年 7 月 31 日。

● 参见喻海松:《侵犯公民个人信息罪司法适用探微》,《中国应用法学》2017 年第 4 期,第 182 页。

● 参见李新奇:《侵犯公民个人信息罪中涉案数额如何认定》,《检察日报》2021 年 11 月 9 日,第 7 版。

● 参见胡志伟、王信托:《侵犯公民个人信息罪中数量认定规则论要——以 100 份刑事裁判文书为样本的法教义学分析》,载胡云腾主编:《司法体制综合配套改革与刑事审判问题研究——全国法院第 30 届学术讨论会获奖论文集(下)》,人民法院出版社 2019 年版,第 1473 页。

进而确定信息数量的方法具有一定的可行性。

但这种依据行为人对公民个人信息所进行的划分来认定信息数量的观点，其实质是将决定权交由行为人，由其对自身所获取、出售或者提供的信息数量进行自行决定，这样的主张过于随意，很容易导致相似甚至相同情形中，由于行为人的划分方式不同而导致裁判结果判若天渊。例如，甲将其获取的 300 人的姓名、身份证号码、联系电话、住宿时间与地点等内容作为 300 条公民个人信息非法提供给乙，丙将前述信息拆分为"姓名 + 联系电话"与"姓名 + 身份证号 + 住宿时间与地点"两类，作为 600 条公民个人信息非法提供给丁，则甲因数量未达到《解释》所要求的 500 条而不属于"情节严重"，而丙却因达到数量要求而被认定为"情节严重"。上述两例中，行为人非法提供的信息实质相同，但因其划分方式的区别导致甲无罪而丙构罪，这样的结论显然是不可取的。另外，若信息数量的计算仅依据行为人的主观，那么出于趋利避害的心理，在司法工作人员进行案件调查时，尤其是在涉案信息规模不大，信息数量直接影响罪与非罪判断的案件中，行为人必然会提升其认定何为"一条"公民个人信息的标准，以达到减少信息数量，进而寻求摆脱刑法规制的目的，这样会在一定程度上轻纵行为人，无法实现对公民个人信息的周全保护。这种以行为人自身划定之标准来计算涉案信息数量的观点还存有在某些具体情况下无法有效实现的弊端。例如，黑客甲非法侵入银行内部网络并下载大量该银行的客户信息，但并未将该公民个人信息出售或者提供给他人，只是自己保有。此时无法根据交易规则或交易习惯中所体现的行为人自身划定的标准来计算信息的条数，因为尚不存在任何交易，只能通过行为人的供述来认定其标准。若行为人不主动供述，则无法确定信息数量，况且即使在行为人主动供述的情况下，也很大程度上会出现前述虚假供述的情形。

（三）信息主体说

公民个人信息总是具有信息主体的，即公民个人信息所指向的特定自然人。针对同一主体往往存在多种类型的信息，比如某一自然人的姓名、住址、联系电话、身份证号码等信息均指向该相同主体，因此有学者主张应按照信息主体的数量来计算公民个人信息的数量,且应以"组"取代"条"为计算单位,即将同一主体的一系列信息组合到一起算作一组公民个人信息,涉案信息数量涉及多少个信息主体就有多少组信息,而《解释》中"情节严重"的数量标准也相应变为 50 组、500 组、5000 组。❶ 另有学者在论述何为重复信息时提出,针对同一对象并存的信息,例如,"张三 + 身份证号码""张三 + 手机号码""张三 + 家庭住址"等,应属于重复信息,按照一条计算。换言之,该学者亦认为应以信息主体的数量为计算公民个人信息数量的标准。❷ 这种按照信息主体数量来计算公民个人信息数量的观点在部分情况下与行为人自身所划定的计算标准相契合,因为在实践中许多行为人往往以信息主体为衡量标准,这种情况下该观点更加符合公民个人信息"交易"的习惯与通常规则。另外,由于信息主体相对容易确定,因此按照信息主体数量来计算公民个人信息数量的方法相较前述几种方法而言,明显在效率上具有更大的优越性,司法工作人员只需要在海量的信息中清点出涉案信息主体的数量,即可直接确定该信息的条数。在排除重复信息时亦是如此,只要是针对同一主体的信息均应被认定为一条,无论其包含多少内容。

但这种观点亦存在弊端,以信息主体为标准,虽容易操作且便于计算,但该标准过于僵化与死板,会导致"一刀切"的不合理结论。按照此种观点,"张三 + 身份证号码"这一系列针对张三的个人信息应被认定为一条,而"李四 + 身份证号码 + 手机号码 + 指纹信息 + 人脸识别信息"这一系列针对李四的个人信息也应被认定为一条,但二者在内容上明显差别甚大,该观点却将其等同视之,显然不具有合理性。另一种更为极端的情况是,"张三 + 身份证号码"与"张三 + 身份证号码 + 手机号码 + 指纹信息 + 人脸识别信息"均是针对信息主体张三的公民个人信息,因此其应被认定为同一主体的一条信息,但后者的内容明显多于前者,那么多出来的那一部分缘何在数量计算上不起任何作用呢?这些问题是按照信息主体数量来计算公民个

---

❶ 参见李静然、王肃之:《侵犯公民个人信息罪的情节要素与数量标准研究》,《法律适用》2019 年第 9 期,第 75 页。

❷ 参见刘宪权、房慧颖:《侵犯公民个人信息罪定罪量刑标准再析》,《华东政法大学学报》2017 年第 6 期,第 114 页。

人信息数量的观点无法回答的。因此，另有部分学者反对将综合所有信息之后能识别的个人的数量作为确定涉案信息数量的标准，其提出还是应该根据具体的公民个人信息来确定数量。❶

（四）"信息主体 + 信息分层"说

正是因为信息主体说存在上述缺陷，因此有学者提出应对其进行修正与完善，具体而言，即在其基础之上加入信息分级的要素，形成"信息主体 + 信息分级"说。该学说认为，首先，《解释》第 5 条第 1 款第（三）至（五）项对公民个人信息进行的分级划分存在标准不统一、理论基础薄弱等弊端，因而主张应按照信息与信息安全的关联程度对公民个人信息重新分层。其次，在计算涉案信息数量时，以信息主体数量为基本判断标准，即将针对每一个信息主体的一系列信息，包括其姓名、家庭住址、银行卡号、工作单位等，作为一个基本单元，有多少个信息主体即有多少个基本单元。再次，判断每个基本单元中包含上述三个信息层次中的哪几项，将全部基本单元判断完成之后，综合计算分别有多少个基本单元包含高度关联信息、中度关联信息、低度关联信息。最后，将包含高度关联信息、中度关联信息、低度关联信息的基本单元个数相加，所得数量即涉案信息条数。❷ 举例说明如下，黑客甲非法侵入某银行内部网络并下载大量客户信息，包括姓名、身份证号码、银行卡号码等内容，这些信息涉及 1000 个信息主体，因此有 1000 个基本单元，其中 300 个基本单元包含高度关联信息、500 个基本单元包含中度关联信息、800 个基本单元包含低度关联信息，因此甲非法获取的公民个人信息总数为 1600（300 + 500 + 800）条。

"信息主体 + 信息分层"说由于将针对每一信息主体的全部信息又根据高度关联信息、中度关联信息、低度关联信息的划分标准进行了分层，因此在一定程度上弥补了信息主体说"一刀切"的缺陷，但其自身亦并非尽善尽美。其一，"信息主体 + 信息分层"说对公民个人信息进行重新分级的标准

---

❶ 参见张庆立：《侵犯公民个人信息罪的法益廓清与实践认定——基于最新司法解释的考察》，《时代法学》2018 年第 2 期，第 57 页。

❷ 参见田刚：《网络信息安全犯罪的定量评价困境和突围路径——大数据背景下网络信息量化标准的反思和重构》，《浙江工商大学学报》2020 年第 3 期，第 72—75 页。

为信息与信息安全的关联程度，其与本书所主张的侵犯公民个人信息罪所保护之法益，即信息自决权并不相契合，其倾向于作为超个人法益的信息安全，关注的重点并非个人对其信息所享有的自我决定权，因此本书认为这一分级标准本身即值得商榷。其二，该学说为了避免司法解释的绝对化与滞后性，在分层中不再具体列举信息种类，而是全部采取实质判断，这样的设置虽具有灵活性，有利于更好地应对司法实践中，尤其是技术变革时期的信息的多样性与复杂性，但其同时缺乏确定性，无法为司法工作人员提供清晰、准确的判断标准，针对某一具体信息类型，司法工作人员难以确定其究竟应该属于哪一层级，不同人员得出的结论可能完全不同。其三，该学说主张分别计算有多少个基本单元包含高度关联信息、中度关联信息、低度关联信息，然后再综合相加，具体来看，这种方式将每一个基本单元中的信息拆分为高度关联信息、中度关联信息、低度关联信息三个层次，这样一来，可能出现某一层次仅包含单纯的间接识别信息的情形，而根据该学说，每一层次均应被算作一条公民个人信息，因此单纯的间接识别信息亦会被认定为一条公民个人信息，这种结论与前述一般语义说相似，不具有合理性。其四，即使该学说通过将信息主体与信息分层相联系，在一定程度上避免了信息主体说的"一刀切"的做法，但其修正并不彻底。根据该学说，每一个基本单元内的每一层次均应被认定为一条公民个人信息，而不考虑实际情况，因此某一仅包含一个信息类型的层次与包含数个信息类型的层次在该学说看来都会被算作"一条"，这其实又是另一种"一刀切"的做法，只不过程度相对低一点而已，因此该学说并未彻底摆脱信息主体说的负面影响。

（五）"主观 + 客观"说

有学者从主客观相结合的角度提出"主观 + 客观"说。[1] 相关学者所称之主观，即按照行为人的主观意欲来认定涉案信息数量，因此其实质与上述行为人自定标准说相同，而所谓客观则指的是行为人可能侵害的法益，以之为计算信息数量的标准，该学者认为，单纯强调主观或客观均不恰当，最合

[1] 参见张勇、江奥立：《侵犯公民个人信息罪中的信息数量及认定规则》，《上海政法学院学报（法治论丛）》2018年第1期，第24—25页。

理的做法应当是将二者相结合。❶ 至于结合的具体方法，从相关学者的论述中可以发现，其实质上是结合司法实践情况，将主观标准与客观标准分别运用于不同类型的案件，即只有在涉案信息数量达到一定规模，并且该数量直接影响罪与非罪的判断与法定刑幅度的选择时，才适用主观标准，其他情况应适用客观标准。❷

"主观＋客观"说克服了单纯以主观或者客观方面的标准来确定涉案信息数量的弊端，但其本身亦存在值得商榷的地方。首先，主观标准即上述行为人自定标准说，具有前述随意性强、虚假供述等缺陷。其次，该学说按照涉案信息的规模决定应当适用主观标准还是客观标准，但在进行数量计算之前应如何判断信息规模呢？此处存在循环论证的嫌疑。再次，对信息规模不同的案件运用不同的标准，使得司法实践中各个具体案件中信息数量判断的差异性更大，不利于公平的实现。最后，相关学者提出"主观＋客观"说的出发点之一在于其想平衡公平与效率，但若完全按照该学说进行信息数量判断，最终的效果会呈现出，适用主观标准的部分无法保证公平，适用客观标准的部分无法保证效率，因此反而会导致公平与效率二者均得不到有效保障。

（六）本书观点

上述五种观点均有其合理性，但也均存在缺陷与弊端，本书认为应另外寻找新的信息数量计算标准，以对"条"这一基本计算单位的含义进行解释。

犯罪行为必须是具有法益侵害性的行为，"情节严重"所设置的信息类型与数量标准，虽然看似只是量上的增加，要求行为达到值得刑法处罚的程度，但其首先需要满足的条件是，该行为本身侵犯法益。若某行为不具有法益侵害性，或者说不侵犯本罪所保护之法益，那么无论其量上如何增加，也不能认定其构成犯罪。因此非法提供、非法获取公民个人信息的行为必须对

---

❶ 参见文立彬：《侵犯公民个人信息罪刑事判决实证研究——以 2015—2018 年 335 份相关生效判决为样本》，《重庆邮电大学学报（社会科学版）》2019 年第 1 期，第 30 页。

❷ 参见郑毓枫：《大数据时代侵犯公民个人信息犯罪研究》，《广西社会科学》2018 年第 8 期，第 116 页。

该法益造成侵犯，而其中在行为对象层面最重要的是，这些信息必须能够指向特定自然人，意即具有可识别性。根据本书第二章对可识别性的研究，其包括直接识别与间接识别两类，此处所谓具有可识别性，指的是能够达到完全识别的程度，直接识别信息本身足以完全识别，间接识别信息则需要相互组合才能完全识别。只有涉案公民个人信息与特定自然人相关联，才能够说对其的非法提供与非法获取行为侵犯了该特定自然人的信息自决权，若某信息根本不能指向特定自然人，如单纯的姓名、身高、体重、血型等间接识别信息，虽其从性质上亦属于公民个人信息，但难以认为对其进行非法提供或非法获取会侵犯信息自决权，毕竟此时连信息主体都处于未知状态，根本无从论证该行为侵犯了何者的权益。因此本书认为，所谓"一条"公民个人信息，指的是能够完全识别特定自然人的个人信息，单独地直接识别信息本身即可算作"一条"，而间接识别信息则必须相互组合到足以完全识别出特定自然人，这些组合起来的间接识别信息一起算作"一条"。例如，某人的指纹信息、人脸识别信息可以直接以其数量来计算涉案信息"条数"，而姓名、身高、体重等则只能在组合起来指向特定自然人的情况下才能被计算在内。如此一来，按照本书的观点，在具体案件中进行涉案信息数量计算时，可以先将无法识别特定自然人的信息排除，剩下的信息则根据能够组合出多少具有完全识别性的信息，就算作多少条。在这样的计算中可能会存在"溢出"的部分。例如，张三的人脸识别信息已经足以完全识别其本人，但涉案信息中可能还有张三的住址、工作单位等其他内容，按照本书的观点，这种"溢出"的部分由于其单独不具有完全识别性，因此在数量计算时只能被"消解"掉，即只有人脸识别信息被算作一条公民个人信息，其他部分则不作数。若"溢出"部分也能够指向特定自然人。例如，除张三的人脸识别信息外，还有其指纹信息，那么这一部分能够另外成为一条公民个人信息。只有这样对作为信息数量计算单位的"条"进行理解，才能保证非法提供或非法获取每"一条"公民个人信息的行为，都实实在在地侵犯了信息自决权这一法益，当达到"情节严重"所要求的标准时即构成犯罪，这样的数量计算才是有意义的。

当然，本书所提出的完全可识别说的观点也并非完全没有弊端，其最主要、最明显的问题在于，按照这一标准进行数量计算，可能会影响效率并耗费相对其他标准而言更多的司法资源，因为这一标准要求司法工作人员在具体案件中必须查明涉案信息里有哪些是可以完全识别特定自然人的，这种实质层面的判断无疑会大大增加其工作量。但本书认为，上述弊端只是操作层面的问题，是能够通过一定的技术方法加以解决的，尤其是在当前科技水平日新月异的智慧社会环境下，对涉案信息的筛查会越来越简便和快捷，不能以效率问题为由而拒绝对可识别性的实质判断。公平与效率间的博弈与平衡是法律领域内永恒的命题，在司法工作中更是如此，最理想的状态是能够取得二者之间的双向平衡，但在暂时无法达到这一状态的情况下，还是应以公平优先，不能以牺牲公平正义为代价去追求效率，毕竟效率问题可以通过其他方面来解决，如下文中将要论述的信息数量计算的两种特殊规则。

综上所述，本书认为应当以完全可识别性为基本计算单位的"条"，即能够完全指向特定自然人的信息应被算作"一条"。在明确了本书对"条"的含义解读后，还需要注意对数量计算单位的称谓本身的反思。《解释》所用的单位即"条"，但根据本书的观点，除单个直接识别信息能够被认定为一条公民个人信息外，间接识别信息都是以组合的形式出现，此时再将其称为"一条"，似乎与其内容并不相符，也容易引起歧义，尤其是容易偏向于一般语义说的观点，因此本书认为可以对数量计算单位的称谓进行调整。现有司法解释中，除"条"外，关于信息的计量单位还有多种表述方式，如"组"❶、"个"❷ 等。结合本书对信息数量计算单位含义的解读，本书认为以"组"为侵犯公民个人信息罪"情节严重"中信息数量标准的计算单位更合

---

❶ 《最高人民法院、最高人民检察院关于办理危害计算机信息系统安全刑事案件应用法律若干问题的解释》第 1 条规定："非法获取计算机信息系统数据或者非法控制计算机信息系统，具有下列情形之一的，应当认定为刑法第二百八十五条第二款规定的'情节严重'：（一）获取支付结算、证券交易、期货交易等网络金融服务的身份认证信息十组以上的；（二）获取第（一）项以外的身份认证信息五百组以上的……"

❷ 《最高人民法院、最高人民检察院关于办理非法利用信息网络、帮助信息网络犯罪活动等刑事案件适用法律若干问题的解释》第 3 条规定："拒不履行信息网络安全管理义务，具有下列情形之一的，应当认定为刑法第二百八十六条之一第一款第一项规定的'致使违法信息大量传播'：（一）致使传播违法视频文件二百个以上的；（二）致使传播违法视频文件以外的其他违法信息二千个以上的……"

适, 其能够包含直接识别信息与以组合形式出现的间接识别信息, 同时又更加符合公民对"组"一般语义的理解。按照此种观点修改之后, 非法获取、出售或者提供相关信息, 分别达到 50 组、500 组、5000 组以上的标准时, 才属于侵犯公民个人信息罪之"情节严重"。

二、特殊计算规则的内容解读

在确定了信息数量计算的基本单位之后, 司法工作人员即已经可以在具体案件中确定涉案信息的数量。但司法实践中的情况远没有想象中的那么简单, 尤其是在当前动辄涉及成百上千万, 甚至上亿条公民个人信息的案件中, 几乎很难出现只需要单纯根据基本单位进行计算的情况, 特别是在采用本书对基本单位含义的观点之后, 司法效率一直属于一个亟待解决的问题。正因如此, 为了帮助司法工作人员在具体案件中快速、准确地对涉案信息数量进行计算, 《解释》规定了一些特殊计算规则。

(一) 累计计算规则

《解释》第 11 条第 1、2 款的内容涉及是否应当对公民个人信息进行重复、累计计算, 因此本书将其称为累计计算规则。❶

根据第 1 款的规定, "非法获取公民个人信息后又出售或者提供的, 公民个人信息的条数不重复计算。"结合第 2 款的内容可知, 此处行为人仅将该公民个人信息出售或者提供给同一接受主体。例如, 甲从银行工作人员乙处购买该银行客户信息 5000 组, 为了倒卖从而赚取差价, 又将该 5000 组信息出售给丙, 此时甲所非法获取、出售或者提供的公民个人信息数量应为 5000 组, 而非将前面购买行为与后面出售行为中的信息数量相加而成的 1 万组。前后两个行为形成一种串联的关系, 因此从实质上看, 前后两个行为分别针对的是公民个人信息流转的两个不同环节与阶段。但需要注意的是, 两个行为所针对的信息具有同一性, 所侵害的法益也具有一致性, 意即在行为人实

---

❶ 《解释》第 11 条第 1、2 款规定: "非法获取公民个人信息后又出售或者提供的, 公民个人信息的条数不重复计算。" "向不同单位或者个人分别出售、提供同一公民个人信息的, 公民个人信息的条数累计计算。"

施前面的非法获取行为时，就已经侵害了信息主体对涉案信息的信息自决权，待其实施接下来的非法提供行为时，所侵害的还是相同主体对相同信息的信息自决权，而这一法益在先前的行为中已遭受损害，因此在后行为中不再重复认定，对信息数量也就不再重复计算。这样规定的逻辑类似于故意损毁盗窃赃物的情形，例如，甲盗窃乙的笔记本电脑后由于无法解锁密码而气愤地将其砸坏，此时甲的行为构成盗窃罪既遂，其已经侵犯乙对其笔记本电脑的财产权，之后甲损毁该电脑的行为仍然侵犯的是这一法益，为了避免重复评价，不再认定甲构成故意毁坏财物罪。综合而言，《解释》第 11 条第 1 款的规定不以信息流转环节的增加而累计计算涉案信息数量。

有学者认为，行为人非法获取公民个人信息的主观目的是在认定是否应当对信息数量进行累计计算时需要考虑的重要因素，并且进一步提出了在行为人非法获取公民信息后又向他人出售、提供该信息的情况下，应按照行为人主观意图与信息类型的不同，分为不同的情况进行判断。其中在两种情形下无须累计计算，在三种情况下需要累计计算。❶ 但无论行为人的主观目的是什么，都无法改变非法获取行为与非法提供行为侵害对象与侵害法益的一致性，若对其二者所涉及的信息数量进行累计计算，则会导致重复评价的后果，因此此种观点不足取。

根据《解释》第 11 条第 2 款的规定，"向不同单位或者个人分别出售、提供同一公民个人信息的，公民个人信息的条数累计计算"。例如，银行工作人员甲擅自使用其员工账号登录银行内部网络下载 5000 组客户信息，之后甲将这些信息出售给乙、丙、丁三人。按照《解释》第 11 条第 2 款的内容，甲出售的公民个人信息数量为 1.5 万组，而非 5000 组。多次转手行为使得信息的传播范围更广，各行为之间形成一种并联的关系，因此《解释》在考虑传播面以及社会危害性的基础上规定应对涉案信息数量进行累计计算。与前述非法获取后又出售或提供的情形相同的是，行为人多次出售或提供行为所侵害的对象与法益具有一致性，即使其面向的是不同的主体，但其所出售或

---

❶ 参见张勇、江奥立：《侵犯公民个人信息罪中的信息数量及认定规则》，《上海政法学院学报（法治论丛）》2018 年第 1 期，第 25—26 页。

者提供的是同一公民个人信息,在行为人第一次向他人非法出售或提供该信息时,即已经侵害信息主体对相关信息所享有的信息自决权,后续的行为只是对这一法益的再次侵犯,因此为了避免重复评价,后面行为中与之前行为所涉及的公民个人信息相同的部分不应再累计计算。另外,根据《解释》第3条第1款的规定,通过信息网络发布公民个人信息的,应当认定为非法提供,在这种情况下,只要是能够登录互联网的人就都有可能接收到上述信息,因此接收主体是不确定的,若要对涉案信息数量进行累计计算,此种情况下应当如何确定接受主体的数量呢?这一规定之间的冲突进一步说明累计计算的不合理性。当然,向多个主体出售或提供同一公民个人信息的行为所造成的传播范围必然大于仅向单一主体出售或提供,但其所造成的这种更为严重的影响可以通过在同一法定刑幅度内选择更重的刑罚来加以解决,而无须对涉案信息数量进行重复计算。

(二)批量计算规则

根据《解释》第11条第3款的规定,"对批量公民个人信息的条数,根据查获的数量直接认定,但是有证据证明信息不真实或者重复的除外。"具体而言:①第3款实则是将涉案公民个人信息按照其规模分为批量与非批量两类,无论是针对哪一类,司法机关必须首先确定其数量,这个数量指的是查获的数量,意即不考虑信息的真实性与重复性,直接根据前述计算单位以及计算规则进行认定。由于在具体案件中,涉案信息中往往存在大量重复甚至无效、错误的信息,前者如关于同一特定自然人的"姓名+手机号码",后者如17位的身份证号码等,而能够被计算为一组公民个人信息的部分必须具有真实性与非重复性。[❶] 因此,上述信息数量并不一定是最终的信息数量,需要对其进行检视与筛查,《解释》将对批量与非批量信息进行检视、筛查的任务分配给了不同的主体。②对于非批量信息而言,司法机关不仅要确定其查获的数量,还要对其真实性与重复性进行审查,将无效或

---

❶ 参见叶小琴、赵忠东:《侵犯个人信息罪的犯罪对象应当是真实的个人信息》,《人民法院报》2017年2月15日,第006版;蔡云:《公民个人信息的司法内涵》,《人民司法》2020年第2期,第26页。

重复的信息剔除，剩下的部分则是最终的信息数量。③对于批量信息而言，司法机关无须对涉案信息的真实性与重复性进行审查，由被告人提出证明涉案信息无效或重复的证据，若存在这一证据，则在最终数量认定时将其排除在外，若不存在相关证据，则仍按照查获数量进行认定。这种无须审查而直接认定信息真实性与非重复性、进而确定涉案信息数量的批量计算规则实质上属于一种刑事推定，即在待证事实难以证成时，可以依据经验法则从已经存在的基础事实直接推导出待证事实，而这种推导是允许被质疑与反驳的。❶

批量计算规则要求犯罪嫌疑人或被告人对涉案信息无效或者重复的事实提出证据加以证明，因此可能会有观点认为其属于举证责任倒置。❷ 但在刑事诉讼中，只有公诉方才具有证明责任，被告人不承担证明自身无罪的义务，这是无罪推定原则的要求。公诉方若无法充分证明被告人有罪，则应承担相应的不利后果。但需要注意的是，被告人不具有举证证明自己无罪的义务，并不意味着在刑事诉讼进程中被告人无权提出证据或无权提出辩解。为了推翻公诉人的指控，使法院相信自己的主张，被告人当然能为自己辩护并提出相关证据，只是其在所举证据无法充分证明其观点时，无须承担不利后果，事实上只要被告人能够使案件进入真伪不明的状态，即能获得于己有利的判决。就实质而言，批量计算规则只是相较不批量信息的数量计算而言，减轻了司法机关确定涉案信息数量的压力与负担，对于不批量信息，其必须在查获的信息数量的基础上，排除无效及重复的信息，而批量计算规则允许其直接按照查获的信息数量予以认定。但无论如何，证明行为人实施非法提供或非法获取行为，以及确定信息数量的责任仍然在于公诉机关，至于犯罪嫌疑人或被告人所提出的证明涉案信息中存在无效或重复部分的证据，则只是属于其辩护权的延伸以及为了推翻公诉机关的指控而承受的举证负担，与证明

---

❶ 参见张铮：《刑事推定在批量侵犯公民个人信息刑事案件中的司法运用》，《法律适用》2019 年第 10 期，第 75—80 页。

❷ 参见李翔：《侵犯公民个人信息罪司法适用疑难问题探究》，《法律适用》2018 年第 7 期，第 24—25 页。

责任并不相同。● 其实，犯罪嫌疑人或被告人的举证负担是始终存在的，只要其提出与公诉机关相反的主张或质疑、反驳公诉机关的指控，则其必然会为了说服法官而举出相应的证据，即使在不披露信息的场合亦是如此。虽然公诉机关需要对涉案信息的真实性与重复性进行审查，进而得出信息数量的最终结论，但被告人仍然可以有不同的意见，为了证明公诉机关认定的信息数量不符合实际情况，其会举出相应的证据。

上文介绍了批量计算规则的含义并厘清了其性质，那么接下来需要对批量计算规则中最重要的概念，即"批量公民个人信息"进行分析与研究。存在"批量公民个人信息"是批量计算规则适用的前提，而其中最核心的问题在于如何理解"批量"，意即达到何种规模可以被称为"批量公民个人信息"。可以肯定的是，"批量"指的是信息数量、规模、量级，由于批量计算规则本身的含义即先根据前述计算单位与规则确定查获信息数量，再判断这一数量是否达到"批量"的程度，进而赋予公诉机关不同的查证权力，因此就实质而言其属于在查获数量基础之上的进一步的计算规则，故这里并不存在以数量为前提来论证数量的循环论证问题。"批量"应该是一个具有准确下限的区间，即当信息数量达到多少时就可以被认定为"批量"，而刑法条文及司法解释均没有对"批量"的具体内涵给予明确的解释，所以需要我们进行厘清。首先，批量计算规则的提出主要是为了应对当前司法实践中涉案信息动辄达到海量规模的现实情况，以提高司法效率并节省司法成本，因此"批量"必定是要求信息数量达到一定规模，几十组、上百组信息显然不属于"批量"的范畴。其次，根据《解释》第 5 条第 1 款第（三）至（五）项对公民个人信息进行的分级保护，对于第一层级与第二层级的信息，信息类型与信息数量共同作用于"情节严重"的认定，意即只有第一层级的信息达到 50 组以上、第二层级的信息达到 500 组以上才符合"情节严重"的要求。而若是信息数量为 50 组以下或 5000 组以上，则无须确定信息种类，无论何层级的公民个人信息，50 组以下的，均不应被认定为"情节严重"，无

● 参见付玉明：《侵犯公民个人信息案件之"批量公民个人信息"的数量认定规则——〈关于办理侵犯公民个人信息刑事案件适用法律若干问题的解释〉第 11 条第 3 款评析》，《浙江社会科学》2017 年第 10 期，第 24—26 页。

论何层级的公民个人信息达到 5000 组以上均符合"情节严重"的要求。最后，50 至 500 组之间、500 至 5000 组之间的公民个人信息必须分清其信息类型才能作出是否达到"情节严重"的判断，而信息种类的确定与信息之真实性、有效性相关联，若其本身即属于虚假信息，则很难将其认定为第一层级或第二层级的信息，比如 17 位的所谓"身份证号码"不应当被认定为身份证号码这一信息类型。因此，对于这一数量区间的公民个人信息而言，必须审查其真实性。❶ 综上所述，本书认为将"批量"认定为 5000 组以上较为合适。❷

---

❶ 相关学者亦提到，对敏感公民个人信息不宜适用批量认定规则。该学者所称敏感个人信息即《解释》第 5 条第 1 款第（三）、（四）项所规定的第一层级与第二层级的公民个人信息。参见喻海松：《侵犯公民个人信息罪司法疑难之案解》，《人民司法（案例）》2018 年第 32 期，第 16 页。

❷ 有学者主张，在以信息数量为入罪标准时，要求达到"五十条以上""五百条以上""五千条以上"本身就可以理解为"批量"。但一方面，前两项信息规模太小，不符合批量计算规则的初衷，另一方面，对于前两层级的信息必须查证其真实性，否则无法确定其类型，进而无法判断是否符合"情节严重"的要求，因此这种观点不足取。

结　语

随着互联网科技的发展，尤其是近年来人工智能、云计算、大数据收集与处理技术的进步，可以说我们已经完全进入信息时代。作为人类科学技术飞跃的第三次浪潮，信息革命对当前社会的影响巨大，可谓直接导致了天翻地覆的变化。信息时代的到来，离不开个人信息这一基本要素的价值发掘与实现，毫不夸张地说，在当前社会环境下，个人信息在全行业、全领域均发挥着无法比拟且不可替代的基础性作用，其已然成为现代社会发展的重要资源与核心动力，具有比金钱更高的内在价值。社会信息化进程的推进，使得个人信息的价值受到充分重视与关注，但随之而来的是对其的侵犯与威胁，尤其是近年来侵犯公民个人信息的案件频繁发生，且案件数量逐年攀升、涉案信息规模巨大、种类复杂、涉案人员众多，严重侵害了公民个人的信息权益及其人身、财产安全。因此必须加强对公民个人信息的法律保护，以能够在实现信息安全的基础上，充分发挥个人信息对经济发展与社会进步的作用。

从聚焦于互联网领域个人信息保护的《网络安全法》，到明确提出"自然人的个人信息受法律保护"的《民法典》，再到统一且专门规定个人信息处理规则、相关权利、义务等方方面面内容的《个人信息保护法》，我国个人信息保护法律体系日臻完善。在刑法方面，《刑法修正案（七）》出台以前，不存在专门针对个人信息的独立罪名，而是将个人信息附属于其他法益以实现顺带保护。直到《刑法修正案（七）》增设"出售、非法提供公民个人信息罪"与"非法获取公民个人信息罪"，才首次实现公民个人信息的独立刑法保护。《刑法修正案（九）》将上述两罪合并为"侵犯公民个人信息罪"，该罪即成为我国《刑法》中关于公民个人信息保护的总体性、一般化罪名。为了准确理解并合理适用侵犯公民个人信息罪，"两高"颁布了《解释》，"对该罪的定罪量刑标准和相关法律适用问题作了全面、系统的规定"❶。

需要注意的是，当前法律规范的丰富与完善只是立法层面的进步，公民个人信息的周全保护还有赖于司法适用的准确与合理，侵犯公民个人信息罪在这一方面尚存在诸多问题。这些问题严重困扰着司法工作者，不同人员可能对同一问题得出不同甚至完全相反的结论，因此导致侵犯公民个人信息罪在实践中适用不一、认定混乱。正因如此，本书基于侵犯公民个人信息罪理解与适用的现实困境，从整体性视角出发，对该罪进行了全方位、立体化的研究，并着重关注对法益及构成要件的教义学解读。

经过系统、深入的研究，本书明确了侵犯公民个人信息罪所保护之法益，厘清了"公民个人信息"的内涵与外延，阐释了提供型与获取型侵犯公民个人信息行为应如何认定，调整了"情节严重"的认定模式并对其分级保护的结构进行了重塑。上述研究解决了侵犯公民个人信息罪的现实问题，相关结论的得出有利于该罪的准确理解与合理适用，进而为公民个人信息的周全保护与信息产业的蓬勃发展提供助力。

本书从解释论的视角出发，立足于刑法教义学理论与我国《刑法》第253条之一的具体条文，围绕法益与构成要件这两部分主要内容，对侵犯公民个人信息罪的理解与适用进行了分析与研究，使其能够有效处理与解决司法实践中有关侵犯公民个人信息的案件。但需要注意的是，对刑法条文的解读与阐释必须遵循罪刑法定原则，因而并非所有问题都能够通过解释加以解决，必要时也应考虑对现有法条的批判并致力于提出相应的立法建议。本书

---

❶ 晋涛：《网络社会中个人信息的保护——构建侵犯公民个人信息罪的规范意蕴》，《重庆邮电大学学报（社会科学版）》2018年第3期，第45页。

解释论的研究进路即奠定了不对法条本身进行质疑的基调，因而在本书的研究过程中，只是对侵犯公民个人信息罪的法益与构成要件进行解读。但这并不意味着《刑法》第 253 条之一的内容尽善尽美，其仍然存在许多问题与弊端，值得我们思考，其中最突出与重要的即侵犯公民个人信息罪对非法利用行为的疏漏，意即该罪行为方式仅包含非法提供与非法获取公民个人信息的行为，而非法利用行为难以被纳入规制范围。❶

当前侵犯公民个人信息罪仅规制非法提供与非法获取行为，这种行为类型的有限选择是一种基于源头治理逻辑的模式设计，虽具有一定的模式理性，但其忽略了非法利用行为的原动力地位，且过度依赖前端行为与后端行为间的供给关系，因而，无法合理评价行为人非法利用其合法获取的公民个人信息的行为。例如，利用防疫期间获得的他人人脸识别信息制作"AI（人工智能）换脸"类淫秽视频等。虽有学者尝试从解释论的角度入手，企图通过将"非法获取"解读为"以非法利用为目的而获取"，进而使得侵犯公民个人信息罪涵盖非法利用行为，但该解释路径同时会导致犯罪圈的不当延展，将部分合法行为纳入刑法规制范围，因而并不具有合理性。可以看到，对于侵犯公民个人信息罪缺漏非法利用行为的问题，只能通过立法论的路径来加以解决，期冀在未来立法修改与完善时，能够将非法利用行为纳入侵犯公民个人信息罪的规制范围，扩充其行为类型，将打击重点从信息的非法流通转移到非法利用上来，从而完成该罪行为规制模式从源头治理到全程打击的转变，并实现对公民个人信息的周全保护。

---

❶ 参见皮勇、汪恭政：《网络金融平台不作为犯的刑事责任及其边界——以信息网络安全管理义务为切入点》，《学术论坛》2018 年第 4 期，第 139 页。

参考文献

一、中文著作类

1. 张明楷：《法益初论（增订本）》（上册），商务印书馆 2021 年版。

2. 韩轶：《法益保护与罪刑均衡——法益保护之优先性与罪刑关系的合理性》，中央民族大学出版社 2015 年版。

3. 高铭暄、马克昌主编：《刑法学》（第十版），北京大学出版社 2022 年版。

4. 焦洪昌主编：《宪法学》（第六版），北京大学出版社 2020 年版。

5. 王利明、杨立新等：《民法学》（第六版），法律出版社 2020 年版。

6. 刘艳红主编：《刑法学》（下）（第二版），北京大学出版社 2016 年版。

7. 陈兴良主编：《刑法学》（第三版），复旦大学出版社 2016 年版。

8. 周光权：《刑法各论》（第四版），中国人民大学出版社 2021 年版。

9. 钟宏彬：《法益理论的宪法基础》，元照出版公司 2012 年版。

10. 林东茂：《刑法综览》，一品文化出版社 2015 年版。

11. 张明楷：《刑法学》（第六版）（上、下册），法律出版社 2021 年版。

12. 雷建斌主编、全国人大常委会法制工作委员会刑法室：《〈中华人民共和国刑法修正案（九）〉释解与适用》，人民法院出版社 2015 年版。

13. 臧铁伟、李寿伟主编、全国人大常委会法制工作委员会刑法室编：《〈中华人民共和国刑法修正案（九）〉条文说明、立法理由及相关规定》，北京大学出版社 2016 年版。

14. 臧铁伟主编、全国人大常委会法制工作委员会刑法室编：《〈中华人民共和国刑法修正案（九）〉解读》，中国法制出版社 2015 年版。

15. 王爱立主编：《中华人民共和国刑法修正案（九）（十）解读》，中国法制出版社 2018 年版。

16. 全国人大常委会法制工作委员会刑法室编：《〈刑法修正案（九）〉最新问答》，法律出版社 2015 年版。

17. 王爱立主编、全国人大常委会法制工作委员会刑法室编：《中华人民共和国刑法解读》（第四版），中国法制出版社 2015 年版。

18. 郭明龙：《个人信息权利的侵权法保护》，中国法制出版社 2012 年版。

19. 王泽鉴：《人格权法：法释义学、比较法、案例研究》，北京大学出版社 2013 年版。

20. 刘金瑞：《个人信息与权利配置——个人信息自决权的反思和出路》，法律出版社 2017 年版。

21. 邬焜：《信息哲学——理论、体系、方法》，商务印书馆 2005 年版。

22. 商务国际辞书编辑部：《现代汉语词典》，商务印书馆国际有限公司 2017 年版。

23. 谢永志：《个人数据保护法立法研究》，人民法院出版社 2013 年版。

24. 唐思慧：《大数据时代信息公平的保障研究：基于权利的视角》，中国政法大学出版社 2017 年版。

25. 何渊主编：《数据法学》，北京大学出版社 2020 年版。

26. 汪东升：《个人信息的刑法保护》，法律出版社 2019 年版。

27. 李永军：《民法总则》，中国法制出版社 2018 年版。

28. 齐爱民：《拯救信息社会中的人格：个人信息保护法总论》，北京大学出版社 2009 年版。

29. 李媛：《大数据时代个人信息保护研究》，华中科技大学出版社 2019 年版。

30. 皮勇、王肃之：《智慧社会环境下个人信息的刑法保护》，人民出版社 2018 年版。

31. 谢远扬：《个人信息的私法保护》，中国法制出版社 2016 年版。

32. 马改然：《个人信息犯罪研究》，法律出版社 2015 年版。

33. 喻海松编：《侵犯公民个人信息罪司法解释理解与适用》，中国法制出版社 2018 年版。

34. 张莉主编、中国电子信息产业发展研究院编：《数据治理与数据安全》，人民邮电出版社 2019 年版。

35. 重庆市法学会刑法学研究会编：《新形势下刑法边界的理论与实践》，法律出版社 2017 年版。

36. 刁胜先等：《个人信息网络侵权问题研究》，上海三联书店 2013 年版。

37. 高铭暄：《中华人民共和国刑法的孕育诞生和发展完善》，北京大学出版社 2012 年版。

38. 张明楷：《刑法分则的解释原理》（下），中国人民大学出版社 2011 年版。

39. 中国社会科学院语言研究所词典编辑室编：《现代汉语词典》（第 7 版），商务印书馆 2016 年版。

40. 陈璇：《刑法归责原则的规范化展开》，法律出版社 2019 年版。

41. 赵秉志主编：《刑法修正案最新理解适用》，中国法制出版社 2009 年版。

42. 齐爱民：《信息法原论——信息法的产生与体系化》，武汉大学出版社 2010 年版。

43. 黎宏：《刑法学各论》（第二版），法律出版社 2016 年版。

44. 储槐植、江溯：《美国刑法》（第四版），北京大学出版社 2012 年版。

45. 《德国刑法典》，徐久生译，北京大学出版社 2019 年版。

46. 中国信息通信研究院互联网法律研究中心、京东法律研究院编：《欧盟数据保护法规汇编》，中国法制出版社 2019 年版。

47. 曲新久主编：《刑法学》（第六版），中国政法大学出版社 2022 年版。

48. 敬力嘉：《信息网络犯罪规制的预防转向与限度》，社会科学文献出版社 2019 年版。

49. 张明楷：《犯罪构成体系与构成要件要素》，北京大学出版社 2010 年版。

50. 张永红：《我国刑法第 13 条但书研究》，法律出版社 2004 年版。

51. 高铭暄主编：《中国刑法学》，中国人民大学出版社 1989 年版。

52. 张文显主编：《法理学》（第五版），高等教育出版社 2018 年版。

53. 杨芳：《隐私权保护与个人信息保护法——对个人信息保护立法潮流的反思》，法律出版社 2016 年版。

54. ［英］罗伯特·奥迪英文版主编：《剑桥哲学辞典》，林正弘召集审订中文版，猫头鹰出版社 2002 年版。

55. ［美］詹姆斯·格雷克：《信息简史》，高博译，人民邮电出版社 2013 年版。

56. ［美］迈克尔·费蒂克、戴维·C·汤普森：《信誉经济：大数据时代的个人信息价值与商业变革》，王臻译，中信出版社 2016 年版。

57. ［美］艾伯特－拉斯洛·巴拉巴西：《链接：商业、科学与生活的新思维》，沈华伟译，浙江人民出版社 2013 年版。

58. ［美］布鲁斯·施奈尔：《数据与监控：信息安全的隐形之战》，李先奇、黎秋玲译，金城出版社 2018 年版。

59. ［德］克劳斯·罗克辛：《德国刑法学：犯罪原理的基础构造总论》（第 1 卷），王世洲译，法律出版社 2005 年版。

60. ［德］乌尔斯·金德霍伊泽尔：《刑法总论教科书》（第六版），蔡桂生译，北京大学出版社 2015 年版。

61. ［日］山口厚：《刑法各论》（第 2 版），王昭武译，中国人民大学出版社 2011 年版。

62. ［日］西田典之：《日本刑法各论》（第七版），桥爪隆补订，王昭武、刘明祥译，法律出版社 2020 年版。

63. ［德］汉斯·海因里希·耶赛克、托马斯·魏根特：《德国刑法教科书（总论)》，徐久生译，中国法制出版社 2017 年版。

64. ［英］维克托·迈尔－舍恩伯格、肯尼思·库克耶：《大数据时代：生活、工作与思维的大变革》，盛杨燕、周涛译，浙江人民出版社 2013 年版。

65. ［意］加罗法洛：《犯罪学》，耿伟、王新译，商务印书馆 2020 年版。

66. ［日］松宫孝明：《刑法各论讲义》（第 4 版），中国人民大学出版社 2018 年版。

二、中文期刊类

1. 孙靖珈：《侵犯公民个人信息罪的犯罪属性及对刑罚边界的影响》，《海南大学学报（人文社会科学版)》2019 年第 6 期。

2. 赵军：《侵犯公民个人信息犯罪法益研究——兼析〈刑法修正案（七)〉的相关争议问题》，《江西财经大学学报》2011 年第 2 期。

3. 高富平、王文祥：《出售或提供公民个人信息入罪的边界——以侵犯公民个人信息罪所保护的法益为视角》，《政治与法律》2017 年第 2 期。

4. 徐剑：《侵犯公民个人信息罪法益：辨析与新证》，《学海》2021 年第 2 期。

5. 陈梦寻：《论侵犯公民个人信息罪的法益》，《刑法论丛》2018 年第 1 期。

6. 马永强：《侵犯公民个人信息罪的法益属性确证》，《环球法律评论》2021 年第 2 期。

7. 孙国祥：《集体法益的刑法保护及其边界》，《法学研究》2018 年第 6 期。

8. 张忆然：《大数据时代"个人信息"的权利变迁与刑法保护的教义学限缩——以"数据财产权"与"信息自决权"的二分为视角》，《政治与法律》2020 年第 6 期。

9. 刘艳红：《侵犯公民个人信息罪法益：个人法益及新型权利之确证——

以〈个人信息保护法（草案）〉为视角之分析》，《中国刑事法杂志》2019 年第 5 期。

10. 熊波：《侵犯公民个人信息罪法益要素的法教义学分析——基于"泛云端化"信息特质》，《西北民族大学学报（哲学社会科学版）》2019 年第 5 期。

11. 喻海松：《侵犯公民个人信息罪的司法适用态势与争议焦点探析》，《法律适用》2018 年第 7 期。

12. 王昭武、肖凯：《侵犯公民个人信息犯罪认定中的若干问题》，《法学》2009 年第 12 期。

13. 蔡军：《侵犯个人信息犯罪立法的理性分析——兼论对该罪立法的反思与展望》，《现代法学》2010 年第 4 期。

14. 付强：《非法获取公民个人信息罪的认定》，《国家检察官学院学报》2014 年第 2 期。

15. 庄晓晶、林洁等：《非法获取公民个人信息犯罪区域性实证分析》，《人民检察》2011 年第 9 期。

16. 徐翕明：《"网络隐私权"刑法规制的应然选择——从"侵犯公民个人信息罪"切入》，《东方法学》2018 年第 5 期。

17. 叶良芳、应家赟：《非法获取公民个人信息罪之"公民个人信息"的教义学阐释——以〈刑事审判参考〉第 1009 号案例为样本》，《浙江社会科学》2016 年第 4 期。

18. 张庆立：《侵犯公民个人信息罪的要素阐释与立法完善——基于教义学的解读》，《江汉学术》2018 年第 6 期。

19. 刘宪权、方晋晔：《个人信息权刑法保护的立法及完善》，《华东政法大学学报》2009 年第 3 期。

20. 于冲：《侵犯公民个人信息罪中"公民个人信息"的法益属性与入罪边界》，《政治与法律》2018 年第 4 期。

21. 刘艳红：《民法编纂背景下侵犯公民个人信息罪的保护法益：信息自决权——以刑民一体化及〈民法总则〉第 111 条为视角》，《浙江工商大学学报》2019 年第 6 期。

22. 曾粤兴、高正旭：《侵犯公民个人信息罪之法益研究》，《刑法论丛》2018 年第 3 期。

23. 自正法、韩铁柱：《流通知情权与侵犯公民个人信息罪的法益及其刑事保护边界》，《内蒙古社会科学》2020 年第 5 期。

24. 胡胜：《侵犯公民个人信息罪的犯罪对象》，《人民司法》2015 年第 7 期。

25. 姜涛：《新罪之保护法益的证成规则——以侵犯公民个人信息罪的保护法益论证为例》，《中国刑事法杂志》2021 年第 3 期。

26. 欧阳本祺：《侵犯公民个人信息罪的法益重构：从私法权利回归公法权利》，《比较法研究》2021 年第 3 期。

27. 曲新久：《论侵犯公民个人信息犯罪的超个人法益属性》，《人民检察》2015 年第 11 期。

28. 赵秉志：《公民个人信息刑法保护问题研究》，《华东政法大学学报》2014 年第 1 期。

29. 林滨渤：《基于家庭成员间受扶养权三维度下的遗弃罪法益研究》，《求索》2013 年第 2 期。

30. 王肃之：《被害人教义学核心原则的发展——基于侵犯公民个人信息罪法益的反思》，《政治与法律》2017 年第 10 期。

31. 皮勇、王肃之：《大数据环境下侵犯个人信息犯罪的法益和危害行为问题》，《海南大学学报（人文社会科学版）》2017 年第 5 期。

32. 王俊：《法定犯时代下违法性认识的立场转换》，《现代法学》2020 年第 6 期。

33. 王飞：《侵犯公民个人信息罪若干实务问题探析——以犯罪客体为视角》，《法律适用（司法案例）》2018 年第 18 期。

34. 马忠泉：《侵犯公民个人信息犯罪的实证分析》，《中国刑警学院学报》2018 年第 6 期。

35. 郭泽强、张鑫希：《走出侵犯公民个人信息罪的法益保护之迷思——超个人法益之提倡》，《天府新论》2020 年第 3 期。

36. 敬力嘉：《大数据环境下侵犯公民个人信息罪法益的应然转向》，《法学评论》2018 年第 2 期。

37. 凌萍萍、焦冶：《侵犯公民个人信息罪的刑法法益重析》，《苏州大学学报（哲学社会科学版）》2017 年第 6 期。

38. 江海洋：《侵犯公民个人信息罪超个人法益之提倡》，《交大法学》2018 年第 3 期。

39. 皮勇、黄琰：《试论信息法益的刑法保护》，《广西大学学报（哲学社会科学版）》2011 年第 1 期。

40. 李谦：《侵犯公民个人信息罪的法解释学释义》，《北京邮电大学学报（社会科学版）》2017 年第 1 期。

41. 张勇：《个人信用信息法益及刑法保护：以互联网征信为视角》，《东方法学》2019 年第 1 期。

42. 靳宁：《大数据背景下个人信息刑罚治理的合理边界——以侵犯公民个人信息罪的法益属性为例》，《黑龙江社会科学》2018 年第 3 期。

43. 王永茜：《论集体法益的刑法保护》，《环球法律评论》2013 年第 4 期。

44. 林鸿潮：《个人信息在社会风险治理中的利用及其限制》，《政治与法律》2018 年第 4 期。

45. 曲新久：《论刑法中的"公共安全"》，《人民检察》2010 年第 9 期。

46. 克罗斯·罗克新：《法益讨论的新发展》，许丝捷译，《月旦法学杂志》2012 年总第 211 期。

47. 龙宗智：《立法原意何处寻：评 2021 年最高人民法院适用刑事诉讼法司法解释》，《中国法学》2021 年第 4 期。

48. 赵秉志、袁彬：《〈刑法修正案（十一）〉罪名问题研究》，《法治研究》2021 年第 2 期。

49. 田宏杰：《刑法法益：现代刑法的正当根基和规制边界》，《法商研究》2020 年第 6 期。

50. 田宏杰：《行政犯的法律属性及其责任——兼及定罪机制的重构》，《法学家》2013 年第 3 期。

51. 劳东燕：《受贿犯罪的保护法益：公职的不可谋私利性》，《法学研究》2019 年第 5 期。

52. 陈兴良：《刑法教义学与刑事政策的关系：从李斯特鸿沟到罗克辛贯通 中国语境下的展开》，《中外法学》2013 年第 5 期。

53. 邹兵建：《跨越李斯特鸿沟：一场误会》，《环球法律评论》2014 年第 2 期。

54. 张明楷：《法益保护与比例原则》，《中国社会科学》2017 年第 7 期。

55. 黄陈辰：《大数据时代侵犯公民个人信息罪行为规制模式的应然转向——以 "AI 换脸" 类淫秽视频为切入》，《华中科技大学学报（社会科学版）》2020 年第 2 期。

56. 姜涛、杨睿雍：《法益理论之立法检视功能的困境与出路》，《学术界》2020 年第 4 期。

57. 田宏杰：《知识转型与教义坚守：行政刑法几个基本问题研究》，《政法论坛》2018 年第 6 期。

58. 张新宝：《论个人信息权益的构造》，《中外法学》2021 年第 5 期。

59. 程啸：《论我国民法典中个人信息权益的性质》，《政治与法律》2020 年第 8 期。

60. 申卫星：《论个人信息权的构建及其体系化》，《比较法研究》2021 年第 5 期。

61. 杨立新：《个人信息：法益抑或民事权利——对〈民法总则〉第 111 条规定的 "个人信息" 之解读》，《法学论坛》2018 年第 1 期。

62. 田秉远：《浅析犯罪对象的概念与存在范围》，《河南社会科学》2011 年第 5 期。

63. 陈开琦：《犯罪对象的二元结构论》，《法学评论》2009 年第 6 期。

64. 徐光华：《犯罪对象问题研究》，《刑事法评论》2007 年第 1 期。

65. 王苑：《个人信息保护在民法中的表达——兼论民法与个人信息保护法之关系》，《华东政法大学学报》2021 年第 2 期。

66. 孙平：《系统构筑个人信息保护立法的基本权利模式》，《法学》2016 年第 4 期。

67. 周汉华：《个人信息保护的法律定位》，《法商研究》2020 年第 3 期。

68. 吴伟光：《大数据技术下个人数据信息私权保护论批判》，《政治与法律》2016 年第 7 期。

69. 张融：《论个人信息权的私权属性——以隐私权与个人信息权的关系为视角》，《图书馆建设》2021 年第 1 期。

70. 谢琳、李旭婷：《个人信息财产权之证成》，《电子知识产权》2018年第 6 期。

71. 徐明：《大数据时代的隐私危机及其侵权法应对》，《中国法学》2017 年第 1 期。

72. 郑维炜：《个人信息权的权利属性、法理基础与保护路径》，《法制与社会发展》2020 年第 6 期。

73. 王泽鉴：《人格权的具体化及其保护范围·隐私权篇（中）》，《比较法研究》2009 年第 1 期。

74. 劳东燕：《个人数据的刑法保护模式》，《比较法研究》2020 年第5 期。

75. 闫立东：《以"权利束"视角探究数据权利》，《东方法学》2019 年第 2 期。

76. 张里安、韩旭至：《大数据时代下个人信息权的私法属性》，《法学论坛》2016 年第 3 期。

77. 周光权：《论刑法所固有的违法性》，《政法论坛》2021 年第 5 期。

78. 黄国彬、张莎莎、闫鑫：《个人数据的概念范畴与基本类型研究》，《图书情报工作》2017 年第 5 期。

79. 韩旭至：《信息权利范畴的模糊性使用及其后果——基于对信息、数据混用的分析》，《华东政法大学学报》2020 年第 1 期。

80. 郑飞、李思言：《大数据时代的权利演进与竞合：从隐私权、个人信息权到个人数据权》，《上海政法学院学报（法治论丛）》2021 年第 5 期。

81. 梅夏英：《信息和数据概念区分的法律意义》，《比较法研究》2020年第 6 期。

82. 彭诚信、向秦：《"信息"与"数据"的私法界定》，《河南社会科学》2019 年第 11 期。

83. 房绍坤、曹相见：《论个人信息人格利益的隐私本质》，《法制与社会发展》2019 年第 4 期。

84. 李勇坚：《个人数据权利体系的理论建构》，《中国社会科学院研究生院学报》2019 年第 5 期。

85. 王利明：《和而不同：隐私权与个人信息的规则界分和适用》，《法学评论》2021 年第 2 期。

86. 周汉华：《平行还是交叉　个人信息保护与隐私权的关系》，《中外法学》2021 年第 5 期。

87. 范姜真媺：《个人资料保护法关于"个人资料"保护范围之检讨》，《东海大学法学研究》2013 年总第 41 期。

88. 彭诚信、杨思益：《论数据、信息与隐私的权利层次与体系建构》，《西北工业大学学报（社会科学版）》2020 年第 2 期。

89. 彭诚信：《数据利用的根本矛盾何以消除——基于隐私、信息与数据的法理厘清》，《探索与争鸣》2020 年第 2 期。

90. 郑毓枫：《大数据时代侵犯公民个人信息犯罪研究》，《广西社会科学》2018 年第 8 期。

91. 晋涛：《网络社会中个人信息的保护——构建侵犯公民个人信息罪的规范意蕴》，《重庆邮电大学学报（社会科学版）》2018 年第 3 期。

92. 吴允锋、纪康：《侵犯公民个人信息罪的司法适用——以〈网络安全法〉为视角》，《河南警察学院学报》2017 年第 2 期。

93. 韦尧瀚：《侵犯公民个人信息罪在司法认定中的若干问题研究——兼评〈刑法修正案（九）〉第十七条》，《北京邮电大学学报（社会科学版）》2016 年第 1 期。

94. 王肃之：《论法人信息的刑法保护》，《中国刑事法杂志》2020 年第 3 期。

95. 刘宪权、房慧颖：《侵犯公民个人信息罪定罪量刑标准再析》，《华东政法大学学报》2017 年第 6 期。

96. 周光权：《侵犯公民个人信息罪的行为对象》，《清华法学》2021 年第 3 期。

97. 陈梦寻：《"公民个人信息"判断的合理性标准建构——基于流动的公民个人信息边界》，《北京邮电大学学报（社会科学版）》2019 年第 1 期。

98. 韩啸、张光顺：《侵犯公民个人信息罪犯罪对象研究》，《河北法学》2021 年第 10 期。

99. 刘伟：《刑法视阈中的"公民个人信息"解读》，《社会科学家》2020 年第 7 期。

100. 刘定基：《个人资料的定义、保护原则与个人资料保护法适用的例外——以监视录影为例（上）》，《月旦法学教室》2012 年总第 115 期。

101. 杨楠：《个人信息"可识别性"扩张之反思与限缩》，《大连理工大学学报（社会科学版）》2021 年第 2 期。

102. 范为：《大数据时代个人信息定义的再审视》，《信息安全与通信保密》2016 年第 10 期。

103. 李怀胜：《公民个人信息保护的刑法扩展路径及策略转变》，《江淮论坛》2020 年第 3 期。

104. 王哲：《侵犯公民个人信息罪中"个人信息"的限定》，《青少年犯罪问题》2021 年第 3 期。

105. 齐爱民、张哲：《识别与再识别：个人信息的概念界定与立法选择》，《重庆大学学报（社会科学版）》2018 年第 2 期。

106. 岳林：《个人信息的身份识别标准》，《上海大学学报（社会科学版）》2017 年第 6 期。

107. 时斌：《App 个人信息保护的路径选择与重构》，《人民论坛》2020 年第 15 期。

108. 万晓岩：《"徐玉玉案"审判纪实》，《中国审判》2017 年第 21 期。

109. 张新宝：《从隐私到个人信息：利益再衡量的理论与制度安排》，《中国法学》2015 年第 3 期。

110. 晋涛：《刑法中个人信息"识别性"的取舍》，《中国刑事法杂志》2019 年第 5 期。

111. 郑旭江：《侵犯公民个人信息罪的述与评——以〈关于办理侵犯公民个人信息刑事案件适用法律若干问题的解释〉为视角》，《法律适用》2018

年第 7 期。

112. 雷澜珺：《侵犯公民个人信息罪中身份识别标准的理解与适用》，《中国检察官》2021 年第 4 期。

113. 雷澜珺：《论侵犯公民个人信息罪中行踪轨迹信息的认定》，《中国检察官》2020 年第 2 期。

114. 吴沈括、薛美琴：《刑事司法视野下的"公民个人信息"》，《中国信息安全》2017 年第 12 期。

115. 张建文：《俄罗斯个人资料法研究》，《重庆大学学报（社会科学版）》2018 年第 2 期。

116. 于冲：《侵犯公民个人信息犯罪的司法困境及其解决》，《青海社会科学》2013 年第 3 期。

117. 岳林：《超越身份识别标准——从侵犯公民个人信息罪出发》，《法律适用》2018 年第 7 期。

118. 杨君琳：《论北斗时代的个人位置信息法律保护》，《法学杂志》2021 年第 2 期。

119. 邱遥堃：《行踪轨迹信息的法律保护意义》，《法律适用》2018 年第 7 期。

120. 付微明：《个人生物识别信息的法律保护模式与中国选择》，《华东政法大学学报》2019 年第 6 期。

121. 陈伟、宋坤鹏：《数据化时代"公民个人信息"的范围再界定》，《西北民族大学学报（哲学社会科学版）》2021 年第 2 期。

122. 张璐：《个人网络活动踪迹信息保护研究——兼评中国 Cookie 隐私权纠纷第一案》，《河北法学》2019 年第 5 期。

123. 朱芸阳：《定向广告中个人信息的法律保护研究——兼评"Cookie 隐私第一案"两审判决》，《社会科学》2016 年第 1 期。

124. 郭秉贵：《大数据时代信息自由利用与隐私权保护的困境与出路——以"中国 Cookie 隐私第一案"为分析对象》，《深圳社会科学》2021 年第 4 期。

125. 杨楠：《个人数位足迹刑法规制的功能性偏误与修正》，《安徽大学学报（哲学社会科学版）》2019 年第 4 期。

126. 张勇：《个人信息去识别化的刑法应对》，《国家检察官学院学报》2018 年第 4 期。

127. 金耀：《个人信息去身份的法理基础与规范重塑》，《法学评论》2017 年第 3 期。

128. 刘德法、尤国富：《论空白罪状中的"违反国家规定"》，《法学杂志》2011 年第 1 期。

129. 蒋铃：《刑法中"违反国家规定"的理解和适用》，《中国刑事法杂志》2012 年第 7 期。

130. 江耀炜：《大数据时代公民个人信息刑法保护的边界——以"违反国家有关规定"的实质解释为中心》，《重庆大学学报（社会科学版）》2019 年第 1 期。

131. 胡江：《侵犯公民个人信息罪中"违反国家有关规定"的限缩解释——兼对侵犯个人信息刑事案件法律适用司法解释第 2 条之质疑》，《政治与法律》2017 年第 11 期。

132. 陈兴良：《法定犯的性质和界定》，《中外法学》2020 年第 6 期。

133. 黄陈辰：《非法利用公民个人信息行为的刑法应对》，《政法学刊》2022 年第 1 期。

134. 叶良芳：《法秩序统一性视域下"违反国家有关规定"的应然解释——〈关于办理侵犯公民个人信息刑事案件适用法律若干问题的解释〉第 2 条评析》，《浙江社会科学》2017 年第 10 期。

135. 张东升、戴有举：《侵犯公民个人信息罪问题研究》，《河南财经政法大学学报》2018 年第 3 期。

136. 付立庆：《论刑法用语的明确性与概括性——从刑事立法技术的角度切入》，《法律科学（西北政法大学学报）》2013 年第 2 期。

137. 陈兴良：《相似与区别：刑法用语的解释学分析》，《法学》2000 年第 5 期。

138. 张庆立：《侵犯公民个人信息罪的法益廓清与实践认定——基于最新司法解释的考察》，《时代法学》2018 年第 2 期。

139. 张涛、魏昌东：《回顾与展望：刑法中的"违反国家规定"研究》，《法治社会》2018 年第 6 期。

140. 詹红星：《"违反国家规定"的宪法解释与司法适用》，《湘潭大学学报（哲学社会科学版）》2016 年第 5 期。

141. 杨楠：《侵犯公民个人信息罪的空白规范功能定位及适用限度》，《华东政法大学学报》2021 年第 6 期。

142. 罗翔：《刑事不法中的行政不法——对刑法中"非法"一词的追问》，《行政法学研究》2019 年第 6 期。

143. 陈伟、熊波：《侵犯公民个人信息罪"行为类型"的教义分析——以"泛云端化"的信息现象为研究视角》，《宁夏社会科学》2018 年第 2 期。

144. 陈建清、王祯：《侵犯公民个人信息罪行为与情节之认定》，《政法学刊》2021 年第 4 期。

145. 周加海、邹涛等：《〈关于办理侵犯公民个人信息刑事案件适用法律若干问题的解释〉的理解与适用》，《人民司法（应用）》2017 年第 19 期。

146. 喻海松：《侵犯公民个人信息罪司法适用探微》，《中国应用法学》2017 年第 4 期。

147. 胡凌：《数字经济中的两种财产权　从要素到架构》，《中外法学》2021 年第 6 期。

148. 季卫东：《数据保护权的多维视角》，《政治与法律》2021 年第 10 期。

149. 申卫星：《论数据用益权》，《中国社会科学》2020 年第 11 期。

150. 邢会强：《大数据交易背景下个人信息财产权的分配与实现机制》，《法学评论》2019 年第 6 期。

151. 龙卫球：《数据新型财产权构建及其体系研究》，《政法论坛》2017 年第 4 期。

152. 梅夏英：《数据的法律属性及其民法定位》，《中国社会科学》2016 年第 9 期。

153. 王镭：《"拷问"数据财产权——以信息与数据的层面划分为视角》，《华中科技大学学报（社会科学版）》2019 年第 4 期。

154. 万方：《隐私政策中的告知同意原则及其异化》，《法律科学（西北政法大学学报）》2019 年第 2 期。

155. 丁晓东：《个人信息私法保护的困境与出路》，《法学研究》2018 年第 6 期。

156. 苏今：《后疫情时代个人涉疫信息的控制特点及其路径修正——以隐私场景理论为视角》，《情报杂志》2021 年第 9 期。

157. 李文姝、刘道前：《人工智能视域下的信息规制——基于隐私场景理论的激励与规范》，《人民论坛·学术前沿》2019 年第 6 期。

158. 丁晓东：《数据到底属于谁？——从网络爬虫看平台数据权属与数据保护》，《华东政法大学学报》2019 年第 5 期。

159. 庄绪龙：《侵犯公民个人信息罪的基本问题——以"两高"最新颁布的司法解释为视角展开》，《法律适用》2018 年第 7 期。

160. 刘之雄：《"公开盗窃论"的理论根基匡谬》，《法学家》2021 年第 1 期。

161. 刘明祥：《也谈盗窃与抢夺的区分》，《国家检察官学院学报》2019 年第 5 期。

162. 陈伟强：《"盗窃罪"通说之辩护——兼议"平和窃取说"提倡之不必要》，《河北法学》2019 年第 9 期。

163. 夏勇：《论盗窃罪成立之秘密性要素》，《法治研究》2018 年第 1 期。

164. 徐光华：《"公开盗窃说"质疑》，《法商研究》2015 年第 3 期。

165. 阮齐林：《论盗窃与抢夺界分的实益、倾向和标准》，《当代法学》2013 年第 1 期。

166. 胡东飞：《盗窃及其在侵犯财产罪中的体系地位》，《法学家》2019 年第 5 期。

167. 张明楷：《盗窃与抢夺的界限》，《法学家》2006 年第 2 期。

168. 王耀忠：《我国刑法中"其他"用语之探究》，《法律科学（西北政法大学学报）》2009 年第 3 期。

169. 致远：《系统解释法的理论与应用（下）》，《法律适用（国家法官学院学报）》2002 年第 3 期。

170. 杨新京、叶萍等：《侵犯公民个人信息犯罪实证研究——以 B 市 C 区人民检察院近五年司法实践为样本》，《中国检察官》2015 年第 3 期。

171. 王肃之：《侵犯公民个人信息罪行为体系的完善》，《河北法学》2017 年第 7 期。

172. 罗翔：《空白罪状中刑事不法与行政不法的规范关联》，《国家检察官学院学报》2021 年第 4 期。

173. 喻海松：《〈民法典〉视域下侵犯公民个人信息罪的司法适用》，《北京航空航天大学学报（社会科学版)》2020 年第 6 期。

174. 顾静薇等：《论侵犯公民个人信息犯罪的司法认定》，《政治与法律》2012 年第 11 期。

175. 赵精武：《〈民法典〉视野下人脸识别信息的权益归属与保护路径》，《北京航空航天大学学报（社会科学版)》2020 年第 5 期。

176. 刘仁文：《论非法使用公民个人信息行为的入罪》，《法学论坛》2019 年第 6 期。

177. 迟大奎：《论公民个人信息的类型化刑法保护进路》，《新疆大学学报（哲学·社会科学版)》2020 年第 5 期。

178. 刘艳红：《公共空间运用大规模监控的法理逻辑及限度——基于个人信息有序共享之视角》，《法学论坛》2020 年第 2 期。

179. 张新宝：《个人信息收集：告知同意原则适用的限制》，《比较法研究》2019 年第 6 期。

180. 田野：《大数据时代知情同意原则的困境与出路——以生物资料库的个人信息保护为例》，《法制与社会发展》2018 年第 6 期。

181. 吴泓：《信赖理念下的个人信息使用与保护》，《华东政法大学学报》2018 年第 1 期。

182. 朱珊珊：《以刑制罪："宽口径授权"侵犯个人信息行为的刑事规制》，《江西社会科学》2021 年第 3 期。

183. 林玫君：《论个人资料保护法之"当事人同意"》，《东海大学法学研究》2017 年总第 51 期。

184. 江海洋：《论大数据时代侵犯公民个人信息罪之告知同意原则》，《湖北社会科学》2020 年第 9 期。

185. 余筱兰：《民法典编纂视角下信息删除权建构》，《政治与法律》2018 年第 4 期。

186. 徐磊：《个人信息删除权的实践样态与优化策略——以移动应用程序隐私政策文本为视角》，《情报理论与实践》2021 年第 4 期。

187. 徐航：《〈个人信息保护法（草案）〉视域下信息删除权的建构》，《学习论坛》2021 年第 3 期。

188. 李媛：《被遗忘权之反思与建构》，《华东政法大学学报》2019 年第 2 期。

189. 蔡培如：《被遗忘权制度的反思与再建构》，《清华法学》2019 年第 5 期。

190. 薛丽：《GDPR 生效背景下我国被遗忘权确立研究》，《法学论坛》2019 年第 2 期。

191. 吴姗姗：《论被遗忘权法律保护的必然性及其法理依据》，《江苏社会科学》2020 年第 1 期。

192. 石聚航：《侵犯公民个人信息罪"情节严重"的法理重述》，《法学研究》2018 年第 2 期。

193. 陆建强：《刑法分则条文中"情节严重"类综合性犯罪构成要件研究——以司法实践将综合性要件转化为单一性要件的需求为视角》，《政治与法律》2012 年第 8 期。

194. 王肃之：《论侵犯公民个人信息罪适用标准的完善》，《太原理工大学学报（社会科学版）》2016 年第 3 期。

195. 刘守芬、方文军：《情节犯及相关问题研究》，《法学杂志》2003 年第 5 期。

196. 李翔：《刑事政策视野中的情节犯研究》，《中国刑事法杂志》2005 年第 6 期。

197. 张明楷：《论刑法分则中作为构成要件的"情节严重"》，《法商研究（中南政法学院学报）》1995 年第 1 期。

198. 余双彪：《论犯罪构成要件要素的"情节严重"》，《中国刑事法杂志》2013 年第 8 期。

199. 陈洪兵：《"情节严重"司法解释的纰缪及规范性重构》，《东方法学》2019 年第 4 期。

200. 陈兴良：《作为犯罪构成要件的罪量要素——立足于中国刑法的探讨》，《环球法律评论》2003 年第 3 期。

201. 黑静洁：《客观处罚条件之理论辨析——兼论客观处罚条件理论在中国刑法中的定位》，《政治与法律》2011 年第 7 期。

202. 王莹：《情节犯之情节的犯罪论体系性定位》，《法学研究》2012 年第 3 期。

203. 江海洋：《论侵犯公民个人信息罪之"情节严重"》，《法律适用》2018 年第 17 期。

204. 柏浪涛：《构成要件符合性与客观处罚条件的判断》，《法学研究》2012 年第 6 期。

205. 黄陈辰：《侵犯公民个人信息罪"情节严重"中信息分级保护的结构重塑》，《东北大学学报（社会科学版）》2022 年第 1 期。

206. 廖宇羿：《侵犯公民个人信息犯罪"情节严重"认定研究》，《法律适用》2016 年第 2 期。

207. 喻海松：《网络犯罪的立法扩张与司法适用》，《法律适用》2016 年第 9 期。

208. 李玉萍：《侵犯公民个人信息罪的实践与思考》，《法律适用》2016 年第 9 期。

209. 李静然、王肃之：《侵犯公民个人信息罪的情节要素与数量标准研究》，《法律适用》2019 年第 9 期。

210. 贺洪波：《为合法经营活动而侵犯公民个人信息的刑法规制》，《重庆邮电大学学报（社会科学版）》2018 年第 3 期。

211. 陈洪兵：《"情节严重"的解释误区及立法反思》，《湖南大学学报（社会科学版）》2019 年第 3 期。

212. 吕英杰：《风险社会中的产品刑事责任》，《法律科学（西北政法大学学报)》2011 年第 6 期。

213. 胡彦涛：《风险刑法的理论错位》，《环球法律评论》2016 年第 5 期。

214. 姜涛：《为风险刑法辩护》，《当代法学》2021 年第 2 期。

215. 姜涛：《社会风险的刑法调控及其模式改造》，《中国社会科学》2019 年第 7 期。

216. 焦旭鹏：《自反性现代化的刑法意义——风险刑法研究的宏观知识路径探索》，《政治与法律》2014 年第 4 期。

217. 刘仁文、焦旭鹏：《风险刑法的社会基础》，《政法论坛》2014 年第 3 期。

218. 陈兴良：《风险刑法理论的法教义学批判》，《中外法学》2014 年第 1 期。

219. 付强、孙利：《风险刑法质疑》，《中国刑事法杂志》2014 年第 1 期。

220. 孙万怀：《风险刑法的现实风险与控制》，《法律科学（西北政法大学学报)》2013 年第 6 期。

221. 南连伟：《风险刑法理论的批判与反思》，《法学研究》2012 年第 4 期。

222. 张明楷：《"风险社会"若干刑法理论问题反思》，《法商研究》2011 年第 5 期。

223. 何荣功：《预防刑法的扩张及其限度》，《法学研究》2017 年第 4 期。

224. 段阳伟：《受贿罪非数额情节"降格升档"之功能与重构》，《江西社会科学》2018 年第 1 期。

225. 刘宪权、王哲：《侵犯公民个人信息罪刑法适用的调整和重构》，《安徽大学学报（哲学社会科学版)》2022 年第 1 期。

226. 田野、张晨辉：《论敏感个人信息的法律保护》，《河南社会科学》2019 年第 7 期。

227. 田野：《雇员基因信息保护的私法进路》，《法商研究》2021 年第 1 期。

228. 袁泉：《个人信息分类保护制度的理论基础》，《上海政法学院学报（法治论丛）》2018 年第 3 期。

229. 董悦：《公民个人信息分类保护的刑法模式构建》，《大连理工大学学报（社会科学版）》2020 年第 2 期。

230. 李怀胜：《滥用个人生物识别信息的刑事制裁思路——以人工智能"深度伪造"为例》，《政法论坛》2020 年第 4 期。

231. 程啸：《为个人生物识别信息打造法律保护盾》，《人民论坛》2020 年第 24 期。

232. 周坤琳、李悦：《回应型理论下人脸数据运用法律规制研究》，《西南金融》2019 年第 12 期。

233. 吴尚聪：《犯罪记录的双重属性及其使用限度——以个人信息为切入》，《中国人民公安大学学报（社会科学版）》2019 年第 2 期。

234. 宋英辉、杨雯清：《未成年人犯罪记录封存制度的检视与完善》，《法律适用》2017 年第 19 期。

235. 王德政：《针对生物识别信息的刑法保护：现实境遇与完善路径——以四川"人脸识别案"为切入点》，《重庆大学学报（社会科学版）》2021 年第 2 期。

236. 谢琳、王漩：《我国个人敏感信息的内涵与外延》，《电子知识产权》2020 年第 9 期。

237. 李艳霞：《侵犯个人健康生理信息犯罪中的"情节严重"类型数量阐释——基于侵犯公民个人信息罪司法解释反思》，《医学与法学》2019 年第 1 期。

238. 潘林青：《我国个人敏感信息的界分基础及其立法表达——兼评〈民法典（草案）〉第一千零三十四条》，《北京邮电大学学报（社会科学版）》2020 年第 2 期。

239. 喻玲：《算法消费者价格歧视反垄断法属性的误读及辨明》，《法学》2020 年第 9 期。

240. 李倩：《为个人敏感信息打造法律"保护盾"》，《人民论坛》2018 年第 25 期。

241. 田刚：《网络信息安全犯罪的定量评价困境和突围路径——大数据背景下网络信息量化标准的反思和重构》，《浙江工商大学学报》2020 年第 3 期。

242. 张勇、江奥立：《侵犯公民个人信息罪中的信息数量及认定规则》，《上海政法学院学报（法治论丛）》2018 年第 1 期。

243. 文立彬：《侵犯公民个人信息罪刑事判决实证研究——以 2015—2018 年 335 份相关生效判决为样本》，《重庆邮电大学学报（社会科学版）》2019 年第 1 期。

244. 张铮：《刑事推定在批量侵犯公民个人信息刑事案件中的司法运用》，《法律适用》2019 年第 10 期。

245. 付玉明：《侵犯公民个人信息案件之"批量公民个人信息"的数量认定规则——〈关于办理侵犯公民个人信息刑事案件适用法律若干问题的解释〉第 11 条第 3 款评析》，《浙江社会科学》2017 年第 10 期。

246. 喻海松：《侵犯公民个人信息罪司法疑难之案解》，《人民司法（案例）》2018 年第 32 期。

247. 张翔：《刑法体系的合宪性调控——以"李斯特鸿沟"为视角》，《法学研究》2016 年第 4 期。

248. 李怀胜：《侵犯公民个人信息罪的刑法调适思路——以〈公民个人信息保护法〉为背景》，《中国政法大学学报》2022 年第 1 期。

249. 唐彬彬：《疫情防控中个人信息保护的边界——一种利益相关者理论的视角》，《中国政法大学学报》2020 年第 4 期。

250. 李林：《出售、非法提供个人信息罪若干问题研究》，《内蒙古大学学报（哲学社会科学版）》2011 年第 5 期。

251. 胡文涛：《我国个人敏感信息界定之构想》，《中国法学》2018 年第 5 期。

252. 王利明：《敏感个人信息保护的基本问题——以〈民法典〉和〈个人信息保护法〉的解释为背景》，《当代法学》2022 年第 1 期。

253. 皮勇、汪恭政：《网络金融平台不作为犯的刑事责任及其边界——以信息网络安全管理义务为切入点》，《学术论坛》2018 年第 4 期。

254. 李昱：《"去识别化的个人信息"不受刑法保护吗?》，《刑事法评论》2019 年第 1 期。

255. 劳东燕：《个人信息法律保护体系的基本目标与归责机制》，《政法论坛》2021 年第 6 期。

256. 李立丰：《〈个人信息保护法〉中"知情同意条款"的出罪功能》，《武汉大学学报（哲学社会科学版)》2022 年第 1 期。

257. 刘双阳：《"合理处理"与侵犯公民个人信息罪的出罪机制》，《华东政法大学学报》2021 年第 6 期。

258. 黄陈辰：《无感抓拍行为的刑法规制研究——兼论设备生产者的刑事责任》，《天府新论》2021 年第 4 期。

259. 郑朝旭：《论侵犯公民个人信息罪的司法适用误区及其匡正》，《财经法学》2022 年第 1 期。

260. 刘宪权、何阳阳：《〈个人信息保护法〉视角下侵犯公民个人信息罪要件的调整》，《华南师范大学学报（社会科学版)》2022 年第 1 期。

261. 周光权：《涉人脸识别犯罪的关键问题》，《比较法研究》2021 年第 6 期。

262. 文进宝、肖冬梅：《我国行踪轨迹信息保护范围认定困境与出路》，《图书馆论坛》2022 年第 7 期。

263. 黄陈辰：《抢劫公民个人信息行为刑法规制的困境与疏解——以樊某等抢劫微信账号密码案为切入》，《海南大学学报（人文社会科学版)》2023 年第 2 期。

264. 张颂、何培育：《论敏感个人信息的法律保护机制优化——兼评我国〈个人信息保护法〉相关条文》，《重庆理工大学学报（社会科学)》2024 年第 5 期。

265. 张明楷：《实质解释论的再提倡》，《中国法学》2010 年第 4 期。

三、中文学位论文类

1. 黄琰：《信息刑法基本问题研究》，武汉大学 2012 年博士学位论文。

2. 李媛：《大数据时代个人信息保护研究》，西南政法大学 2016 年博士学位论文。

四、中文报纸类

1. 刘浏：《血案牵出特大倒卖公民信息交易网》，《扬子晚报》2020 年 8 月 19 日，第 A04 版。

2. 熊丰、翟翔：《侵犯公民个人信息案前八个月发案数量同比降 9.1 个百分点》，《新华每日电讯》2021 年 9 月 18 日，第 004 版。

3. 叶小琴、赵忠东：《侵犯个人信息罪的犯罪对象应当是真实的个人信息》，《人民法院报》2017 年 2 月 15 日，第 006 版。

4. 卢志坚、白翼轩、田竞：《出卖公开的企业信息谋利：检察机关认定行为人不构成犯罪》，《检察日报》2021 年 1 月 20 日，第 01 版。

5. 史洪举：《以刑罚捂上"偷窥之眼"》，《民主与法制时报》2020 年 6 月 16 日，第 002 版。

6. 孟兆平：《互联网精准营销中 Cookie 技术的性质认定》，《人民法院报》2015 年 7 月 15 日，第 007 版。

7. 赵忠东：《可识别性是公民个人信息的根本特性》，《检察日报》2018 年 7 月 8 日，第 003 版。

8. 张梁：《单次购票能够完整反映行踪轨迹信息》，《检察日报》2017 年 9 月 25 日，第 003 版。

9. 程啸：《个人信息保护法亮点解读》，《中国市场监管报》2021 年 9 月 18 日，第 003 版。

10. 吴学安：《对 App 乱象零容忍 推动常态长效整治》，《中国商报》2021 年 1 月 22 日，第 001 版。

11. 鲍南：《不全面授权，App 就不能用?》，《中国新闻出版广电报》2020 年 6 月 18 日，第 4 版。

12. 简洁：《公民个人信息类型和数量如何认定》，《检察日报》2021 年 10 月 12 日，第 007 版。

13. 李新奇：《侵犯公民个人信息罪中涉案数额如何认定》，《检察日报》2021 年 11 月 9 日，第 007 版。

14. 杨凯：《以公法法益观理解侵犯公民个人信息罪》，《检察日报》

2021 年 12 月 10 日，第 003 版。

15. 《荆州警方侦破一特大侵犯公民个人信息网络黑产案》，《荆州日报》2020 年 12 月 21 日，第 A002 版。

五、中文网页类

1. 许永安：《刑法修正案（七）的立法背景与主要内容》，载中国人大网 http：//www. npc. gov. cn/zgrdw/huiyi/lfzt/xfq/2009 – 03/05/content _ 1495000. htm。

2. 《陕西师范大学一学生偷拍女生宿舍，律师：偷拍属侵犯人身权利行为》，载央广网 http：//news. cnr. cn/dj/20210902/t20210902_525588298. shtml。

3. 李劲峰：《武汉一男子购买 7 千多条快递个人信息推销保健品被批捕》，载 https：//m. haiwainet. cn/middle/3541089/2017/0701/content_30997334_2. html。

4. 《郑州警方：四人擅自传播"空姐被害案"现场照片被刑拘》，载人民网 http：//legal. people. com. cn/nl/2018/0512/c42510 – 29984597. html。

5. 文骥：《用死者信息给活人办证，广元中院公布一起非法买卖驾驶证案》，载 http：//scnews. newssc. org/system/20201203/001130718. html。

6. 《平顶山检察院回应官微发不雅信息：系盗号者所为》，载 http：//news. hbtv. com. cn/p/1669777. html。

7. 《男子破解期刊杂志信箱诈骗投稿人，85 名受害人均为研究生或博士生》，载 http：//www. ahwang. cn/newsflash/20201104/2177359. html。

8. 《上海一男子穿女装在女厕偷拍被抓，手机有大量隐私照片，已被行拘》，载 https：//news. sina. cn/kx/2021 – 11 – 16/detail – iktzqtyu7627993. d. html。

9. 《男子为挽回感情 竟散布前女友隐私照片，结果……》，载海峡经济网 https：//www. 163. com/news/article/CNFJ2CN200018 7VG. html。

10. 《人人网被卖，我的青春数据去哪了？收购多牛传媒：将妥善保管》，载搜狐网 http：//www. sohu. com/a/277418127_161795。

11. 《华住 5 亿条用户信息疑泄露，警方已介入调查》，载中国新闻网

https：//www. chinanews. com/sh/2018/08 - 29/8612867. shtml。

12. 《全国首家大数据交易所在贵阳成立》，载人民网 http：//politics. people. com. cn/n/2015/0420/c70731 - 26873163. html。

13. 《侵犯公民个人信息犯罪典型案例》，载最高人民检察院网 https：// www. spp. gov. cn/xwfbh/wsfbt/201705/t20170516_190645. shtml#2。

14. 《侵犯公民个人信息犯罪典型案例》，载最高人民法院官网 https：// www. court. gov. cn/zixun/xiangqing/43952. html。

15. 《强制刷脸？该关注隐私和技术风险了》，载腾讯网 https：//new. qq. com/rain/a/20201201A0FE3W00。

16. 《2021 年央视 315 晚会曝光！内容汇总涉及这些上市公司名单（全）》，载搜狐网 https：//www. sohu. com/a/455882242_409908。

17. 魏蔚：《一年 1100 款 App 被通报 谁在侵犯个人信息》，载北京商报网 https：//www. bbtnews. com. cn/2021/0318/389830. shtml。

18. 《高中生遭抢劫被扎一刀！歹徒不要钱，只要微信号…真相惊人！》，载澎湃新闻网 https：//www. thepaper. cn/newsDetail_forward_7845307。

19. 《伊利诺伊州最高法院裁定：生物特征隐私是一项基本的民事权利》，载搜狐网 https：//www. sohu. com/a/292109867_99956743。

20. 《乐山校园霸凌事件：女孩遭围殴扒衣，施暴者发视频炫耀》，载网易网 https：//www. 163. com/dy/article/J8JJ9QK005561M J5. html。

21. 《厦门一女大学生身陷裸贷自杀亡，校园裸贷如何叫停》，载搜狐网 http：//news. sohu. com/20170417/n489025329. shtml。

22. 《某国产儿童手表泄露 5000 多儿童信息，还能假扮父母打电话》，载凤凰网 https：//tech. ifeng. com/c/7rwshAT9swk。

23. 《公安部指挥破获一特大窃取出售公民个人信息案》，载中华人民共和国国家互联网信息办公室官网 www. cac. gov. cn/2017 - 03/08/c_1120588207. htm。

24. 雷伍华：《互联网时代莫忽视个人生物信息安全》，载中国网 https：// t. m. china. com. cn/convert/c_nFkSWWeJ. html。

25. 罗云开：《数据跨境流动的欧美政策演进及启示 ——基于数据保护

与数字经济发展权衡视角》，载中国知网 https：//link. cnki. net/urlid/13.
1356. F. 20240715. 1629. 002。

六、外文论著类

1. Samuel D. Warren, Louis D. Brandeis, The Right to Privacy, Harvard Law
Review, Vol. 4, No. 5, 1890, pp. 193 – 220.

2. Dae – Hee Lee, The Concept of Personal Information：A Study on Its
Interpretation and Scope, Asian Business Lawyer, Vol. 17, p. 23.

3. Paul Ohm, Broken Promises of Privacy：Responding to the Surprising
Failure of Anonymization, UCLA Law Review, Vol. 57, 2010, pp. 1703 – 1706.

4. Fiona Q. Nguyen, The Standard for Biometric Data Protection, Journal of
Law & Cyber Warfare, 2018, 7 (1), p. 63.

5. Maarten Truyens, No More Cookies for Unregistered Facebook Users in
Belgium：Belgian Data Protection Legislation Applies to Facebook, European Data
Protection Law Review, Vol. 1, Issue. 1, 2016, p. 138.

6. Michael Walzer, Spheres of Justice：A Defense of Pluralism and Equality,
Basic Books, 1983, p. 320.

7. Helen Nissenbaum. Privacy as Contextual Integrity. Washington Law Review,
2004 (1). pp. 136 – 143.

8. Aleecia M. McDonald, Lorrie Faith Cranor, The Cost of Reading Privacy
Policies. A Journal of Law and Policy for the Information Society, Vol. 4, no. 3
(2008), pp. 563 – 564.